DESIGN FOR

六西格玛

设计

产品开发之道

SIX SIGMA

【美】杨凯（Kai Yang）　【美】巴希母·埃尔·哈伊克（Basem El Haik）著

译 者◎仝 伟　奚玉富　刘 晶　陈茂胜

主 审◎姚佐平　吕俊成　许 冰　李淑英

U0360026

上海交通大学出版社
SHANGHAI JIAO TONG UNIVERSITY PRESS

图书在版编目(CIP)数据

六西格玛设计：产品开发之道/（美）杨凯
(Kai Yang)，（美）巴希母·埃尔·哈伊克
(Basem EI-Haik)著；仝伟等译.—上海：上海交通
大学出版社，2022.7
  ISBN 978－7－313－25901－1

  Ⅰ.①六… Ⅱ.①杨… ②巴… ③仝… Ⅲ.①企业管
理－质量管理 Ⅳ.①F273.2

中国版本图书馆 CIP 数据核字（2021）第 280440 号

Design for Six Sigma，2e by：Kai Yang, Basem EI-Haik
ISBN：9780071547673
Copyright © 2008by McGraw-Hill Education.

六西格玛设计：产品开发之道
LIUXIGEMA SHEJI：CHANPIN KAIFA ZHIDAO

著　　者：杨　凯(Kai Yang)[美] 巴希母·埃尔·哈伊克(Basem El Haik)［美］
译　　者：仝　伟，奚玉富，刘　晶，陈茂胜

出版发行：上海交通大学出版社		地　　址：上海市番禺路 951 号
邮政编码：200030		电　　话：021-64071208
印　　制：苏州市越洋印刷有限公司		经　　销：全国新华书店
开　　本：787 mm×1092 mm　1/16		印　　张：27.75
字　　数：672 千字		插　　页：2
版　　次：2022 年 7 月第 1 版		印　　次：2022 年 7 月第 1 次印刷
书　　号：ISBN 978－7－313－25901－1		
定　　价：168.00 元		

版权所有　侵权必究
告读者：如发现本书有印装质量问题请与印刷厂质量科联系
联系电话：0512－68180638

序

以家国情怀"创新创造"，以用户思维"卓越执行"

不平凡的 2020 年和 2021 年已经过去，在这疫情肆虐的两年，中国制造业面临巨大的考验，汽车的年销量是制造业的晴雨表。2017 年中国汽车年销量到达 2 887 万，2018 年与 2019 年的销量逐年下降，2020 年受到疫情影响，汽车销量只有 2 530 万辆。在这样的环境下，合资品牌汽车的价格不断下探，严重冲击了国产品牌的价格，但却带动了国产品牌如五菱、新宝骏、长安、长城、吉利等的逆境求变与不断创新，使国产品牌的市场份额逐渐上升，其中最为显著的就是国产新能源汽车的崛起。

据官方估计，在经历了疫情之后，中国汽车年销量到 2025 年有望达 3 000 万辆，并且新车销量中的 20％将是电动车等新能源汽车。中国曾公布《节能与新能源汽车技术路线图 2.0》，提出在 2025 年、2030 年和 2035 年将电动汽车销售比重分别增至 20％、30％和 50％。我们很高兴地看到上汽通用五菱汽车股份有限公司（简称上汽通用五菱）在这个舞台上走在前列。全球小型新能源汽车（GSEV）平台的新能源汽车以宏光 Mini EV 和 Kiwi 为排头兵，已经突破了 75 万的销量，率先实现了企业总销量 30％为新能源汽车的目标，也为国家的碳中和、碳达峰战略贡献了一份力量。

人民需要什么，五菱就造什么。疫情之下，作为民族工业的名片之一，上汽通用五菱攻克技术难题，克服供应链困难，在 3 天内完成了从提出自主生产口罩到第一批 20 万只"五菱牌"口罩下线的"不可能任务"；仅用 76 小时就完成从立项攻坚到自主生产的广西第一台全自动化口罩机下线。2021 年 3 月，另一款基于用户体验和创新的爆款产品宏光 Mini EV，又以上市 200 天热销 20 万的业绩频频登上头条。这其中体现了中国制造的速度与研发、制造水平的提升，也是创新与跨界的成功尝试。

在这样基于创新的五菱速度、中国速度下，技术研发工程师在制造过程中的技术输出尤为关键。六西格玛设计（design for six Sigma）中所覆盖的研发方法论和工具，正是广大的研发人员天天都在学习和应用的内容。六西格玛研发水平是保证产品稳健设计的方向；发明问题的解决理论（TRIZ 理论）是锤炼思维、产生创意、解决问题的一把利器；科学的试验设计（DOE）是帮助工程师们科学思考、少走弯路的利剑；容差设计是衔接研发工程师和高效制造的桥梁；质量功能展开（QFD）是研发工程师与市场人员共同了解客户的基石，基于用户思维而深入研究用户域、功能域、物理域和制造域之间的正向设计思路，是我们应该深度研究的方向。

以家国情怀来实现创新创造、实现工业与质量 4.0 的生态链；以用户思维，依托数字化与敏捷制造来打造卓越执行、实现链接客户与供应链的大数据快速决策。上汽通用五菱作为中国六十年老牌汽车企业，也在不断践行着国家面向新能源和跨界合作的发展，并开发了以全球小型新能源汽车（GSEV）平台为代表的柳州模式、广西模式。在汽车行业面向乘用化、电动化、智能化、国际化的今天，五菱在构建新发展阶段广西汽车产业转型升级和跨界创新新格局的同时，不断积累宝贵的研发经验和科学的方法论，贡献给汽车工业乃至整个制造工业。

要提升企业的设计与制造水平，需要的不仅是速度，更是扎实的基本功与不断创新的能力。在汽车业转型升级的今天，创新、跨界与体验才是实现制造转型的突破口。因此，我特别推荐这本由仝伟带领上汽通用五菱的工程师们合力翻译的《六西格玛设计—产品开发之道》一书给广大的中国制造业同仁，助力汽车业和其他制造业的发展。

希望尽五菱人的绵薄之力，带动民族品牌，助力中华民族的伟大复兴。在我党第二个百年来临之际，为我国的智能制造献礼。

上汽通用五菱党委书记，副总经理

姚佐平　博士

2022 年 1 月 8 日

译者前言

人民需要什么，五菱就造什么。之所以用这句话开头，是因为本书最初的翻译工作起源于 2020 年疫情刚开始爆发的时候。彼时，上汽通用五菱刚刚凭借它超群的"创新创造与卓越执行"能力，在全国抗议物资严重匮乏、生产资料供应链严重不足的情况下，用 76 小时就完成了生产口罩并生产口罩机的壮举，引发了国内对于这样一个 60 年民族企业的深深好奇。过完春节回来，大家刚开始适应居家办公的时候，我和我的团队在想，该如何更好地开展六西格玛设计(design for six Sigma, DFSS)的培训与项目辅导工作。

除了多进行实践，学习方法论最好的方式还要有自我深度学习的过程。当时搜遍了国内的各大平台，没有一本完整且有信誉的六西格玛教材。于是我想到了身在美国的杨凯教授与 Basem El Haik 博士所著的英文版六西格玛教材，这本书在国内的六西格玛专家领域有一定的知名度，但是没有中文版。现实情况是，国内广大工程领域的从业人员还没有足够的英语学习能力，尤其是涉及统计学内容。于是，我和卓越运营六西格玛团队一拍即合，在获得了杨凯教授和 McGraw Hill 出版社的授权后，开始制订了执行计划。大家利用业余时间，以小步快跑不停步的形式，每周完成一千到两千字的翻译，终于在 2020 年元旦来临之前，完成了大家起初不敢想象的近 40 万字的翻译工作。

我本人的质量与研发方法论的学习与推广工作开始于十几年前，不同于经典的精益六西格玛方法论(DMAIC)在业内的广泛流行和丰富资料，我在学习六西格玛设计的时候发现相关著作太少，大量资料都来自东西方的发达国家。这可能与国内制造业的现状、发展年限和发展趋势有关。质量是设计出来的，设计阶段的质量决定了整个产品生命周期 80％以上的质量水平和 70％以上的成本。在这样的背景下，国内的制造业从业人员也在不断学习各发达企业的先进经验，并形成适合自己行业或企业的研发经验。所以，我们也希望本书中介绍的基础方法论能够帮助汽车行业和更多行业的研发以及帮助质量工程师攻坚克难，提升设计质量和制造质量。

本书之所以从 2004 年第一次面世以来仍然不断地被大家学习与传播，是因为其中包括了从泰勒科学管理理论以来的基础质量工具的内容，也包括了初级与高级统计学的六西格玛工具，它还包括了六西格玛设计中非常经典的传递函数、质量功能展开 QFD 等内容，用来做客户需求分析的 VOC 与卡诺模型等工具，提升工程领域稳健设计水平的田口技术，以及市场上难得一见的创新方法论 TRIZ 与普氏矩阵等的介绍。回想日本丰田等车企的发展、德国大众与博世等企业的发展、韩国三星的发展、美国的 GE、通用汽车和丹纳赫等企业的发展，无不能够发现这些方法论的重要作用。所以我和翻译团队衷心地希望，这份中文版完整的六西格玛设计的著作，能够助力中国的制造业水平的提升。

在这次的翻译与校对过程中，也遇到了很多可预期与不可预期的困难，我代表团队衷心地感谢上汽通用五菱汽车股份有限公司党委书记、副总经理姚佐平博士自始至终的大力指导与支持，感谢技术中心总经理吕俊成博士对 DFSS 在研发工作的推广应用和本书的指导，感谢规划与运营高级总监许冰博士在这个过程中的指导与审阅，感谢海外事业与工程中心的总经理李淑英女士从六西格玛工作刚引入公司伊始就给予的指导与支持，还有赛科科技的高级总监黄清敏博士从翻译工作开始到出版过程给予的大力指导与支持，当然还有很多其他领导们的指导与支持工作，比如胡强、沈伟、邱泉、胡健斌、黄春笋、范文健、刘作梅、邢田、张耀元、黄靖、汪杰强、黄元毅、Amy Deng（邓丰）等，在此不一一列举。

我要特别感谢编译团队在这个过程中共同付出的努力，包括了主要的编译人员奚玉富、刘晶、陈茂胜、袁绍军、余义和梁小妮，以及在整个过程中卓越运营团队在翻译和校对的工作中的通力合作，包括任俊杰、李伟、邓梦蝶、李盛、蒋玲丽、文敏、王露涛、唐惠仲、宋建懿、张兰、廖飞、刘学雷、刘烨、王希方、唐涛、刘金强、贾永辉、王根锋等人。当然，还有我所在的通用汽车中国的卓越运营团队的各位黑带大师的帮助与理解，包括幸韶锋、平卫华、肖鹏和刘旭，还有质量副总裁 Edson Monteforte 和质量总监 Jairo H Prado 的大力支持。

由于内容的专业性和时间的限制，为了尽快给国内的从业人员带来这本书，在编写的过程中一定还有很多不尽如人意之处，也恳请各位读者批评指正。

感谢上海交通大学的金隼教授，McGraw Hill 出版社的廖丹编辑给予我们的帮助。我们非常荣幸能够与这样的团队一起合作，完成了这本书最终的编写与出版。

仝 伟

上汽通用五菱编译团队

2022 年 1 月 9 日

前 言

六西格玛活动的成功已经在商业界引起了浓厚的兴趣。引用我们的一个朋友 Subir Choudhury 所说的,"人的力量"和"流程的力量"是六西格玛成功的钥匙。人的力量指的是系统化的从上到下的组织层面的支持,以及针对六西格玛团队成员的严格培训;流程的力量指的是六西格玛方法部署和项目管理流程的严谨性,以及一套基于统计学方法的广泛的方法矩阵。其他的质量改进行动的重心主要针对外部客户的产品或者服务,我们相信六西格玛方法与之不同之处在于,它关注了业务中整体的质量。完整的质量不仅包括了针对外部客户的产品或质量,也包括了所有内部业务流程的运营质量,比如会计、出纳等。这些关注了更高层面的完整质量的公司将会不仅提升了产品或者服务的质量,而且还会因为全业务流程的优化而带来更低的运营成本和更高的效率。

相对于常规的六西格玛方法针对与"DMAIC"的逻辑,即 D—定义、M-测量、A-分析、I-改进、C-控制,新的六西格玛形式被称为六西格玛设计,简称 DFSS。常规的六西格玛也被称为六西格玛改进,也就是说改进一个不针对设计的流程,或者针对现有系统的重新设计。而六西格玛设计把更多的重心放在了设计上,而且力求"第一次就把事情做对"。在我们的理解中,DFSS 的最终目标就是使得一个流程或者产品实现:① 做正确的事情;② 始终把事情做对。

做正确的事情是在设计中实现绝对的优化,无论是在设计产品,还是在制造流程、服务流程或者业务流程中。更好的设计会带来更好的产品,而更好的产品也就带来的正确的产品功能以实现客户满意度。更好的制造过程的设计会带来一个最有效率、最经济和最灵活生产产品的流程。更好的服务流程的设计会带来最满足客户需求又提供高品质、低成本的流程。更好的业务流程的设计会带来最高效、最有效又最经济的业务流程。

"始终把事情做对"意味着我们不仅应该有更好的设计,而且我们根据设计带来的实际的产品或者流程会始终按照它们应该的样子起作用。比如说,如果一个公司有时候可以开发出非常高端的产品,但是有时候也会开发出比较差劲的产品,那么这个公司就不是在"始终把事情做对"。如果人们从一个世界级品牌的公司买车,他们真正期望的是从这个品牌下买的所有车都能够表现功能良好,而且在整个使用周期内都能够持续性地表现良好,这就是我们所说的"始终把事情做对"。"始终把事情做对"意味着高度的一致性和功能上的极度低变异。六西格玛这个术语实际上意味着高一致性和低波动性。现在我们所说的高度的一致性不仅意味着在产品性能和名声上的高度一致，而且还决定了品牌的生存。比如，在福特和Firestone两种品牌的轮胎中，差异其实非常小，但是一次不当的宣传或者诉讼就会给像福特这样的大公司带来糟糕的体验。

正如我们之前提到的，DFSS的实施过程涉及使用"人的力量"和"流程的力量"来实现。人的力量就关系到组织的领导力和支持，也包括了很大规模的培训。流程的力量涉及一个复杂的实施过程和一系列的方法。与常规的六西格玛方法（DMAIC）相比，DFSS中介绍了很多新的方法。比如公理设计、面向X的设计——DFX、发明问题解决理论（TRIZ）等，还有传递函数和记分卡在产生高品质的设计过程中是非常有力的概念和方法，也就是用来帮助我们做正确的事情。DFSS同时还带来了另一个系列的经典有效的方法——田口方法。田口方法的最基本的目标就是创造高品质的产品或者流程，它们在存在外部的不稳定性与不确定性的条件下，还能够有高度一致的性能。换句话说，田口方法产生了一个稳健的产品或者流程，也就实现了"始终把事情做对"。DFSS的实施可能会比DMAIC需要更多的努力和培训，但是也会带来更有成效和更有收益的结果。

本书的主要目标是给读者带来DFSS的全貌：

（1）为读者带来对DFSS清晰而又有深度的介绍，包括其中所有重要的、哲学性的、组织管理方面的、实施层面等一级技术层面的内容；

（2）讨论和清晰地描绘出完整的DFSS实施与执行流程；

（3）讨论和清晰地描绘出所有在DFSS中使用到的主要工具；

（4）讨论每一个方法背后的理论和背景，并且用案例与图像化来描述；

（5）给出DFSS中每一个方法的详细实施步骤；

（6）帮助开发DFSS在实际工作中的运行技巧。

本书的主要特色在于它的完整性和全面性，所有DFSS中的重要内容都被清楚深入地介绍了，针对DFSS流程和方法的组织性、实施性、理论性和实践性都被非常细致完整地涵盖了。本领域的许多书籍通常仅针对DFSS给出粗浅的描述而没有深入的细节。本书是目前仅有的一本介绍了所有DFSS中重要方法的书籍，包括了传递函数、公理设计、TRIZ和田口方法都以非常细致的形式做了介绍。本书作为DFSS的参考书籍或者是作为针对DFSS团队的培训内容都非常理想。

在准备本书的时候，我们收到了很多建议和鼓励。在此，我们希望向以下各位表达感谢：田口玄一（G. Taguchi）博士、Nam P.Suh博士、K. Murty博士、Shin Taguchi先生，以及O. Mejabi博士。非常感谢McGaw-Hill出版公司的Kenneth McCombs，Michelle Brandel，David Fogarty，和Pamela A Pelton的帮助. 我们想要对Textron, Inc公司的黑带大师Dave Roy表示感谢，感谢他在第7到11章中做出的贡献；感谢Zhang Hongwei先生在第9章中的贡献；感谢发明机器公司（Invention Machine Inc.）的Josh Veshia先生允许我们使用第9章中出现的很多优秀的TRIZ案例；感谢T.M.Kendall女士对我们的书稿给予编辑上的支持；感谢韦恩州立大学的工业与制造工程部的部门秘书Margaret Easley在准备手稿中的帮助。

我们非常欢迎和感谢各位读者的评价与建议，我们将会在未来的再版中慎重考虑你们给出的建议。同时,我们也正在提供公开的和非公平的六西格玛与 DFSS 的工作坊和咨询服务。

杨　凯
Ac4505@wayne.edu
巴希母·埃尔-哈伊克 Basem El-Haik
basemhaik@hotmail.com

　　我们非常高兴地看到,本书的中文版在 2022 年将由上汽通用五菱和通用汽车中国的团队翻译,并完成出版。我要向仝伟专家带领的编译团队表示真诚的感谢,他们包括了主译仝伟(Tony Tong)、奚玉富、刘晶、陈茂胜,还有背后的从译团队,包括任俊杰、李伟、邓梦蝶、李盛、文敏、唐惠仲、蒋玲丽、王露涛、宋建懿、张兰、廖飞、陈卓、刘金强、袁绍军、余义、梁小妮、唐涛、王希方等人。

　　当然,我还要特别感谢上汽通用五菱的领导团队支持、领导这次活动,尤其是党委书记、副总经理姚佐平博士对本书的关注和指导,以及技术中心总经理吕俊成博士、规划与运营管理部高级总监许冰博士、海外事业与工程中心总经理李淑英女士、和赛克科技的高级总监黄清敏博士。

目 录

第 1 章
质量概念

对于任何一家企业来说,利润都是其衡量成功最重要的标准之一。高利润是由强劲的销售额和整体上较低的运营成本来决定的。健康的销售状况很大程度上是由高质量水平和相对合理的价格来决定的,因此,提升质量、降低成本,对任何一家企业来说都是其追求的方向。

六西格玛尝试提升企业水平,它可以有效地提升质量并且降低成本,因此也就在商业领域获得了越来越多的关注。然而,相对来说,质量会更加受到关注,要很好地改进质量,则要精确地了解"什么是质量"。

1.1 什么是质量

"质量:一种固有存在的或者能够有区分性质的特性,衡量杰出水平的程度。"(American Heritage Dictionary,1996)

"质量:一个对象的特性的总体,用来满足要求或者暗示的需求的能力。"(ISO 8402)

"质量:一直做正确的事情,一直把事情做正确。"

当我们使用"质量"一词的时候,我们通常在脑海中想到的是能够满足或者超越我们期望值不错的产品或者服务。这些期望值通常是基于一定的使用目的和销售价格。比如说,客户从路边的汽车旅馆期望得到的服务和从一家五星级酒店得到的服务是不同的,因为价格和期望得到的服务水平是不同的。当一个产品或者服务超过了我们期望值的时候,我们认为它的质量水平是高的。因此,质量与百分比是有关系的。从数学上说,质量可以定义为

$$Q = P/E$$

其中,Q 为质量,P 为产品表现,E 为期望值。

人们所感知到的"产品表现"实际上是从客户角度来看"这个产品实际上可以为我做什么"。美国质量学会(American Society for Quality,ASQ)把质量定义为"一种根据每个人自己的定义而得出的主观评价"。从专业技术上说,质量可以有两种意思:

(1) 一个产品或者服务,用来满足要求或者暗示需求的能力;

（2）一个没有缺陷的产品或者服务。

仔细分析一下美国质量学会的定义，"用来满足要求或者暗示需求的能力"，意思其实是产品或者服务应该能够实现潜在客户的需要，我们可以称作"做正确的事情"，而"没有缺陷"的意思是产品或者服务能够持续地满足客户的需要。我们可以称作"一直把事情做正确"。

然而，当我们进一步来分析质量的定义的时候，可以轻易地意识到，质量同时也是一种无形的、复杂的概念。

针对不同的产品或者服务，或者从不同人的不同角度来看，比如说从生产者、设计者、管理者和客户的角度，甚至是从不同的质量专家来看，被感知到的质量的概念都有可能是不同的。

根据 David A. Garvin（1988）的观点，质量有 9 个维度，表 1-1 列出了相应的意思和解释。

表 1-1　质量的维度

表　现	产品主要的特点，比如图片的亮度
特　性	次要的特点，附加的特性，比如远程控制
一致性	达到规格或者行业标准，工作的质量
可靠性	表现的持续性，产品平均的失效时间
耐久性	可使用的寿命，包括维修
服　务	问题或者投诉的处理，易于维修性
响　应	人与人的互动，比如经销商的利益
人机功能	易于感知的特点，比如外表面的处理
名　声	过去的表现和其他无形的表现，比如排名第一

同时，还有许多其他的关于质量的解释和评价（来自 ASQ 官网 www.asq.org）：① 质量就是"哇哦！"② 质量不是一个项目，它是实现业务的努力；③ 质量是一系列已经被证明是有效的强大的工具和概念的集合；④ 质量是由客户基于他们的满意度定义出来的；⑤ 质量包含了持续改进和突破性的活动；⑥ 质量工具和技术在实际业务的每一个方面都被应用；⑦ 质量的目标在于表现卓越，任何为达到目标的都是改进机会；⑧ 质量提升了客户的满意度，减少了周期和成本，消除了错误和返工；⑨ 质量不仅是生意，它在非营利机构，比如学校、卫生机构、社会服务和政府机构都存在；⑩ 当产品具有有效的质量管理时，则有必然的绩效表现和财务表现。

很显然，所有这些表述都很有道理，我们可以清晰地看到"质量"这个词有许多意思。

由于产品或者服务的生命周期可能是个很长或者复杂的流程，质量在不同生命阶段的意义也可能是明显不同的。因此，想要深刻全面地理解质量的意义，就很有必要了解产品整个生命周期的基本概念。

1.2 质量保证和产品、服务的生命周期

开发一个产品或者服务的质量,我们需要一个系统的方法和活动,称为质量保证。质量保证是指在质量体系内为保证产品或服务能满足质量要求而实施的、具有计划性和系统性的活动。

因为质量是商业的一种方式,它必须与特定的产品或服务相关。对于任何产品和服务,其生命周期包括创建、开发、使用和处置。我们称这整个生命周期为产品或者服务的生命周期,良好的质量保证应作用于生命周期的所有阶段。

如图 1-1 所示为一个典型的产品服务的生命周期。生命周期中早期的各个阶段通常称为"上游";后期通常称为"下游"。我们将简要回顾生命周期的各个阶段及质量在每个阶段的作用。

1.2.1 阶段 0:源动力或构思

产品或服务的生命周期始于源动力或构思。新产品或新服务的源动力可能是新技术的发明,如半导体的发明,无论是否事先了解其如何被商业化,一个伟大的市场将会通过某种形式的市场调查被识别;或是一个明显要被竞品淘汰的产品,如汽车的年度车型;或基于现有技术的新想法。一旦确认了源动力,即可确定开发一个可行的产品或服务,构思阶段也将随之而来。构思阶段重点阐述可能的产品或服务,并确定一个大体的方向,包括鉴定新产品或服务的合理选项。

这个阶段有一些成功的关键要素,包括发现新产品或服务理念的时间并决定其可行性,可行的新产品或服务的规划时间,以及构思的质量。

对于基于新技术的新产品,在很多情况下新技术在实验室运行良好,但商业化会遇到很大的困难,可以采用一种称为"稳健技术开发"的新质量保证方法来减少这些困难。

1.2.2 阶段 1:用户和商业需求调研

用户和商业需求调研是第 1 阶段。在最初的概念开发和产品定义阶段,应进行用户研究、可行性研究和成本或价值研究。用户调研的目的是为了开发能满足潜在用户的关键功能要素并最终赢得市场。可行性研究和成本或价值研究是为了确保新产品或服务在未来市场中有竞争力。在这个阶段,建模、仿真、优化可以用来评价和改进产品以使功能最佳、成本最低。

根据上述美国质量学会(ASQ)对质量的定义,新产品或者服务的特质应有满足用户已知或潜在需求的能力;因此本阶段质量保证的一项重要任务就是去确保新产品/服务的功能(特性)能够满足用户需求。对于这个目的,质量功能展开(QFD)是一种优秀的质量方法。

1.2.3 阶段 2:概念开发

产品或服务的概念开发是第 2 阶段,这个阶段是从最初的概念开发阶段开始。它包括将前一阶段开发的一个或多个选项转换为高级产品概念,描述产品的目标、一般用途和价值主张。接下来是产品定义阶段,这个阶段将阐明产品需求,这些需求是产品交付其预期结果

阶段 0：源动力或构思

(1) 有关新技术、新想法和竞争导致新产品或服务的可能性

(2) 尽量为这些可能性开发一些产品或服务项目

阶段 1：用户和商业需求调研

(1) 识别用户需求

(2) 将用户声音转化为功能性的和可测量的产品或服务要求

(3) 商业可行性研究

阶段 2：概念开发

(1) 高层概念：目标、市场定位、价值主张

(2) 产品定义：基本功能需求

(3) 设计概念的产生、评价和选择

(4) 系统、架构、组织设计

(5) 在计算机或纸上进行建模、仿真和初步设计

阶段 3：产品/服务设计/原型制作

(1) 生成精准的详细功能要求

(2) 开发实际实现以满足功能需求，即设计参数

(3) 建立原型

(4) 进行制造系统设计

(5) 进行设计验证

阶段 4：制造过程准备及产品发布

(1) 最终制造工艺设计

(2) 进行过程测试、调整和批准

(3) 进行制造调试

阶段 5：生产制造过程

(1) 工艺操作、控制和调整

(2) 供应商/零部件管理

阶段 6：产品或服务的消费

售后服务

阶段 7：处置

图 1-1 典型产品服务的生命周期

所必需的基本功能元素。

质量方法如实验设计（design of experiment，DOE）、响应曲面方法（response surface method，RSM）、公理设计和发明问题解决理论（TRIZ）对产品概念开发阶段的增强功能和减少预期成本会很有帮助。

1.2.4　阶段 3：产品、服务设计、原型制作

第 3 阶段是产品、服务设计、原型制作。在这个阶段，产品、服务场景被模型化，并用设计原则生成精确的详细功能需求及其实际的实施和设计参数。对于产品设计，设计参数可以是尺寸、材料特性和零件规格。对于服务设计，设计参数可以是详细的组织布局和规范。设计参数应能提供开展施工或生产所需的所有细节。对于产品开发，在完成产品设计之后，会建立原型来测试和验证设计。如果试验结果不令人满意，则设计需要被修改。有时，这个构建-测试-修复周期会一直重复，直到获得满意的结果。除了物理原型之外，基于计算机的建模和仿真也经常使用，有时它们更受欢迎，因为成本较低、效率较高。在此阶段，还对产品进行了制造系统设计，以确保产品具有制造经济性。

很明显，这个产品设计、原型制作阶段的关键任务是规定一套设计参数，以实现产品的预期功能。用公理设计的术语来说，产品设计是从功能空间到设计参数空间的映射。因此，设计质量的关键任务是确保设计产品在其使用寿命内能够实现预期的产品功能。本阶段采用的质量方法包括稳健设计（田口方法）、实验设计（DOE）、响应曲面方法（RSM）、面向 X 的设计、公理设计、TRIZ 和可靠性工程的某些内容。

1.2.5　阶段 4：制造过程准备及产品发布

第 4 阶段是制造过程准备及产品发布、启动阶段。在此阶段，我们将完成制造流程的设计。该流程将进行测试和调整，因此该制造流程还有另一组构建—测试—修复的周期。在循环迭代之后，该制造流程将被验证和接受，并将其投入到生产中。用公理设计术语来说，此阶段是产品设计参数到流程变量之间的映射。

对于质量保证（QA）而言，这一阶段的关键任务是确保产品制造与设计相一致，也就是说，产品的图纸设计或数模设计可以在制造过程中实现。该制造过程能够持续、经济、无缺陷地生产出真正的产品。在这一阶段所使用的质量方法包括稳健设计、DOE、制造故障排除、诊断以及谢宁方法。

1.2.6　阶段 5：生产制造过程

第 5 阶段是全面量产阶段。在这个阶段，产品将被生产并投放到市场。有的零件与组件可能是由供应商生产。在生产制造阶段，生产过程能够持续运转且无缺陷，供应商提供的所有零部件应符合质量要求，这一点是非常重要的。

对于质量保证而言，这一阶段的关键任务是要确保最终的产品与产品要求一致，也就是说所有的产品、部件、总成必须要与设计要求一致，它们应该是可互换的并且是一致的。这一阶段涉及的质量方法包括统计过程控制（SPC）、供应商的质量标准和验收、生产故障排除和诊断方法。从阶段 1 到阶段 5 的活动集合也称为产品开发周期。

1.2.7　阶段6：产品或服务的消费

第6阶段是产品或服务的消费阶段。在这个阶段，产品被消费者消费。这一阶段对于消费者来说是最重要的，消费者的意见最终将决定产品和品牌的成败。当顾客在使用过程中遇到产品的缺陷、保修、服务等问题时，如何保证产品的正常使用和顾客满意是一个非常重要的话题。

对于质量保证而言，已经在使用的产品是不可能提高质量水平的，因为它们已经不在生产者的手中。但是，一个良好的保修和服务计划，如通过修理有缺陷的产品以及提供其他售后服务，将有助于保持产品的正常使用。相对于"把事情一次做对"，保修与服务计划通常会更昂贵。但保修和服务计划可以提供有价值的信息，以提高未来生产和产品设计的质量。

1.2.8　阶段7：处置

第7阶段是产品的处置阶段。随着人们对环境问题的日益重视，这一阶段正受到越来越多的关注。一旦产品上市，就可以使用多种技术来确定它是否符合预期，或者是否存在机会将产品推向一个新方向。然后，产品经理可以决定是不做更改、进行小的设计改进、开始大的革新，还是继续构思，开始新产品的循环。确定从旧产品切换到新产品的正确时机是一种很重要的能力。

根据质量的定义，很明显，质量这个词有许多不同的含义，在产品生命周期的不同阶段，质量保证活动和方法也都是不同的。表1-2总结归纳了质量与产品生命周期之间的关系。

表1-2　产品生命周期与质量方法

产品、服务生命周期阶段	质量保证(QA)任务	质量方法
阶段0：源动力与构思	确保新技术或新思路在下游的开发是稳健的	稳健性设计
阶段1：用户与商业需求调研	确保新产品、服务概念所提出的功能需求能满足顾客的需求	质量功能展开(QFD)
阶段2：概念开发	(1) 确保新概念能产生大量的没有缺陷的设计 (2) 确保新概念在下游的开发是稳健的	田口稳健型设计 TRIZ/DOE 模拟仿真/优化 公理设计 可靠性设计、测试与估计
阶段3：产品与服务的设计和原形	(1) 确保所设计的产品（设计参数）在其使用寿命内交付所需的产品功能 (2) 确保所设计的产品质量在消费与处置的过程中是稳健的	DOE 田口方法、稳健性设计 模拟仿真、优化 可靠性设计、测试与估计
阶段4：制造过程准备与产品发布	确保制造流程能交付与设计一致的产品	DOE 田口方法、稳健性设计 问题排除与诊断

（续表）

产品、服务生命周期阶段	质量保证（QA）任务	质 量 方 法
阶段 5：生产制造过程	生产与设计高度一致，无缺陷的产品	SPC 问题排除与诊断
阶段 6：产品或服务的消费	确保消费者有满意的消费体验	售后服务质量
阶段 7：处置	确保为客户提供无故障的产品或服务	服务质量

1.3　质量方法的发展

质量保证和质量方法的历史与工业发展的历史一样悠久。然而，现代的质量方法是在工业革命之后发展起来的。在这一部分，我们沿着时间先后看一下质量方法的发展，以及一些重要的质量先驱。

在工业革命之前，质量是由个别的工匠的工作来保证的。产品相当于一门艺术，工匠经过培训，表现出与艺术家相似的行为。工匠通常是负责整个产品的唯一人员。质量通常由经过长期培训的工匠的技能来控制。

工业革命期间引入了流水线和劳动分工。结果，生产过程变得更有生产力，更加常规，也更复杂。艺术作品要由一个工人完成整个产品，其技能非常重要，而新的生产过程则要雇用许多工人，每个人仅需要进行简单的操作即可制作产品的一部分，所以工人的技能水平变得不那么重要，也不能再通过单个工人的技能来保证质量。在现代生产系统中，生产中零件的规模和数量大大增加了；因此，装配的变化和零件质量的变化成为生产中的主要障碍，因为它破坏了产品的一致性和零件互换性。此外，现代生产还装配了许多供应商的零件。有缺陷的零件即使很少也会破坏批量生产，如果产生返工的话，代价会很高。因此，迫切需要控制变差，从供应商中挑出有缺陷的零件。这种需求是建立现代质量体系和质量方法的动力。

现代质量方法的历史发展实际上始于产品开发周期的最后阶段：生产。

1.3.1　统计过程控制

统计过程控制（SPC）是统计技术在控制过程中的应用。1924 年，贝尔电话实验室的沃尔特·休哈特（Walter Shewhart）开发了统计控制图来控制生产过程中的重要生产变异。该图被视为 SPC 的起源，并且是现代工业中引入的首批质量保证方法之一。人们通常认为休哈特是统计质量控制之父，因为他将统计学、工程学与经济学结合在一起。他在《制成品质量的经济控制》一书中描述了这一新学科的基本原理。

1.3.2　验收抽样

在生产阶段，确保来自其他供应商的原料的质量也很重要，因为有缺陷的零件肯定会导致有缺陷的最终产品。显然，对所有原料进行 100% 检查可能会发现有缺陷的零件，但这非常昂贵。因此，为解决此问题，开发了验收抽样，即对批次中的样本进行检查以确定是否接受该批次。验收抽样可以包括一个简单的抽样，即仅检查批次中的一个样本，也可以进行多次抽样，或按顺序采样，其中接受或拒绝的决策是基于统计规则。

验收抽样计划由 Harold F. Dodge 和 Harry G. Romig 于 1940 年制订，共发布了四组表格：单次抽样批量公差表、二次抽样批量公差表、单次抽样平均流出质量极限表和二次抽样平均流出质量极限表。

1.3.3　实验设计(始于 19 世纪 30 年代末)

实验设计(DOE)是当今非常重要的质量工具。DOE 是一种通用的统计方法，可指导实验的设计和分析，以便找出"响应"(输出)与因子(输入)之间的因果关系。这种关系是从实验数据的经验模型得出的。DOE 还可以指导实验者设计出有效的实验并进行数据分析，以获得其他有价值的信息，例如重要因子的识别和排序。

DOE 最初是为了研究农业实验而开发的。在 19 世纪 30 年代，伦敦大学教授罗纳德·费舍尔爵士(Sir Ronald Fisher)，是在实验设计中使用统计方法的创新者。他开发并首先使用了方差分析(ANOVA)作为实验设计分析中的主要方法。DOE 在伦敦的洛桑农业实验站首次使用。DOE 的第一个工业应用是在英国的纺织工业中，第二次世界大战后，在美国和西欧的化学和制造业中也引入了实验设计方法。

1.3.4　制造诊断和问题解决的工具(19 世纪 50 年代)

统计过程控制(SPC)是一个过程监控工具。它可以识别过程是处于正常波动状态还是异常波动状态，后一种状态通常表示该过程中存在问题。但是，SPC 无法检测出问题所在。因此，开发用于过程故障排除和问题解决的工具非常重要。今天有许多工具可用于故障排除。其中，日本质量先驱者之一石川馨(Kaoru Ishikawa)的七个基本质量工具和多里安·谢宁(Dorian Shainin)的统计工程值得特别关注。

七大质量工具是帮助了解流程从而改进流程的工具，分别是因果图、检查表、控制图、流程图、直方图、帕累托图和散点图(请参阅各个词目)。

石川馨因开发和传播了七大质量工具而受到赞誉，他提倡"大众化统计"，这意味着所有员工(不仅仅是统计学家)能够普遍使用简单有效的统计工具来解决问题和改进流程。

多里安·谢宁(Dorian Shanin)开发了称为统计工程的学科。在统计工程中，他提倡了许多有效的问题解决方法，例如按逻辑搜索、多变异图表和数据模式识别。他曾在联合技术公司的一个大部门负责质量控制，后来为 900 多个组织进行了咨询工作。谢宁还在芝加哥大学任教，著有 100 多篇文章和多本书。

1.3.5　全面质量管理(TQM)

1960 年以后，从日本开始，世界上有越来越多的人意识到，只有一小部分高素质的专业人员是无法保证质量的，需要整个组织(从管理层到普通员工)的积极参与才能保证质量。1960 年，日本成立了第一个"质量控制小组"，并使用简单的统计方法改进了质量。后来，开发了一种以质量为导向的管理方法，即全面质量管理(TQM)。TQM 是一种通过客户满意度获得长期成功的管理方法，它基于组织的所有成员参与改进流程、产品、服务及其他们的工作文化。从爱德华·戴明(Edwards W. Deming)、石川馨、约瑟夫·朱兰(Joseph M.

Juran)等许多质量先驱的学说中都可以找到贯彻这种方法的研究。

戴明是沃尔特·休哈特博士(Dr. Walter Shewhart)的门徒,他还在罗纳德·费舍尔爵士(Sir Ronald Fisher)的指导下学习了一年。在第二次世界大战期间,戴明分享了他在统计质量控制方面的工作以帮助美国进行战争,之后,美国于1946年将他派往日本,以帮助日本从战时损失中恢复过来。戴明出版了200多部作品,包括著名的《质量》《生产率》《竞争地位》和《转危为安》。

戴明博士被认为是日本质量奇迹的奠基石。他提出通过以下14点来进行管理质量、提高生产力和竞争力。

(1) 为改进产品和服务建立一个稳定的目标;

(2) 接受新的理念;

(3) 停止依赖检验来保证质量;

(4) 停止单纯依据成本做决策;相反,通过与单个供应商的合作来减少总成本;

(5) 持续不断地改进规划、生产和服务的每一个过程;

(6) 在职培训;

(7) 采用并培养领导能力;

(8) 驱除恐惧;

(9) 打破职能区域之间的藩篱;

(10) 消除针对劳动力的口号、标语和目标;

(11) 取消劳动力的数量定额和管理的数字目标;

(12) 消除妨碍人们对工作感到自豪的障碍,取消年度评级或绩效制度;

(13) 鼓励教育和自我改进;

(14) 让公司里的每个人都努力工作来完成这个转变。

戴明的基本质量哲学是生产率随着变异的降低而提高,并且需要使用统计方法来控制质量。他提倡使用统计数据来衡量所有领域的性能,而不仅仅是为了符合产品规格。此外,他认为仅仅满足规格是不够的,人们必须不断努力减少变异。戴明对美国的企业管理方式极为不满,主张工人参与决策。

石川馨是日本质量控制活动的先驱,他在1943年绘制了因果图。石川馨发表了许多著作,包括《什么是全面质量控制?》《日本的方法》《工作中的质量控制圈》和《质量控制指南》。他曾是日本科学家和工程师联合会质量控制研究小组的成员,同时也是东京大学的助理教授。

石川馨的质量哲学可以概括为以下11点:

(1) 质量始于教育、终于教育;

(2) 质量的第一步是了解顾客的要求;

(3) 质量控制的理想状态是不需要质量检查;

(4) 消除根本原因,而不是症状;

(5) 质量控制是所有员工和部门的责任;

(6) 不要混淆手段和目标;

(7) 质量第一,着眼长远目标;

(8) 市场营销是质量的入口和出口;

（9）高层管理者在陈述事实时不能在下属面前表现出愤怒；

（10）公司95％的问题可以通过7种质量工具解决；

（11）没有分布信息的数据是错误的数据。

朱兰在1904年出生于罗马尼亚。自1924以来，朱兰一直从事各种各样的管理职业，如工程师、行政人员、政府官员、大学教授、劳工仲裁员、公司董事和顾问。他专攻质量管理，著有数百篇论文和12本书，包括《朱兰质量控制手册》《质量规划与分析》（与F.M.Gryna合作）和《朱兰质量领导力》。他的主要贡献包括"朱兰三部曲"，确定了质量管理的3个管理过程，即质量规划、质量控制和质量改进。朱兰于1937年将帕累托原理概念化。1954年，日本科学家和工程师联合会（JUSE）和《经济参考报》（Keidanren）邀请朱兰到日本发表了一系列关于质量的演讲，这些演讲对日本质量革命产生了深远的影响。朱兰被广为人知的是在质量中加入了"人的维度"，并将其扩展到现在称为全面质量管理（TQM）的方法中。

1.3.6　防错(poka-yoke)(1960年)

在日语中，poka意味着无意的错误，yoke意味着预防。poka-yoke的基本思想是设计出不可能犯错误或至少容易发现和纠正错误的过程。

防错装置分为两大类：预防和检测。预防装置对过程的影响是不让其出错。当错误发生时，检测装置向用户发送信号，以便用户能够快速纠正问题。

防错是由日本质量专家新乡重夫开发的，他为日本生产力的提高做出了巨大贡献。

1.3.7　稳健工程、田口方法(20世纪60年代在日本,20世纪80年代在西方)

田口博士和他的质量工程体系是质量方法发展中最重要的里程碑之一。

田口方法与质量功能展开一起，将质量保证活动扩展到产品生命周期的早期阶段。田口的质量工程也被称为稳健设计方法，它具有以下特点：

（1）关注产品生命周期的早期阶段，包括概念设计、产品设计、制造过程设计和准备。后来，田口和他的同事们将这一概念扩展到了技术开发阶段，甚至比规划阶段还要早。他认为，产品开发周期的早期介入可以产生较大的影响和更好的效果，避免昂贵的工程返工和"救火"方案。

（2）专注工程系统的设计，该系统能够在实现预期功能的基础上保证稳健性。稳健性是指对噪声因素（可能包括环境因素、用户条件和制造干扰）引起的变化不敏感。他指出了一个重要的事实，即良好的设计可以减少变异。

（3）推广使用田口的实验设计系统。

1.3.8　质量功能展开(QFD)(20世纪60年代在日本,20世纪80年代在西方)

质量功能展开（QFD）是早期设计阶段一种有效的质量工具。它是一种结构化的方法，用于定义客户的要求或需求，并将其转换为特定的计划，以促进产品满足这些需求。"客户的声音"是用来描述这些已阐明和未阐明的客户要求或需求。

客户声音的获取有很多种方式，包括直接的沟通与访谈、调研、聚焦小组、客户规格要求研究、观察、售后质保数据以及现场报告等。这些对客户需求的研究接着被总结为产品规划的矩阵，或者说"质量屋"。这些矩阵可以用来将高层次的"什么（WHAT）"或者需求翻译或转化成低层次的"怎样(HOW)"即产品需求,或者说满足这些需求的技术指标。

质量功能展开矩阵(QFD)也可以作为产品开发周期中每个阶段的很好的传递工具。QFD 使得许多职能部门能够有效地沟通并合作,比如市场部、设计工程部、质量保证部、制造工程部、测试工程部、财务部,以及产品支持部门。

QFD 是在 19 世纪 60 年代由日本教授美津茂(Shigeru Mizuno)和赤尾洋二(Yoji Akao)开发的。他们的目的是要开发出一种质量保证的方法,用来在产品制造之前,将客户满意度转换至产品中。而在此之前的质量控制方法主要用来关注生产中或者生产后来解决问题。

1.3.9 TRIZ(20 世纪 50 年代在苏联,20 世纪 90 年代在西方)

萃智(TRIZ),是另外一种系统化的用来做设计改进的工具,它集合了创意的设计实践。TRIZ 这个单词,是俄语中的发明问题解决理论的首字母简称,在英语中也可以简称为 TIPS(theory of inventive problem solving)。

TRIZ 是基于从超过 150 万份世界上最著名的发明专利和创造专利中总结提炼出来的发明原则。它基于科学技术的原则,提供了一系列革命性的系统性解决问题的新方法。TRIZ 用世界上的各种发明融合出来的知识,来快速、有效、创造性地开发出能够解决他们最困难的产品或者工程问题的方案。

TRIZ 是由一位在 1926 年生于苏联的专家根里奇·阿奇舒勒(Genrich Altshuller)开发的。在 20 世纪 40 年代,阿奇舒勒曾作为专利专家供职于苏联海军的专利局。他审阅了超过 20 万份专利来寻找发明问题,以及它们是如何被解决的。阿奇舒勒在专利中提取问题,找到矛盾以及解决方案,然后将其转化为发明问题的解决理论,后来被命名为 TRIZ。

1.3.10 公理设计(1990 年)

公理设计(axiomatic design)是一种基于原则的方法,它为设计者提供了一套结构化的建议应用在设计工作中。

在公理设计中,设计在不同的阈值中被描绘出来,并且进行模型化。比如说,在概念设计阶段,它可以是客户属性的阈值到产品功能阈值的描绘;在产品设计阶段,它可以是功能需求阈值到设计参数阈值的描绘。

在同样的设计工作中,可能有很多种设计方案。然而,基于它的两个最基本的公理,公理设计方法可以开发出很多设计原则来评价和分析设计方案,而且可为设计者提供改进设计的一些方向。

公理设计的设计尝试不仅可以应用在工程设计领域,而且可以在其他的设计工作中使用,比如在组织中。Nam P. Suh 是公理设计方法的主要发明者(Suh,1990)。

总的来说,自从工业革命开始,现代的质量方法和质量保证系统逐渐发展起来。如今,可以看出,在质量方法的发展过程中存在一些趋势。

(1)起初的一些方法,比如统计控制方法(SPC)和抽样水平被应用在生产阶段,但这已经是整个产品开发周期的最后的阶段,或者至少已经是下游阶段了。

（2）在产品生命周期更早、更接近上游阶段，越来越多的方法被开发出来，比如质量功能展开矩阵（QFD）和田口设计方法（Taguchi）。

（3）接着，质量方法和质量系统被融入整个公司范围的活动中，由高层或者最直接的领导者开始参与，比如全面质量管理（TQM）。

（4）售后服务也开始在商业世界中获得了越来越多的质量关注。

然而，现代质量管理方法在商业世界的应用并不是一帆风顺的，或者可以认为它是一个很困难的过程。其中一个主要的原因就是，很多商业领袖认为，质量不是带来商业成功的唯一要素。其他的一些因素，比如利润、成本和进入市场的时机，在他们的眼中远远比质量要重要得多。而且他们认为，如果要提升质量，其他的重要因素需要妥协。

最新的质量运动就是本书在介绍并且引用的——六西格玛管理，在今天的工业领域，它是能够最快速提升业务的管理系统。六西格玛是质量保证发展的延续。它继承了很多质量工具的内容，但是它不仅仅是倾向于产品质量本身，而且包括了商业运营的所有方面，实际上它是一种业务优化的方法。

1.4 业务优化，全面质量以及在业务运营中的其他矩阵

业务优化的特色在于在质量的基础上，关注良好的利润率、业务的生命力、销售增长和市场份额的增长（Tom Peters，1982）。

实现业务的优化是所有的商业领袖和他们雇员的共同目标。为了实现业务优化，仅仅关注产品质量本身是远远不够的，质量需要被"全面质量"代替，重要的是，它包括了在业务运营中的质量。

如果要理解业务优化，我们需要了解业务运营的本质，以及在业务运营中的其他模块。

1.4.1 业务运营模型

表1-3展示了一种以制造为基础的经典的业务运营的模型。而对于服务导向和其他类型的公司，业务模型可能在一定程度上是不同的。但是，对每个公司而言，总有一个"核心的运营方式"，以及一系列的其他的业务元素来支撑。这个核心的运营方式就是所有用来为客户提供产品或者服务的一系列活动。比如说，一家汽车公司的核心运营就是生产汽车，星巴克公司的核心运营方式就是在全世界提供咖啡服务。核心的运营在所有的产品或者服务的生命周期中都会起作用。

对于一个公司的运营来说，仅有核心的运营并不够。表1-3就列出了其他的一些经典的元素，这些元素使得一个公司充满了可运作性，比如业务流程和业务管理。一个公司的成功决定于这些所有的业务运营的顺利和成功。

在六西格玛管理之前，质量被狭隘地定义为公司提供给外部客户的产品或者服务的质量，因此，它仅仅与核心运营有关。但是很显然，这种"质量"仅仅是"完整故事"的一部分，因为其他影响商业成功的关键因素，比如成本、利润、进入市场的时机以及现金流，是与业务运营的其他方面有关的。六西格玛管理和所有其他之前发展起来的质量系统和方法（比如全面质量管理）的关键不同就在于，六西格玛是一种关注全面质量的战略，而这才是为了全面的业务运营的改进。

　　我们将要展示的是,全面质量的优化才会引领业务优化,因为提升全面质量意味着提升业务运营优化所有的重要指标,比如利润、成本和进入市场的时机等。

表 1 - 3　业务运营模型

核心运营内容				
动力、概念	概念形成	设　计	生　产	销售、服务
业务流程				
业务管理				
供应商管理				
信息管理 IT				

1.4.2　质量和成本

　　低成本与高利润率会直接相关,成本大概分为两部分:与产品或服务相关的生命周期成本和公司运营成本,如各种非核心业务部门的运营成本。对于特定的产品或服务,生命周期成本包括产品或服务本身的成本加开发成本。

　　质量和成本之间的关系相当复杂。这里的质量是指产品或服务质量,而不是整个质量。质量和成本的关系在很大程度上取决于什么样的质量战略。如果一家公司采用重点关注产品或服务下游的质量战略,如补救、返工和错误纠正,这种质量将非常昂贵。如果一家公司采取了强调上游改进和问题预防,实际上可以降低生命周期成本,意味着更少的返工、更少的召回和更少的补救,因而具备更少的产品开发成本。在以制造业为基础的公司,它也可能意味着更少的废品、更高的产量和更高的生产率。

　　如果我们把质量定义为整体质量,那么整体质量高一定会降低成本。因为整体质量意味着企业运营各方面的高绩效水平,意味着所有配套功能的高绩效,生产系统的高绩效,浪费少,效率高。因此,它肯定会降低企业运营成本、生产成本和服务成本。

1.4.3　质量和上市时间

　　上市时间是指为市场引进新产品或服务的速度,这是一个非常重要的提升市场竞争力的措施。两家提供类似产品或服务的公司,上市时间较短的产品或服务会获得巨大的竞争地位,因为后者很难克服顾客的心理期望。

　　许多技术可用来缩短上市时间,例如并行工程,即鼓励多任务并行;降低复杂性方法;项目管理,即针对产品开发和生命周期进行调整管理。

　　在六西格玛方法中,根据全面质量概念,产品或服务开发的质量管理是质量战略的一部分。因此,提高全面质量当然有助于缩短上市时间。

1.5　总结

　　质量是产品表现与客户期望的比值。产品表现取决于产品或服务可达到的最大的客户期望，以及产品或服务的一致性。客户的期望受价格、时间和市场等诸多心理因素的影响。

最好的质量保证策略是"做正确的事情，并且一直做正确的事"。"做正确的事"意味着我们始终以成本领先的优势为客户提供好的产品或服务，或用"设计质量"以确保产品或服务将为客户提供正确的功能。如果我们不做正确的事，比如好的设计，我们不可能成功。"一直做正确的事"不仅意味着好的设计，而且会是产品和服务的表现始终如一，使所有客户始终满意。

质量保证策略与产品或服务的生命周期和产品开发周期密切相关。在过去，质量保证方法从产品开发周期的下游开始。现代质量保证策略是一种系统的方法，包含在产品生命周期的所有阶段，更强调上游改进。

六西格玛方法使质量的定义范围从产品质量本身扩展到了商业运营的所有方面。"做正确的事情，并且一直做正确的事情"的策略适用于企业经营的各个方面。因此，六西格玛方法是卓越运营的方法。

第 2 章
六西格玛的基础介绍

2.1 六西格玛是什么?

六西格玛设计(design for six sigma,DFSS)是一种提高企业业务流程能力的方法。对于六西格玛,流程是改进的基本单元。过程可以是公司向外部客户提供的产品或服务,也可能是公司内部的一个流程,例如一个账单或生产过程。在六西格玛中,过程改进的目的是提高性能和减少性能波动。性能的提高和工艺波动的减少将会使企业减少缺陷、提升利润、鼓舞员工士气和提高产品质量,最终走向卓越商业。

六西格玛是当今业界发展最快的企业管理方法。自 20 世纪 90 年代初以来,它被认为为企业节省了数十亿美元的资金。20 世纪 80 年代中期,摩托罗拉公司开发了这一方法,直到 1995 年通用电气的杰克·韦尔奇(Jack Welch)将其作为其商业战略的中心关注点后,这一方法才广为人知。

"六西格玛"这个名字来源于统计术语,西格玛(σ)是指标准差。对于正态分布,在名义值的±6 西格玛范围内的概率为 0.999 996 6(考虑偏移)。在一个生产过程中,"六西格玛标准"是指工艺的缺陷率为百万分之 3.4,显然六西格玛表示

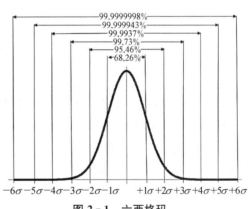

图 2-1 六西格玛

高度一致性和低变异性。在统计学上,六西格玛的目的是减少波动以达到非常小的标准偏差。

与其他质量管理方法相比,六西格玛的关键区别在于,它不仅适用于产品质量,而且可以改进关键流程,适用于企业运营的各个方面。例如,六西格玛可能有助于创建设计良好、可靠性强、一致性高的客户计费系统、成本控制系统和项目管理系统。

2.2 流程:通过六西格玛改进项目的基本单元

六西格玛是一种以流程为中心的业务改进方法,其关键特性是"一次改进一个流程"。

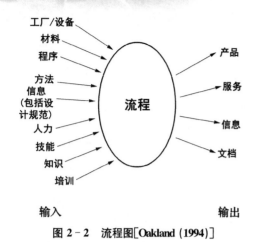

图 2-2 流程图［Oakland（1994）］

这里的流程可以是生产系统、客户计费系统或产品本身。

什么是流程？

Caulkin（1995）将其定义为"一种持续、有规律的，以确定的方式发生或进行，并导致某种结果的连续或一系列的操作"。

Keller（1999）将流程定义为"输入、操作和输出的组合"。

Anjard（1998）进一步将其定义为"接受输入，为其增加价值，并为客户产生输出的一系列活动。"

许多产品也同样是流程。产品的输入可以是用户意图、能量或其他因素。例如，电视机接收用户控制信号、电视信号和电能，并将它们转换成电视图像。产品的输出是交付给消费者的功能。过程模型有很多种，但对于产品或制造过程而言，过程模型通常由过程图 2-2 表示，通常称之为参数图（paramater diagram，P 图）。

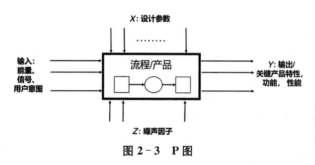

图 2-3 P 图

如图 2-3 所示，P 图是田口方法（Taguchi method）中非常常见的过程模型；Y 是一组输出，Y 通常是一组与产品性能或功能相关的特征，或客户期望的特征；X 是一组设计参数，或控制因子；X 会影响 Y，它们都可以相互调节和控制；Z 是一组"噪声因子"，Z 也会影响 Y，但不能被充分控制。例如，Z 可以是环境变化、用户条件或制造变异。输出 Y 通常是设计参数 X 和噪声因子 Z 的函数。

$$Y = f(X, Z) \tag{2-1}$$

Taguchi 和 Wu（1986）给出了 P 图的一个很好的例子，如例 2-1 所示。

例 2-1 汽车转向系统。在汽车转向系统中（见图 2-4），当驾驶员转动方向盘时，车辆的方向应根据转向的程度和驾驶员转动方向盘的速度来改变。

转向系统的输入、过程和输出如下：

输入——用户意图：方向盘转动的角速度、能源、机械能；

过程——汽车转向系统；

设计参数 X——立柱设计参数、连杆设计参数、材料性能等；

噪声因素 Z——道路状况、轮胎气压、轮胎磨损、车辆荷载、荷载位置等；

输出——转弯半径，车辆横向加速度。

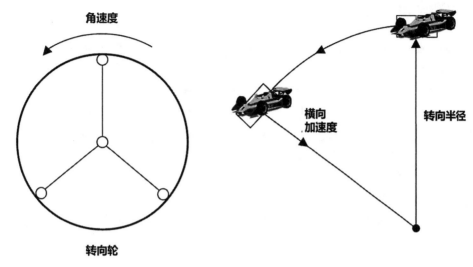

图 2-4　汽车转向系统

图 2-5 为转向系统的 P 图。

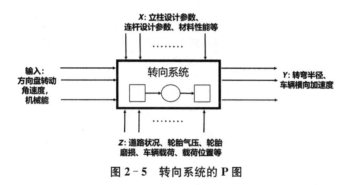

图 2-5　转向系统的 P 图

另一个有用的流程模型是供应商—输入—流程—输出—客户(SIPOC)关系图(见图 2-6)。SIPOC 图是业务和服务流程最有用的模型之一。它也可以用作制造过程的模型。SIPOC 源于图中的 5 个元素首字母缩写。

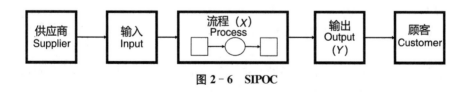

图 2-6　SIPOC

(1) 供应商(S)：为流程提供关键信息、材料或其他资源的人员或组别。

(2) 输入(I)：提供的"东西"。

(3) 过程(P)：转换并在理想情况下为输入增值的一组步骤。

(4) 输出(O)：这个过程的最终产物。

(5) 客户(C)：接收输出的人、组或流程。

客户通常对输出有明确或隐含的需求,我们称之为客户需求。这些需求也经常在

SIPOC 模型中列出。

例 2 - 2 大学院校的学术教学计划(见图 2 - 7)。

(1)供应商:图书出版商和书店,大学管理人员和设施支持人员,实验室设备供应商,认证委员会,学费支付者等。

(2)输入:书籍,教室和设施,实验室和设施,学术课程标准和学费。

(3)过程:学术课程,包括课程系统,学位课程设置,课程,教授和辅导员。该过程将输入转换为课程,学术标准(质量控制系统)和学术记录的系统;在此系统下,入学学生经过许多步骤(课程作业)被转化为即将毕业的学生。

(4)输出:有学位的即将毕业的学生。

(5)顾客:未来学生的雇主和学生本身。

(6)输出的关键要求:未来职业知识的完美结合,高水平而且保持稳定的学习质量等。

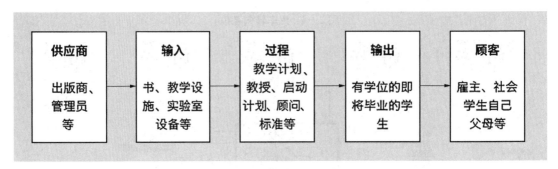

图 2 - 7 学术教学计划 SIPOC 图

我们还可以使用其他几种过程建模和过程分析方法,例如流程图和价值流分析,它们对于六西格玛非常有用。我们将在后面的章节中讨论。

与产品类似,流程也具有它的开发周期和生命周期,如图 2 - 8 所示,产品和流程之间有许多相似之处:

(1)它们都有顾客。对于产品或服务过程,顾客是外部客户;对于内部业务流程,顾客就是内部客户,是过程的使用者,为同一家公司工作。例如,顾客为人事部的员工,他是其他职能部门的人。

(2)都必须实现功能。它们都做自己应该为客户做的。它们的使命是实现客户的最大满意度。

(3)都需要绩效一致性。例如,如果人事部门有时会雇用好员工,而其他时候却雇用不能胜任的员工,那么它就不是好部门。

(4)都经历相似的开发周期和生命周期。

当然,产品和过程之间会有差异。例如,在将产品交付给用户之后,很难对产品本身进行更改、改进或重塑。

产品与流程之间的相似性表明,我们可以修改许多产品质量保证方法和策略并将其应用于流程。除了质量方法外,六西格玛还使用许多现有方法进行过程建模和过程分析,包括流程图、价值流图和流程管理。

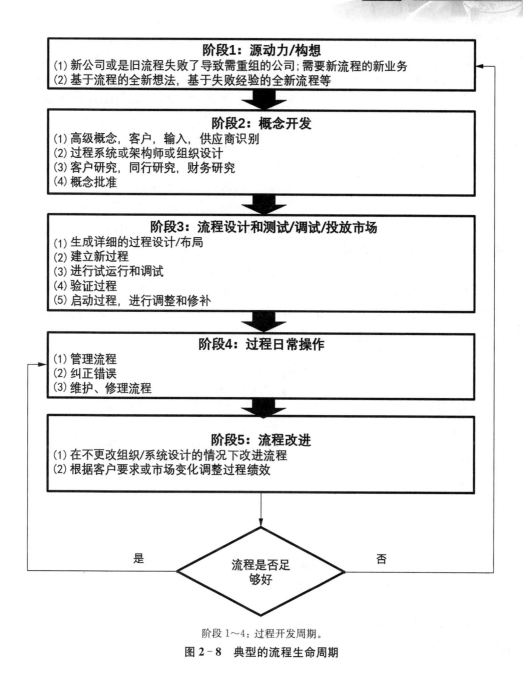

阶段 1~4：过程开发周期。

图 2-8　典型的流程生命周期

2.3　流程图、价值流图和流程管理

2.3.1　流程图

流程图是流程的示意图模型。"流程图被认为是描绘工作流程的视觉辅助,这些流程展示了如何将输入,输出和任务联系起来"(Anjard,1998)。Soliman(1998)也将流程图描述为"业务流程重组的最重要和最基本的元素"。这里有许多不同的流程图方法,最常用的两个是 IDEF0 方法和 IDEF3 方法。

IDEF0 映射标准是一种用于对组织或系统的决策、行动和活动进行建模的方法。它由美国国防部开发，主要供 19 世纪 70 年代美国空军使用。尽管它是 30 多年前开发的，但是美国国家标准技术研究院（NIST）的计算机系统实验室在 1993 年 12 月发布的 FIPS183 号出版物中，才把 IDEF0 作为一个功能建模的标准进行发布。现已经开发了计算机软件包（如 AI0WIN），通过自动将关系图转换为代码来帮助软件开发。

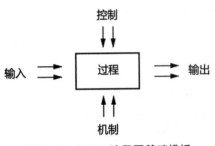

图 2-9　IDEF0 流程图基础模板

IDEF0 由方框和箭头组成。它将功能显示为一个框，将功能的接口显示为进入或离开的箭头。功能框与其他协同框同时显示，接口箭头"限制"何时以及如何触发和控制流程。IDEF0 模型的基本模板如图 2-9 所示。

使用此标准的流程通常涉及多个层级。第一层是高维度地图，确定了公司运营的主要流程。第二级流程将每个过程分解为越来越精细的子流程，直到达到适当的级别。例如图 2-10 显示了印刷电路板（PCB）制造工艺的第一级；图 2-11 显示了第二级，并且还可以进一步分解为子流程。

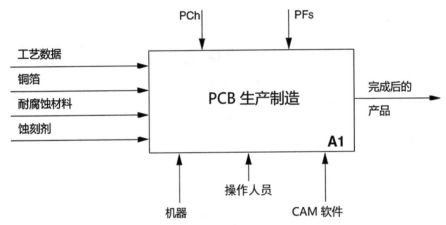

图 2-10　印制电路板（PCB）制造的第一级 IDEF0 流程图

IDEF0 有许多优点和缺点，它的主要优点是其为一种层次分析法，使用户能够基于需求选择流程。IDEF0 的主要缺点是不能精确地说明"顺序"和转化。为了克服这个缺点，就开发出了 IDEF3。

IDEF0 流程图以输入、控制、输出和机制（ICOM）的形式进行流程分析和信息可视化。尽管该方法可以有效地对活动进行层次分解，但它不能表示流程执行的顺序、重复操作、路径选择、并行执行和条件流程流。IDEF3 流程图是为了克服上述缺点而开发的，它捕获了所有时间信息，例如与企业过程相关的优先级和因果关系，从而为构建分析设计模型提供了基础。IDEF3 流程图有两种描述模式，即过程流和对象状态转换网络。过程流是描述"如何做"的知识，如描述一个部位在制造过程中发生的情况。对象状态转移网络描述了部件在特定过程中可能经历的转移。图 2-12 展示了一个 IDEF3 流程图的示例。

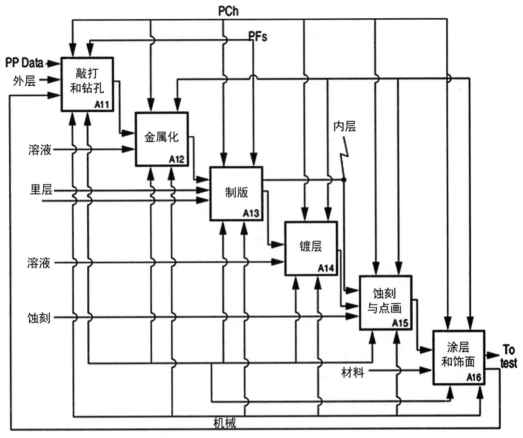

图 2-11 印制电路板(PCB)制造的第二级 IDEF0 流程图

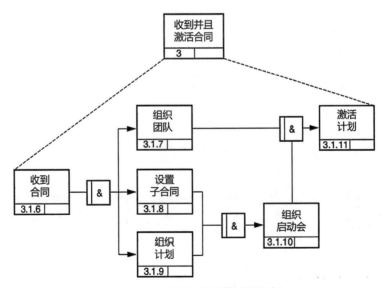

图 2-12 IDEF3 流程描述图示例

对象-状态转移网络（OSTN）图是捕获以对象为中心的流程视图，这些视图跨越流程图并总结允许的转换。图2-13为一个OSTN图示例。对象状态和状态转换弧是OSTN图的关键元素。在OSTN图中，对象状态由圆表示，状态转换弧由连接圆的线表示。一个对象状态是根据事实和约束条件定义，这些事实和约束条件必须持续对该对象的存在有效，并且以输入和退出条件为特征。输入条件约束了对象转换之前需要满足的要求。退出条件描述了对象转移到另一个状态的条件。约束由属性/值对应的简单列表或约束陈述指定。属性的值必须与需求值匹配。

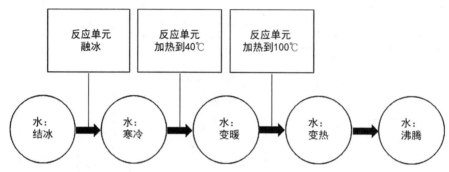

图2-13 实例IDEF3对象状态转移网络图

输入条件详细说明了在物体转换到一个状态之前需要满足的要求。退出条件描述了一个物体可以转换出一个状态的条件。约束由属性/值对应的简单列表或约束语句说明。属性的值必须与要满足的要求的指定值匹配。状态转换弧表示焦点物体状态之间允许的转换。强调一个过程参与一个状态转换通常是很方便的。通过在两个物体状态之间的转换弧上附加一个反应单元（UOB），可以在IDEF3中表示这类过程约束的重要性。

2.3.2 价值流图

流程图可用于开发价值流图，以分析流程的工作情况。一旦以适当的详细程度建立了流程图，就可以绘制产品或程序或服务、材料、信息、资金和时间的流动。例如，图2-14给出了一个价值流图的示例，该价值流图不仅绘制了物料流，而且绘制了发信号和控制物料流的信息流。

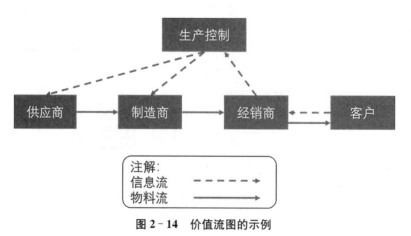

图2-14 价值流图的示例

　　在绘制价值流图之后,为每种类型的流(如物料流和信息流)标识增值步骤,还暴露了非增值步骤(浪费)、价值抑制因素、流动成本和流动风险,并分析了它们对整个过程绩效的影响。

　　在通过价值流图识别现有流程中的问题后,可以启动流程修订或重新设计流程,以消除缺陷。在制造流程中,可以通过消除非增值步骤和重新设计子流程的布局和顺序来进行修订,从而降低成本和减少周期时间。

　　下面是价值流图项目(Bremer,2002)案例,该项目涉及一家面向制造业的公司。

　　例 2 - 3　下面的两个值流图说明了公司范围内的信息流。第一张图(见图 2 - 15)显示了管理层如何认为信息在其业务中流动;管理层认为这些流动是简单和直接的。第二张图(见图 2 - 16)显示了信息是如何真正流动的。第二张图要复杂得多。它表明许多流程步骤

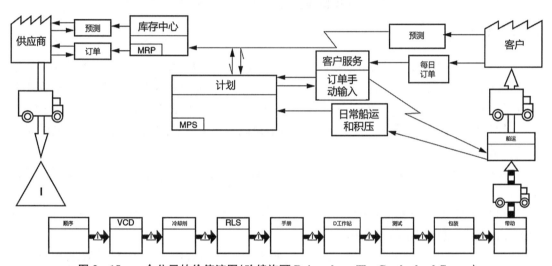

图 2 - 15　一个公司的价值流图(改编许可 Rainmakers,The Cumberland Group.)

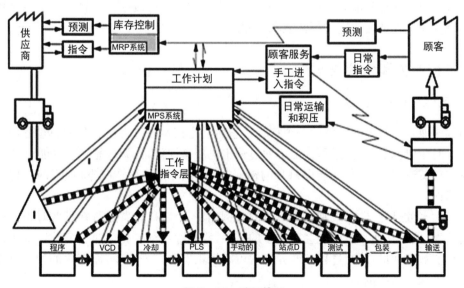

图 2 - 16　过程管理

没有增加任何价值，它们实际上阻碍了生产过程。此外，在这个过程中还有大量隐藏的信息交易，从客户的角度来看，这些交易不会给企业带来任何价值。

由于这些问题，公司从原材料到交付给客户通常需要 34 天以上的时间。在发现这些问题后，公司重新设计了业务流程。改良的流程能够减少大部分的隐藏交易，公司能够在改进后的 5 天内从原材料转移到交货。

在办公室流程中，可以通过重新设计各部门的组织结构、报告机制、建筑布局和职能职责来进行修订，以减少非增值步骤、文书工作流转时间和错误，因此减少浪费，提高效率。在此分析的基础上，建立了一个理想的价值流图，其中去除了所有的浪费和价值抑制因素；流的成本和风险同样降低到最低水平，我们称之为"理想"状态。完全实现理想状态可能行不通，但这往往会获得一个大为改进的过程。

流程图和价值流图在流程管理领域经常被当作一种有效的工具。

2.3.3 过程管理

过程管理是过程改进的知识体系。通过提高效率和有效性，过程管理提高了客户满意度并最终实现利润增加、高增长及长期经营。大多数组织通过一个或多个维度来驱动其本身进行过程管理。Fuglseth 和 Gronhaug（1997）提出，这些维度包括了质量、生产量、效率、响应时间、在制品、加工成本。为了利润最大化，组织需要降低过程成本，增加生产量的同时提升质量。

过程管理包含五个阶段：① 过程图；② 过程诊断；③ 过程设计；④ 过程实施；⑤ 过程维护。

过程图的要素包含对过程的定义和所有会影响过程设计和改进的事件。一旦目标和过程的文档完成，就可以进行过程诊断。

六西格玛和过程管理。过程管理共享六西格玛的许多目标。然而，过程管理不采用大量的质量方法进行过程改进。过程管理主要集中在成本、效率、周期等方面，但它没有足够重视过程一致性或过程能力。过程能力实际上是六西格玛的起点。如今，六个西格玛使用过程管理和质量保证去改进过程性能和过程能力。

2.4 过程能力和六西格玛

2.4.1 过程性能和过程能力

过程性能是衡量过程绩效的一个指标。它通过比较实际过程性能和理想过程性能来进行评价。对于电源设备，其过程性能可通过输出电压来评价，比如理想过程性能可以是 6 V。对于客户计费过程，其过程性能以每月的错误数来衡量；在这种情况下，理想的过程性能等级为零错误。

对于大多数过程，性能级别不是恒定的。例如，一个客户计费过程在某些月份可能只有很少的错误，但在其他月份可能会有更多的错误，我们称这种变化为过程变化。如果过程性能可以用实数来衡量，那么过程的变异通常可以用正态分布来建模，而变化的程度可以用该分布的标准偏差来衡量。

如果过程性能水平服从正态分布，我们可以使用过程名义值和过程标准差作为关键性能评价。名义值可以通过计算大量过程性能数据获得。例如,对于客户账单服务,我们可以通过收集过去三年每个月的错误数值来获得平均值,这个平均值就是过程性能的名义值。对于电源装置,我们可以通过测量大量数据然后算出平均值作为过程性能的名义值。

如果过程遵循正态分布,过程性能有很高的概率会分布在名义值的 $\pm 3\sigma$ 内,σ 是标准差。换一种描述,即大约有 0.27% 的测量值会分布在 $\pm 3\sigma$ 外,有 99.73% 的测量值会分布在 $\pm 3\sigma$ 内。过程分布偏差从 -3σ 到 $+3\sigma$,它的总分布宽度为 6σ。总体过程分布宽度通常用于评价过程变异性,所以也被称为过程分布幅度。

对于任何过程性能评价,通常会有一些性能规格限制。例如,如果电源的输出电压过高或过低,则无法正常工作。假设它与目标值 6 V 的偏差不能超过 0.5 V,则它的规格限制为 6 ± 0.5 V,或者我们可以说它的规格分布是(5.5,6.5),5.5 V 是下规格限(LSL),6.5 V 是上规格限(USL)。

如果我们比较过程分布宽度和规格限,我们通常可以得到以下三种情况:

(1) 案例一:一个高能力的过程。过程分布很好地处在规格限内,如图 2 – 17 所示。

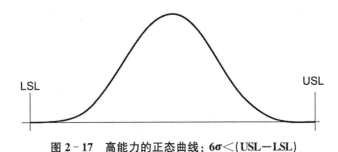

图 2 – 17　高能力的正态曲线:$6\sigma < (USL - LSL)$

这个过程是有能力的,因为它产生不可接受的表现的可能性很小。

(2) 案例二:能力有限的过程。过程分布几乎等于规格限,如图 2 – 18 所示。

当一个过程分布几乎等于规格限时,这个过程能够满足规范,但是很少会始终满足。这表明,如果过程均值着向右或向左移动一点点,那么大量的输出值将超过规格限。

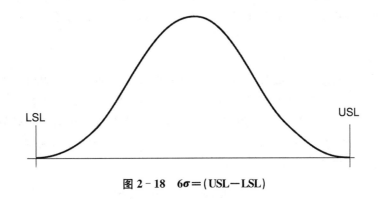

图 2 – 18　$6\sigma = (USL - LSL)$

(3) 案例三:能力不足的过程。过程分布超出规格限,如图 2 – 18 所示。

当过程分布大于规范限时,过程就不能满足规范,因此常常会产生不可接受的表现。

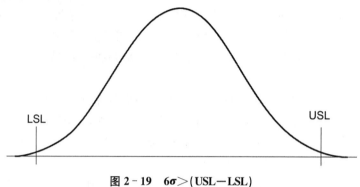

图 2‑19 $6\sigma >$（USL−LSL）

2.4.2   过程能力指数

能力指数是一种简单的度量方法，它简要地描述了过程的波动和规格限分布之间的关系。

1. 能力指数 C_p

过程能力指数 C_p 的公式是规格限与过程分布的比值。后者用 6 个标准差（6σ）表示。

$$C_p = \frac{\text{USL} - \text{LSL}}{6\sigma}$$

C_p：假设过程是服从正态分布的。如果过程平均值在规格限的中心，那么 C_p 可以直接换算为不合格产品在规格外的百分比或比例。

当 $C_p = 1$（3σ 水平），大约 0.27% 的部分处于规格限之外（假设过程中心是规格限的中点）。因为规格限与 USL 和 LSL 的过程非常匹配。我们说这大约是百万分之 2 700 件（2 700 ppm）不合格（1 ppm = 10^{-6}）。

当 $C_p = 1.33$（4σ 水平），大约 0.006 4% 的部分处于规格限之外（假设过程中心是规格限的中点）。因为规格限与 USL 和 LSL 的过程非常匹配。我们说大约 64 ppm 不合格。在这种情况下，我们关注从中心开始 $1.33 \times 3\sigma = \pm 4\sigma$ 以外的部分。

当 $C_p = 1.67$（5σ 水平），大约 0.000 057% 的部分处于规格限之外（假设过程中心是规格限的中点）。因为规格限与 USL 和 LSL 的过程非常匹配。我们说大约 0.6 ppm 不合格。我们关注从中心开始 $1.67 \times 3\sigma = \pm 5\sigma$ 以外的部分。

2. 过程能力指数 C_{pk}

对很多流程来说，C_p 的主要缺点在于，流程表现水平的平均值与规格限要求的中值经常是不一样的，或者说，很多流程的均值水平会随着时间的变化而产生漂移。

当这种现象发生的时候，如果只用 C_p 来计算的话，这个过程能力的一致性就会非常不准了。因此我们必须要考虑过程表现的均值与规格限上下公差要求之间的关系。于是，另一个指标——C_{pk} 就应运而生了。

$$C_{pk} = \min\left\{ \frac{\text{USL} - \mu}{3\sigma}, \frac{\mu - \text{LSL}}{3\sigma} \right\}$$

以下面的例子来看，过程的标准差 $\sigma = 0.8$，上下规格限分别是 USL = 24，LSL = 18，这

个过程的均值是 $\mu = 22$（见图 2-10）。于是就有

$$C_{pk} = \min\left\{\frac{24-22}{3\times0.8}, \frac{22-18}{3\times0.8}\right\} = \min\{0.83, 1.67\} = 0.83$$

如果过程的均值与规格限的中值是完全重合的，那么 $C_p = C_{pk} = 1.25$。

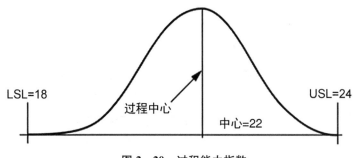

图 2-20 过程能力指数

3. 过程能力指数 C_{pm}

C_{pm} 也被称作田口过程能力指数，以日本著名的质量专家田口玄一（Genichi Taguchi）的名字来命名。

这个能力指数是在 20 世纪 80 年代后期被开发出来的，他考虑到了过程均值与最理想的目标值 T 之间的匹配状态。

$$C_{pm} = \frac{\text{USL} - \text{LSL}}{6\sqrt{\sigma^2 + (\mu - T)^2}}$$

当流程表现情况的均值与过程要求的规格限中值重合，而且流程的均值与目标值 T 是相同的，那么 $C_p = C_{pk} = C_{pm}$。

而当流程表现情况的均值偏移了目标值 T，那么相应的过程能力指数就产生了变化。用上述的例子来看，如果目标值 $T = 21$，C_{pm} 的计算就会变成

$$C_{pm} = \frac{24-18}{6\sqrt{0.8^2 + (22-21)^2}} = 1.281$$

4. 摩托罗拉的六西格玛质量定义

在 1988 年，摩托罗拉公司赢得了美国国家质量大奖——马尔科姆·波多里奇国家质量奖。而摩托罗拉公司的质量主要基于它的六西格玛项目开展。

这个系列项目的目标就是要减少每一个流程的过程变异，其中的主要要求就是流程的 12σ 水平（以均值为中心的正负 6σ 水平）分布与流程要求的规格限一致，如图 2-21 所示。

摩托罗拉将均值左右的 1.5 个 σ 水平设定为可浮动的安全质量接受区域，这样就剩下两边的各 4.5σ 水平范围。这样，即使质量中心产生了 1.5σ 范围的波动，也会有至少 4.5σ 水平在目标范围内。于是，这样的设定就保证了在最差情况下，最多也就只有在单侧的 3.4 ppm 的不良水平；如果考虑双边的要求，那就是 6.8 ppm 水平。

如果流程表现的均值能够与目标值重合，转化过来，就是能够达到 $C_p = 2.0$ 的高水平。以此为目标，摩托罗拉在它的流程质量上做出了巨大的改进，同时也包括了许多的办公室流

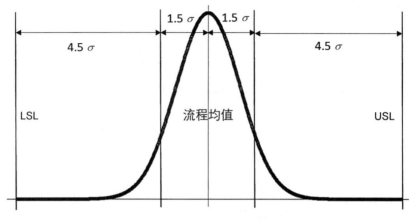

图 2 - 21　摩托罗拉的六西格玛项目示意图

程和业务流程。

5．六西格玛和过程能力

过程能力的概念表明，为了实现较高水平的流程能力，一定要完成以下两项工作：

（1）实际流程表现的均值一定要尽量接近理想的过程表现水平，或者说要接近目标值。

（2）流程表现的分布状况应该相对于功能要求的规格限来说尽量集中。

所以说，这又与我们提到的"做正确的事情，并且把事情始终做正确"原则一致了。

实现六西格玛的过程能力是一项非常困难却有很有必要的工作。我们希望流程能够产出达到目标均值的良好水平，否则，比如说一个公司能够在一些年份实现良好的利润率，但是在另外一些年份无法实现，那么这种不一致和不稳定就会严重地损害这个公司的形象和员工的士气。

六西格玛是一项适用于全公司所有质量方法和流程管理，以及整个流程生命周期的战略。开展六西格玛项目的目标是使得流程能够达到一个持续的高水平要求的所有指标。

接下来介绍，实现六西格玛水平常用的两种途径或者方式：六西格玛流程改进和六西格玛设计（DFSS）。

6．六西格玛流程改进

六西格玛流程改进实际上是大多数人提到六西格玛的时候所指的狭义的概念。

这项战略并不将涉及流程的基础框架或者潜在的流程改变或重新设计包含在内。它主要涉及找到并且减少产生流程绩效问题的根本原因，使得流程表现或者过程变异尽量减小，但是不会触及最根本的流程要素。

如果我们将其与前面图 2-8 中提到的流程生命周期相对应，那么六西格玛流程改进指的是第四阶段开始后的各阶段。

7．六西格玛设计（DFSS）

六西格玛设计指的就是要涉及最根本的流程框架以及潜在的流程元素的改变。

如果我们将其与前面图 2-8 中提到的流程生命周期相对应，那么它主要应用在第一阶段到第三阶段。

因此，它是一个涉及上游的工作。DFSS 的目标是能够设计或者重新设计流程来使得流程能够最大限度满足客户的满意程度，以及持续性的实现流程带来的功能性目的。

在以下情况，六西格玛设计更加有必要性：

（1）业务流程希望重新设定，而不是修复现在的流程；

（2）领导层或者六西格玛团队发现仅仅改进现有的流程不会达到高水平的质量来满足客户要求；

（3）业务中发现一些能够为客户提供完全不同的产品或者服务的时候。

DFSS 不是一项快速解决问题的尝试，它可能在开始阶段需要付出更多的努力和尝试，但是相对于常规的六西格玛改进项目来说，它最终所带来的收益将更大。

2.5　六西格玛流程改进的整体概览

在六西格玛项目中，如果六西格玛团队选择了常规的六西格玛流程改进策略，那么就会使用一个经典的 5 步流程法：① 定义问题和客户需求；② 测量缺陷和操作流程；③ 分析数据，找到问题原因；④ 改进流程消除缺陷产生的原因；⑤ 控制流程以确保缺陷不复现。

这五个步骤策略也被称为 DMAIC（定义—测量—分析—改进—控制）（见表 2-1）。我们会简单描述这五个步骤，这里假设流程遵循 SIPOC 模型。

2.5.1　阶段 1：定义项目和顾客需求

当我们需要启动一个六西格玛流程改进项目，说明在改进的流程不能令人完全满意，至少我们相信这个流程还有很大的改进空间。通常"定义"（D）阶段可以按以下三个步骤进行：

步骤一：起草项目章程，其中包括：① 商业论证；② 项目目标和交付物；③ 确定里程碑；④ 项目范围、限制和假设；⑤ 团队成员；⑥ 角色和职责；⑦ 初步项目计划。

步骤二：识别并记录过程。

（1）识别过程。在六西格玛流程改进项目中，通常一个团队一次只优化一个流程。这个流程通常是公司的核心流程，例如产品开发、营销或售后服务等对公司非常重要的流程；或者是辅助流程，比如人力资源或信息系统，有时候这个流程会变成了公司的瓶颈。

（2）记录流程。流程被识别之后，要用合适的模型对该流程进行建模和分析，比如使用 P 图模型或 SIPOC 模型。

在过程模型确定之后，流程模型的主要元素，即供应商、输入、流程图、流程输出和顾客应该先定义出来。在这个步骤中，我们只停留在流程模型的最高层或次高层，因为我们不希望一开始就陷入讨论细节。

表 2-1　流程生命周期和六西格玛方法

产品/服务生命周期阶段	六西格玛任务	六西格玛策略	六西格玛工具
（1）启动/构思	识别项目范围、顾客、供应商、顾客需求	DFSS	客户研究、流程分析、卡诺模型、QFD

（续表）

产品/服务 生命周期阶段	六西格玛任务	六西格 玛策略	六西格玛工具
（2）概念开发	确保新流程概念提出正确地满足客户需求的功能需求； 确保新概念可以带来顾客声音系统设计，没有设计缺陷； 确保新概念对下游开发工作稳健	DFSS	QFD 田口方法/稳健设计 TRIZ 公理设计 DOE 仿真/优化 可靠性设计
（3）流程设计/试验/调试/上市	确保流程传递需要的功能 确保流程表现持续和稳健 验证流程的有效性和持续性	DFSS	田口方法/稳健设计 DOE 仿真/优化 可靠性设计/测试和估计 统计分析
（4）流程日常运作	确保流程表现持续	六西格玛流程改进	SPC 故障处理和诊断 防错
（5）流程改进	改进以满足新的需求	六西格玛流程改进	DMAIC 策略 顾客分析、卡诺模型 QFD 统计测量系统 DOE、谢宁方法、多变量分析、回归分析 流程分析、价值流程图 SPC

步骤三：识别、分析和排序顾客需求。

（1）识别客户需求。客户需求有两种：

（a）交付需求。交付需求指流程末端交付给客户的产品和服务特征。例如，供电设备的输入电压是 6 V，在客户视角的交付需求是"电压不能太高也不能太低"。数值要求应该表示为"在 5.5 V 和 6.5 V 之间"。对于一个复杂的产品或流程，比如汽车或发电厂，它们的交付物及其相关需求会很复杂。

（b）服务需求。服务需求相对更加主观，它是由顾客在被服务过程中的期望决定。服务需求通常难以精确定义。

（2）分析并排序客户需求。对于一个复杂的产品或者过程，其客户需求清单是繁杂的，并且通常是分层的。例如，汽车类产品许多顾客要求驾驶过程中的驾驶性、外观和舒适性。以驾驶性论，它包含了许多子内容，比如加速性能、制动性能和转向性能。对于每个子内容，又可以进一步分解为下一级的细节。

需求的清单会非常复杂，但所有的需求在顾客眼中是一样的。我们需要去分析和排序这些需求。这个步骤可以使用卡诺模型或 QFD 完成，在第 4 章中会有详述。清单中的高优先级客户需求通常被定义为关键质量（CTQ）。

2.5.2 阶段 2：测量过程能力

测量是非常重要的一步。这一步包括了准备收集数据到评估现有流程的表现水平，也包括了提供用作分析和改进阶段的信息。

这个阶段通常包括以下步骤：

（1）选取需要测量的内容。通常，我们需要测量以下方面：

（a）输入因子的测量；

（b）输出因子的测量，比如 CTQs，或者 CTQ 的其他形式，或者不良数据；

（c）数据的分层；

（2）制订数据收集计划。

（a）数据类型（离散型或者连续型）。

数据有两种类型：离散型数据和连续型数据。离散型数据的测量是指对象可以被区分、被分离、互斥的。比如说，汽车类型、信用卡类型。连续型数据应用在可量化的测量中，而这些测量可以在尺度上被无穷地拆分，比如说价格、成本、速度等。

离散型数据通常更加容易收集，容易分析，但是从统计学上来看，用来做分析还不够，往往需要获取更多的数据才可以。

（b）抽样方法。

（3）计算流程的西格玛水平。

对连续型数据，我们可以使用上一章介绍的过程能力分析和计算方法来直接计算。对离散型数据，我们可以直接计算不良率，然后转化成西格玛水平。

2.5.3 阶段 3：分析数据，发现问题的原因

在数据收集后，我们需要分析数据和流程，以便找到可以改进流程的方法。在这一阶段通常有两个主要的工作：

（1）数据分析。使用收集到的数据去发现组合形式、趋势，以及其他的一些可以提供建议、支持或者拒绝理论的不同方面，这里面就包括了可能的原因和结果。经常使用的方法包括：① 根本原因分析；② 因果矩阵分析；③ 失效模式分析（FMEA）；④ 柏拉图分析；⑤ 验证根本原因分析；⑥ 实验设计（DOE）；⑦ 谢宁方法。

（2）流程分析。它包括了针对现有关键流程的细节观察与分析，这个流程通过识别周期时间（cycle time）、返工、停工时间和其他一些并没有为客户带来增值作用的内容来分析客户需求的满意情况。我们可以使用流程图梳理（process mapping）、价值流程图分析（VSM）和流程管理方法等。

2.5.4 阶段 4：改进流程

在第三阶段完成后，我们应该已经识别了改进流程表现的根本原因。

如果是通过流程分析来识别出的引起流程表现问题的根本原因，改进措施通常可以通过一些技术手段来实现，比如流程简化、流程并行和减少瓶颈。如果是通过数据分析来找到的根本原因，那么找到改进问题的方法通常更加简单。

有时候，找到改进措施没有那么容易，因为显而易见的措施也许能够解决现有问题，但

是也会对其他的流程造成问题。在这种情况下，需要找到一些创新的方法。头脑风暴和 TRIZ 分析可以在这里尝试使用。

2.5.5 阶段 5：控制流程

这个阶段的目的是保证在上一个阶段找到的流程改进措施能够达到所需的目的。我们需要将改进阶段找到的变化文件化。如果改进措施是通过流程管理方法，比如流程简化方式来实现的，那么我们需要设立一个新的流程标准。如果改进措施是通过减少引起较差表现的根本原因的方式来实现的，那么在改进和控制了关键变量之后，我们就需要保持对流程表现情况持续追踪，比如可以使用控制图的方式。

2.6 六西格玛向上游开发：六西格玛设计

六西格玛设计(DFSS)是一种在流程生命周期的早期阶段使用的战略。它并不是依靠不改变先有流程的基础框架的战略，而是在流程的开始阶段就使用更加有力的工具和方法来实现开发更优化的设计。这些工具和方法将会对现有的产品开发流程，或者内外部服务与业务流程的设计(重新设计)流程产生直接的有力的作用。

本书剩余部分主要专注 DFSS 的介绍。第 3 章是 DFSS 的介绍章节，将会给出 DFSS 理论、DFSS 流程和 DFSS 应用的整体介绍。第 4 章将给出关于如何在一个公司中应用 DFSS 的细节表述，比如如何开展 DFSS 团队的培训、组织需要的支持活动、财务管理，以及推进与实施战略。第 5 章将针对完整的 DFSS 流程给出非常详细的介绍，包括对 DFSS 各阶段的详细描述，以及对工作管理、记分卡管理和如何将所有的方法应用到 DFSS 各阶段的介绍。第 6 章到第 17 章将针对 DFSS 中用到的各个主要方法给出非常详细的介绍。

2.7 总结

六西格玛是一套为业务发展提供工具和改进业务流程能力的方法论。与其他的质量方式相比，六西格玛方法最关键的不同在于，它不仅应用在产品质量上，同时也应用在了业务流程与运营的所有方面。六西格玛是一套业务优化的方法论。

流程是六西格玛改进项目的基本元素。流程可以是一个产品本身、一个服务、一个生产流程，或者一个内部业务流程。

详细流程图梳理、价值流程图分析，以及流程管理都是一些改进整体绩效水平的有效工具。六西格玛流程改进是希望同时针对流程表现和流程能力。

流程能力是用来衡量流程输出表现的持续能力的方式。六西格玛流程能力代表了世界级的标杆流程能力。

六西格玛流程改进是在不改变流程架构、不需要重新设计流程的基础上来改进流程绩效和流程能力的方法论。而 DFSS 六西格玛设计是关注在产品或者服务生命周期早期阶段的方法。

第 3 章
六西格玛设计

3.1 引言

本章旨在介绍六西格玛设计(DFSS)的理论、过程和应用,让读者了解 DFSS 及其用途和益处。在阅读本章后,读者可以对 DFSS 有足够的了解,从而评估 DFSS 如何与他们的工作相关,并确定他们进一步学习的需求。

面向客户的设计是将客户的需求转化为对客户有用的设计方案的开发过程。这一过程从概念阶段开始,会经过几个阶段。在概念阶段,构思、评估和选择好的设计解决方案是一项困难的任务,并有较大影响力。设计和制造公司通常有两种运作模式:① 防火模式,即构思可行、健康的概念方案;② 救火模式,即以解决问题为主,使设计实体能够实现其承诺的潜力。而后一种模式会消耗组织较多的人力和非人力资源。本书强调的六西格玛设计是针对这两种运作模式的。

设计研究的最新趋势是通过两个方向去加强设计过程以获得更好的设计方案。第一个方向是在使用环境中提高设计性能;第二个方向涉及概念方法。田口提出的稳健设计方法属于第一个方向(Taguchi,1994)。在这种方法中,一个好的设计是为既定的功能目标提供一个稳健的解决方案,并且可以通过由三个阶段组成的设计过程实现,即概念(系统)设计、参数设计和公差设计。对于第二个方向,设计方法学领域的大量研究已经在德国出版。这些努力大多列在德国指南 VDI(Varian Destscher Ingeneure)、VDI 2221(Hubka,1980;Phal 和 Beitz,1988)中。第二个方向的最新发展是 Suh(1990)提出的基于科学的设计。该设计原则的一个主要关注点是当违反某些原则时在设计解决方案中引起的设计缺陷。这些设计缺陷可以通过公理设计的有效部署来解决或减少。例如,当不满足独立公理时,功能耦合(缺乏可控性)将在设计解决方案中产生。

3.2 什么是六西格玛设计?

六西格玛设计在本书中被定义为一个科学理论,它包含了针对不同基本知识领域的感知和理解,以及这些基本知识领域之间的关系。这些感知和关系结合在一起,在设计实体中产生结果。DFSS 的基本知识领域包括命题和假设、现象或对象的分类、概念和概念方法的混合，比如第 8 章将介绍到的公理设计和第 9 章介绍的 TRIZ 以及一系列经验统计和数学模型。这些知识和关系构成了 DFSS 理论。在概念竞技场中，这个理论建立在其他方法的理论体系之上，可以是两种类型之一：公理或假设，这取决于处理基本知识领域的方式。不能被检验但被普遍接受为真理的基本知识被视为公理。如果基本知识领域正在被测试，它们将被视为假设。设计公理（Suh，1990）和 TRIZ（Altshuller，1988）假设是 DFSS 理论基础知识的例子。DFSS 的主要目标是"第一次就设计正确"，以避免痛苦的下游体验，DFSS 中的术语"六西格玛"可以定义为没有设计缺陷或最小的设计缺陷。通常，有两类主要设计漏洞可能会影响设计实体的质量：① 由于违反设计公理原则而产生的概念性漏洞；② 由于在使用环境中缺乏稳健性而导致的操作漏洞。其中消除或减少操作漏洞是六西格玛的质量改进目标。

当预先采用 DFSS 时，其目标是通过预测两个设计漏洞的影响使得"第一次设计就正确"。这就要求公司提供分析手段，以实现并维持这一目标。许多正在部署六西格玛哲学的公司正在绘制他们对 DFSS 的内部视图。我们认为，在部署 DFSS 的许多公司中，大多数关于 DFSS 的思考都是 DMAIC 方法论和"客户声音"的不同组合包装。他们提出的 DFSS 部署集中在 DMAIC 的分阶段推进方面，然而，随着这些工具复杂程度的增加（如使用多元回归而不是简单的线性回归），这种路径就不能保证在设计实体中实现六西格玛能力了。另外，由于早期设计阶段数据的不可用性，目前的大多数六西格玛工具可能是无用的。在这种情况下，本书中提出的 DFSS 策略如图 3 - 1 所示。因此，DFSS 应该基于新的工具，这些工具应该考虑到设计过程本身的独特性。

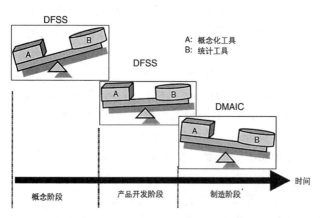

图 3 - 1 设计实体阶段的 DFSS 策略

在硬件方面，为了"第一次就设计正确"，本书中提出的 DFSS 理论旨在避免这两种类型的设计漏洞，使设计实体具有六西格玛的水平。这个目标不仅可以通过瞄准设计实体本身，还可以通过瞄准部署和发展 DFSS 的过程来实现。在软件方面，DFSS 通过改变现有的和旧的模式，通过一个项目获得的一次成功，改变和激励员工，为决策文化、丰富的六西格玛文化建立新的模式，从而推动公司的文化变革。

3.3 为什么是六西格玛设计

这本书的目的是介绍 DFSS 理论以及相关的概念和工具，这些概念与工具能消除或减少设计实体（一种产品、服务或流程）在概念和操作上的缺陷，并以六西格玛质量标准发布这些实体的所有需求，也就是说，所有功能需求都在 6 倍标准差的上下规格限内。这个目标我们称之为六西格玛（6σ），希腊字母 σ 代表标准差。

操作上的缺陷需要针对关键质量特性（critical-to-quality，CTQ）的要求减少变异并调整均值，CTQ 作为一个目标，已经成为许多领域的主题，如田口提出的稳健设计方法，DMAIC 六西格玛方法和容差设计/容差技术。容差研究是操作缺陷的核心，因为它涉及设计参数和过程变量的公差分配，制造过程的评估和控制，计量问题，以及几何和成本模型。

相反，由于缺乏找到理想解决方案的兼容的系统方法、设计人员的忽视、进度截止日期的压力和预算的限制，概念上的缺陷通常会被忽视。这可以部分归因于这样一个事实，即传统的质量方法可以被描述为事后实践，因为它们使用滞后的信息来开发活动，如台架实验和现场数据。遗憾的是，这一实践将设计推向无止境的设计—测试—修复—再测试的循环，创建了被广泛称为"救火"的操作模式，也就创建了设计中的隐藏工厂。遵循这样实践的公司饱受开发成本高、上市时间长、质量水平低、竞争优势小的困扰。此外，通过操作缺陷改进手段来改进概念性缺陷的纠正措施，即使有用，也是效果有限。并且随着设计实体在开发过程中的进展，这些纠正措施的成本很高且难以实现。因此，在概念阶段实现 DFSS 是一个目标，并且可以在前期系统设计方法与质量概念方法集成时实现。具体来说，在这本书中，我们借鉴了以下基本知识来介绍 DFSS 理论：质量工程（Taguchi，1986），TRIZ（Altshuller，1988），公理设计原则（Suh，1990）以及概率和统计建模理论。DFSS 的目标是通过消除和减少设计缺陷的工具和方法来减少概念上的和操作上的设计缺陷。

一般来说，目前大多数设计方法在本质上是经验主义的。他们代表了设计群体的最佳想法，但是缺乏设计的科学基础，更多依赖于主观判断。当公司由于顾客满意度做不好而遭受损失时，经验判断可能不足以获得最佳的六西格玛解决方案。这是设计 DFSS 方法来满足这种需求的另一个动机。注意力应该从提高性能的设计生命周期后期转移到产品开发发生在更高的抽象层次上的前端阶段，即预防而不是解决。这种转变的动机还在于，在设计生命周期的早期阶段所做的设计决策对系统的总成本和质量影响最大。经常有人声称，高达 80% 的总成本是在概念开发阶段承担的（Fredriksson，1994）。制造业的研究领域，包括产品开发，目前正受到越来越多的关注，以解决行业缩短交货时间的问题，削减开发和制造成本，降低总生命周期成本（LCC），并以产品、服务或过程的形式提高设计实体的质量。根据作者的经验，至少 80% 的设计质量是在如图 3-2 所示的早期阶段完成的。我们把潜力定义为设计活动在特定设计阶段的影响和该阶段之前的总开发成本之间的差异。这个潜力很

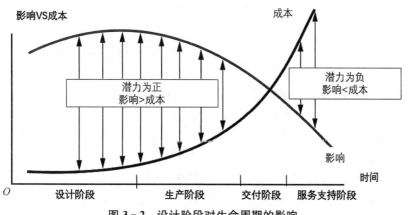

图 3-2　设计阶段对生命周期的影响

大,但随着设计的进展而减少,这意味着随着时间的推移设计自由度会减少。随着资金的投入(例如购买生产设备和设施,雇佣员工),这个潜力开始从正转向负。产品交付到消费者手中之后,潜力将变为负值,并且成本远远大于影响。在此阶段,纠正措施的设计更改只能在高成本下实现,包括客户不满意、保修和营销促销,并且在许多情况下还需要接受政府的详细审查(例如召回成本)。

3.4　六西格玛设计的阶段

六西格玛设计遵循以下四个阶段:① 识别需求(identify requirements);② 描述设计(characterize the design);③ 优化设计(optimize the design);④ 验证设计(verify the design)。我们将使用简写 ICOV 来表示四个 DFSS 阶段。

本书定义的 DFSS 包括两个方面:部署和应用。通过部署,我们采用部署实体所采用的策略来为应用程序选择、确定范围和确定项目的优先级。DFSS 部署的各个方面将在第 4 章中介绍。在接下来的部分中,我们假设部署策略已经就绪,作为应用程序和项目执行的先决条件。

3.4.1　阶段 1:识别需求

DFSS 项目可分为设计或重新设计一个实体。"创意设计"是我们用来表示新设计的术语,从头开始设计、增量设计用于重新设计或从基准设计开始设计。在后一种情况下,可以使用一些数据来细化设计需求。重新设计中数据的偏离程度是决定相关数据有用性的关键因素。

步骤 1:起草项目章程。这与 DMAIC 项目一样。然而,项目持续时间通常是时间越长,初始成本通常越高。更长的项目持续时间是因为公司正在设计或重新设计一个不同的实体,而不仅仅是修补现有实体的漏洞。更高的初始成本是因为有更多的客户需求需要识别和研究,因为需要识别所有重要的关键满意度(CTS)指标来构思和优化更好的设计。对于 DMAIC 项目,我们可以只改进非常有限的 CTS 子集。

步骤 2:识别客户和业务需求。在这一步中,通过质量功能展开(QFD)和卡诺模型(Kano)分析,充分识别客户,收集和分析他们的需求。然后确定最合适的满足客户需求的集合(也就是 CTS 的集合),以测量和评估设计。再次,借助 QFD 和 Kano 分析,建立了每个 CTS 的数值极限和目标。

总之,以下是这一步骤的任务列表。在后面的章节将提供详细的解释。

(1) 识别获取客户需求的方法。

(2) 获取客户的需求,并将其转化为客户之声(VOC)清单。

(3) 将 VOC 清单转化为功能性和可测量的需求。

(4) 完成需求:① 建立最低需求定义;② 识别并填补客户提供的需求的空白;③ 验证用途和使用环境。

(5) 确定 CTS 为关键质量(CTQ)、关键交付(CTD)、关键成本(CTC)等等。

(6) 量化 CTS:① 为 CTS 建立度量标准;② 建立可接受的性能水平和操作窗口;③ 执行 CTS 后续流程。

此阶段使用的 DFSS 工具包括：① 市场/客户研究；② 质量功能展开；③ 卡诺模型分析；④ 风险分析。

3.4.2 阶段2：描述设计(C)

第1步：将客户需求(CTSs)转化为产品/过程功能要求。客户要求，也就是 CTSs，提供给我们关于什么会让客户满意的想法，但它们不能直接被使用，或作为产品或过程设计的要求。我们需要把客户需求翻译成产品/过程的功能性的要求。QFD 可用于此转换。公理设计在这一步也很有帮助。

第2步：生成设计方案。在确定新设计实体(产品、服务或过程)的功能需求之后，我们需要描述(开发)能够交付这些功能需求的设计实体。一般来说，有两种可能性：

(1) 现有的技术或已知的设计足够交付所有的要求，这就使得这一步无足轻重。

(2) 现有的技术或已知的设计不能够满意地交付所有的要求；那么需要开发一个新的设计概念。根据偏离基线设计的程度，这种新的设计可以是"创造性的"或"渐进的"。TRIZ方法和公理设计将有助于在这一步中产生许多创新的设计概念。

第3步：评估设计方案。多种设计方案可能在最后一步生成。我们需要对他们进行评估，最终决定将使用哪个概念。许多方法可以用于设计评估，包括普氏概念选择技术，设计评审，设计脆弱性分析(El-Haik，1996；Yang and Trewn，1999)和 FMEA。经过设计评估，将选择一个胜出的概念。在评估过程中，最初设计概念的诸多弱点将被公开，这些概念将被修改和完善。如果我们在设计一个过程，过程管理技术也将被用作评估工具。

此阶段使用的 DFSS 工具包括：① TRIZ；② QFD；③ 公理设计；④ 稳健性设计；⑤ DFX；⑥ DFMEA 和 PFMEA；⑦ 设计评审；⑧ CAD/CAE；⑨ 仿真；⑩ 过程管理。

3.4.3 阶段3：优化设计(O)

这一阶段的结果是一个优化设计实体，其所有功能需求表现出六西格玛的性能水平。在概念设计完成后，仍有许多设计参数可以调整和改变。借助计算机模拟或硬件测试、实验设计模型、田口稳健设计方法和响应曲面分析，可以确定最优参数设置。在产品 DFSS 项目中，通常在这个参数优化阶段后面都有一个容差优化的步骤。目标是为设定制造公差，提供一个合乎逻辑和客观事实的依据。如果设计参数不可控，我们可能需要重复 DFSS 的第1～3阶段进行制造过程设计，而且这通常是 DFSS 项目常发生的情况。

此阶段使用的 DFSS 工具包括：① 设计/仿真工具；② 实验设计；③ 田口方法，参数设计，容差设计；④ 可靠性设计；⑤ 稳健性评估。

3.4.4 阶段4：验证设计(V)

参数和公差设计完成后，我们将进行最终验证和确认活动。

步骤1：试运行和改善。任何产品或服务都不应未经试运行和改善就直接投放市场。在这里，我们可以使用设计失效模式分析(DFMEA)以及试运行和小规模实施来测试和评估实际性能。

步骤2：验证和过程控制。在这个步骤中我们需要验证最终产品，以确保最终设计的结果(产品或服务)符合设计要求并且建立了制造和生产的过程控制,以此确保关键特征总是按照优化(O)阶段的规范生产。

步骤3:全面商业推广并移交给新流程拥有者。当设计产品已经被验证并且过程控制已经建立,我们需要开展全面商业推广并推出新的产品以及支持流程,然后交给下游设计和过程拥有者,最后完成要求设定与控制,以及监测体系。

在这个阶段会用到下列 DFSS 工具:① 过程能力模型;② DOE;③ 可靠性测试;④ Poka-yoke,防错;⑤ 置信度分析;⑥ 流程控制计划;⑦ 培训。

3.5 关于设计流程和设计缺陷的补充

DFSS 应用能够高效达成的基础是使用了科学的分析工具,比如公理设计在"结构设计"中非常重要。结构设计的目的是定义设计要求、设计参数、过程变量之间的相互关系。根据具体情况,以不同形式来传递结构,比如系统框图、流程图和功能树图。还有一些被六西格玛认可的模型,比如因果矩阵和流程图,相较于 DMAIC 方法在 DFSS 中更加流行,特别是在描述(C)阶段。这些模型揭示了设计是如何匹配功能需求(FRs)。耦合代表 FRs 间缺乏独立性。FRs 的耦合是一个设计缺陷对设计产品的可控性和可调节性有负面影响。此外,耦合还会造成设计产品的可靠性和稳健性的下降,并且让找到符合客户属性的方案变得复杂和费时。它肯定会影响六西格玛设计达到客户超预期的满意度的能力。很多消极的场景都是由耦合造成的。在传统的设计困境中,设计者试图通过调整过程变量(PVs)来解决有害问题确定的 CTS,而没有注意调整对设计产品其他 FRs 的影响。这种无知或者疏忽使情况复杂化,并导致重复性试错,最终造成对最初问题的妥协或提出错误方案。在这种情况下,也许应该创造设计产品的新特征。

六西格玛哲学与科学设计方法的结合,产生了一个稳健性 DFSS 策略,在理论和应用层面有许多优势。例如,在设计构架的高层阶段进行抽象开发能够使决策更加合理,而在设计构架的低层阶段使用数学公式和实证验证有助于变异减少和设计可控,比如公理化设计中的"之字形"方法。公理设计为结构和设计实体选择提供了规则,当遵循公理时,这些设计从概念上是稳健的。当设计解耦时,DFSS 的优化(O)和验证(V)阶段将更容易执行。但在耦合的概念中,这种灵活性很小。

遗憾的是,通常因为技术、组织文化、成本或其他限制,服从公理并不总是可行的。一个设计组织可能会发现自己被迫在其部分或全部设计领域中处于某种程度的耦合中,或者至少在短期内是这样。即使技术能够解决耦合问题,大概率也会由于成本限制导致也无法实现。因此,迫切需要提高耦合设计的能力,特别是预计到变化源将对 FRs 产生不利影响时。

设计过程会涉及四个映射域之间的三个转化(见图3-3)。第一个转化涉及客户属性(CAs)和功能需求(FRs)。这个转化非常关键,因为它产生了从客户角度定义了实现设计目标所需的最小功能需求。它可以通过质量功能展开(QFD)来实现。当最小 FRs 定义后,物理转化(矩阵 **A**)就启动了。此转化涉及 FR 域和设计参数(DP)域。这个过程就是设计活动的本质,并且当高级别的 FRs 逐步被分解为最低级别参数时,整个开发活动可以被表示为设计矩阵。设计矩阵的积累会形成概念功能结构,它可以揭示耦合,并为如果-然后(if-then)这样的场景分析提供了跟踪设计更改演变的方法。

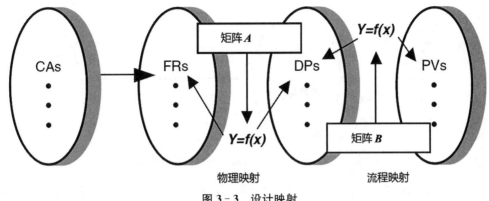

图 3-3　设计映射

流程映射(矩阵 **B**)是最后一个转化过程,涉及 DP 域和过程变量(PV)域。这种转化可以像物理转化一样用矩阵表示,并提供将 DPs 转换为过程变量所需的过程结构。

3.6　六西格玛与六西格玛设计的不同

在一项设计任务或者问题解决的任务中,不管黑带是否意识到,在矩阵 **A** 和矩阵 **B** 中的设计映射与转化都是存在的(见图 3-3)。

在一个 DFSS 项目中,这三种映射需要被相继梳理出来。当后面两项转化按照设计公理的要求被转化出来时,就有可能开始使用概念开发的方式在设计活动中提升六西格玛设计的水平了。

但是需要注意的是,项目的类型(比如创意类的或者迭代类的)才是决定设计操作方式的关键因素,因为它决定了是基于现有的设计基础来做调整,还是要开发新的设计创意。

在包括 DMAIC 在内的许多设计实践中,都是期望在现有的生产制造环境中找到解决方案,也就是在关注最后一个转化,即造成问题的关键满意度指标。然而,这些实践在寻找可行性方案的时候都不会遵循循序渐进的映射转化方式、设计分解和设计原则,不考虑一些设计上的耦合性导致的可能产生的设计漏洞或不稳健性。换句话说,这些实践习惯于通过流程的平均表现简单地对流程中的 x 变量实施设计变更来解决设计问题。在这里可以请读者回想一下 DMAIC 中提到的 $Y=f(x)$ 的理论。

现有的六西格玛项目中的框架性概念,可以通过图 3-4 来描绘,也就是说,忽略了设计参数(DPs)。另外,我们在图 3-4 中的内容里还找到了几个关键的内容:

(1) 项目黑带可能在仅仅调整流程变量(PVs)却不能提供一个完全满意的解决方案,直接忽略了设计变更的可能性,但目前的调整已经让流程实现了基本的功能要求。这种风险在黑带们引进对制造流程的关键变更时就容易发生,比如说在不必要的时候调整了制造参数和流程变量(PVs)。

(2) 另一个经典六西格玛 DMAIC 项目的弱点就是,容易忽略关键绩效指标(CTS)之间的相互影响效果或者耦合性,所以在解决其中一个指标并且形成了制度化措施之后,却产生了新的问题。

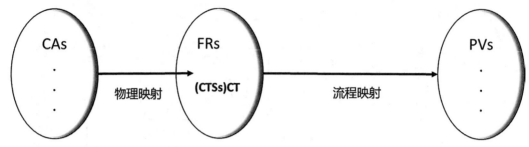

图 3－4　根据六西格玛原理的设计流程转化

（3）换个角度来说，仅仅把过程变量 PVs 作为 x 因子来考虑，而不是设计参数 DPs，往往会看起来更便宜更简单，因为设计参数的变化涉及设计变更和流程变更，而过程变量的变化只涉及流程变化。仅仅调整过程变量可能解决、也可能没有解决问题，因为它取决于在实际流程的敏感程度。

关于设计或者流程问题的解决方案可以通过针对独立变量 x 的变更和改变来实现。这些独立变量 x 可能来自设计参数 DP，也可能是过程变量 PV，这取决于流程梳理过程更关注在哪一部分，或者解决方案是通过哪一方向来寻找。"变更"可能是"软性的"，也可能是"硬性的"。

"软性的"变更只需要在规格限公差范围内调整属性值，或者只是调整公差范围，或者两者都调整。

"硬性的"变更就涉及减少或者增加设计参数 DPs 或者过程变量 PVs，因为考虑到设计过程的转化以及随后可能带来的"软性的"变化。

比如说，在生产制造过程中，软性的变化可以通过在允许的公差范围内调整一些参数即可，但是硬性的变化可能就要涉及过程参数和过程变量的调整了。

从重新设计的角度来看，如果软性的设计变更不能达到所需要的结果的话，为了减少或者消除对最终的功能要求 FRs 的影响，硬性的设计变更可能引起在设计和制造流程两个方面的重大变化。

从数学角度来看，用 $Y=f(x)$ 来表达需要考虑的功能要求 FRs，就可以表示成 $FR=f(DP)$，这里的设计参数 DP 就是以 M 规模转化到 DPs 的设计参数的矩阵。

同样的，每一个 DP 都可以写成是 $DP_i=g(PV_i)$，这里的 PV_i 中，$i=1,\cdots,m$，它就是转化成设计参数 DP_i 的矩阵。

由此，软性的变化可以通过在实际使用过程中的调整敏感性来实现，如果使用转化链，我们就可以写成：

$$\frac{\partial FR}{\partial PV_{ij}}=\left(\frac{\partial FR}{\partial DP_i}\right)\times\left(\frac{\partial DP_i}{\partial PV_j}\right)=f'[g(PV_i)]g'(PV_{ij}) \tag{3-1}$$

PV_{ij} 就是在矩阵 PV_i 中的过程变量，它可以用来调整来改进引起功能要求 FR 的问题。第一个转化代表了设计变更，而第二个转化代表了过程变更。如果所有的功能要求都要达到六西格玛的表现水平的话，那么一个有效的 DFSS 方法应该是包括设计变更和过程变更的。

3.7 什么样的问题能够用 DFSS 方法来解决

一个产品的设计或者流程的设计表现可以用图 3-5 中描绘的参数图(P-Diagram)来表示。所需的设计输出就是功能要求 FRs 的一些矩阵排列 y,而它被三种变量所影响:① m 由矩阵排列 m 代表的信号变量;② X 由矩阵排列 X 代表的设计参数;③ Z 由矩阵排列 Z 代表的噪声因子。

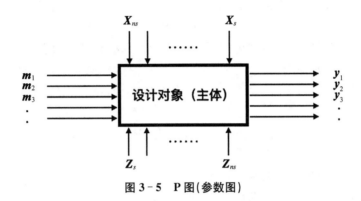

图 3-5 P 图(参数图)

输出变量 y 和它基于目标水平的变化通常是由噪声因子 Z 引起的。在动态系统中,信号变量 m 和输出 y 的变化效果,基于能量转化角度应该是对等的。

在这个公式内容里,DFSS 的目标就是要最大化地减少输出和信号之间的矩阵属性变化率 $\triangle$,$|\triangle|=|y|-|m|$,目标就是减小到 0,同时还要使得这个最小变化率的波动尽量减小。

这种波动的减小就是通过对 $x \times z$ 的交互作用研究来实现。在 DFSS 项目中,我们关心的是功能要求 FR,也就是 y_j,而这个功能要求就是通过客户的行为影响来感知的。

我们把矩阵 X 分解成显著影响因素 $\{X_s, 0\}$ 和非显著影响因素 $\{0, X_{ns}\}$;所以

$$X = \{X_s, 0\} + \{0, X_{ns}\}$$

同样的,我们把矩阵 Z 分解成显著影响因素 $\{Z_s, 0\}$ 和非显著影响因素 $\{0, Z_{ns}\}$,所以

$$Z = \{Z_s, 0\} + \{0, Z_{ns}\}$$

很明显,显著效果和非显著效果就是通过实验针对实际效果的实证推导得出的。

通常情况下,从它们实际存在的情况来看,非显著因子会比较多,而显著因子比较少。从设计-噪声分类角度来看,通常在一个 DFSS 项目中有四种存在可能性。表 3-1 已经列出了这四种可能性。

不管是在设计参数还是影响因子中,通过帕累托图排列原则来看,非影响因素的效果通常都是非常微弱的。因此,他们的存在不会对问题的复杂性或者解决方案产生明显影响。

只有当显著因子 X_s 的矩阵真的存在,才有可能通过 DFSS 的方法找到实现稳健输出功能要求的六西格玛水平。

在下面提出的第三种分类就是在本书中将要重点介绍的依靠 DFSS 战略来实现的概念设计或者优化。

3.8 具有六西格玛水平设计的公司

对于一个公司来说，只有它的每一个产品都长期持续稳定地实现百万分之 3.4 的不良率水平，才能称得上六西格玛水平的公司，它的六西格玛水平也才能说是常态。在整个产品的生命周期中，需要在产品设计、生产、发布和服务的整个过程中做上千个决定。其中只有很少的一部分能称得上是里程碑，剩下的更多的琐碎的决定都是在日常工作中做出的。这些决定可能是合格的，也可能是不合格的。那些在开发过程中不合格的决定，实际上比我们固有认知到的"错误或不良"有着更加广泛的意义和影响。他可能是一个错误的行动方案，或者是漏掉的不作为的行动。无论是哪种，都可以归到以下提到的一些场景中：

（1）可能是一项有必要的控制措施的决定没有被执行；

（2）可能是一项有必要的措施没有被充分地实施；

（3）可能是一项重要的事项或者问题没有被提出；

（4）可能是这项重要的事项没有被合适地提出。

表 3-1 六西格玛问题存在的各种可能性

X ＼ Z	Z_s 存在	Z_s 不存在
X_s 存在	经典六西格玛项目与 DFSS 项目都潜在可行	问题不大，可能仅需要经典实验设计 DOE 就可以解决
X_s 不存在	需要概念化的变更——DFSS 项目有潜力帮助，但是经典六西格玛项目可能性不大	没有问题——这种设计主体应该不存在

这些决定，以及根据上述列出的不合格定义项的原始评估都应该被记录下来。这样才会使得一个公司朝着正确的方向去做决定，并且避免犯重复的错误。

DFSS 水平的公司应该只有百万分之 3.4 个不合格的决定。而一辆车有上千的配件，所以在不同阶段中，包括概念开发、功能表现、质量水平、外观、成本和其他的设计要求上需要做上百万个决定。

一个公司可以使用控制图中的 $\bar{p}$ 图来将他的表现在不同的开发里程碑阶段展现出来。图中的均值 $\bar{p}$ 可以使用过去开发过程中的数据来体现。假设在里程碑 k 阶段做的总决定数等于 n_k，在这个阶段做出的不合格的决定数等于 D_k，那么在这个阶段的不合格比例就可以用 $\hat{p} = (D_k / n_k)$。于是，Z 值控制线就可以通过以下公式列出来

$$\bar{p} \pm Z \sqrt{\frac{\bar{p} + (1 - \bar{p})}{n_k}}$$

所以，3σ 的控制线就可以通过 Z 值等于 3 的时候得出，相应的也可以得出 6σ 水平的控

制线。这样的控制表需要从画出控制线和当前里程碑阶段的不良水平 $\hat{p}$ 开始。

3.9 稳健 DFSS 策略的特点

DFSS 团队将根据工作环境中的测试和性能结果来第一次获得对原型阶段的设计工作真实有用的反馈,这通常发生在开发周期中间阶段之后。因此,如果确实出现令人不快的问题,在设计实体中也没有太大的空间进行硬更改。我们的目标仍然是第一次就设计好它。使用正确的工具并不能保证在设计实体中建立六西格玛能力,特别是构思薄弱的概念已经推入开发流程时。DFSS 项目面临的挑战是在设计活动中要做出最有影响力的决策时,缺乏有用的信息来引领设计活动。因此,一个健全的 DFSS 策略应该提供方向性地、引导好的概念的设计原则。总体而言,DFSS 策略应具备以下能使"第一次就设计正确"的条件:

(1) 以用户为中心;

(2) 设计过程有效性的度量;

(3) 比较性能和需求的度量;

(4) 实现关键业务目标;

(5) 有效利用人力资源和知识;

(6) 坚持团队合作;

(7) 稳健性和测试验证的前期开发;

(8) 在不影响客户的情况下处理变更;

(9) 对开发过程噪声不敏感;

(10) 并行的方法,一致的训练使得每个人都知道如何做;

(11) 从概念到验证使用集成方法去设计;

(12) 在缺少数据的情况下要做出有用的决定(如在概念阶段);

(13) 有能力在设计实体中用六西格玛来分析检查出可行性;

(14) 确定在需要时更容易实施更改的位置;

(15) 增加高可靠性和稳健性的潜力;

(16) 通过预先的概念手段为建立六西格玛能力提供足够的空间;

(17) 在设计概念定下来后使用优化方法去设置公差。

无耦合设计的概念并不能保证能够自动地获得六西格玛能力,但无耦合设计有更好的机会建立这种能力。后面的章节中参数和容差优化阶段获得最优解时,可以有办法保证这种可能性。此外在很大程度上,通过变更以获得六西格玛水平的工作在非耦合设计中比耦合设计更容易。

当 DFSS 的部署与设计生命周期同步时,使用起来是最适合的。下一节介绍了一个通用的设计过程来帮助理解一些基础。作者认识到,所提内容的许多差异确实存在;有些差异在某些方面更适合本行业。相对于在短期、高产量的行业,这种差异在长期、低产量的行业中更为突出。

附:设计的发展历史

设计领域的研究始于欧洲。首先,德国多年来制定了一些设计准则,并持续改进这些准则。大量关于设计实践的研究已在德国出版。可惜只有一小部分被翻译成英语。这些努力大多列在 Hubka(1980) 和 Phal 与 Beitz(1988) 的著作中。德国的设计学校有着共同的看法。例如，一个好的设计实体可以通过遵循一些设计原则来判断；设计实践应该分解为连续的阶段，概念选择需要方法等。除了德国之外，俄罗斯还发展了一种经验性的发明理论以解决困难的、看似不可能的工程问题，即所谓的 TRIZ 或发明性问题解决理论(TIPS)。TRIZ 是综合解决方案的基本原理[(Altshuler, 1988)、Rantanen(1988)、Arciszewsky(1988)、Dovoino(1993)、Tsourikov(1993)、Sushkov(1994) 和 Royzen(2002)]，TRIZ 是TIPS 的俄文缩写，它基于 50 多万项世界上最具创新性的专利和发明的发明原则而形成。1946 年，杰出的俄罗斯发明家阿奇舒勒博士将其概念化。TRIZ 是一个按照创造性问题解决、功能分析、技术预测和矛盾消除的思路设计的经验理论。这个矛盾是公理化设计中耦合脆弱性的同义词(Suh, 1990)。

英国研究人员普氏(Pugh, 1991)持续致力于降低设计实体的脆弱性，以提高客户满意度。Pugh 提出了一种矩阵评估技术，从整体的角度对每个概念与重要的技术标准和客户关注点进行主观权衡。Pugh(1991)讨论了系统设计和概念选择在传统和非传统(创造性)产品情况下的作用。

由 Zwicky(1948) 和 Hubka、Eder(1984)开发的形态学矩阵方法与 TIPS 中的不同作用分析非常相似。在这些方法中，一个复杂的设计问题可以分为有限个子问题。子问题的每个解都可以单独考虑，然后将解决方案排列成图表，由此发展了形态图和矩阵，以提出可能的解决方案或在特定情况下的效果。大多数图表和矩阵是为机械产品设计而开发的，可能很难在预期的领域之外使用。Hubka 和 Eder(1984)以及 Ramachandran 等人(1992)研究了合成问题，重点研究了合成过程的自动化。为了使合成自动化，大多数研究人员将其应用局限于某一领域，这样做可以只涉及一些原则。许多自动化方法已经被实现为使用人工智能(AI)的工具。然而，它们是特定于一个或几个工程原理的。使用这些工具，例如 Kota(1994)的积木方法，似乎很难找到基于其他原则的解决方案。在大多数产品开发研究中，分析解决方案的方法都是基于比较的。矩阵通常用于表示工程状况。矩阵可以按不同的方式排列：比如一个轴上的比较准则和另一个轴上的解，一个轴上的功能需求和另一个轴上的建议解，或分解在两个轴上的解。Clausing(1994)、Pugh(1991)、Ullman(1992)以及 Phal 和 Beitz(1988)的比较方法是最常用的，当需要的解决方案来源于相同原则和相同目标时，可以用这些矩阵来评估。

在 Suh(1990)提出的公理设计方法中，可以通过分析提出的解决方案如何满足功能需求来进行评估。这种方法可以基于不同的原则对解决方案进行评估。而在两个轴上有选定解的评估矩阵的主要优点是可以排序或安排设计活动。在这方面，McCord 和 Eppinger(1993)以及 Pimmler 和 Eppinger(1994)进行了大量研究。优化和重新排序项目结构的算法是这一研究领域的一些成果。该评价技术的优势在于对工程项目的排序和优化。在这些情况下，只有有限的支持是由排序方法合成新的解决方案来提供。

在美国，自 20 世纪 70 年代初以来，在设计领域，特别是在机械设计领域，已经有了先进的研究。工程设计研究的动机是美国市场份额的萎缩。工程设计开始成为社会的中心主题。后来 Dixon(1966) 和 Penny(1970)认识到工程设计的重要，他们将工程设计置于社会文化和技术流的中心。Ullman(1992)指出设计研究的活动正沿着以下趋势加速：以人工智能计算机为基础的模型、设计综合（配置）、认知模型和设计方法。此外，在开发基于规则的设计过程方面，也有大量研究出现。20 世纪 70 年代以来的产出已经足够丰富并且成熟，可以进行分类和比较。然而，就像欧洲设计学院的情况一样，这些任务是困难的，因为目前很少有一致的指导规则。但不管怎么样，设计的功能是一个统一的概念。功能的主题和价值的概念在价值工程的背景下都被大量研究与讨论（Park，1992）。

第 4 章
六西格玛设计的部署

4.1 引言

　　DFSS 产生预期结果的程度决定于所采用的部署策略。本章通过强调成功部署的关键因素来介绍这种部署策略的要素。历史告诉我们,只要各级相关人员做出承诺,足够的创新、概念或想法就会获得成功,并在许多公司推广为规范。DFSS 也不例外。一个成功的 DFSS 部署依赖于几乎每个级别、职能和部门,包括客户的积极参与。传统的六西格玛计划,即 DMAIC 方法,通常采用自上向下的方法,反映了获得最高领导层支持的重要性。到目前为止,这是成功的,应该作为 DFSS 部署的基准。在倡导者的指导下,黑带与绿带成为六西格玛部署的积极力量。成功的标准是用收入和客户满意度的增加,以及每个项目产生的长期和短期现金流(软的和硬的)的程度来衡量。如果没有一个建立六西格玛文化长期愿景的良好战略,这些好处是无法获取的。短期来说,部署的成功取决于动机、管理承诺、项目选择和审核、制度化的奖励和识别系统,以及优化资源分配。

4.2 黑带-DFSS 团队:文化变革

　　DFSS 项目努力的第一步是建立和维护一个具有共同愿景的 DFSS 项目团队(包括产品/服务和过程)。其目的是建立和保持一个积极的团队。这个团队是根据项目章程选择的,开发活动的成功取决于这个团队的表现。团队应完全整合包括内部和外部的成员(供应商和客户)。可能需要努力创建一个跨国、多种文化的团队,来协作实现六西格玛水平的设计。角色、职责和资源最好由所有团队成员预先、协同地定义。黑带是团队领导。一个关键的目的是建立核心项目团队并获得一个良好的开端,从项目构思的计划中获得非常明确的方向。以子系统或子流程为目标的项目是较低级别的部署。在初始部署阶段,DFSS 项目(其中一些称为"试点"项目)会被扩展到子系统级或同等级别。

　　随着 DFSS 的发展,它可以扩展到大规模的程序级 DFSS 项目集。为了避免代价高昂的下游错误、问题和延误,"第一次就把事情做好"是非常重要的。

　　然而,一旦建立团队,对黑带来说,维持团队以不断提高其表现同样重要。因此,第一步是在项目的整个规划、开发、制造/生产和现场操作周期内持续不断地努力。

DFSS 团队是通过系统努力培养持续学习、共享方向、相互关系以及内在激励因素（来自内部的欲望）和外在激励因素（由外部行为激发的欲望）之间的平衡而产生和成长的。在整个项目生命周期中，需要不断提高警惕，提高和衡量团队绩效，这样将得到不断增长的承诺和交付成功的设计实体能力的回报。

胜利通常会蔓延开来。成功的 DFSS 团队将培养其他团队。不断增长的团队激励产生的协同作用加速了公司或企业整个部署过程中的改进。对团队绩效的前期少量投入，回报却是巨大的。随着团队成员学习和实施本书中建议的现代流程和实践，将提高团队交付客户更喜欢的基准六西格玛质量水平设计的能力。

在他/她的 DFSS 努力中，黑带将与许多具有广泛个性的人接触。除了技术训练，黑带还应该有足够的软技能来处理这样的接触。许多公司现在都有六西格玛培训计划，并且在培训课程中分配时间教育黑带了解六西格玛引起的文化变革。

DFSS 的部署将动摇许多保守的旧模式。人们对变化的反应从否定到开拓，将经历许多阶段。在这里，黑带的目标是在他进步的同时，努力建立更多联盟。我们在图 4-1 中描述了变化的不同阶段，这些阶段通过所谓的"挫折曲线"联系起来。我们建议黑带为每个团队成员定期绘制这样一条曲线，并使用下面的部分或所有策略将其团队成员推向积极的一面，即"重新承诺"阶段。

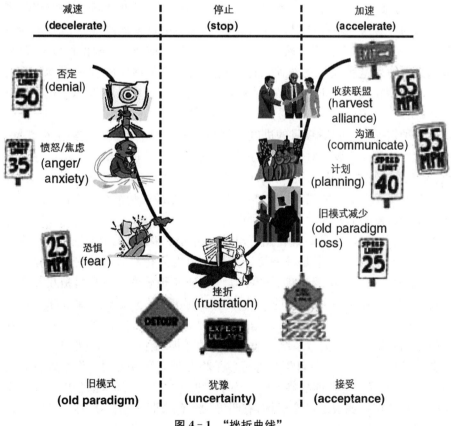

图 4-1 "挫折曲线"

有几种应对变化的策略。为了帮助渡过减速阶段，黑带需要以同理心倾听、承认困难，并定义什么是结束、什么不是。为了帮助逐步淘汰旧模式，并将团队重新调整到 DFSS 模式，黑带应该鼓励重新定义，利用管理提供结构和力量，重建认同感，获得控制感和影响力，鼓励创造机会。为了帮助在新的模式中重新承诺团队，也就是度过加速阶段，黑带应该加强新的开始，提供一个明确的目标，制订一个详细的计划，与六西格玛的精神保持一致，并庆祝成功。

4.3 DFSS 部署的先决条件

部署很关键，DFSS 行动的影响取决于部署的有效性，特别是 DFSS 团队（包括黑带和绿带以及相关的专家）如何实践六西格玛设计原则和工具。为了不断改进部署，需要有超常的强度和持续性。在长跑中，无论领先还是落后，跑得最快最远的人都会获胜。DFSS 的快速部署以及承诺、培训和实践是成功公司的特征。

DFSS 的成功部署需要以下先决条件：

（1）中高层管理承诺。如果高层和中层管理团队没有参与部署，DFSS 计划将最终消失。

（2）程序管理系统的存在。我们的观察是，成功的 DFSS 部署需要项目路线图或设计算法。该算法通过展示 DFSS 项目的全貌，起到帮助引导黑带结项的作用。我们希望将此算法视为一个配方，来进一步根据公司跨设计生命周期的项目管理系统中的应用程序进行定制。此时我们通常会遇到两种情况：① 开发一个新的项目管理系统（PMS）包括所提出的 DFSS 算法。该算法最适合在研发阶段之后和客户使用之前使用。根据作者的经验，许多公司从实际意义上缺乏这种通用的纪律。这种情况更适合那些实践各种 PMS（项目管理系统）而希望融合发展的公司。PMS 应跨越第 1 章所述的设计生命周期。② 把这个算法放在当前的 PMS 上后，在需要的时候和需要的地方要同步。

在任何一种情况下，DFSS 项目的进度都将与项目管理系统中相应的进度相同。最初，具有极高影响力的项目应该针对性的带动那些对业务和客户敏感的子系统。应采用一种需求分解、自上而下的方法来识别这些子系统。随后，当 DFSS 成为一种业务方式时，规模化的 DFSS 的部署就成为了一种规范，与 PMS 的同步问题最终会减少。实际上，PMS 是为了反映公司多年来获得的 DFSS 学习经验而设计的。

（3）DFSS 项目来源。DFSS 计划在公司内的成功部署与公司平衡记分卡衍生的项目相关。在六西格玛术语中，记分卡是一种统一衡量公司内部和外部绩效的可视化方法。换句话说，记分卡是用来衡量公司健康状况的工具。记分卡通常采用一系列相互关联的工作表的形式，将客户需求与产品和各阶段的产品、流程或服务的过程表现联系起来。读者可能会得出这样的结论：满足这样一个情况的先决条件是，在记分卡中存在一个针对内部和外部指标的运行中的测量系统。测量系统应通过重复性和再现性（R&R）的要求。

（4）建立部署机构。首要的部署目标可以是将黑带们组成特别工作组以提高公司的客户满意度、公司形象或其他长期战略目标。为了实现这些目标，部署部分应建立一个由部署主管和黑带大师（MBB）组成的部署机构，有明确的角色和职责和长期，以及短期规划。该机构可以采取理事会的形式，有明确的变更计划表。我们建议使用 DFSS 来设计 DFSS 部署流程和策略。这个部署团队应该：

（a）在各部门建立支持黑带的绿带机构。

（b）确保每个项目的范围在可控范围内，并且项目选择标准集中在公司的目标上，例如质量、成本、顾客满意度和交付物。

（c）把适当范围的项目交给黑带。

（d）通过关键的前期文件来支持项目，如章程或合同，同时进行财务分析强调节约和其他好处、效率提高、客户影响、项目原理和其他因素。这些文件将由主要利益相关方（部署拥护者、设计所有者、黑带和财务）审查和商定。

（e）在公司的多个部门中优化黑带资源的分配，首先更应该关注针对高影响力的项目，并创建一个长期分配机制，以定期重新回顾 DMAIC/DFSS 项目组合的目标。在一个健康的部署中，DFSS 项目的数量应该随着 DMAIC 项目数量的减少而增加。然而，DFSS 项目数量的增长应该是精心安排的。一个 d/S 曲线的增长模型，可以形象化地根据时间的推移建模来描述这个部署的表现。将在什么地方部署多少 DFSS 项目是个重要的初始目标，也是一个重要的增长控制因素。这是部署的一个非常关键的方面，特别是当部署公司选择不将 DMAIC 黑带和 DFSS 黑带培训分开，而选择同时以两种方法培训黑带时。

（f）在有利的情况下，将利用可用的外部资源作为杠杆，以获得和提供所需的技术支持。

（g）通过不同部门参与到同一 DFSS 项目中促进和促进工作协同。

4.4　DFSS 部署战略

应制定 DFSS 部署策略，阐明 DFSS 的基本部署任务、指导原则、目标和关键成果领域，以及引导和指导其活动的管理和运营策略。它应该是整个六西格玛计划和部署的一部分。通常公司会先采用 DMAIC 方法，然后再部署 DFSS。但有些公司会选择同时部署两者，增加更多的资源投入，并利用六西格玛标杆公司的成功经验。这类公司使用对标来避免部署失败。

部署的愿景是创建一个长期的六西格玛设计文化。这一长期愿景可以通过采取短期和有计划的部署步骤来实现，通常按年计划。这些步骤的综合效果是部署方程的右侧。在部署方程中，我们用 MO 代表动量。动量可以表示为部署速度（DV）乘以部署质量（DM），即

$$MO = DV \times DM \tag{4-1}$$

根据部署实体的不同，此公式具有一定的弹性。部署实体可以扩展到企业级，也可以缩小到 DFSS 团队，并贯穿业务单元或公司、部门、科室。例如，在部门级别，它意味着已关闭的项目总数和这些项目成功关闭的平均速度。刚开始，在 DFSS 试点阶段，DM 和 DV 均为变异因素。试点阶段取决于公司，并以年为单位进行衡量。一旦部署达到稳定状态，变化可以被控制到最小。当六西格玛成为经营方式时，日常和项目间的 DV 和 DM 可以用常数来近似。注意，可以针对项目失败模式来增加部署质量和速度。为了记录和跟踪纠正措施，部署 FMEA 非常有用。一个突出的失败模式是错误地界定一个项目的范围，我们称为"隐藏的工厂"。同时，倡导者的角色对于促进部署动量的发展势头具有重要意义。

4.4.1　DFSS 部署的动力

DFSS 部署的运行状况可以用动量来衡量。除了在物理学中的意义外,动量也是性能中常用的一个术语。一个拥有动力的 DFSS 团队正在推进,想阻止他们是不容易的,我们可以用同样的类比来部署公司。在物理学中,动量是指物体在运动中的质量,这个术语适用于部署的公司、部门或黑带小组。

黑带的动量大小取决于两个变量:有多少个项目在推进以及它们成功关闭(结束)的速度有多快。动量取决于质量和速度。质量是标量,速度不是,它是一个向量,有大小和方向,取决于项目的成功结束。根据方程,动量等于物体质量乘以物体速度,如式(4-1)所示。

为了计算部署实体的动量,所有完成训练的黑带都被考虑在内。通常在大规模部署中,黑带会在公司跟踪系统中及时更新项目,为动量计算提供测量系统。质量和速度可以从系统中提取出来,并应用到动量方程中。首先计算最低部署实体(一个黑带)的动量。然后,这些计算器的结果被聚合并汇总到下一个更高的部署实体(一个部门)。这个过程一直重复到企业级。此方法可以估计部署的健康状态,所以应该定期回顾。

4.4.2　黑带的动力

黑带动力(BBMO)这个变量是速度 V 乘以质量 M 的结果,即 BBMO$=V \times M$。 质量 M 是由两种重量的求和得出的。

(1) 业务的质量比如说占到 30% 的话,而且是通过一些矩阵来测量出来的,例如:

(a) 业务改变程度($\triangle$)1$=\triangle BM1$,占到目标修复值的 50%。

(b) 业务改变程度($\triangle$)2$=\triangle BM2$,比如这个项目获得的收益对比目标来说(例如 250 000 美金),也占到 50%。

这两项质量就是用来描述最后的评估计算的。当然,不同的公司有他们自己的选择去扩展。

(2) 同时,客户的质量占比 70%,通过如下矩阵测量出来:

(a) 在矩阵 1 中的客户满意度提升情况 $\triangle$ 占了 50%。

(b) 在矩阵 2 中的客户满意度提升情况 $\triangle$ 占了 30%。

(c) 在矩阵 3 中的客户满意度提升情况 $\triangle$ 占了 20%。

注意,为了表述方便,上面的矩阵中我们只选择了 3 种质量来衡量。同时,请注意有些体现需求的变量是通过权重来反映出来的,我们在客户满意度的矩阵中模拟了较高的权重。

整体的 BBMO 就是所有的黑带项目的质量和速度决定的乘积的求和。从数学上说,把 i 作为黑带的代表,j 作为黑带做的项目的代表,于是就有:

$$\text{BBMO}_{ij} = M_{ij} \times V_{ij} \tag{4-2}$$

这里的 M_{ij} 就是通过下面的式子求出来的

$$M_{ij} = 0.3 \sum \text{业务比重} + 0.7 \sum \text{客户比重}$$
$$= 0.3(0.5\triangle BM1 + 0.5\triangle BM2) +$$
$$0.7(0.5\triangle CSM1 + 0.3\triangle CSM2 + 0.2\triangle CSM3) \tag{4-3}$$

这里的 ΔBM 和 ΔCSM,就相应地代表了在业务和客户满意度的矩阵中通过项目获得的程度。而速度 V 就是关闭项目的时间减去目标关闭的时间,比如说 4 个月。

这样的实施动力是一种实现 DFSS 落地的很好的战略衡量方式。实施战略应该包括相应公司的任务描述和 DFSS 将如何帮助实现这个任务的描述,以及内外部具体的一些问题描述。

总体来说,这样的战略提供了实施整个 DFSS 的框架,也包括了对现有环境、资源、时间、承诺、短期与长期的规划,以及未来发展方向等等的评估。

一个稳健的 DFSS 实施战略应该包括原则、目标、关键结果,以及短期和长期的计划。

4.4.3　DFSS 实施战略的原则

从 DFSS 战略实施的原则上说,我们建议 DFSS 的整个社交圈(包括黑带、绿带、倡导者、相关总监)应该对以下有所承诺:

(1) 相信并且支持公司的愿景和使命,力争成为世界级标杆,打造彻底创新型产品、流程与服务,引领超出客户期望值和满意度的质量和技术水平,为客户提供价值。

(2) 不管是对内还是对外面向整个行业,都应该对他们的工作和产生的贡献感到骄傲。

(3) 持续不断地追求"第一次就做好"的目标,为了达到为客户减少成本的目标。

(4) 努力把自己当成一种公司资源,尤其是对于现在或者未来的项目,以及在整个运营上来说都是一样。

(5) 创建并且营造一种与相关专家合作的状态,尤其是在公司内的一些相关技术领域。

(6) 把经验总结(lessons learned)当作整个公司的重要回报与节省的资源,并将成功的流程和方案复制到其他相关的领域。

(7) 不仅在项目中推崇 DFSS 原则的使用、DFSS 工具的使用以及 DFSS 概念的使用,也要在日常工作中和运营中。推崇数据驱动的决策文化、六西格玛的核心文化。

4.5　DFSS 实施战略的目标

应该考虑到以下各项目标:

(1) 通过在目标日期内成功关闭掉大多数的成熟项目来最大化利用持续增长的 DFSS 组织。

(2) 借鉴那些完成公司目标的项目,尤其是关系到客户满意度目标的项目。

(3) 把绿带们作为围绕在黑带周围的社交网络,并且同步到提升实施速度的项目中。参照式(4-1)。

(4) 确保 DFSS 的经验可以被借鉴应用到其他可能的类似问题上,最小化使用资源,以最大化地提高动力。

(5) 培训一些能够达到一定水平的绿带和黑带。

(6) 最大化黑带认证的重复率,根据不同成熟度制定目标。

4.5.1　关键结果

(1) 产品或服务——追求在产品设计属性的质量和客户满意度的卓越水平。

（2）关系——达到并且维持与 DFSS 项目中涉及的各个相关方的良好工作关系，营造一种彼此间的合作、信任和信心的氛围。

（3）架构——开发并维持六西格玛黑带和绿带的架构，并使得其有效、响应迅速和支持组织的实施战略。

（4）人力资源——维持一个高度合格的、受到激励的并有产出的 DFSS 社群网络，使其有能力并且承诺去实现战略目标。

（5）实施速度——要能够及时、迅速、成本最优化地关闭 DFSS 项目。

（6）实施重量——在每一个黑带的 DFSS 生涯或培养周期中，尽可能多地帮助他们完成项目。

（7）技术水平——针对在公司中能够提供提升设计和使用数据驱动的决策机制的项目，尽量去追踪并且实施 DFSS 的概念、工具和技术。

4.5.2 项目的识别、选择、范围确定和优先级排序

项目的倡导者应该与黑带大师和黑带们（可能是阶段性的）一起，定期开会来讨论项目选择和项目范围。这些会议应该由指定的负责 DFSS 实施的总监或者副总来主持。

当然，倡导者们也应该已经获得了合适程度的基础培训了。针对 DFSS 项目的选择与识别的过程应该在一定的经验基础上。这样的选择过程应该是基于黑带的工作量水平、认证目标要求和项目指标，用合适的范围和规模圈定的方法将项目降维到适当的程度。

项目的倡导者们应该提出、筛选并且批准这些黑带项目。同时，也应获得黑带大师们的认可。

黑带们当然也可以向他们的倡导者（发起人）提出潜在的项目，尤其是能够符合他们的工作内容的 DMAIC 类型的项目。这些可行的与潜在的项目清单将会加入项目管理系统中，而且都应该被文件化归档，保证在等待数据过程、等待审批过程或者等待资金审批到位的过程中有适当的管理。

一个项目的优先级排序的计划也应该根据实际的项目启动规划来设计好。

总之，从 DFSS 项目这个角度来看，部署策略应包括以下内容：① 涉及重新设计的项目，即短期 DFSS 项目。② 做一个全新设计的项目属于长期的过程，即长期 DFSS 项目。③ 项目的复杂性。

根据设计实体和设计实体之间的相互关系和耦合，项目规模将增加，并且有一个以上的黑带，或者应该有一个黑带团队。这可以避免将组件和子流程局部过度优化，并强调系统工程思想。从这个角度来看，项目对黑带的匹配性和可伸缩性将变得更加重要。在团队工作中，必须确定以下内容：① 黑带团队的规模；② 黑带的工作量。

反映复杂相互关系的团队动力。设计决策在团队中能被协商以获得最佳解决方案/或基于一系列判断而得到的折中方案。这一系列判断是依据耦合和复杂性而来的。

涉及利益相关方的利益应由黑带小组认定并相应处理。我们发现，韦恩图是一种有用的、便于分析的识别工具（见图 4-2）。团队应该利用交叉点所代表的共同利益。

（1）项目识别和选择方法。

（2）项目范围界定方法。DMAIC 中通常使用的线性 CTQ 流程只有在保证没有耦合的情况下才是成功的，也就是说，需求和设计参数之间的一对一映射是按照公理化设计方法的

公理1完成的。否则,必须采用更多涉及范围的界定方案。

(3)项目优先级方案。选择和范围界定方法通常会产生使项目章程中进一步完善的想法。根据项目列表的大小,可能需要一个优先级方案。这些方案在复杂性和参与度方面都有所不同。如图4-3所示的简单方案通常是有效的。高杠杆项目位于右上象限,表示为"HH"。

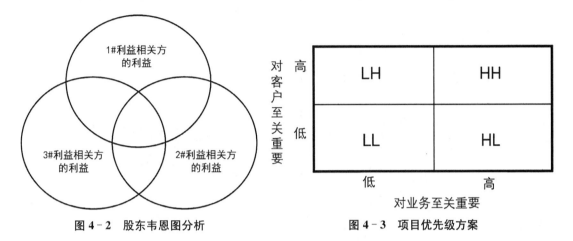

图4-2 股东韦恩图分析　　　　　图4-3 项目优先级方案

其他方案可以采用矩阵的形式,其中DFSS项目的特定业务条件显示在行中,项目显示在列中。然后,范围界定小组使用Pugh方法根据每个标准对每个项目进行评分(见5.6节)并相应地确定优先顺序。

4.5.3 DFSS项目目标设定

黑带通过负责交付以业务和客户指标(主要是客户满意度)及财务收益为目标的封闭项目部署实体(选择标准见图4-4)。一个部署实体,例如一个部门,可能有以下年度目标:

(1)改善5%的客户满意度(指标1);

(2)改善46%的客户满意度(指标2);

(3)改进12.2%的业务目标(指标1);

(4)节省3 400万美元(来自DFSS项目)。

部署实体中的DFSS社区可以获得这组目标的相当比例的特许。人口比例,特别是黑带人员与部门人口的比例提高了30%,被认为是适当的。假设黑带人口为66,部门或公司雇员人员为1 000。这个比例将是$(66/1\ 000)\times1.3=0.085\ 8$。在这种情况下,黑带人员目标如下:

(1)顾客满意度提高0.429%(指标1);

(2)客户满意度提高3.95%(指标2);

(3)业务目标提高1.047%(指标1);

(4)节省3 400万美元(来自DFSS项目)。

假设只有44名黑带学员完成培训并有资格参与目标设定计算,黑带学员所占比例如下:

(1)客户满意度提高了0.001%(指标1);

(2)客户满意度提高了0.089 8%(指标2);

(3)改进0.023 8%的业务目标(指标1);

(4)DFSS项目节省73万美元。

评价

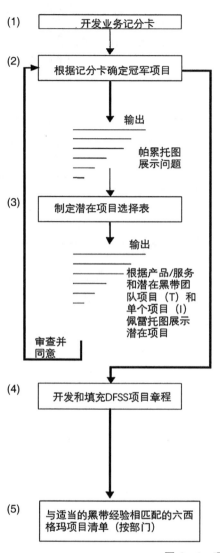

(1) 开发业务记分卡   (1) 与业务目标相关的相同流程；

(2) 根据记分卡确定冠军项目   (2) 问题识别；业务供应商问题的高杠杆作用-影响优质客户满意度（质量、成本、速度和生产力）；

输出

帕累托图展示问题

(3) 制定潜在项目选择表   (3) 冠军项目领先、财务支持、黑带大师协助和部署冠军同意；每季度审查和更新一次或足够的项目通道维护；利用"项目优先级矩阵"或同等方法；

输出

根据产品/服务和潜在黑带团队项目（T）和单个项目（I）佩雷托图展示潜在项目

审查并同意

(4) 开发和填充DFSS项目章程   (4) 确保组织资源得到充分利用，例如以最少的资源解决常见的决跨组织问题，最大限度地提高回报（如复制成功）；黑带大师领导的跨商品或跨组织的黑带团队项目；

(5) 与适当的黑带经验相匹配的六西格玛项目清单（按部门）   (5) 黑带领导，组建团队（包括供应商和客户），冠军项目每周进行评审。

图 4-4 项目选择方法

BB 可以利用每年成功关闭项目的目标数量来实现这些目标；我们假设是 3。然后，每个 BB 项目的改进目标可以计算为：

(1) 客户满意度提高了 0.000 33%（指标 1）；

(2) 客户满意度提高了 0.029 93%（指标 2）；

(3) 0.007 93% 的业务目标改进（指标 1）；

(4) DFSS 项目节省了 25.8 万美元（通常公司需要 25 万美元的硬性或者软性的节约）

不满足这些目标的 DFSS 项目可以被拒绝。超过这些目标的项目应该被细化并批准开始（执行）。当然，应当优先考虑那些在这些标准中达到最佳水平的项目。

4.5.4 DFSS 项目类型

我们从项目的角度提出了两种项目类型：

（1）第一类 DFSS 项目。跨越阶段 1 到 6（见图 4-5）产品和服务的设计周期的小项目。这种类型的项目用于初始部署，通常在重新设计方面。

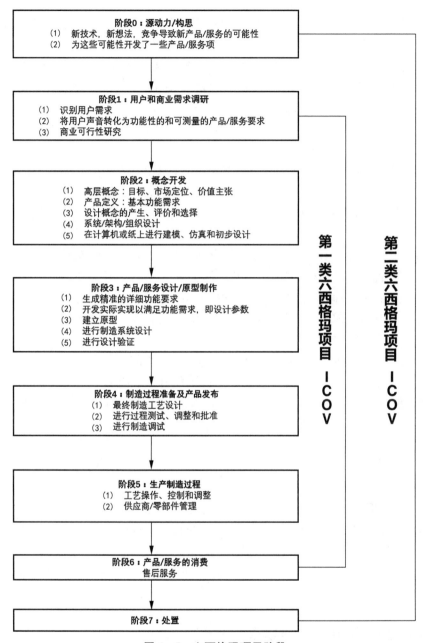

图 4-5　六西格玛项目阶段

（2）第二类 DFSS 项目。跨越整个生命周期并在成熟部署阶段采用的项目，包括了创造性的创新设计项目。

这一区别是为了在开始更具挑战性的 DFSS 项目之前获得动力，并向黑带提供与培训同步的项目。培训项目提供数据来使用 DFSS 算法（第 5 章）中提供的许多可用的 DFSS 工具。

4.6　六西格玛项目的财务管理

一般来说，DFSS 项目的财务节约可分为硬收益和软收益，并由黑带和指定的财务分析师(FA)相互计算或评估。分配给 DFSS 团队的 FA 应该在量化相关节约项目"行动"的启动和关闭阶段充当领导作用，协助识别"隐藏工厂"，持续支持黑带(BB)，如果需要 BB 专业领域以外区域的财务信息，FA 应该指导 BB 及时联系、跟进，确保 BB 获取到需要的数据。项目结束时，分析员应确保相应的部门同意收益方案。这主要影响制造成本、工程费用和不直接由这些组织的黑带领导的非收入项目。本质上，财务分析师需要提供的不仅仅是审计功能。

"硬收益"被定义为与改进维修、返工、报废、检验、材料成本、保修、人工节省(通过工作再平衡可实现或可收集)、与减少客户不满意相关的收入、现金流节省相关的可衡量的节省、库存，以及其他失去客户满意度的价值。"硬收益"是根据目前的业务水平计算的，而不是根据预算或计划计算的。它们代表了直接影响公司损益表和现金流的节省，是可衡量的产品、服务和流程改进的结果。对公司财务报表的影响将由适当的公司机构独立确定。

"软收益"在性质上不那么直接，包括开放厂房面积(作为一项附带利益)的项目，这可能考虑到未来业务的地点；减少车辆重量的项目，可能使其他设计行动删除昂贵的材料和避免成本。成本规避常常与成本节约相混淆：例如，使用机器人焊接而不是手工焊接可以避免成本，而减少报废是避免成本而不是节省。

财务分析师应与黑带合作，根据当时可用(范围、预期结果等)的信息来评估预计的年度财务节约。这不是一个详细的审查，而是一个批准的开始。随着项目的进展而获得更准确的数据，这些预估通常会进行修订。该项目应该有潜力实现每年的目标，通常是 25 万美元。如果必要的话，分析人员也需要确认项目的业务原理。

4.7　DFSS 培训

针对领导层、倡导者和黑带的特定培训课程是部署策略的一部分。在这一主题下，部署机构应考虑培训问题。这些考虑应该是具体的，并且通常取决于部署机构和进行培训的供应商(如果有的话)。培训不应排除责任范围与培训职能交叉的任何其他个人。应提前讨论地理位置、时间安排和日程安排等考虑因素，并将其设置在年度日历上，以便随时可供替换、更改和退出。

4.8　维持 DFSS 部署的关键要素

在下面的内容中，我们将介绍一些通过我们的六西格玛部署经验获得的想法和观察结果，特别是 DFSS。目的是确定保持和扩大 DFSS 部署势头的因素，以实现可持续性。

本书介绍了 DFSS 方法论，它展示了概念和分析层面上许多工具的合并，并通过集成工具、原则和概念来提高特性、优化和验证等维度。DFSS 的愿景应该是公司实现其目标的总体技术战略的核心能力。书中讨论了一种将 DFSS 方法的部署向理想结构移动的进化策略。在这个策略中,我们确定了关键要素、必要的决策和部署的关注点。

有数据表明,与其他任何阶段相比,更多的创新方法在初始阶段后就会失效。受到文化变革挑战的有用的创新尝试并不会直接终止,而是被允许缓慢而无声地凋谢。技术上可行的创新失败的一个主要原因是管理上没有能力去致力于一个综合的、有效的、成本合理的可持续发展计划,并符合公司的使命。从文化的角度来看,DFSS 的部署在许多方面与技术创新的挑战相类似。如果 DFSS 计划的构思过于狭隘,仅仅建立在一个主要的成功机制上,或者与更大的组织目标不一致,那么 DFSS 计划就特别容易受到攻击。自上而下的部署方法一直在发挥作用,最高领导层的支持也应该是一个重要的驱动力。然而,当围绕诸如 DFSS 作为一种设计方法的优越性和方法对想要成为更熟练专业人员的设计师的吸引力等机制构建时,这种方法应该得到加强。

虽然定制部署策略是必要的步骤,但它不应该是僵化的。该战略应足够灵活,以满足预期的改进。部署策略本身应该是 DFSS 驱动的,并且对(抵御)预期的变化是稳健的。它应该对公司财务状况的预期波动不敏感,并且应该与公司的目标相一致。

该战略应始终在 DFSS 和日常设计业务之间建立连贯的联系。例如,工程师和架构师需要了解所有的原则和工具是如何结合在一起的,如何相互补充,如何构建一个连贯的整体。DFSS 最初哪怕不被看作核心,也需要被视为提高技术灵活性的整体努力的重要组成部分。

4.9　DFSS 可持续性因素

如果设计处于较低的水平,并且需要满足组件或过程中最小数量的功能需求,那么许多当前的设计方法(有些称为"最佳实践")是有效的。随着需求数量的增加,这些方法会有效性降低。此外,它们还依赖于试探法和开发的算法,如面向装配的设计(DFA),从而限制了它们在不同开发阶段的应用。

设计过程可以通过不断地部署 DFSS 的概念和工具来改进,这些概念和工具是从不同的假设开始的,即概念和抽象或概括。设计公理和原则是 DFSS 概念部分的核心。正如第 8 章所解释的,公理是一般的原则或真理,不能推导,除非发现反例。公理构成了许多工程学科的基础,如热力学定律、牛顿定律、力和能量的概念。公理设计提供了系统地开发好设计的原则,可以克服定制方法的需要。

我们认为,在设计项目管理系统中集成 DFSS 方法时,管理层应提供更多的领导力和总体战略,以经济地实现产品、过程和服务。在可持续发展战略中,以下属性将是持久和普遍的特性:

(1) 通过对其他成功部署进行标杆管理,持续改进 DFSS 部署的有效性;

(2) 开发一个部署测量系统,跟踪关键部署需求、检测故障模式并实施纠正措施;

(3) 通过选定的 DFSS 项目,这些项目真正起到了推动作用,加强对公司目标的控制(随着时间的推移);

(4) 扩大各级和各职能部门的参与;

(5) 将 DFSS 融入公司的日常运营。

如果该战略能够持续不断地强调以下建议,那么维持成功的计划书将有所改进:

（1）认识到 DFSS 代表着一种文化变革和模式转换，并为项目的成功留出了必要的时间；

（2）将 DFSS 扩展到关键供应商，并将其从组件级扩展到子系统和系统级；

（3）将 DFSS 方法作为一种卓越的设计方法与公司的设计项目管理系统（PMS）相结合，并协调资金、时间和评审问题；

（4）将 DFSS 设计与可靠性设计（DFR）联系起来，并允许更广泛地了解在这方面可以使用的工具；

（5）强调方法的有用性和可靠性，而不是强调与狭隘的设计问题解决方案的一致性；

（6）维持管理层承诺，对黑带和绿带采取适当、一致、相关和持续的奖励和表彰机制；

（7）使用 DFSS 作为一致、完整、完全合理和可用的程序，以供参考或作为设计指南，支持扩展到其他新程序和项目；

（8）认识到需要进行的改变，以适应将设计师的任务从个性化项目改变为更广泛和高度相互依赖的团队任务；

（9）提供相关的、及时的培训和提高能力的机会，继续学习的资格，以及将奖励与能力和经验相结合；

（10）未来项目的优先级机制，要考虑位置、规模、复杂性、其他单位的参与、要获得的知识类型、推广的潜力、复制或转移能力，以及战略计划的符合度；

（11）开展相应的会计和财务评估工作，来评估项目对硬资产和软资产的影响范围，并将资源转移到设计周期的开始阶段，以适应 DFSS 方法。

DFSS 的方法论、理论和应用是由概念方法、设计原则和公理、质量和分析方法相结合而形成的，在创造性设计和增量设计环境中都非常有用。然而，随着公司脱离 DFSS 试点阶段，这一愿景需要与时俱进。与整个愿景相比，试点阶段是比较片面的，但必须强调的是维护的关键概念应该使整个部署朝着成功的方向发展。

如果 DFSS 方法要成为技术开发战略的核心文化，它必须与更大的公司目标相联系。一般来说，DFSS 方法应与下列目标联系：

（1）公司在开发更可靠、更高效、更环保的产品、工艺和服务方面的社会贡献；

（2）公司的目标，包括在本地和全球市场的盈利能力和可持续性；

（3）公司使命陈述中明确的管理目标，包括提高设计效率、效率、缩短周期和对顾客的响应；

（4）提高公司调整和响应客户以及竞争环境的能力；

（5）管理者、主管和设计师的满意度。

需要部署战略以将试点阶段取得的势头维持到随后的阶段。该战略应表明，DFSS 如何使黑带及其团队能够应对各种外部引发的挑战，DFSS 的全面部署将从根本上提高公司运营的收益率和提供各种设计响应的能力。DFSS 部署应该是公司的核心能力。DFSS 将提高设计产品和设计流程的质量。这两个主题应该在向更高级的管理层做战略介绍时不断强调。随着部署的进行，用于支持部署的结构和过程也需要不断发展。在整体可持续发展战略中需要考虑几个因素。例如，未来 DFSS 策略和计划的维持需要结合更现代的学习理论，当绿带和其他成员需要信息时，能得到有效的技术支持。

第 5 章
六西格玛设计的算法

5.1 引言

项目的设计是 DFSS 部署的核心，它必须使用一个执行 DFSS 原则、工具和方法的过程算法，并且融入了公司整体的开发流程。本章主要是为了完成此任务，以便在项目实施中支持黑带(BB)及其团队和项目倡导者。因此，本章提出的素材应当被视为一种通用模板和设计程序，在工作中应根据实际情况加以灵活运用，以满足公司的特定需求。此处我们选择使用"算法"一词而不是"流程"，以强调 DFSS 方法的一致性和可重复性。DFSS 算法是一个致力于组织整体业务流程迭代优化的高层视角，不断地设计和实现解决方案，以期达到甚至超过六西格玛质量水平。这一愿景可以通过整合设计的最佳实践，使用设计公理减少设计漏洞，实现创新性、责任性与灵活之间的平衡来达成。这个算法为顺利且成功地完成初始的 DFSS 部署提供了所需的工具和管理细则。

图 5-1 所示的流程图描述了 DFSS 算法。该算法的目标是开发前所未有的满足客户需求和期望的设计实体，并使其满足六西格玛质量水平。该 DFSS 算法基于本书的完整理论框架。

DFSS 算法具有四个阶段：I(识别)，C(描述)，O(优化)和 V(验证)，即 ICOV，如图 5-1 所示。本章的目标是以一种全面的可实现序列塑造 DFSS 的原则、工具和阶段，这种方式综合了基于算法和基于原则两种方式的优点，该 DFSS 算法将与设计实体的全生命周期联系起来。无论是产品、服务还是过程，设计实体的全生命周期通常都是由一个个阶段和节点形成和建模的。"阶段"表示项目中的一组设计活动，通常由起止节点所限制。"节点"是设计实体全生命周期中的一个个里程碑，具有由开发流程转化到设计团队，并得到管理层和其他利益相关方的认可的意义。无论是产品、服务还是流程，设计实体的全生命周期都是从某种形式的创意生成开始的，可以是自由发明形式，或者使用更为严谨的创造能力(如研发部门)。这之后通常是几个连续的活动。在设计实体全生命周期中，设计流程结束之后通常是制造或生产活动，接着是服务和售后支持。设计阶段详情见第 1 章。

在这个算法中，我们强调 DFSS 跨职能团队的作用，一个发展良好的团队能更好地设计出成功的六西格玛水平的解决方案。再由这个成功的设计团队去培养下一个 DFSS 团队，

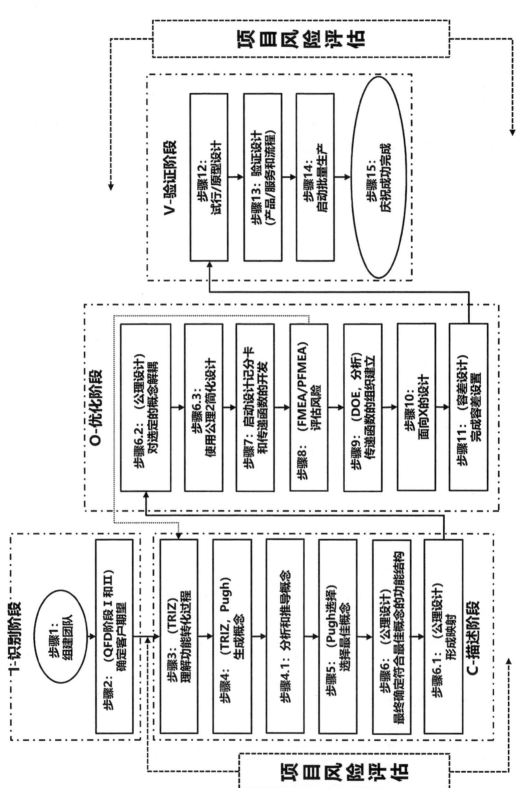

图 5-1 DFSS 设计算法

使得成功不断传承下去。越来越多的成功团队所产生的协同作用日益增强,从而加快了整个公司的发展。在团队绩效方面,那些小型的前期投资收益可能会是巨大的。黑带在项目全生命周期内提高和衡量团队绩效时需持续保持警惕,如此将获得不断增强的能力和决心,以交付成功的解决方案。

如图 5-1 所示,此处建议的流程需要信息和数据才能正确制定设计项目的目标。正确制定设计项目的目标范围包括从变更或修改(增量设计)到全新的设计(创意设计)。在本章介绍的算法中,必须在步骤 2 结束时或结束之前以图 5-2 建议的方式评估项目选项。图 5-3是步骤路线图。即使当前步骤的结果没有达到其目标,当目标完全或部分更改时,它们至少可能被证明是有用的。因此,执行不同的算法步骤的强度会有所不同。必要时,偶尔会突出对某一步骤的引用。

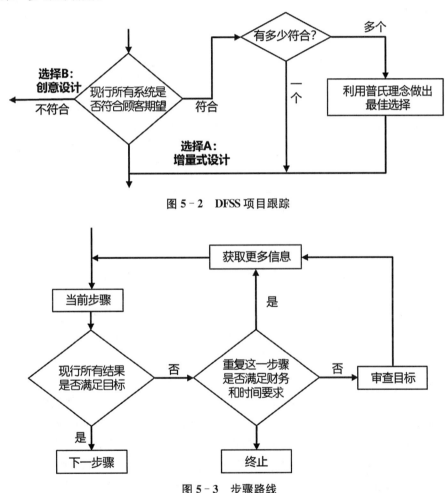

图 5-2 DFSS 项目跟踪

图 5-3 步骤路线

5.2 组建协同设计团队(DFSS 算法步骤 1)

组建一支跨职能、充满活力的设计团队是任何设计工作中最重要的事情之一。设计开发活动的成功与否取决于这个团队是否能充分整合内、外部的成员代表。为了组建多功能的 DFSS 团队，以实现项目愿景而相互协作，这可能需要特别的努力。角色、职责、成员和资源最好由团队预先共同定义。对黑带来说，这一步的关键目的在于建立核心团队并拥有一个由倡导者和设计负责人明确方向的良好的开端。要尽早"做到正确"以避免代价高昂的、后续的错误、问题和推迟，这一点非常重要。

团队成立后，对黑带来说，维护团队和不断提高成员的表现同等重要。因此，这第一步需要在整个规划、制造或生产的 DFSS 算法的 ICOV 流程中持续进行。

六西格玛设计团队通常具有一些共同的属性，如企业公民意识、在维护客户关系中追求卓越的热情、在设计中有深入认识的系统工程思维以及成功的决心。

设计团队面临的主要挑战是需要比竞争对手更快地学习和改进。落后的竞争者必须走得更快才能留在商业竞争中。领先的竞争者必须走得更快才能保持领先地位。精力充沛的 DFSS 团队更应该快速学习，不仅了解需要做什么，还需知道如何做到这一点——如何通过采用的算法全面推行 DFSS 原则和工具，以实现前所未有的客户满意度。

没有练习的学习只是信息的收集，这不是真正的学习。真正的学习意味着获得理解、创造新思维（打破旧模式），并了解如何在大背景下应用新的 DFSS 心理模型——六西格玛文化。没有任何一家采用六西格玛的公司能仅仅通过了解需要什么而成为世界级的公司，而是需要通过在每个项目中部署和使用当代最好的 DFSS。因此，团队必须通过对产品和流程进行对标来预测具有竞争力的表现，以帮助指导变革方向，利用吸取的经验教训来帮助确定改进的领域范围和选择，也可利用项目和风险管理的最佳实践。后者包括发现和内化最佳实践，发展深厚的专业知识，并在整个项目周期中广泛部署最佳实践。这项活动是通过避免或消除风险来提升成功率的关键。此外，团队需要应用设计原则和系统思维，特别是充分利用对总体设计（产品、流程或服务）深入了解的思维。

5.3 确定客户期望（DFSS 算法步骤 2）

此步骤的目的是定义客户期望和使用概况以及公司、法规和其他公司的内部要求并确定其优先级。这里的重点是让所有设计团队的成员通过与客户进行有意义的直接互动来学习，从而培养对客户更深层次的理解。

与内外部客户直接接触有助于 DFSS 团队在项目进行过程中更详细地解读客户满意度成功参数，从而提供持续的实际检查，以减少昂贵的下游设计更改、报废和重复工作，避免设计中隐蔽的缺陷。与客户的直接接触将促进创造力和创新，从而获得前所未有的产品。

对客户期望、需求、兴趣和使用情况、操作条件、环境问题的了解，为 DFSS 团队提供了设计通用解决方案所需的信息。这些总体需求被称为"WHATs"阵列，在讨论质量功能展开（QFD）方法时将这样引用。WHATs 阵列位于 QFD"质量功能展开"矩阵的左墙（见第 7 章）。传统的设计策略往往侧重于消除单一方面的不满意因素。在客户域，如果基本期望不能令人满意，那么它们就会变成不满意因素。卓越的六西格玛设计要求超越市场对消除不满足因素的进入要求，为客户提供满意因素和愉悦因素。第 7 章介绍的卡诺模型（见图 5-4）展示了不满意因素、满意因素、愉悦因素对客户满意度的关系，以及追求前所未有的顾客愉悦的重要性。

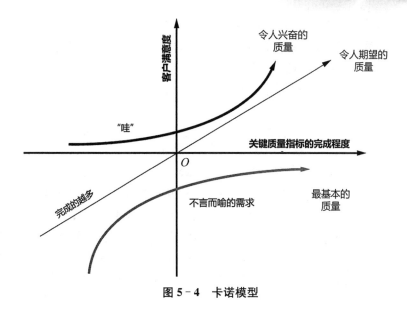

图 5-4　卡诺模型

5.3.1　研究客户活动

这通常由规划部门(产品和流程)或市场研究专家完成,他们应代表 DFSS 团队。黑带和 DFSS 团队首先开展头脑风暴,讨论此设计的所有可能的客户群体。使用亲和图方法对头脑风暴的潜在客户群进行分组。最终结果是市场、用户类型或产品/流程应用程序类型的一些分组。从这些分组中,DFSS 团队应致力于制订明确定义的客户分组列表,从中可以选择单独个体。

识别外部和内部客户。外部客户可以是服务中心、独立销售或服务组织、监管机构和特殊协会。商家,尤其是消费者(最终用户)当然应该包含在内。外部客户的选择必须包括现有客户和忠实客户,以及细分市场中的新客户。在 DFSS 算法中,目标是要围绕关键客户群进行设计,并尝试包括尽可能多的附加细分市场。内部客户可能是从事生产或制造、装配的人、设计服务、展示车间和其他设施的人、财务人员、处理员工关系的人、设计组的人、分销组织的人等。内部研究可能有助于选择内部客户组,这些客户组在识别装配和服务操作中的需要和需求方面最为有帮助。

5.3.2　根据客户数据定义客户追求(期望)的理想设计

"理想"设计的定义是通过将持续监控消费者趋势、竞争标杆、客户满意因素和不满意因素中获得的知识转化为理想设计的初始定义。这将有助于确定进一步研究的领域,并相应地分配资源。设计应该从客户的角度来描述,并且应该提供对关于一个良好的设计应该是什么样子的第一洞察。以客户为导向的理想设计这一定义将通过 TRIZ(如最终理想解)和公理设计(如公理1)之类的概念方法来详细说明,它们是评估消费者吸引力和喜欢或不喜欢的不错来源。

5.3.3　了解客户的声音

关键客户设计需求的识别描述了如何收集和分析"客户的声音"。一个主要步骤是通过焦点小组、访谈、座谈会、现场实验和观察、调查等方法来倾听客户的真实欲望和需求。此外，团队需要分析客户投诉，并使用质量功能展开（QFD）（参见第7章）为设计产品和服务属性指定满意度绩效评级。市场研究有两种方式：

（1）通过间接信息，从调查、调查问卷、竞争标杆和预测、消费者实验室、商务期刊、媒体等获得；

（2）通过客户参与（包括当前的、潜在的和竞争对手的客户），从访谈、焦点小组、顾客代表座谈会、现场观察和实验以及一些其他适当方法获得。

确定客户满意度属性（DFSS算法步骤2）。属性是客户可以从设计中获得的潜在好处，并可以通过定性和定量数据来表征。每个属性基于其对于客户的相对重要性排名。此排名是基于客户对具有该属性（增量设计案例）的类似设计实体的满意程度。Robert Klein（由Cohen在1995年引用）开发了一个数据表征模型。Klein描述了两种衡量客户期望和需求重要性的方法：直接方法要从其他数据推断。直接方法测量的属性重要性称为"声称的"重要性。推断重要性的方法是通过测量特定属性满意度相对于整体设计满意度的比例。使用此间接方法测量的属性重要性称为"揭示出的"重要性。Klein模型使用每个属性的两种重要性类型将客户欲望和需求分为四个象限（见图5-5）。这个分析确定了需要进一步研究的关键客户满意度属性。

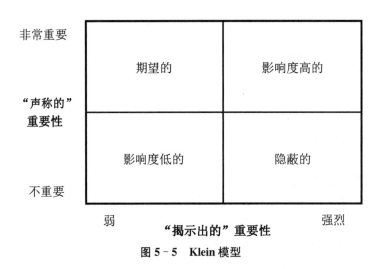

图 5-5　Klein 模型

5.3.4　将客户属性分类为基本型、期望型和兴奋型，并将其映射到关键满意度指标（CTS）要求：第 1 阶段 QFD

团队对客户期望（基本型、期望型和兴奋型）的理解是六西格玛设计开发的先决条件，因此，它是步骤2中最重要的操作。这些期望的实现和令人兴奋的喜悦将带来客户的满意度。这种满意度将决定客户最终会认可和购买哪些产品和服务。在这样做时，DFSS团队需要确定限制提供此类满意度的约束条件，约束提供了超越期望和创造兴奋的机会。

确认客户期望是开发六西格玛产品和服务的关键步骤，客户将优先购买那些突破性竞争的产品或服务。日本咨询顾问狩野纪昭（Noriaki Kano）开发了一种与客户满意度

(Cohen,1995)相关的设计特征模型。此模型(见图5-4)将特征分为三类：不满意因素、满意因素、愉悦因素，每个类别对客户的影响皆不相同。"不满意因素"也称为基本的、必然属性或预期特征，可定义为客户认为理所当然的特征，并在缺失时会引起不满。"满意因素"也称为性能特征、一维或线性特征，它被定义为客户需要和期望的特征，而且越多越好。"愉悦因素"是超越竞争产品，创造意想不到的、令人愉悦的惊喜特征。并非所有的客户满意度属性都同等重要。有些属性巧妙地影响着客户，因此对客户来说比其他属性更重要。例如，当有些不满意因素被满足时，对于客户满意度来说可能不会有任何影响，但是在交付时如果没有被满足，那么将会大大降低客户的整体满意度。

DFSS 团队应对客户评价展开研究。这在创意设计环境中是很难做到的。需要开展客户评价以评估当前交付或建议的设计满足客户需求和期望的情况。开展该客户评价活动最常用的方法是询问客户(如当面询问或调查)设计项目满足每个客户的期望程度。为了击败竞争对手，团队还必须了解他们最具竞争力的竞品的评价和表现。在质量功能展开(QFD)方法的市场竞争性评估矩阵(见图5-6)中，团队有机会从各个方面掌握和比较当前的、提议的或竞品设计的解决方案在满足客户需求方面的能力。

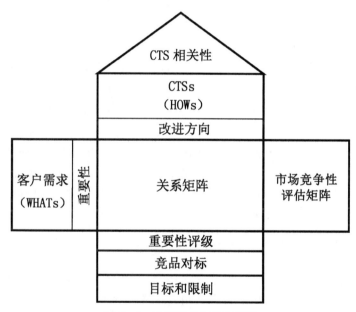

图5-6 市场竞争性评估矩阵

市场竞争性评估矩阵评估的目标是扩大团队在制定客户绩效目标时的战略选择。例如，凭借有意义的客户需求，团队可以指导他们针对最优秀的同类竞争对手(如果有的话)的长处或短处而做出相应的举措。在另一种选择中，团队可能会探索其他创新途径，以获得竞争优势。

5.3.5 优化客户的基本型、期望型和兴奋型需求并确定其优先级

此步骤的目标是优化和确定客户的基本型、期望型和兴奋型需求的优先级。客户需求的阵列应包括所有客户和法规要求，以及社会和环境期望。有必要了解需求和优先级的相似性和差异性，以便了解哪些内容可以被标准化(普遍)，以及需要定制哪些内容(专用)。

客户需求以及社交、环境和其他公司需求可以根据每个已确定的细分市场以矩阵形式进行优化。这些需求在 QFD 文献中也被称为 WHATs。客户重要性评级是通过与客户的直接或间接接触获得的从客户和企业角度分配优先级的主要驱动因素(请参阅关于确定客户满意度属性的 5.3.3 节)。

将 CTS 阵列标识为与优先级的期望和需求列表相关联(DFSS 算法步骤 2)。关键满意度指标(CTS)阵列是 DFSS 团队为应答 WHATs 阵列而派生的设计功能阵列。CTS 阵列也称为"HOWs"阵列。每个初始 WHAT 都需要定义。目标是确定一组关键满意度指标(CTS)以实现 WHATs。应答活动将客户期望转化为设计标准,如速度、扭矩和交货时间。对于每个 WHAT,应该有一个或多个 HOWs 来描述实现客户满意度的方法。例如,一辆"很酷的车"可通过车身样式(不同的和全新的)、座椅设计、腿部空间、更低的噪声、平顺性和振动要求来实现。在此阶段,仅需要确定可以衡量和控制的总体要求。这些转化参数代替了客户的需求和期望,传统上被称为替代质量特征。在本书中,我们将采用与六西格玛一致的术语"关键"一词。

技术型的 CTS 和 WHATs 阵列之间的关系通常用于通过填写 QFD 的关系矩阵来确定客户期望和需求的优先级。对于每个客户的需求,DFSS 团队必须分配一个反映定义的 CTS 来满足 WHATs 的程度的值。此值与客户需求的重要性共同确定 CTS 对总体客户满意度的贡献,并可用于确定优先级。

对客户和 CTSs 之间关系的分析与其他间接信息进行比较,在确定优先级之前有必要了解这些信息。QFD 中的市场竞争性评估矩阵中的新信息必须与可用的设计信息(如果有)进行对比,以确保了解修改的原因。为了验证这些变化和修改,应该去咨询 DFSS 团队的外部客户。当客户与团队互动时,双方都因不需要再独自构思而感到喜悦。另一个愉悦的来源可能来自团队创造力,因为某些功能在客户眼中会产生意想不到的效果。任何满足潜在或隐藏需求的设计功能最初都能带来兴奋,随着时间的推移,再成为一种常规需求。头脑风暴、公理设计(第 8 章)和 TRIZ(第 9 章)等工具在薄弱环节、竞争基准以及技术、社会和战略创新领域,都可以寻求愉悦因素。

5.3.6 将 CTSs 转换为功能要求(FRs)

此步骤的目的是根据客户期望、对标基准推断、结构知识和与其他系统的接口管理来定义六西格玛设计,并将此信息转换为 CTSs,再转换为技术功能要求目标和规范。这将推动由公理设计(第 8 章)方法提出的实体结构的生成。此外,此步骤将为用于定义设计的实体结构的逻辑问题提供起始基础。

客户不满的一个主要原因是设计规范没有充分链接到客户对产品或服务的使用。通常,规范是在设计完成后编写的。它也可能只是一个已经过时的规范的复印件。这一现实可归因于当前计划的设计实践,这些实践没有在客户重要领域分配活动和资源,而是在提供边际价值的活动上花费太多时间而浪费资源,而 DFSS 项目程序很好地填补了这一差距。所以我们需要花时间提前了解客户的期望和兴奋需求以及公司和监管需求。然后,这种理解被转换为功能要求(FRs)和设计规范(公差),再关联到设计层次结构的所有级别。Pugh(1991)强调了首先全面理解需求,然后将它们转化为规范的强大功能。这一概念通常也是与质量功能展开(QFD)相关联的基础。

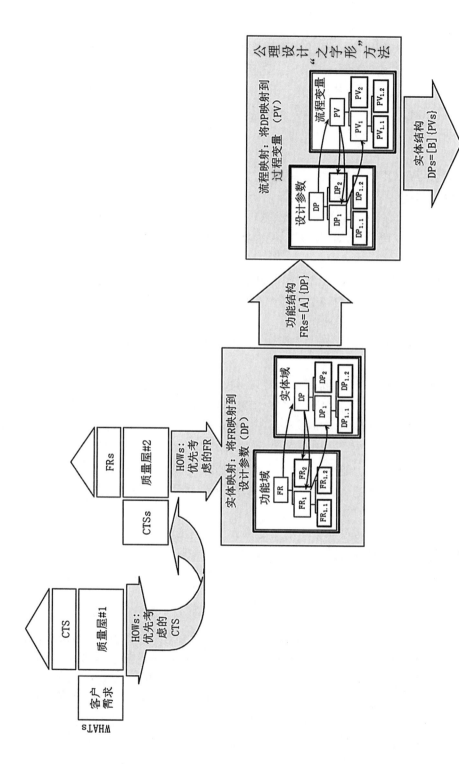

图 5 - 7　DFSS 算法中的设计映射

5.3.7 将 CTSs 映射到功能要求(FRs)

第一次正式以 QFD 格式将客户需求与设计特征映射，是由神户造船厂在 1972 年的三菱重工完成的。这一开创性的工作引领了 QFD 四个阶段的进化发展。QFD 阶段 1 将客户需求和期望转换为关键满意度指标 CTSs。随后，必须将 CTSs 转换为设计行动。通过构建 QFD 阶段 2(一个新的质量屋)来完成这个转换，WHATs 是 CTSs 及其在图 5-7 中(第 1 阶段的质量屋)目标值。每个矩阵的 HOWs 和 HOW MUCHs 作为 WHATs 逐步部署在代表设计开发周期下一阶段的图表或矩阵中。HOWs 到 WHATs 的这种转换将从设计规划持续到生产规划。

虽然我们认可在 QFD 的四个阶段中的每个阶段进行的映射，但我们建议将 QFD 练习仅限制为阶段 1 和 2。我们相信，在采用设计公理和减少漏洞技术时，公理设计的"之字形"方法会更强大。因此，在 DFSS 算法中，我们提出了图 5-7 中所示的以下映射：

(1) 执行 QFD 阶段 1，将客户需求映射到关键满意度指标(CTS)要求(DFSS 算法步骤 2)。

(2) 执行 QFD 阶段 2，将 CTS 映射到功能要求(FR)(DFSS 算法步骤 2)。

(3) 在功能要求(FR)和设计参数(DP)(DFSS 算法步骤 6)之间执行公理设计的"之字形"方法。

(4) 在设计参数(DP)和过程变量(PV)(DFSS 算法步骤 6)之间执行公理设计的"之字形"方法。

第一个映射首先考虑设计的高级客户需求。这些是真正的需求，它们定义了客户想要的理想状态的设计实体是什么样的。从客户角度考虑产品或服务必须满足更高级别系统、内部客户(制造/生产、装配、服务、包装等)、外部客户和监管法规的要求。真正的需求在设计团队的世界里不能直接操作。因此，有必要将客户需求与关键满意度指标点 CTS 相关联，然后转化在易于衡量的功能要求，如果目标正确，就会成功地保证性能与需求的真正品质。客户到设计的映射的逻辑深度为多个级别，通常可以用树图来用于创建此类逻辑(Cohen，1995)。

在执行映射时，设计团队可能会开始开发用于验证的测试矩阵，并在实现更多具体细节时持续更新。他们需要创建涵盖所有客户需求的测试，并取消不必要的冗余测试，特别是关于测试"隐藏"工厂的。

5.3.8 定义 FR 的规格目标值和允许的偏差

利用历史目标和波动作为这一步的初始信息源。利用竞品对标、使用情况回顾和测试来帮助 DFSS 团队了解客户的使用情况和竞争水平。了解竞争趋势也很重要，因为团队应该设定设计目标，以击败竞争对手即将发布的产品，而不是他们现在已经上市的产品。根据这些信息，DFSS 团队为每个测试选择适当的测试目标和允许的变化。这些选择要基于团队对 QFD 中关系矩阵的理解，以便选择适当的值来满足设计目标。通常，目标是可以基于客户研究而更改的，包括了与实际客户验证的目标和变更。在某些情况下，替代品可能会拼凑在一起，以衡量客户的反应。在另一些方面，也可能需要与内部客户沟通这些情况。调整的目标需要在评估客户的反应后做出改进，然后做出权衡决策。基于此，可以编写初步规范。

DFSS 团队需要开始计划为了验证的测试和正在进行的测试。

步骤 2 的操作是保证设计项目的分类(即增量或创造性)走上正确路径的先决条件。将客户需求和期望类别映射到相应的 CTS 后,跨职能的 DFSS 团队需要使用 QFD 方法将 CTS 映射到 FR。然后,DFSS 团队须继续检查解决 FR 阵列的基准解决方案的可行性。团队将针对第 2 阶段 QFD 生成的功能要求,团队要开始研究基准实体,以检查是否存在至少一个解决方案(设计实体)是功能要求的近似实体转换。如果答案为"是"(见图 5-2),则所选实体应与追求的设计只是略有不同,我们可以说这样的设计是增量设计问题,并可以从基准设计作为起点开始改进,以满足客户的需求。"增量设计"是指在不更改 FR 的情况下添加、替换或删除一些设计参数(DP)。而"创意设计"包括在增量设计案例中进行的更改和针对 FR 阵列的改动。在增量设计方案中,如果存在多个基准实体,则可以使用 Pugh 普氏概念选择方法选择最佳实体。在没有基准实体的情况下,就只有去选择创意设计,这需要更概念化的工作,也就需要更广泛地部署 TRIZ 和公理设计方法。

总之,指定 FR 和 DP 的标称和公差的目的是验证功能解决方案的实体元素和接口的结构选择。结构可以定义为函数元素的输入输出或因果关系。从数学上讲,它可以通过设计映射(如 QFD 和公理设计的"之字形"方法)进行捕获。它被以图形方式描绘在框图中,该图由用以描述关系的箭头连接的节点组成。结构应捕获范围内的所有设计元素,并确保正确流向关键参数。该架构使用映射矩阵以数学方式捕获,属于同一层次水平的矩阵聚集在一起。层次结构通过分解设计构建成多个更简单的功能设计矩阵,这些矩阵共同满足 DFSS 步骤 2 中确定的高级功能要求。DFSS 算法中识别了两个结构:

(1) 功能要求(FR)和设计参数(DP)之间的实体结构;

(2) DP 和过程变量(PV)之间的过程结构。

在定义设计概念时,物理结构通常是初始阶段首先开发出来的。最好使用 Pugh 普氏矩阵方法选择初始概念。验证结构选择的初步工作应有助于 DFSS 团队开始生成概念。团队需要从设计参数(DP)的角度选择最佳的解决方案,以满足甚至超过要求。在遵循设计公理进行设计时,技术和结构选择有时通过实体和过程映射紧密相连。能够启用针对 DP 的新结构和不同的新技术可能需要对功能要求(FR)进行不同的映射,这样寻求互联技术和结构选择可能会为开发出兴奋型的需求创造机会。相反,由于公理驱动的结构通常具有很长的寿命,因此它们需要相对不敏感的技术选择。公理驱动的结构应该能够重新实施新技术,而不会对设计的结构或其他映射产生不当影响。因此,如果是为了确保结构对未来未知技术的不敏感,需要使用设计公理来推导,而且很有必要。根据当前的已知技术和设计备选方案可以检验结构的稳健性。稳健的结构才能用以应对客户的使用、误用或滥用、要求和规格的错误以及与解决方案实体其他部分的意外交互,或过程变化。功能要求应由超过已知要求和规格的一系列操作参数来验证。这可能需要用经典的 DOE(实验设计)或田口的参数设计的形式进行灵敏度研究。DFSS 算法中传递函数优化的一项基本任务就是确定由于操作条件(包括本地环境和解决方案实体之间的交互)在预期操作范围内的变异而导致的设计元素性能的灵敏度。

由于对包括理想和传递函数(第 6 章)的物理结构进行了优先和选择,因此应重新验证需求之间的关系,以确保满足高级别的要求和六西格玛规格。重新验证需求分解的一种强大方法是,将自上而下与自下而上的映射规范分解的结果进行比较。该方法旨在将各个解决方案(组件和子系统)建立的功能要求规范合并为一个更高级别的规范。合成规范需要根据更高级别的解决方案实体元素的关联要求和规格进行评估。对于每个分层设计级别的合成是重复进行的;在从上而下的映射过程中,需要进一步规范子系统的组件、子系统到系统的组件与高级别需求的关系,找到不符合六西格玛范围的特定区域做进一步研究。

5.3.9 退出步骤 2

从 DFSS 的角度来看,需要做的是确保优化从阶段 2 QFD 推导出的功能要求(FR)。通过让整个 DFSS 团队提前规划 DFSS 算法中的下一个设计任务,可以提高有效性和效率。需要考虑的活动包括物理上的和过程上的结构开发、优化和传递函数的开发、测试、设计实验、验证、可靠性方法,以及其他的 DFSS 算法活动。团队需要将 DFSS 算法中每个活动映射到转化而来的设计性能中,包括产品、服务和流程方面的。我们设计中使用头脑风暴得出了清单,然后创建矩阵来把它们与转换而来的可实施操作的清单进行比较。在 QFD 评级之后,我们得出了"无"关系、"弱"关系、"中等"关系和"强"关系。在这个过程中也可以通过添加步骤来涵盖原始清单中矩阵的缺失或薄弱领域,或是删除在其他计划设计活动中已充分涵盖的冗余活动,以此来改进这些活动中提出的设计清单。DFSS 团队可以考虑将这些活动结合起来,以提高效率。

一旦规划了工程活动,就可以确定工作量和时间安排并分配资源。在这种情况下我们建议的思路包括以下内容:

(1)在规划中使用项目管理方法,如关键路径法(CPM)。DFSS 团队需要绘制出一系列计划的事件,确定哪些事件必须按先后顺序或并行完成,并确定关键路径。可以选择一些项目管理软件来帮助。

(2)了解时间、资源限制和节点。只有在了解时间、资源之后,才能开始分配工作量。我们还需要评估资源和预算方面的限制,以及开发周期中各种节点的要求。如果情况紧急,可以用项目评估和审查技术(PERT)来记录项目计划的不同活动,以及每个活动的最早和最迟的开始和完成时间,使得整个项目可以在预计完成日期内完成。在项目的甘特图中应该详细说明时间计划、事件和 DFSS 团队的职责。里程碑和关键节点一定要与公司的设计开发流程同步,并且获得认可。每个里程碑应该在项目评审阶段的"评审环节"充分沟通,以确保团队在获得批准之前评估和更新管理进度,以便继续执行 DFSS 算法的下一步。通常,关键的里程碑节点会在项目接近结束的时候密集分布,但是当使用 DFSS 算法时,应改变这种模式。这些评审不应该是与外界的唯一沟通渠道。一些非正式的沟通也可有效地减轻节点的时间压力和其他内部评审的压力。

(3)预估与 DFSS 算法活动相关联的工作量。现在根据计划的活动和所需时间预估设计工作量。

(4)为各种活动分配资源。

5.4 了解功能需求的演变(DFSS 算法步骤 3)

解决方案的设计实体的演变遵循着某些基本的发展模式。基于有效的历史数据,可以看出功能需求(FR)性能的演变趋势会随着时间绘制出一条 S 形曲线(见图 5-8),这其实是 TRIZ 中的概念。发明问题解决理论（TIPS，俄语首字母缩略词 TRIZ）是对技术演进的理解和预测的宝贵方法（Alexander，1964；Altshuller，1991；Tsourikov，1993；Dovoino 1993）。

DFSS 团队可以使用这些知识来预测其设计的多重迭代计划中合乎逻辑的下一代产品的开发，并找到当前设计的一些局限性。团队需要列出技术方面的历史性突破（即技术革新），并将他们的设计与通用设计的演变进行比较，进而将技术突破与进化改进联系起来。他们对改进类型的研究将有助于确定项目的

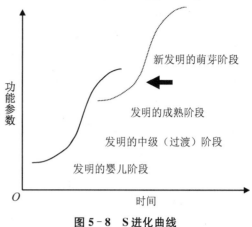

图 5-8 S 进化曲线

发展阶段。这时候可以通过文献和专利检索来找到相关行业的信息，或者通过与一流的竞争对手和非竞争对手公司的对标来获得。此外，开展头脑风暴，可以大大促进如何将通用的进化原则应用于六西格玛设计中，包括研究既定的技术进化路径和对未来的预测。在所有情况下，都应该评估通用的进化原则与项目应用程序的兼容性。

5.5 分析、生成和评估概念（DFSS 算法步骤 4）

DFSS 团队应开发一个矩阵以便根据 FR 阵列和团队选择的其他标准评估替代概念。该矩阵为项目解决方案的分析、生成和评估过程提供了架构和控制。矩阵的（垂直）列是从用户角度（例如借鉴原理图和草图）评估这些想法或概念的标准，而（水平）行即是实际的评价标准。这个评价矩阵将用于证明为什么有些方案是最佳的，有些方案应该被抛弃。在描述每个概念和方案的时候应该尽量清晰、准确、详细，从而确保所有的团队成员理解是一致的。文字描述和建模可以使它们更加清晰易懂。所有概念都应该同样详细地展现出来。而备选方案应该另取标题和编号，以便于参考。

确定功能需求（FR）阵列后，将生成解决方案的不同备选方案。这些实体表示功能域中定义的功能的物理转换。备选方案由分析和合成方式形成。这就意味着在选择一个可行的结构时，其中一种功能的物理映射可能由不同的实体来实现。在这个过程中可以使用到的有用的技术包括类比、头脑风暴、组合和演进等。

实现最佳概念设计或流程解决方案的关键机制包括：① 公理设计；② TRIZ 方法；③"可控收敛"方法，该方法由 Stuart Pugh 博士（1991）开发，可以作为其解决方案选择过程的一部分。

可控收敛法是一种解决方案迭代的选择过程，它使得团队能够体验交替收敛（分析）和发散（合成）的思维，在生成活动和选择活动之间交替进行（见图 5-9）。在使用这个方法的时候，我们建议在以下方面有所注意：

（1）"生成"活动可以通过部署设计公理 1 及其整个派生理论框架来丰富，这对其中的功能需求有独立性的要求。在一定的适用条件下，一些 TRIZ 方法可以帮助进一步强化这个过程，从而解决设计漏洞。

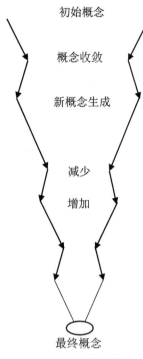

初始概念

概念收敛

新概念生成

减少

增加

最终概念

图 5-9　可控收敛法

（2）"选择"活动可通过部署公理 2 来增强，这个过程需要一定的设计。

可控收敛方法需要使用每个替代解决方案的实体与参考基准相比较，这样对单个解决方案实体的评估更主观。但是，这种方法不鼓励以观点为基础，所以更有客观性。可控收敛法能够防止不良特征，避免较弱的概念，从而促进新概念的出现。它阐明了最佳解决方案的实体，即最可能满足设计规范所表达的客户约束和要求，同时又最不易受直接竞争影响的解决方案。

通过每个功能要求的解决方案备选方案的组合来开发的概念，可以通过合成矩阵的技术来确定。在这个矩阵中，功能要求（FR）呈现在行中，解决方案的备选方案（设计参数）呈现在列中。在这个过程中，设计参数通常在层次结构层面已知，包括了组件、子系统和子进程或物理影响（例如电场）等方面。但是在现阶段，这些知识可能并不详细。功能要求就需要团队按层次结构的顺序列出，而且在这个步骤中要充分利用他们的知识，并且应根据其输入类型（能量类型、材料类型、信息类型）进行分组。

这些概念由合成矩阵中每个功能需求（FR）的所有可能的设计参数（DP）的可行性组合进行合成和生成，通过将设计参数之间所有可能的解决方案用箭头连接起来，实现可行的设计。要注意的是，只有当团队对功能和生产可行性有技术信心时才能连接箭头。在图 5-10 中，可以确定两个潜在概念，但是箭头数小于行数的解决方案肯定是不可行的。

功能	解决方案						
	1	2	···	···	j		m
FR_1	S_{11}	S_{12}	···	···	S_{1j}	···	S_{1m}
FR_2	S_{21}	S_{22}			S_{2j}		S_{2m}
⋮							
⋮							
FR_i	S_{i1}	S_{i2}			S_{ij}		S_{im}
⋮							
FR_n	S_{n1}	S_{n2}			S_{nj}		S_{nm}

图 5-10　设计合成矩阵

在进行这个练习时，团队确定了所有可行的设计方案。下一步，在专业知识和 DFSS 步骤的引导下，应该只关注更好的解决方案。这时的挑战就是如何确保满足物理功能的兼容性和避免其他限制，并正确识别适当的能量、材料和信息流。这些都是构思稳健设计结构的要求。这里的结构是指涉及映射中的设计的说明(见 5.3.8 节和第 8 章)。设计首先确定 FR,然后根据设计矩阵(映射)表中较低级别的功能要求和设计参数逐步进行详细描述。这个层次结构是通过设计结构详细任务中的"之字形"方法输出的。通常,每个功能要求都可以由结构中给定层级的几个可能的 DP 来提供。因此,合成矩阵的尝试应该在设计结构的所有层级都开展。

假设我们有 n 个 FR 的设计阵列,而 FR_i 是阵列中的第 i 行。我们假设任意功能要求,例如,FR_i(其中 $i = 1, 2, 3, \cdots, n$)可以通过 $j = 1, 2, \cdots, m_i$ 设计参数(DP)以物理方式传递。一个合成矩阵单元,例如,S_{ij} 在矩阵中是功能要求 i(FR_i)的设计参数 j(DP_j)。利用 Zwicky(1984)和 TRIZ 方法(第 9 章)的形态学矩阵方法,可根据功能要求确定所有可能的备选办法。

使用合成矩阵可以生成几个可行的、高级的,但不够详细的概念。这就带来了如何选择的问题,也就是说在 DFSS 步骤要进一步描述如何选择合适的概念。DFSS 团队可以使用普氏概念选择方法来选择最佳概念。

5.6 选择最佳概念(DFSS 算法步骤 5)

在这一步,DFSS 团队要在迭代的方案中产生最佳概念的集合,而且以 DFSS 的纪律和严谨性来操作。以下步骤可用于促进 DFSS 团队将之收敛为最佳概念:

(1) 列出普氏矩阵横行的标准,也就是在第二阶段中通过 QFD 映射得出的功能要求(FR)阵列,包括约束、法规和法律要求。这些标准需要可衡量,并由团队的所有成员统一解读。

(2) 列出从合成矩阵获得的普氏矩阵竖列上的不同概念。

(3) 从现有可选的设计实体中选择基准设计。如果是增量设计,那基准设计可以是现有的设计。在创造性设计中,基准可以是团队从合成矩阵生成的任何概念。然后根据定义的标准评估概念。使用数字编号比传统的加号(+)和减号(-)评价会更合理。基准方案是所选编号系统的中性元素。将每个解决方案与基准进行比较,加号(+)表示比基准更好,减号(-)表示比基准差;相同记为(s)(见图 5-11)。

FR	概　　念				
	A	B	C	...	K
FR_1	s	-2	+3		-1
⋮	s	-2	-2		-2
⋮	s	-1	+1		+3
⋮		...	...		
FR_m	s				
合计(-)					
合计(+)					

图 5-11 普氏概念选择矩阵

（1）需要权衡的时候，可以利用设计公理和 TRIZ 生成替代方案。要重点关注矩阵中的负数，思考设计中需要怎样来反转这些负数（相对于基准）？基于设计耦合原则做出的改进是否会使得一个或多个现有的积极选项被逆转？如果可能的话，将修改后的解决方案引入矩阵，并在矩阵中保留原始解决方案作为参考。从矩阵中消除真正弱的概念可以使得矩阵规模变小，并在过程中查看矩阵中是否开始出现强有力的概念。如果出现整体均匀的情况，这表明可以尝试将几个概念组合起来。要注意的是，这些评价标准有时会比较模糊，因此需要 DFSS 团队作出详细解释。出现多个概念的一致表明它们可能是相互之间概念的子集，在这种情况下，矩阵就无法区分哪个概念是不存在的。

（2）在对这些概念相对于基准进行评分之后，将所有标准的分数相加，以获得加号（＋）、减号（－）和（S）值。这些分数不能被视为绝对的，因为它们只用于指导，因此不能单纯以代数方式进行相加。某些概念将表现出相对优势，而其他概念将表现出相对的弱点。

（3）选择加号最大值和减号最小值即为最佳概念。

5.7 确定所选概念的物理结构（DFSS 算法步骤 6）

设计细化的第一步是开发物理结构，以确定抓住步骤 2 中定义的"最大客户满意度潜力"的机会。确定物理结构的目的是为后续概念和细节设计努力建立推动因素，以实现这一最大潜力。公理设计方法提供了"之字形"流程作为定义物理和过程结构的手段。该结构利用数学方法，使得属于同一分层级别的矩阵的映射矩阵聚集起来。层次结构由分解设计构建成许多更简单的功能设计矩阵，这些矩阵共同满足从阶段 2 的 QFD 获得的高水平功能要求。应检查 FR 阵列是否独立，即它们是否是完全不同且特性鲜明的。例如，尽管速度和扭矩受到物理特性的限制，但它们都是独立的功能要求。这个要求很重要，因为它形成了一个服务于设计的最小阵列，具有满足设计要求的潜力。由于客户可能不会提出额外的功能要求，那么对于客户来说，这很可能会导致设计过度或不够有价值。令团队满意的达到所有级别的设计矩阵的集合就构成了结构。该结构为在整个设计中传播的设计变更提供了一种跟踪效果链的方法。"之字形"流程首先使用一组最低功能要求，这些功能要求是从第 2 阶段 QFD 获得的由客户定义的设计任务。"之字形"流程是以"之字形"方法提供的逻辑（第 8 章）而定义的功能需求的创造性和启发性过程为指导的，这个结构定义要根据以下设计公理进行判断：

（1）公理 1：独立公理。维持功能要求的独立性。

（2）公理 2：信息公理。最小化设计中的信息内容。

在满足独立公理的情况下，通过公理 2 使得信息内容最小化来达到设计简单化。在这里，信息内容被定义为对复杂性的度量，并且与成功制造或生产预期设计的可能性有关。由于对相关信息的一无所知和其他抑制因素，在技术和成本限制的情况下，设计公理的完整部署可能并不可行。这种情况下，可能存在与公理相关的措施（标准）中不同程度的漏洞。比如由于违背公理 1 而导致的耦合以及由于违背公理 2 而导致的复杂性（见图 5-12）。

DFSS 团队应该创造性地选取 DP 来避免或至少削弱这种耦合，高度耦合的概念通常表现出技术瓶颈和冲突，这就为积极思考创新提供了机会。设计失效模式分析（DFMEA）和流程失效模式分析（PFMEA）可以用来把设计漏洞当作故障来分析（见第 11 章）。

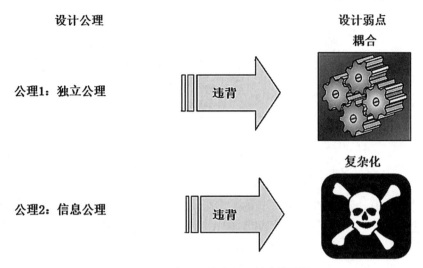

图 5‑12　违反设计公理而创建的漏洞

5.7.1　执行映射

此处提出的映射工具是公理设计的"之字形"流程。其使用的主要意图是实现最小功能集,这些功能反过来又提供客户、公司和监管属性。我们需要讨论和比较在物理结构中确定的功能要求的各种解决方案,以及将它们组合形成概念性物理结构的方法。这将通过缩小概念上可行的解决方案范围,以使初步结构中实际上可能的解决方案范围缩小,从而来决定替代解决方案的可行性和兼容性。

功能分析和物理合成是 DFSS 算法的 C(描述特性)阶段执行的主要活动。在项目的这个阶段,在完成物理结构的细节之后,团队应该继续前进执行过程映射,即过程设计。

团队需要寻求有竞争优势和令客户兴奋的创意,用创新的想法挑战传统的物理结构,利用新技术设计参数来初步定义功能要求(FR)、设计参数和过程变量,最大限度地减少漏洞。这样,团队应力求解耦和简化这两种结构。在此步骤中,黑带应营造一种环境,鼓励利用 DFSS 提供的概念方法进行"跳出现有的思维模式"的思考和集思广益。而当取得一定的想法后,黑带应该为团队营造一个更加规整、更有纪律的环境,在想法的扩张和收缩之间反复迭代。

5.7.2　非耦合或解耦所选择的概念

设计过程涉及四个域之间的三个映射(见图 5‑13)。第一个映射涉及客户属性和关键满意度指标(CTS)之间的映射,然后是从 CTS 到功能要求(FR)的第二个映射。此映射至关重要,因为它可以定义从客户视角来看完成设计价值所需的高水平最小功能要求集。定义最小 FR 集后,应开始物理映射。此映射涉及 FR 域和共域设计参数(DP)。它表示了结构活动,可以通过设计矩阵(映射)或利用框图的图形化用数学方式表达。设计矩阵的集合就构成了概念结构。

过程映射是最后一个映射,涉及 DP 域和过程变量(PV)共域。此映射也可以由矩阵表示,并提供在制造或生产环境中将 DP 转换为 PV 所需的流程结构。

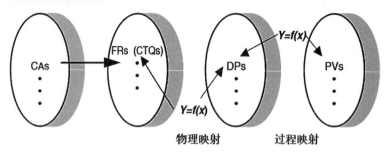

图 5-13 设计过程映射

公理设计的"之字形"过程是一种概念性建模技术，它揭示了在 FR 中设计是如何耦合的。在物理映射中，FR 表示为阵列 y 的响应阵列。FR 耦合是设计缺陷，会对设计实体的可控性和可调性产生负面影响。耦合可以定义为 FR 之间缺乏独立性，在设计映射上传递，并限制六西格玛设计的潜力。非耦合设计不仅在可控性、质量和稳健性方面表现优秀，而且具有高度的可生产性，也就是说有很低的单位缺陷机会（DPO）。

当设计矩阵为正方形（其中 FR 数等于 DP 数）和斜交时，设计就称为独立或非耦合。非耦合设计是一对一的映射。

在解耦设计案例中，下/上三角形 DP 的设计矩阵按矩阵传达的某种顺序进行调整。非耦合和解耦的设计实体具有概念上的稳健性，可以通过更改 DP 来影响相应的需求，而不用调整任何其他的功能要求。当然，当矩阵的需求数大于 DP 的数量时，会导致耦合设计。耦合设计可以通过"巧妙地"向结构中添加额外的 DP 而转化成非耦合或解耦设计。非耦合或解耦是一种以结构细节为步调的活动，可以使用公理设计的定理和推论来解决。与耦合设计不同，未耦合和解耦设计在所有 FR 中实现六西格玛性能具有更高的潜力。六西格玛设计在概念意义上被定义为通过团队同时进行过程映射和物理映射从而具有整体的非耦合或分离设计。

5.7.3 使用公理 2 简化设计（DFSS 算法步骤 6）

在保持公理 1 的独立性后，DFSS 团队应选择信息内容最少的设计。设计指向制造或生产的信息越少，其复杂程度就越小，因此，信息测量即复杂性的测量，所有的"复杂性"被定义为设计实体的质量。设计的复杂性有许多方面，包括物理结构中输入和输出之间的传输功能缺乏透明度，采用的物理和传递过程相对困难，以及涉及的装配、工艺和组件数量相对较多（Phal 和 Beitz，1988）。在第 8 章中，我们将探讨简化设计的不同技术。现在，只需要了解设计元素的数量、偏差和相关性关系是设计复杂性的组成部分就够了。

5.8 启动设计记分卡和传递函数开发（DFSS 算法步骤 7）

物理结构中的功能要求可以通过设计记分卡和传递函数进一步细化，这是 DFSS 算法的两个独特概念（第 6 章）。传递函数是提高客户满意度的手段，可以通过不同的设计映射初步确定。传递函数是相关映射中连接可控和不可控因素的一种关系，这种关系最好是数学关系。传递函数可以进行推导，从 DOE 中获得经验，或使用历史数据倒推。在某些情况下，如果无法获取闭合的数学公式，那么 DFSS 可以采用建模的方式。在 DFSS 算法中，每个功能要求、每个设计参数、每个过程变量都有传递函数,最终使得每个 CTS 和客户属性都有一个传递函数(见图 5-14)。传递函数是在图 5-7 和图 5-13 中{FRs}=[A]{DPs}和{DPs}=[B]{PVs}映射中获取的。传递函数中的因变量可通过转移其均值、减少其变异或者同时改变两者来优化。这可以通过调整其映射到独立变量的值和方差来实现。此优化通过设计映射中的其他高级传递函数传递到客户域,从而提高客户满意度。

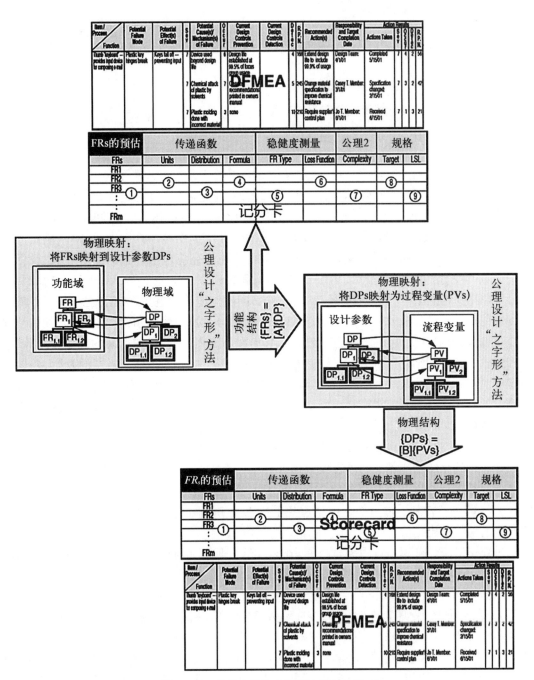

图 5-14　传递函数和 DFMEA 设计记分卡

设计记分卡文档是用来记录和定量评估 DFSS 的项目进度，记录学习过程，并展示设计的所有关键元素和性能（CTSs、FRs、DPs 和 PVs）。记分卡有诸多好处，比如显示相对于客户属性的改进差距、记录传递函数和设计优化、预测最终结果、促进项目中所有利益相关方之间的沟通，以及评估组件和装配质量水平的制造和生产流程对设计的支持程度。我们建议在一个记分卡中记录属于同一设计层次结构的传递函数，从而避免在物理结构中的每个设计元素或要求中都分别有一个记分卡。

5.9 使用 DFMEA/PFMEA 评估风险（DFSS 算法步骤 8）

FMEA 可描述为一组系统化的活动，目的如下：

（1）识别和评估设计的潜在失效及其影响；

（2）确定能够消除或减少发生潜在故障的机会的行动；

（3）记录流程。

它是对设计过程的补充，可以积极定义设计必须做什么才能满足客户。

失效模式-影响分析（FMEA）[见 AIAG（2001）]通过询问"可能出什么问题？"和"变化从何而来？"，帮助 DFSS 团队改进其项目的产品和流程。然后修订设计和制造或生产、装配、交付以及其他服务流程，以防止失效模式的发生并减少变异。具体来说，团队应研究和完全理解物理和过程结构以及建议的过程映射。这项研究应包括过去的保修经验、设计和过程函数、客户期望值和兴奋点、功能要求、图纸和规格以及工艺步骤。对于每个功能要求（FR）和制造/装配流程，团队都要思考"会出什么问题？"应确定制造、装配、交付和服务流程中可能的设计和流程失效模式以及潜在波动的来源。FMEA 考虑的因素包括客户使用情况的变化、在有效设计周期内恶化的潜在原因、和潜在的流程问题，比如遗漏的标签或步骤、包装和运输问题，以及服务误诊。团队应修改设计和流程，以防止"错误事件"的发生，并参与制定应对不同情况的策略、流程的重新设计以减少波动，以及设计流程的防错（poka-yoke）。预测失效模式和变异源的举措是不断迭代的。随着团队努力进一步改进产品设计和流程也应持续进行。

我们建议在早期的概念和设计阶段使用 FMEA 概念来分析系统和子系统。重点关注与设计导致的系统功能相关的潜在失效模式。设计 FMEA（DFMEA）用于在设计发布到生产之前对其进行分析。在 DFSS 算法中，DFMEA 应始终在原型生成之前完成。对 DFMEA 输入 FRs 阵列。得到的输出如下：① 避免不良或检测故障模式的操作列表；② 所采取措施和未来活动的历史记录。

过程 FMEA（PFMEA）用于分析制造、装配或任何其他流程，重点是过程输入，而软件 FMEA 记录并解决与软件功能相关的失效模式。

FMEA 可以很容易地链接到 DFSS 程序中的其他工具，例如 P 图（流程图，见图 5-15）、鱼骨图、物理和流程结构、传递函数、过程映射和 DOE，包括经典的（和稳健的）设计。在这些工具中，P 图作为前面几章中省略的新工具需要更多的关注。P 图是一个稳健的设计工具，用于汇总和获取范围内的设计或流程的输入和输出。它区分了 DFSS 团队的控制因子、不同结构层级水平的 DPs 以及由于技术或成本限制而无法控制或不希望控制的因子，即"噪声"因子。噪声因子不仅可以通过它们的均值作用，还可能通过它们与设计参数之间的交互作用导致设计失效。"故障"是导致系统或组件在指定操作条件下无法交付一个或多个 FRs 的意外事件。噪声因子可分为环境、零件与零件之间的变异（制造或生产造成）、与其他系统的耦合、客户使用情况和变质（磨损）系数。P 图是一个 DFSS 结构工具，用于识别系统的预期输入和 FRs、噪声因子、设计参数、传递函数，包括理想函数和失效模式。P 图可帮助 DFSS 团队评估故障并提出失效原因、模式、影响和控制措施。

　　图 5-15 中描述的 P 图引入了另一类输入：信号因子。信号因子通常由客户施加以诱发系统，使 DPs 在物理结构中交付 FRs 或 PVs 在工艺结构中交付 DPs。非零信号阵列表示稳健性设计方法中是"动态"信号；具体来说，FRs 随着信号而变化，而 DPs 用来最小化两个序列中的差异。图 5-16 中描述了物理结构、传递函数和 DFMEA 之间的关系。

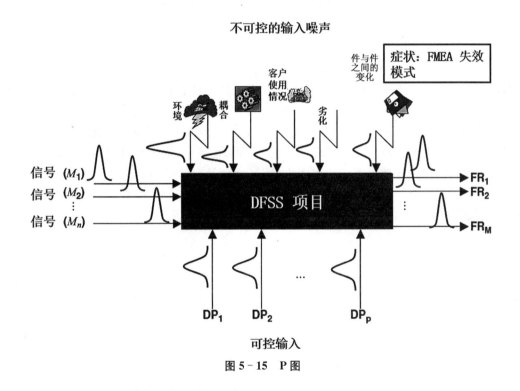

图 5-15　P 图

　　让我们通过以下示例来说明本步骤中的概念。

　　例 5-1　压合过程的 P 图。压合是使一根轴压入一个孔中（本研究中的滑轮轮毂）来完成的，这个孔在加工过程中依赖于材料的弹性，它比轴的尺寸稍小，而且在加工后要尽量保持原有的尺寸。这将产生将两个零件放在一起的连接点。压合力是一个很简单的装配方法，因为只需要用液压的方式提供压力即可。

　　压装接头由三个部件组成：轴、滑轮和滑轮轮毂（见图 5-17）。轴外径大于滑轮轮毂内径。设计手册建议在特定范围内对压合提供一点余量，也就是通常定义的配合零件之间的最小间隙。干涉是一个负公差，这种干涉产生将滑轮与轴连接的固定结构。同时，零件尺寸也有一定的公差波动。

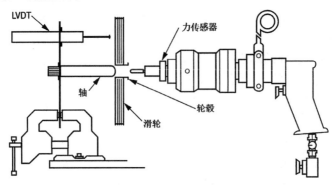

图 5‑17　轴-滑轮总成

图 5‑16 中描述的流程的 P 图包括以下组成部分：① 客户意图——客户想要什么；② 信号——将客户意图转换为可测量的工程术语；③ 感知结果——客户获得什么；④ 响应——将客户感知结果转换为工程术语中可衡量的性能数据。

传递函数和理想函数。传递函数是一种关系，它将所有输入与给定系统的关系与输出联系起来。在 P 图中，这可描述为物理映射中的 FR‑f（信号因子、噪声因子、设计参数）和过程映射中的 DP‑f（信号因子、噪声因子、过程变量）。"之字形"方法过程有助于团队确定物理结构中的部分传递函数 FR(DP)f（信号因子、设计参数）。P 图使团队能够用噪声因子来补充此功能。在恒定的 DP 或 PV 设置和零噪声因子作用下，FR‑f 或 DP‑f（信号因子）的关系在稳健设计方法中称为"理想函数"。理想函数是"如果系统完美地执行其预期功能，系统如何工作"的描述。在设计术语中，理想函数是对信号和响应之间的能量转换关系的数学描述。研究理想函数的原因是在测试前考虑一个基于物理的系统性的数学模型。虽然存在噪声因子，但是这样能够使得团队评估各种控制因子水平。

压合工艺的理想函数是

$$F_p = z_0 \Delta_r^2 \qquad (5-1)$$

其中，F_p 为压力（过程结构中可测量的 DP）；z_0 为联合材料刚度系数（滑轮几何形状和材料属性的系数）；Δ_r 为相对干扰（信号），计算为

$$\Delta_r = \frac{\Delta}{OD_{轴}} = \frac{OD_{轴} - ID_{滑轮}}{OD_{轴}} = M(信号) \qquad (5-2)$$

换句话说，我们找到了孔和轴之间存在相互干涉的过程，我们通过联合力将两个组件组在一起。传递函数可以编写如公式（5‑3）所示。根据作者所知，文献中没有现成的关系式，所以精确的数学传递函数关系可以通过在一定经验下的 DOE 实验中获得。

$$F_P = f(\Delta_r^2) \qquad (5-3)$$

DFSS 算法认识到，当前的设计缺陷是由于效率低下的传统设计实践以及在早期做过部分分析的设计过程本身固有的概念限制的结果，所以希望努力实现更完善的改进开发。这些限制造成了设计漏洞，但可以通过利用 DFSS 概念和工具来消除或减少。我们在设计理论方面的研究表明，要在 DFSS 算法中最大限度地发挥工具和概念结合的作用。为了实现这种结合，必须要强调一下概念和理论关系，并设计一种切实可行的形式，于是就有了 DFSS

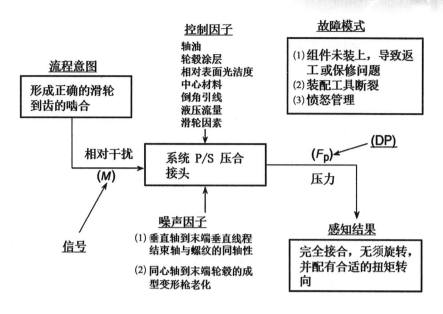

图 5-18　压合过程的 P 图

的算法和程序。

图 5-19 展示的内容是把 FMEA 与其他一些方法的结合产生的参数,例如公理设计的物理结构方法、稳健噪声因子和更高层水平的 FMEA 分析。

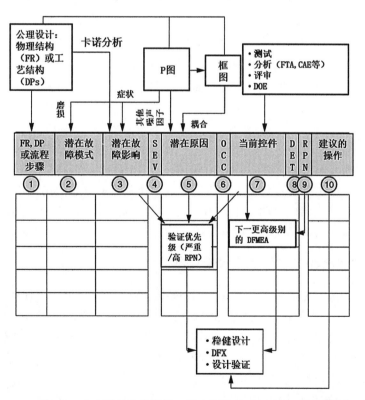

图 5-19　FMEA、公理设计和稳健性工具之间的关系(DFX X 设计,其中 X 指可制造性、可靠性、环境、装配测试、服务、美学、包装/运输等)

5.10 传递优化(DFSS 算法步骤 9)

DFSS 团队的目标是规定其项目任务,然后在项目的整个周期内,于广泛的条件下实现预期的作用。在此节中,DFSS 算法中优化步骤的目的是通过让具有代表性的变异源、噪声因子显露出来,从而最大限度地减少传递函数的波动。开发数学或分析模型形式的传递函数,以预测设计参数或过程变量及其在相应结构中的目标设置的最佳组合。这一步能够同时评估多个设计参数和过程变量,以提升其改进潜力。它强调了制定基于 FRs 或 DPs 的完整的测量策略,从而提高项目开发的效率。传递函数的优化步骤可以基于分析或经验进行。但无论哪种情况,它都是一种系统化的方式来预测产品和噪声因子的来源。这种方法应最大限度地利用成本和质量性能,这是为了在产品和流程设计的早期阶段就防止问题发生。

在 DFSS 算法中,优化和稳健性彼此相似。稳健性意味着团队必须设法确定设计(产品、服务和流程)的最佳表达方式,即客户驱动的六西格玛设计规范中的最低成本的解决方案。DFSS 意味着生成与优化活动兼容的概念,以达到六西格玛的质量水平。为了分析系统的稳健性和适应性,可以使用 Z 值、Taguchi 的信号-噪声比和损失函数等独特指标,使团队能够利用通过泰勒系列展开的数学分析或采用强大的实验方法来优化设计对变异源的不敏感度。由于大多数情况下都没有现成的传递函数,我们将重点介绍参数设计作为开发此类传递函数的经验方法,而不是在本节和第 13 到 15 章中的分析方法。分析方法将在第 6 章中详细讨论。

在后面的案例中,可以使用稳健性方法的参数设计。参数设计是一种系统性的活动,它从开发中的设计概念里提取最佳功能要求性能,并产生受噪声因子影响最小的性能。六西格玛设计将提供对无法控制的变异源的最不敏感的功能性能。噪声因子的创造性组合使团队能够系统地预测无法控制的变异源对功能要求性能的影响,同时确定哪些设计参数对最小化噪声因子作用是有用的。

5.10.1 完成物理结构(DFSS 算法步骤 9)

从输入信号及其输出响应(FRs)的角度描述设计的目的是构建优化策略的制定过程。物理结构的描述提供了系统优化发生的水平和优化所基于的测量方法的战略性总结。运用传递函数的表征将确定结构中功能元素的 P 图。这里缺少了噪声因子识别,或者说,是哪些主要变异源会影响在所有模式下选择的解决方案。

5.10.2 使用传递函数确定要优化的设计参数

FRs 阵列将传递到传递函数阵列中。传递函数阵列信息量很大。使用传递函数,我们需要优化(把均值改进到目标水平并减少波动)设计中的所有 FRs。但是,此优化并不是任意的。用于优化的每个 FR 的 DPs 的选择取决于从耦合角度进行的物理映射。如果设计是非耦合的,也就是说,如果 FRs 和 DPs 之间有一对一的映射,则每个 FR 都可以通过各自的 DP 单独进行优化。这样,我们将有同等数量的 FRs 做参数设计优化研究。如果设计是解耦的,设计优化必须遵循结构中相应设计矩阵显示的耦合序列。在耦合设计中,所研究的 DPs 的选择取决于相对于成本的控制。设计参数的选择方式将使目标值在实验中发生变化,对设计成本没有重大影响。映射中标识的潜在设计参数数量增加,会使得在存在噪声的情况下功能优化的机会更大。

DFSS 算法的一个关键理念是,在优化阶段可以识别和研究低成本的参数,并且可以以一种使得性能对噪声不敏感的方式进行组合。这就是在我们追求的六西格玛质量水平。团队的任务是确定团队判断的具有改进设计潜力的组合的最佳设计参数设置。通过分析或实验改变参数目标水平,可以识别非线性区域。这个非线性的区域是研究最稳健参数的区域。如图 5-20 所示,考虑一下有一个设计参数(DP)的水平 1(DP′) 和水平

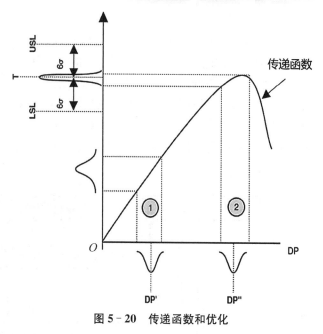

图 5-20　传递函数和优化

2(DP″),它们是两个水平,或者两个取值,但是具有相同的方差和分布。很明显,水平 2 产生的功能需求(FR)的波动比水平 1 少。水平 2 还会产生与图 5-21 右侧的情景类似的低质量损耗。水平 2 生产的设计比水平 1 生产的设计更稳健。当规格限制之间的距离是标准差的 6 倍时,将实现六西格玛优化的 FR。当所有设计的 FRs 都达到此水平时,这就是实现了六西格玛水平设计。

参数设计的目的是通过探索使设计对噪声不敏感的因子水平,尽可能抑制噪声的影响。参数设计与产品或流程功能要求相关,在噪声因子产生变异的情况下,以最低成本和达标的质量水平实现此功能。

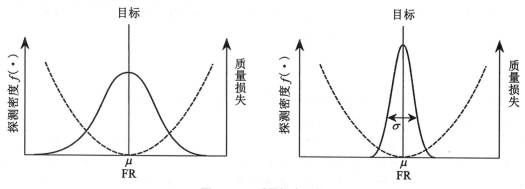

图 5-21　质量损失函数

5.10.3　识别噪声因子

噪声因子导致响应偏离了由信号因子值指定的预期目标,而噪声因子可分为三类:

(1) 零件间的差异(制造/生产和供应商变化),如尺寸、装配相关或材料属性变化;

(2) 外部源(使用工况和环境因素),如温度、用户使用、误用和滥用,以及与负载相关的

变异；

(3) 变质源(磨损)，如材料疲劳或老化和磨损、擦伤以及一段时间使用正常的影响。

噪声因子影响生命周期中不同环节的 FR(见图 5-22)。因此，它们会造成设计稳定性和可靠性的显著降低。早期故障可归因于制造或生产变异。当设计受到外部噪声影响时，零件之间差异的噪声因子会导致现场故障。但大多数设计生命的随机故障率都归因于外部噪声的影响。老化的噪声会在生命周期结束阶段更加明显。因此，当设计实现对噪声因子的影响不敏感(不强)时，即使噪声来源本身尚未消除(Folkes and Creveling，1995)，也被认为是稳健的(和可靠的)。

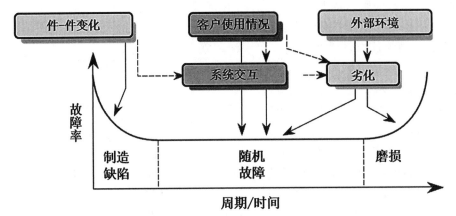

图 5-22 噪声因子在系统寿命周期内的影响

在稳健设计的研究中，通常选择在使用中无法控制(或不实用的控制)的因子作为在实验期间的测试条件以找到传递函数。目标是在功能响应(实验数据集)中产生类似于实际使用设计时的效果。想要模拟所有噪声因子的效果是不实际的，也没有必要。这些噪声因子的选择和组合的关键要求是在涉及实际噪声的范围和强度中选择几个重要因子。此类选定的噪声称为"替代"噪声。这种简化方法的理由是，从连续的噪声中选择一小部分离散的噪声点位，在实际过程中不会导致很大的偏差。

5.10.4 计划优化实验

此步骤的目的是将有关正在开发项目的所有知识变成全面的实验和数据收集计划。该计划的设计应旨在通过应用测试阵列、设计响应(如 FRs、损失函数、信噪比和统计数据分析)最大限度地提高研发效率。我们鼓励团队在可行的情况下进行尽可能多的设计参数的实验，以研究设计中应有的设计或技术概念的功能需求的潜力。由于在数据收集过程中应用了噪声因子测试策略，改进的 FRs 将最大限度地改善可传输性。

优化实验中的数据将用于生成优化的传递函数，并提高设计稳健性到六西格玛水平。这一功能的有效性和得出的结论将受到 DFSS 团队的实验和统计假设的影响。对于设计参数之间存在的交互作用，可以做出哪些假设？是否假设传递函数内所有级别的响应变异保持不变，或者假设响应中的变异是由于受到噪声因子的影响？对于实验数据的基本分布，可以做出哪些假设(如果有的话)？对于干扰因子(实验噪声因子以外的)对响应变异的影响，可以做出哪些假设？传递函数预测的最佳因子组合是否最理想？对于实验环境之外的结果的可转化性,可以做出哪些假设? 什么可以证实这些假设?

在动态稳健性公式中,DFSS 团队应确定噪声策略和信号范围,并制定设计参数策略。设计参数由团队自由指定。如果实验是探索性的,建议将水平设置为可行工作范围的极值。两个水平比较适合筛选,但有关非线性作用的更多信息可能需要三水平策略。分析中使用的质量指标包括 FRs、FRs 损失函数和信噪比。根据 FR 的不同,有两种广泛的比率形式可供选择。静态形式适用于 FR 具有固定值的情况。动态形式适用于 FR 在一系列信号输入值上运行的情况。

5.10.5 收集数据并分析结果

使用每次实验运行中的数据计算相应指标的单个值。确定指标的目的是描述 DPs 在指定动态范围内减少 FRs 波动的能力。在动态实验中,可以使用每个实验运行中的相同数据计算传递函数灵敏度系数的单个值。确定灵敏度值的目的是描述设计参数(DPs)在指定动态范围内更改 FRs 平均值的能力。系统产生的灵敏度性能可以由最佳拟合曲线获得。

DP 水平效果的计算方法是将指标均匀的与正交数组图所描绘的单个水平相对应。DPs 降低灵敏度的重要性取决于通过比较每个因子的指标比率从一个水平到另一水平的增益,比较每个设计参数之间的相对性能增益,然后选择哪些参数产生的增益最大。优化指标比率的每个 DP 的水平被选为参数的最佳目标值。选择所有这些最佳水平以生成最佳参数目标组合。相同的分析和选择过程用于确定 DPs,这可用于调整平均性能。这些因素可能与基于指标改进选择的因子相同,也可能不会影响指标优化的因子。如果不需要改进指标传递函数的 DPs,就选择最经济的设置水平。

DFSS 团队需要运行针对选出的最佳设计组合的确认测试并验证假设,在组合的最佳设计水平配置样本时执行测试,并计算具有代表性的指标性能。

将传递函数值与预测的最佳值进行比较。如果实际性能在预测的性能区间内,则能够确认预测模型的有效性。此时,确认运行中实现的最佳结果很有可能会转换为实际的使用环境。如果确认测试值超出区间,团队应重新评估此实验的原始假设,因为模型中很可能还有其他条件在影响。

一个成功的实验能够指引团队明确是否发现了新的技术信息,这将极大地改善物理结构。团队可以考虑其他 DP 水平现在是否应该成为修订实验计划的基础。如果研究未能产生改进,则原始实验中噪声因子的组合可能压倒了 DPs 产生改进性能的能力。团队应考虑DP 策略的制定。如果无法实现改进,并且团队已用尽所有可能的 DP,则可能有理由得出结论,当前优化的概念将无法支持正在开发设计的性能要求。这种糟糕的情况通常是因为结构违反设计公理,这时候就有理由考虑选择一个新的概念或方案,甚至一个新的物理结构。

5.11 面向 X 的设计(DFSS 算法步骤 10)

黑带应不断改进 DFSS 团队成员来保证针对设计和流程的成员都是关键、平等的团队成员,这也反映了一种并行的工作方法。但是当实行"面向 X 的设计"时(DFX,其中 X 为可制造性、可靠性、环境、装配、测试、服务、美学、包装/运输等),其中涉及的个体值得特别注意。DFX 中的 X 由两部分组成:生命周期过程(x)和性能度量(能力),即 X=x+能力。

DFX 是实现并行工程最有效的方法之一。例如，面向装配的设计（DFA）侧重于作为生产部分的装配业务流程。最突出的 DFA 方法是 Boothroyd-Dewhurst 算法，它是在自动送料和自动嵌入研究中发展起来的。

DFX 技术是细节设计的一部分，当组件形成且同时考虑生产问题时，可以应用 poka-yoke（防错）技术（Huang，1996）。Poka-yoke 是一种避免工作中人为错误的技术。日本制造工程师新乡重夫（Shigeo Shingo）开发了实现零缺陷的技术，并想出了这个术语，意思是"防止错误"。缺陷存在于两种情况：要么已经发生，要求缺陷检测；要么即将发生，要求缺陷预测。Poka-yoke 具有三个基本功能来防止或减少缺陷：停机、控制和警告。该技术首先分析潜在问题的流程，根据尺寸、形状和重量的特征识别零件，发现过程偏离标称程序和规范之处。

在面向可靠性的设计（DFR）中（注意不是可靠性测试），DFSS 团队需要通过简化和减少组件的数量和类型（请注意与设计公理 2 的一致）来预测所有可能出错的流程，并提高设计的可靠性，标准化部件和材料以减少波动，考虑设计参数的调整来抵消环境影响，最大限度地减少运输中事故造成的损害、服务和维修，采用对变化不敏感的稳健流程，并消除设计漏洞。

面向可维护性的设计（DFM）的目标是确保设计在其预期的整个生命周期内以最少的预算和工作量执行。DFM 和 DFR 是相关的，因为可以通过提高可靠性实现最小化维护。有效的 DFM 可最大限度地减少① 维护停机时间；② 用户和技术人员维护时间；③ 维护任务造成的人员伤害；④ 可维护性功能造成的成本；⑤ 更换部件、备用单元和人员的物流需求。维护措施可以是预防性的、纠正性的或可回收和可维修的。

面向环境的设计（DFE）解决了 DFSS 算法所有阶段的环境问题，以及后期生产传输、消耗、维护和维修。其目的是尽量减少对环境的影响，包括战略层面的决策和设计开发。

团队应充分利用并努力设计成供应商、内部工厂和装配线的现有功能。它具有成本效益，或者至少在短期内是这样的。其理念是创建足够稳健的设计，以便以当前功能实现六西格玛设计性能。并行工程使得这种倒置思维成为可能。这些概念应用于 DFSS 算法中，以改善制造、装配和服务的设计。这些关键的"设计"活动是众所周知的，包括用于装配的 Boothroyd - Dewhurst 设计，以及用于制造和设计服务方法的一系列设计。其主要的挑战是执行。需要提供时间和资源来开展"面向这些目标的设计"活动。

DFX 方法中隐藏着一个危险，就是它可能会限制或减少对卓越的追求。时间和资源限制可能会诱使 DFSS 团队被迫接受不可接受的情况，前提是可以在随后的步骤（二次并行工程）中纠正不足。正如错误的概念无法通过出色的细节设计恢复一样，糟糕的第一次设计也无法通过失效模式分析、优化或容差设计实现恢复。

5.12 容差设计和容差计算（DFSS 算法步骤 11）

容差设计的目的是基于 FRs 的总体容差波动、不同变异源对整体的相对影响以及成本优势权衡，为功能结构和物理结构中确定的零件、装配或工艺分配公差。在此步骤中，DFSS 团队确定 DPs 值中允许的偏差，在需要满足 FRs 的情况时收紧公差或升级材料，在一定的情况下，也可以放宽公差。

在 DFSS 算法中,此步骤需要仔细选择设计参数的容差和材料升级,这些参数容差和材料升级稍后将级联到过程变量。要基于客户满意度、制造和生产成本以及 FR 变异源对整个设计项目的相对贡献来做决定。完成此要求后,要保证设计成本在满足客户需求的情况下与设计质量的平衡。通过确定哪些公差对 FR 波动的影响最大,只需收紧这些少数公差而放宽更多公差并带来经济效益。质量损失函数是这些决策的基础,这些过程还确定了满足功能指标的关键特征,如果进一步减少波动,就会造成相应的客户利益的损失了。

当容差未被很好地理解而过度严格制定了尺寸公差来确保功能时,会造成成本损失。一般来说,规格流程要求总是不会被严格遵守,制造和生产个体会倾向于制定自己的规则。团队中设计和流程部门之间的共同努力才有助于增进对容差在实际物理结构方面的理解,从而产生跨部门、跨功能更理解、更平衡的容差。DFSS 算法中的前几步,以及后续的设计公理、QFD、之字形流程和其他工具,能够大大增强这种彼此的理解。优化步骤(第 5.9 小节)的目标是找到在本质上减少了 FR 变异的尺寸组合。通常,为了达到 FR 的六西格玛目标,需要进一步降低公差,但是这可以通过容差设计来实现最佳。

容差设计可以根据第 5.9 节获得的验证了的传递函数进行分析,也可以通过测试进行经验分析。在这两种情况下,此步骤的输入都是双重的——DFSS 团队应充分了解产品和流程要求,使用 QFD 将要求转换为产品和流程规范。DFSS 算法中的立足点是最初使用尽可能宽的公差范围来考虑成本,然后通过适当的设计参数(DPs)的组合来优化设计和过程的功能。在此之后,有必要通过参数设计优化方法识别未满足的客户相关的 FRs。通常需要收紧公差和升级材料以及其他参数,以满足六西格玛功能要求的目标。系统应用 DFSS 原则和工具(如 QFD)可以识别客户敏感特征,并针对这些特征开发目标值,以满足客户的期望。这些特征必须追溯到最底层的映射,并开发适当的目标和范围。

关于容差减少的决定是基于二次损失函数的,这表明社会损失与设计特征(如尺寸)的目标值偏差的平方成正比。在关键性能要求下超出规格带来的成本损失需要在这里被估算,然后结合损失函数使用。

5.13　试运行和原型设计(DFSS 算法步骤 12)

这一步骤的目的是验证六西格玛优化设计是否执行了与规范一致的水平。为此,在此步骤中创建了一个类似生产的原型,为系统识别和有效解决问题提供了一个框架。在产品设计方案中,此步骤还包括验证某些与服务相关的和生产/制造相关的支持活动,如维护程序、包装、包装和运输系统。

DFSS 团队应确定用于原型测试的流程、零件和装配体,因为它们注意到哪些是为了运转,哪些是新设计或六西格玛优化的结果。团队继续定义测试层次结构(例如组件、子系统和系统)使用规范和 FMEA 信息,以识别通常为验证 FR 性能而执行的测试。以下是此原型设计步骤中的主要步骤:

(1) 首先开发一个完整的测试矩阵。

(2) 定义测试验收标准。

(3) 评估测量系统(例如 Gage R&R)。

(4) 制订详细的测试计划。

　　（5）制订生产相似性计划。

　　（6）制订一个总的原型测试计划。

　　（7）获得测试计划批准。

　　（8）订购零件并构建原型；采购原型和生产零件和组件在物理结构中是必要的，以支持基于步骤4（上文）的测试。

　　（9）执行测试。

　　（10）评估和分析结果。

　　（11）验证服务程序和工业工程时间研究。此活动验证在上述步骤中执行的设计工作是否为所有系统和关键子系统及组件提供了有效的服务。项目和流程审查和支持流程文档将验证此设计。

　　通过这些步骤测算原型性能，并将其与类似基线设计的内部性能进行比较可能很有用。在同一生产线上进行增量设计的设计原型将承担基准流程能力。大批量创意设计的原型样品和外包给供应商的原型样品将使用适用的大批量原型样品测试（如通常使用正态性和合并方差假设检验的方法）。可以使用 χ^2（卡方）分布预估小批量创意设计原型的样本。

5.14　验证设计（DFSS 算法步骤 13）

　　此步骤可快速、顺利地确认设计结构，包括制造、装配和生产能力需要的最少改进。设计和流程规范需要在 DFSS 算法的确认步骤开始之前完成并发布。此步骤包括设备的安装以及在大规模生产条件下生产的重要生产样品的制造和评估。生产验证测试用于验证流程是否生成符合从客户属性派生的 FRs 的设计。客户和 DFSS 团队对设计进行的功能评估提供了设计意图已实现的其他验证。

　　在实施之前，生产过程应该已经针对潜在的生产来源和客户使用"噪声"进行了优化，并在内部和供应商处都表现出了潜在的性能。这些活动涉及大量的模拟生产运行，并构成在预定设施进行低风险安装的基础。

　　DFSS 团队应确定可能发生的安装试用问题，以确保在启动之前实施纠正措施。对制造或生产能力进行评估，以正常生产操作的方式执行流程。

　　团队需要确定培训计划，重点是将知识从 DFSS 团队转移到现场生产人员，包括备用劳动力。这种知识转移使操作人员能够添加和改进控制计划，因为他们会将个人技能应用到生产计划中。

　　应强化 DFSS 团队成员，以确保生产能力和有效启动所需的更多技能和专门知识。早期为质量控制和流程的可维护性所做的许多规划工作将在生产启动阶段执行。参加启动的团队新成员现在必须通过查看流程文档和控制计划来做好准备。本文档与团队新成员的支持讨论相结合，将为新成员提供团队积累的知识，并将使他们与团队的运营理念保持一致。团队的新成员应包括机器供应商、采购的零件供应商、维护、生产、质量以及内部和外部客户。

　　流程历史记录和控制文档的位置和可用性应根据操作员需求的优先级进行组织。在操作员工作站的区域中，应便于访问流程说明、操作员指令辅助、过程控制计划和反应计划。

应该有设计和制造专家,并认识到他们的主要作用,以便能快捷高效地制定和确定行动和解决问题,并最大限度地将其知识传授给操作人员。

根据团队在 DFSS 算法步骤 12 制定的 Gage R&R(控制计划)程序,操作员、机器设置人员和维护人员应对所有过程测量系统(包括下线系统)执行这些程序的短期版本。这些量具的性能需要在机器和量具安装后进行量化,在依赖这些测量系统的潜在研究之前进行量化。

应提供高素质的支持人员协助这些研究。这将加强需要由操作人员和相关维护人员进行的学习,这些人员必须使用与系统相关的测量系统。作为提醒,测量能力研究需要量化可再现性、准确性、稳定性和可重复性。理想情况下,整体测量能力应在性能公差的 10% 左右,但不超过 30%。测量系统改进的目标应始终为零误差。随着测量系统成为流程持续改进的一个重要因素,这个问题变得更加重要。可接受性的最终水平将是团队审查和达成一致的要点。

5.15　启动批量生产(DFSS 算法步骤 14)

DFSS 项目实施的前期启动计划,结合及时操作员培训,可实现平稳启动和全速快速投产。此步骤也是可交付成果的最终确认,使 DFSS 团队能够从解读性能与预期的变化中学习。启动和批量生产是确认批量生产过程没有改变设计功能要求的机会。在客户收到设计之前,DFSS 团队必须检查此项。启动和批量生产也开始从线下到在线质量控制和日常管理中转变。然后就到了实施 poka-yoke 技术和 DFX 的阶段了,利用在线的质量方法来持续改进,以比竞争对手更快实现目标。

随着目标的实现,团队受益于设计开发过程中使用的流程和获得的结果的因果关系比较。结果是如预期的那样?结果是好是坏?为什么?在开发未来产品时应多采用哪些做法?我们从中学到了什么?抓住每一个机会来学习,并与未来的项目团队分享经验教训。从启动批量生产开始,这些在前期为了质量而付出的时间和努力以及行动,就已经开始带来回报了。团队需要:

(1) 为制造、维护和服务制订并发起支持计划。

(2) 建立量产后重点、关注点的应变策略。

(3) 支持营销启动计划。

(4) 实施生产启动计划。

(5) 实施批量生产的认定-能力评估。

(6) 以比竞争对手更快的速度改进产品和流程。

(7) 使用严格的程序收集、综合信息并将信息转移到公司设计手册中。

5.16　项目风险管理

DFSS 算法的这个概念跨越了整个 DFSS 算法和流程范围。实际上,大多数 DFSS 算法工具都是风险管理工具,每种工具都有自己的视角。因此,本节被放到了本章的末尾来讲。

许多 DFSS 团队可能开始向前推进,专注于有条不紊的 DFSS,但在追求他们的项目过程中往往没有充分认识到风险。他们可能会对未来会给他们带来以富有成效和高效的项目结束的方式管理资源的能力充满信心，但是他们无法完全预见的事件（如在结束时的市场条件）可能会完全改变情况。作为一名黑带，你和团队的其他成员所期望的只是能够权衡潜在的损失和收益，以便做出尽可能好的判断，以保留该项目和付出的努力。改变团队对未来事件的看法的事件可能会发生，而且往往会突然发生。这些事件产生于风险，即未来可能与预期不同的可能性。这些可能性会带来不好的或好的结果，是造成损失的威胁或带来收益的机会。

在 DFSS 项目的文件中，风险管理的规程一直致力于解决因范围界定不良、概念设计漏洞、缺乏商业案例或了解客户需求方面的错误而导致的损失。风险管理包括风险的上行和下行。它寻求应对不幸的商业和技术判断造成的所有损失，并通过设计的创新和增加抓住机会获得收益。

当你选择承担风险时，明智的做法是减少任何负面影响，并增加可能发生的所有积极影响。风险与发生概率大于零（可能）但小于一（肯定）的事件相关。发生变化时，风险就发生。任何一家公司要想在六西格玛的推进中取得成功，其内部必须改变，它不能停在一处，或期望保持完全稳定。变化会带来风险，但如果没有变化及其伴随的风险，就没有发展。DFSS是关于发展的，也就是关注变化的，团队需要学会管理和接受不可预知的风险水平。

风险管理是对未来其他场景进行可视化，并制订相应的计划来接受（降低风险），减轻、预防或外包风险。"为什么要管理风险？"最直接的回答是"管理风险以减少潜在损失"。风险管理通过降低损失的概率和幅度（不确定性）来对抗下行风险；并挽回这些损失。

在 DFSS 算法中，技术风险通常使用 FMEA 处理。噪声因子策略应与传递函数优化挂钩。应同步制定测试计划来反映噪声因子的处理，其范围涵盖一系列选项，如 poka-yoke、前馈和滞后控制（如果适用）和稳健性设计。通过源于业务和客户驱动的项目，可以降低项目范围内的风险。

5.17　其他的 DFSS 方法论路径

除了本书所介绍的方法，DFSS 还可以使用其他很多方法论来实施。

IDOV 是一种常用的设计产品和服务来达到六西格玛水平的方法，它由四个步骤组成：① Identify：识别阶段；② Deisgn：设计阶段；③ Optimize：优化阶段；④ Validate：验证阶段。

另一种流行的六西格玛设计的方法叫作 DMADV，它保留了与 DMAIC 一样的字母数量，这五个步骤是：① Define：定义；② Measure：测量；③ Analyze：分析；④ Design：设计；⑤ Verify：验证。

DMADV 的另一个方式是 DMADOV，它在设计阶段之后添加了 Optimize——优化阶段。其他类似的一些变体包括了 DCCDI 和 DMEDI。但事实上，所有这些方法论都使用了本书中介绍的类似的工具。

第 6 章
DFSS 六西格玛传递函数和记分卡

6.1 引言

在 DFSS 算法的描述阶段(C 阶段),功能分析和物理上的综合分析是首要的活动。在接下来的段落中,我们将把这些活动区分开来,为他们的使用提供概念化的框架,并且将这些改变与 DFSS 算法中剩余的部分结合起来。这些 DFSS 算法的分析部分将在第 7 到 18 章中详细陈述。

这一章将关注在设计的综合性上。除了设计的综合性,这一章还会陈述另外两项主要内容:传递函数和设计的记分卡。传递函数是优化和设计具体化的手段,通常用记分卡来存档。它用来以一个动态的存在形式存在于 DFSS 算法中,可以在整个 DFSS 的生命周期的不同阶段中传递使用。

传递函数首先是在使用"之字形"方法(也叫锯齿形)中识别出来的,然后被追溯、模块化和实验分析中被逐渐具象。它主要用在优化和验证的阶段。

在设计架构中处在同一个层级的设计传递函数应该记录在它所对应的相应层级的记分卡中。记分卡就是用来记录并且改进传递函数的。传递函数的概念与其他的一些 DFSS 概念和工具是结合起来的,比如综合性的系统框图、稳健设计参数图(P -图),以及在严谨的设计记分卡中的设计图像化梳理。

这一章内容尽可能地联系了所有相关的 DFSS 算法概念和工具。这种链接尤其针对第五章,在有价值有必要之处也提供了索引。

6.2 设计分析

公理设计提供了用"之字形"方法作为手段来定义流程和物理结构的方式。结构可以被定义为输入输出,或者功能元素的因果关系。形象化地说,它可以在"框"中用节点和箭头把相互关系描绘出来。一个结构应该捕捉到所有在范围内的设计元素,并且保证能够正确的梳理到关键参数。一个结构是使用映射的矩阵来数学化地描绘出来的,这些矩阵应该属于同一个层级,这些层级是被集合起来的。

　　层级是通过解耦设计到一系列更简化的功能设计矩阵来建立的,这些功能矩阵合起来就达到了更高一层级的功能要求,而这些要求是在 DFSS 算法的第二阶段识别出来的。

　　设计矩阵的集合就形成了概念化的物理结构或者流程结构。这种结构提供了设计变更在传递到设计过程中产生的连锁作用的追踪方法。设计分解是从识别最低程度的功能需求开始的,这种需求是通过第二阶段的质量功能展开- QFD 从客户分析中获取的。设计分解是由设计公理和创造性或启发性的功能定义的流程共同决定的,这种功能定义是在“之形”方法中通过逻辑化的问题获得的。(详见第 7 章)

　　对设计原则的有效使用能够促进综合性的和分析性的活动,以获得稳健的方案。设计公理的应用看起来很可靠,主要有两个原因:

　　(1)历史经验告诉我们,基于公理的知识将继续有效,只要公理是继续存在的。

　　(2)设计公理强化了基于设计的功能结构而实现的稳健设计的重点部分。

　　设计公理的应用实现了两个主要的目标:解耦设计和建设设计的复杂性(详见第 5 章和第 7 章)。这两个目标都能够减少甚至消除概念化的设计弱点。

6.3　DFSS 设计综合性

　　在 DFSS 算法中实施的设计映射(矩阵)是不同的层级水平的概念化代表。(详见第 7 章)

　　这些矩阵并不是独立的,一个完整设计项目的解决方案需要首先在物理结构中得到融合,然后在流程结构中得到实现。设计映射的终极目标是数学关系在传递函数中被识别出来后,能够最终将设计细节化。设计映射作为一个设计分析的阶段,应该在设计融合的活动之前就要开展。一个具体化的传递函数不仅可以在设计优化中使用,同时还可以在进一步的设计分析和融合性的活动中使用,尤其是在设计结构中。

　　比如说,给定子系统或者组件的功能需求(FR)可以作为另一个传递另一个功能需求的组件的信号输入,以此类推。这些关系就创造了设计上的层级。分解出来的层级就可以共同来实现更高层级的设计上的功能需求,而且可以使用功能框图来检验。

　　功能框图是一个形象化的设计映射和噪声因子效果的表现。

　　下面图 6-1 中的例子就是其中一个描绘。

　　在流程/服务导向的六西格玛项目中,功能框图实际上就是一个流程图。这一部分就通过使用数学方程和田口稳健设计来连接物理接口组件,从而提供了图表的基础。这里的田口概念例如噪声因子与设计因子,田口的工具比如参数图(详见 5.9.1)。

6.3.1　参数图(P 图)

　　稳健性的尝试是基于质量改进过程的革命,这得益于田口玄一博士在优化过程中使用一定的统计方法来实现。这个原则性的创意就是,产品的统计性测试应该在设计阶段实施,以使得产品的稳健性能够对抗在整个制造和使用环境下的噪声波动。

　　通过使用这样的方法,质量可以通过统计波动的方式测量,比如使用标准差或者均方差,而不是不良率或者其他传统的仅仅基于公差的评价标准。目标就是保证产品的输出表现达标,同时能够最大化降低波动。稳健性意味着产品设计能够在所有的操作状态下,在整个可以使用的生命周期中,实现它应该实现的功能。

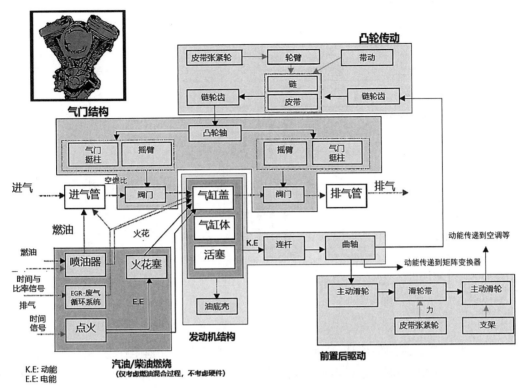

图 6-1　汽车发动机框图

噪声因子就是那些不想要的或者不受控的因素,这些因素会使得功能要求偏离了目标值。噪声因子一般会对质量产生不利影响。但是,通常不可能或者要花费高昂代价来减少或消除噪声因素。相反的,通过稳健设计,噪声因素的影响能够被减少。

稳健性设计的目标是减少因为功能表现的波动而造成的损失,这个波动是指基于质量损失函数、信噪比、优化和实验得出的偏离目标值的表现。这个设计输出通常可以被分为期望目标(包括有用的功能要求)和无用的或者不想要的目标。

在动态的案例中,期望的部分叫作"信号",不期望的部分叫作"错误"。通常,这两部分会共同形成最后的输出结果。稳健设计的主要目标就是最大限度地减少噪声效果。

稳健设计的参数图(P 图)(详见图 6-2)表示了 DFSS 算法中所有综合活动的元素。P图的组成部分包括:

(1) 信号(M)。它是将客户的意图转换为可测量的技术术语。信号可分为能量、信息、或材料。

(2) 响应。这是将客户的感知结果转换为可测量的功能需求(FRs)或设计参数(DPs)。FR(DP)可以分为能量、信息和物质。

(3) 设计参数(DPs)。DPs 是团队指定的特定产品或过程固有的特性。

(4) 噪声因子(N)。噪声因子会影响产品或工艺的性能,但无法控制,或成本太高而无法控制。根据噪声因子影响基本传递函数的能力来选择噪声因子。噪声的主要目的是产生响应的变异。噪声因子可分为:部件-部件(或服务-服务)变化,与其他部件、子系统或系统的耦合,客户使用习惯,环境因素以及老化。

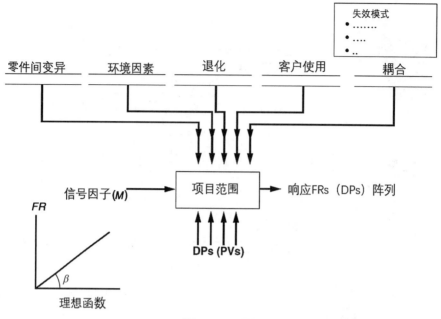

图 6-2 P 图

（5）理想函数。理想函数是对"完美执行预期功能的系统如何工作"的描述。在动态系统中,理想函数是信号和响应之间能量转换关系的数学描述。研究理想函数的原因是在测试前考虑系统的物理数学模型。这使得 DFSS 团队能够在噪声因素存在的情况下评估不同的 DP 水平。理想函数写为 $FR=\beta M$,其中 β 是对于信号的灵敏度。这种灵敏度可以是恒定的,也可以是设计和噪声系数的函数[即 $\beta(DP_1, \cdots, DP_p; N_1, N_2, \cdots, N_L)$]。

在下面的章节中,我们假设传递函数可以用一个多项式可加性模型来近似,并且有一定的建模和实验误差,也就是说 $FR_i = \sum_{j=1}^{P} A_{ij}DP_j + \sum_{k=1}^{K} \beta_{ik}M_k +$ 误差(噪声因子),其中 A_{ij} 和 β_{ik} 是功能需求 FR(或者任何响应)对设计参数和信号因子的灵敏度,P 分别是 DP_s 的个数,K 是信号的个数。这种近似在任何无穷小的局部区域或任何设计体积中都是有效的。将噪声项进一步建模为误差项,以表示实际传递函数与预测传递函数之间的差异。在 DP_s 和所有设计映射中都非常需要可加性。当误差项的大小减小时,传递函数的可加性增加,因为它意味着耦合和相互作用减少。在可加性传递函数中,特定的 DP 相对独立于其他 DP_s 的影响,根据 DFSS 公理 1 为非耦合设计。遵循公理 1 设计的物理解决方案实体将具有易于优化的附加传递函数,从而缩短 DFSS 项目周期。从分析的角度来看,在采用参数设计、实验设计、回归等统计分析技术时需要这种相加性。在相应的灵敏度中常常会发现非线性的特点。

6.3.2 框图与合成

设 $\{FR_1, FR_2, FR_3\}$ 和 $\{f_1, f_2, f_3\}$ 为 Y′,FRs 的集合;F′ 分别是一组假设或证明的传递函数。每一个 f_i 都可以写成 $f_i(M_i, DP_{s_i})$,i=1,2,3 的形式,其中 M 是信号(见 5.9.1)。映射 $f(M, DP)$ 假定为可相加的。另外,假设这三个映射是完整的,并构成一个设计项目。综合或框图绘制活动的目标是为每个功能标识的解决方案实体拼凑在一起,以便图解表示设计。这需要识别由传递函数描述的操作关系(此步骤是设计分析步骤)和设计层次中的优先级或逻辑关系,这些关系控制 P 图和传递函数的输入/输出(此步骤是设计综合步骤)。Phal 和 Beitz(1988)把输入归类为信息、材料或能量。

1. 纯串联合成

设计映射中的层次结构意味着低级函数实体从高级实体的输出接收信号。在给定的级别上,有一些"父"函数,它们实际上向所有其他函数提供信号。在我们的示例中,父函数是最左边的函数,在动态流中具有优先级。这是纯串联函数层次结构(见图 6-3)。可以利用复合映射的数学概念来建模这种层次模式(操作 O)。设 f_1、f_2、f_3 是第 5 和第 7 章中介绍的从 FRs 到 F 的三个物理映射,可得

$$f_1 \bigcirc f_2: FR \to F: f_1 \to f_2(f_1(M_1, DP_1), DP_2)$$

$$f_2 \bigcirc f_3: FR \to F: f_2 \to f_3(f_2(M_2, DP_2), DP_3)$$

其中 $f_1(M_1, DP_1) = M_2$、$f_2(M_2, DP_2) = M_3$。假设理想函数具有线性形式 $FR_i = \beta_i M_i$, $i = 1, 2, 3$。通过下面的公式,可以得出无噪声影响的串联物理结构的传递函数方程

$$\{FR_3\} = \begin{Bmatrix} \beta_1\beta_2\beta_3 \\ \beta_2\beta_3 A_{11} \\ \beta_3 A_{22} \\ A_{33} \end{Bmatrix}' \begin{Bmatrix} M_1 \\ DP_1 \\ DP_2 \\ DP_3 \end{Bmatrix} \qquad (6-1)$$

其中,A_{ii},$i = 1, 2, 3$ 是灵敏度 $\partial FRi/\partial DPi$,当加入噪声因子的影响时,传递方程写作

$$\{FR_3\} = \beta_1\beta_2\beta_3 M_1 + \begin{Bmatrix} \beta_2\beta_3 A_{11} \\ \beta_3 A_{22} \\ A_{33} \end{Bmatrix}' \begin{Bmatrix} DP_1 \\ DP_2 \\ DP_3 \end{Bmatrix} + \varepsilon(噪声因子) \qquad (6-2)$$

理想函数　　　　　　　　设计映射

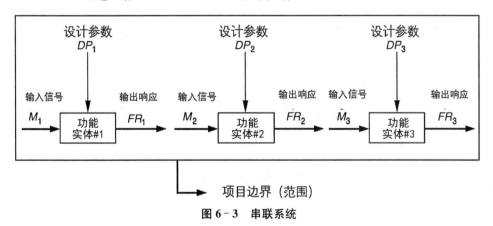

图 6-3　串联系统

在这种数学形式中,FR_3 称为因变量,而 M、DP_1、DP_2、DP_3 为自变量。注意,我们没有对灵敏度系数、A_{ij} 值做任何假设,它可以是 DPs 的线性或非线性函数。方程代表了冗余设计,其中,当 DPs 个数 P 大于 FRs 个数 m 时,通过固定两个 DPs,可以将这种冗余设计变为理想设计(最不敏感的 DP),并使用最敏感的 DP 作为稳健性参数。

2. 纯并联合成法

在纯并联排列中（见图 6-4），在相同层级的功能实体中有相同的输入信号。对于三个实体的情况，通过下列公式得出传递函数方程：

$$
\begin{Bmatrix} FR_1 \\ FR_2 \\ FR_3 \end{Bmatrix} = \begin{bmatrix} A_{11} & 0 & 0 & \beta_1 & 0 & 0 \\ 0 & A_{22} & 0 & 0 & \beta_2 & 0 \\ 0 & 0 & A_{33} & 0 & 0 & \beta_3 \end{bmatrix} \begin{Bmatrix} DP_1 \\ DP_2 \\ DP_3 \\ M_1 \\ M_2 \\ M_3 \end{Bmatrix}
$$

$$
= \underbrace{\begin{bmatrix} \beta_1 & 0 & 0 \\ 0 & \beta_2 & 0 \\ 0 & 0 & \beta_3 \end{bmatrix} \begin{Bmatrix} M_1 \\ M_2 \\ M_3 \end{Bmatrix}}_{\text{理想函数}} + \underbrace{\begin{bmatrix} A_{11} & 0 & 0 \\ 0 & A_{22} & 0 \\ 0 & 0 & A_{33} \end{bmatrix} \begin{Bmatrix} DP_1 \\ DP_2 \\ DP_3 \end{Bmatrix}}_{\text{设计映射}} + \text{error（噪声因子）} \qquad (6-3)
$$

其中约束为：$M = \sum_{i=1}^{3} M_i$，$FR \leqslant \sum_{i=1}^{3} FR_i$。

纯并联结构是一种非耦合设计。我们应该期望一个结构的组合纯串联或纯并联安排是一个冗余设计，如果某些 DPs 可以固定的话，可以减少这些冗余，实现非耦合设计。

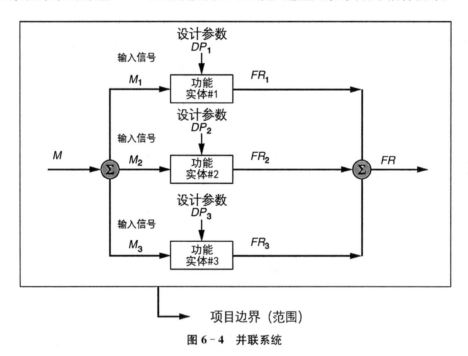

图 6-4 并联系统

3. 两者之间的合成

在某个层次上，我们可以得到图 6-5 所示的排列。我们称这种排列称为"二者之间"的层级，因为它既不是纯串联也不是纯并联。这是由于高层函数（函数 1 和函数 2）之间缺乏输入关系，这两个函数都是全局父函数，违反了纯串联系统的要求。

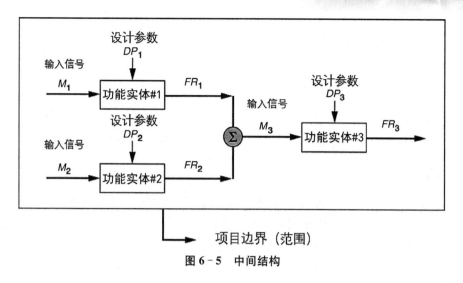

图 6-5 中间结构

在这种情况下，

$$f_3 \bigcirc (f_1, f_2) = f_3 \left(\sum_{i=1}^{2} f_i(M, DP_i), DP_3 \right) = f_3(M_3, DP_3)$$

传递函数为

$$\begin{Bmatrix} FR_1 \\ FR_2 \\ FR_3 \end{Bmatrix} = \begin{bmatrix} A_{11} & 0 & 0 & \beta_1 & 0 \\ 0 & A_{22} & 0 & 0 & \beta_2 \\ 0 & 0 & A_{33} & \beta_1\beta_3 & \beta_2\beta_3 \end{bmatrix} \begin{Bmatrix} DP_1 \\ DP_2 \\ DP_3 \\ M_1 \\ M_2 \end{Bmatrix} + 误差(噪声因子) \qquad (6-4)$$

$$= \begin{bmatrix} A_{11} & 0 & 0 \\ 0 & A_{22} & 0 \\ 0 & 0 & A_{33} \end{bmatrix} \begin{Bmatrix} DP_1 \\ DP_2 \\ DP_3 \end{Bmatrix} + \begin{bmatrix} \beta_1 & 0 \\ 0 & \beta_2 \\ \beta_1\beta_3 & \beta_2\beta_3 \end{bmatrix} \begin{Bmatrix} M_1 \\ M_2 \end{Bmatrix} + 误差(噪声因子) \qquad (6-5)$$

约束为 $M_3 = FR_1 + FR_2$。

4. 耦合合成

当两个或多个 FR_s 共享至少一个 DP 时，就产生了耦合结构。图 6-6 描绘了一个典型案例。传递函数可以写成

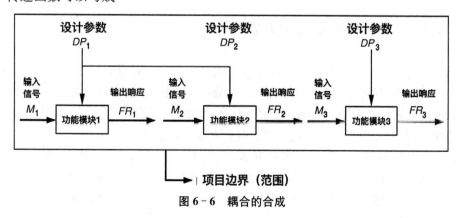

图 6-6 耦合的合成

$$\begin{Bmatrix} FR_1 \\ FR_2 \\ FR_3 \end{Bmatrix} = \begin{bmatrix} \beta_1\beta_3 & \beta_2\beta_3 \end{bmatrix} \begin{Bmatrix} M_1 \\ M_2 \end{Bmatrix} + \begin{bmatrix} \beta_3 A_{11} & 0 \\ \beta_3 A_{21} & 0 \\ 0 & 0 \end{bmatrix} \begin{Bmatrix} DP_1 \\ DP_3 \end{Bmatrix} + \text{error （噪声因子）} \qquad (6-6)$$

理想函数　　　　　设计映射

这里的耦合是因为设计参数 p 的个数小于功能需求 m 的个数（$p=2,m=3$）。请注意，设计矩阵并不理想，耦合分辨率需要添加另一个 DP（有关更多详细信息，请参阅第 7 章）。

6.3.3　合成步骤

以下合成步骤可以在两种结构使用，但同时，可以用物理结构来更形象地描绘结构：

（1）从阶段 2 的 QFD 中得到高阶的功能需求 FRs。

（2）按照项目范围来定义系统边界。

（3）用之字形方法进行到尽可能低的结构层，并识别每层中的传递函数。最低级别用非常标准的设计参数（DPs）或过程变量（PVs）来表示（第 7 章）。例如，在产品 DFSS 项目中，尺寸、表面光洁度和材料特性处于最低级别。在工艺方面，机器速度和供给速度是相应的 PVs 水平。在服务端，表单和字段被视为最低级别。在许多情况下，由于某种外包策略，结构的最低层次结构由一个供应商或一组供应商拥有。必要时，一些供应商代表应该加入到团队中。

（4）定义设计映射的各个层次。

（5）在一个级别内，对于每个映射和每个 FR，将映射到 DPs 的分类为

① 信号 M，以及这是否是能量、信息或材料；② 其他 DPs，以及这是否是能量、信息或材料。

（6）假设没有噪声，在给定的参数 DPs 条件下绘制理想函数 $FR=f(M)$。

（7）使用步骤 5 绘制每个 FR 的 P 图。

（8）将噪声因子添加到所有 P 图中。噪声因子是抑制或影响 FR 传递并产生软性、硬性失效模式的不可控因素。记分卡、结构和 FMEA 之间的概念关系如图 6-7 所示。噪声因子通常分为零件间变化（如制造）、尺寸或强度随时间的变化（例如磨损和疲劳）、客户使用和工作周期、外部环境（气候、道路条件等）和耦合（例如与相邻子系统的相互作用）。

（9）使用 6.3.2 章节中的优先关系将每个层次级别的 P 图链聚合为一个整体结构。

6.4　设计记分卡和传递函数的开发

物理结构和过程结构中的传递函数通常在设计记分卡中捕获，该记分卡记录和定量评估 DFSS 项目进度，存储学习过程，并显示设计的所有关键要素（CTS、FRs、DPs、PVs）及其性能。它们的好处包括记录传递函数和设计优化、预测最终结果、使项目中的所有利益相关者之间能够进行沟通，以及评估制造和生产过程对设计的支持程度。

给定设计的传递函数集是拨通客户满意度的手段，可以通过"之字形"方法进行初步识别。传递函数是一种关系，它包括相关的映射链接、理想函数和不可控因素的影响。传递函数可以用数学推导，也可以用历史数据从实验或回归设计中经验性地获得。在某些情况下，

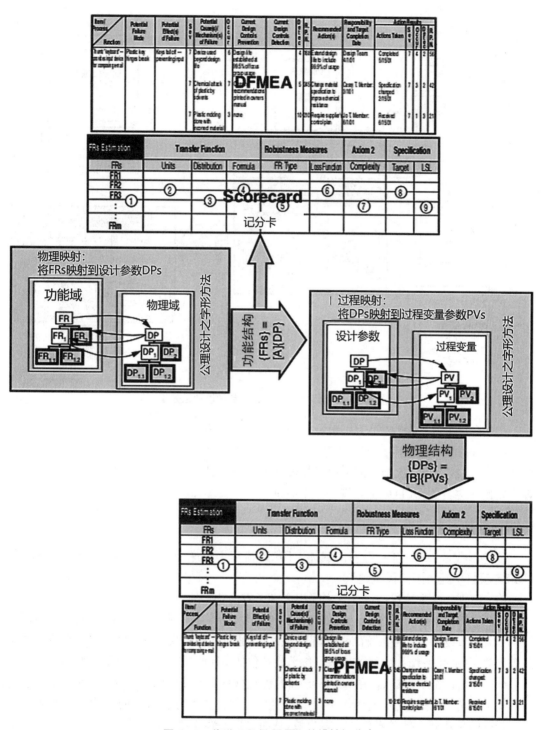

图 6-7　传递函数与 FMEA 的设计记分卡

无法获得封闭的数学公式,DFSS 团队可以采用数学和(或)模拟建模。在 DFSS 算法中,应该存在一个传递函数实现下列转化(图 6-8):

(1) 将每个功能需求(FR)描述为 {FRs}=[A]＊{DPs}的映射;

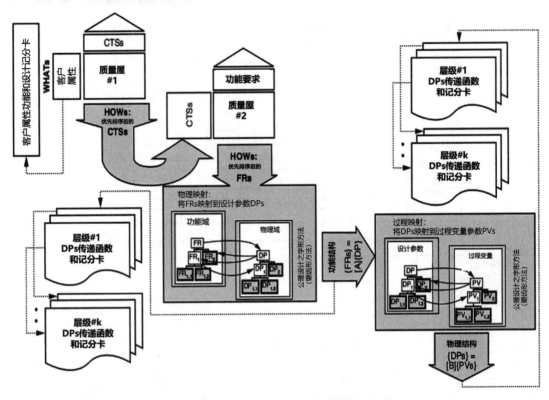

图 6-8　DFSS 流程中传递函数和设计记分卡

（2）将每个设计参数（DP）描述为{DPs}＝[B] * {PVs}的映射；

（3）将每一个关键满意（CTS）需求对应每一个客户属性。

请注意，被赋予层次结构的传递函数被记录在一个记分卡中。在 DFSS 流程中，CTS 和客户属性在各自的 QFD 中都被视为一个级别。

6.4.1　传递函数开发

传递函数是 DFSS 流程存在的载体。DFSS 流程中传递函数的生命周期分为以下阶段（DFSS 项目中经历了阶段 1 到 6）：

（1）识别。这是通过在设计域之间用之字形方法获得的。

（2）解耦或去耦。通过固定、添加、替换和减去上域中的一些自变量来满足公理设计。

（3）细节设计。这是在"解耦/去耦"阶段之后，通过在相关映射域之间找出所有变量之间的因果关系（最好是数学关系）来实现。细节设计包括验证所有自变量的相关性和灵敏度。

（4）优化。细节设计后，在 DFSS 流程的优化（O）阶段，可以通过调整传递函数中自变量的均值和方差，来达到传递函数中的因变量均值偏移或者方差减小的目的。这种优化通过在设计映射中建立的关系传递到客户域，从而提高了满意度。

（5）验证。传递函数在两种结构中被验证。

（6）维护。优化阶段后，无论是内部或外部的重要自变量都要进行控制。

（7）处置。当现有的设计无法满足新的顾客需求，或当顾客不再接受现有设计的均值或方差时，设计的传递函数要重新处置或授权以提交更高层级的功能需求。这个阶段通常会紧接着传递函数的演变以此来满足新出现的需求。

（8）新传递函数的演化。以 TRIZ 来看,进化通常遵循某些基本的发展模式。某一设计的功能需求（FRs）的性能水平的演变趋势可以按时间的推移绘制出来,并且已经发现其演变方式类似于 S 曲线（见图 6‐9）。

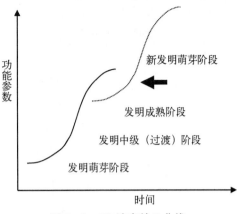

图 6‐9　FR 演变的 S 曲线

以下是一些具体的传递函数的可能来源:

（1）直接的已经被证实的知识,比如说从物理定律中得出的公式（例如力＝重量×加速度,电压＝电流×电阻,利润＝价格－成本,利息计算公式等）

（2）基于直接记录的知识导出的与项目范围相关的传递函数。比如,一个 DFSS 的项目范围是设计一个由许多电子电路组成的电梯控制器。团队可以依赖电子电路分析来做分析,而这些都是基于直接证明的传递函数的知识,比如欧姆定律和数字逻辑的电流设计,从而得出项目的功能需求 FRs。通过这种渠道获得的传递函数非常依赖于团队对他们的设计的理解和竞争力,以及相应的知识点所代表的规律（比如工程学,社会学,经济学等）。

举个例子来说,在图 6‐10 中的电流代表了三个组件的串联,转换器的输出传递到放大器中,再以角度 θ 传递到阶段性转换的同步器中。（这个例子被 Kapur 和 Lamberson 在 1977 年使用。）我们想要得到关于输出的功能要求 V_0 的传递函数。利用电子电路的理论,我们从 Kirchhoff 定律可以得到 $V_0 = V_2\cos(\theta) + V_1 NK\sin(\theta)$,其中 N 是转换器的转换比率,K 是放大器的乘积率,V_1 和 V_2 分别代表了转换器和同步器的输入电压。

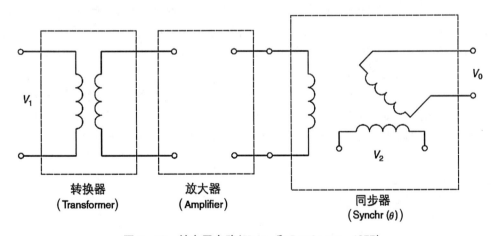

图 6‐10　某电子电路（Kapur 和 Lamberson,1977）

（3）使用 FR 的导数（$\partial FR_i/\partial DP_j$）或者敏感度（$\partial FR_i/\partial M_k$）可以得到数学模型,不管是物理对象本身（通过模型件得到的）,还是对基础设计,或者是可信赖的数学模型。敏感程度决定了再设计空间中 FR 是怎样在某一个点上变化的。设计空间是由设计参数 DPs 和信号 M 来决定的。设计空间的三角通常指的是设计点、设计水平和设置。从设计点处的梯度可以估算出导数。通过设计轴点的研究可以得出梯度,也就是说,一个设计参数 DP,可以通过测量研究功能参数 FR 和 ΔFR，以及已知的 ΔDP 来得出。梯度就是指的 $\Delta FR/\Delta DP$（如图 6-11），也就是说，$(\partial FRi/\partial DPj) \approx (\Delta FRi/\Delta DPj)$。因此，FR 的传递函数模型就可以近似地被写成：

$$FR \cong \sum_{j=1}^{P} \frac{\Delta FR}{\Delta DP_j} DP_j + \sum_{k=1}^{K} \frac{\Delta FR}{\Delta M_k} M_k + \text{error}（噪声因子） \qquad (6-7)$$

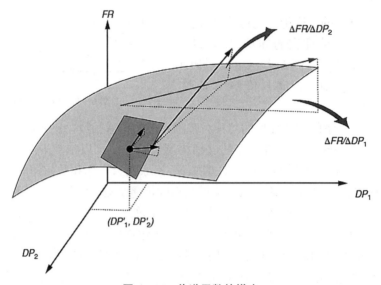

图 6-11 传递函数的梯度

注意到，超过一个维度的传递函数可能是一个平面（两个变量）或者是一个体积（超过两个变量）。在这个方法中，我们用 OFAT（一次调整一个参数）的方法来调整微小的变化，观察 ΔFR。其他的 ΔFR 梯度也会被同时收集。这种方法在关注的设计点周围产生逐渐增加的面积或者体积（由相应参数的微小变化形成），从而使得传递函数变得有效。针对 FR 的外推在未关注范围内是无效的。

这种分析方法识别出了影响 FR 均值变化的 DPs，由此被识别为"需要调节的参数"。有些 FR 的参数调整比其他参数梯度会有一个相对更大的量级。影响 FR 的变化的 DPs 就被成为变量参数。当缺少历史数据时，FR 的变化可以使用 Taylor 串联扩大方程：

$$\sigma_{\text{FR}}^2 \cong \sum_{j=1}^{P+L+K} \underbrace{\left(\left. \frac{\Delta \text{FR}}{\Delta x_i} \right|_{x=\mu} \right)^2}_{\text{敏感度}} \quad \underbrace{\sigma_j^2}_{\text{variance}} \qquad (6-8)$$

其中，x 代表所有影响 FR（信号、DPs、噪声）的变量，L 是噪声因子的数量。变量的方差可以通过历史数据或者评估中获得。通常，最差的情况需要被考虑到。注意到，敏感性需要在团队决定 DPs 和物理结构的时候设计，而参数的变量是在实际运行的时候被控制的。这个公式告诉我们，一个六西格玛水平能力的设计既需要设计能力也运行能力的贡献。团队中的设计专家需要使用他们的专业性来调整敏感度、运行成员和方差变化。我们把这个公式看成是抓取了在数学模型中同时发生的工程概念的公式。

FR 的均值可以被估算成为

$$\mu_{FR} \cong \sum_{j=1}^{P+L+K} \left(\frac{\Delta FR}{\Delta x_j} \bigg|_{x_j = \mu_j} \right) \mu_j \qquad (6-9)$$

在缺少数据时,我们通常尝试假设每一个 X_j 为均值是 μ_j、偏差是 σ_j 的正态分布上的点,在名义均值 μ_j 附近的变化是独立的,而且是基于 DPs 中的 X_j 取值的。

(4) 实验设计(DOE)是另一种传递函数的来源。

从许多方面来说,DOE 是另一种形式的敏感度分析。DOE 分析将所有输入完整地在他们的试验范围内试验出来,而不是通过递增的面积或者体积。DOE 可以使用物理对象或者数学等模拟的模型来操作,比如蒙特卡洛模拟、CAD/CAM(计算机辅助的设计和制造)、Simul8、SigmaFlow、Witness 等。在 Minitab 分析中的预测公式实际上就是一个传递函数。黑带可以通过求出预测等式的导数来估算敏感性。

在模拟中,团队需要定义出 DPs,信号和噪声因子的分布以及参数。这种模拟的模型接着从这些分布中找出一些运行可能性,然后形成输出的分布。在这些分布中,统计上的参数,比如均值和偏差就可以被估算出来。紧接着,统计推断分析就可以被使用了。

比如,假设 FR 是正态的,我们可以使用以下的 Z 值来计算 DPM-百万不良率:

$$Z_{FR} = \frac{USL_{FR} - \mu_{FR}}{\sigma_{FR}}$$

(在这里,$USL =$ 上规格限)。一些特殊的 DOE 技术可能会更适合在一些场合使用,比如 RSM-响应曲面分析方法(在 17 章介绍),和参数设计(在 14 和 15 章介绍)

(5) 回归传递函数公式是通过 FRs 由所有的变量变化得出的方式来获得。多重回归、多重方差分析和多重方差齐性分析也可以被使用。

6.4.2　传递函数与优化

传递函数是六西格玛部署内和部署初始的设计指南和最佳实践,作为活文档处理的基本设计知识。传递函数通常在设计记分卡中记录和优化。从现有的知识中可以很容易地获得一些传递函数。另一些则需要一些智力资本(如衍生资本)和货币资本才能获得。

在 DFSS 算法中,传递函数是优化的手段。优化是一种设计活动,在这种设计活动中,我们将均值转移到目标值,并减少 DFSS 项目范围内各个结构中所有响应的波动。然而,这种优化并不是任意的。用于优化 FR 的 DPs 的选择取决于物理映射和从耦合角度看的设计类型。如果设计是非耦合的,也就是说,如果 FRs 和 DPs 之间一对一映射,可以分别通过其各自的 DP 优化每个 FR。因此,我们将进行优化研究等于 FRs 的数量。如果设计是解耦的,优化程序必须遵循结构中设计矩阵显示的耦合顺序(第 7 章)。在耦合方案中,研究中要包括的 DPs 的选择取决于所需的潜在控制和可承受的成本。选择的方式应能使目标值在试验期间发生变化,而不会对设计成本产生重大影响。在有噪声情况下的函数优化,潜在设计参数数量越多确定,机会越大。

稳健设计的一个关键原理是，在优化阶段，可以识别和研究廉价的参数，并以一种对噪声不敏感的方式进行组合。团队的任务是为每个设计参数确定组合的最佳设置（参数目标），这些参数已被设计团队判断为具有改进系统的潜力。通过改变传递函数（设计点）中的参数目标水平，可以识别非线性区域。非线性区域是研究中参数的最佳设置（见图 6-12）。

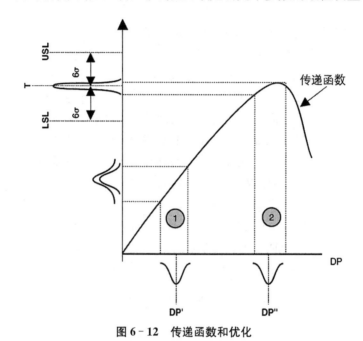

图 6-12 传递函数和优化

考虑设计参数（DP）的两个水平或方法，即水平 1（DP'）和水平 2（DP'），它们具有相同的方差和分布。很明显，与水平 1 相比，水平 2 在 FR 中产生的变化较小。水平 2 也会产生较低的质量损失（见第 13 到 15 章）类似于图 6-13 底部的场景。水平 2 设计比水平 1 设计更稳健。当规范限值之间的距离是标准偏差的 6 倍时，就实现了六西格玛优化 FR。当所有设计的 FRs 都在这个级别发布时，就得到了六西格玛设计。

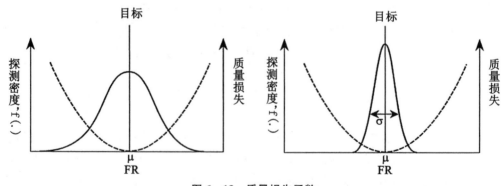

图 6-13 质量损失函数

如果黑带和 DFSS 团队的其他成员希望在使用环境中优化、验证和预测其项目范围的性能，则他们需要在 DFSS 算法中详细说明传递函数。

然而，由于使用环境中噪声因素的随机影响特别难以预测，因此团队应谨慎对待某些传递函数的可预测性。团队应探索所有知识,以获得所需的转移功能,包括图纸。例如,基于公差的堆叠可能包含基于集中质量模型和几何图形的功能描述。不同于直接记录的知识,传递函数是近似的,并且对于 DFSS 算法而言,在被证明是错误的或被其他采用技术的发展所处理之前是有效的。

6.4.3 DFSS 记分卡开发

记分卡确定哪些 DPs 对传递函数和优化设计点的响应中的变化和平均值贡献最大。拧紧公差可能适用于这些参数。建议的记分卡如图 6-14 所示。团队可以通过添加更多需求来定制记分卡。

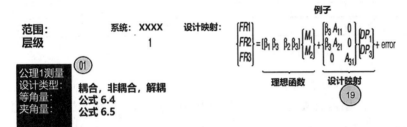

DFSS项目记分卡

范围: 系统:XXXX 例子
层级   1   设计映射:

公理1测量
设计类型:
等角量:
夹角量:

$$\begin{Bmatrix} FR1 \\ FR2 \\ FR3 \end{Bmatrix} = [\beta_1\ \beta_3\ \ \beta_2\ \beta_3] \begin{Bmatrix} M_1 \\ M_2 \end{Bmatrix} + \begin{bmatrix} \beta_3\ A_{11} & 0 \\ \beta_3\ A_{21} & 0 \\ 0 & A_{31} \end{bmatrix} \begin{Bmatrix} DP_1 \\ DP_3 \end{Bmatrix} + error$$

理想函数 设计映射 ⑲

耦合,非耦合,解耦
公式 6.4
公式 6.5

FRs 估计	传递函数			稳健性测量		公理2	规格			设计的FRs能力		6σ分数			实际	
FRs	单件	分布	组成	FR类型	损失函数	复杂性	目标	LSL	USL	μ	σ Short/Long	z	z-shift	DPMO	μ	σ
FR₁											L					
FR₂	②		④		⑥		⑧		⑩		⑫ S	⑭		⑯		⑱
FR₃	①	③		⑤		⑦	⑨			⑪	⑬		⑮	⑰		
⋮																
FRₘ																

DPs 估计		范围				规格		公理2	设计的FRs能力			6σ分数			实际能力		
	单件	最小值	最大值	分布	敏感度 (Aij)	LSL	USL	复杂性	μ	σ Short/Long	z	z-shift	DPMO	μ	σ	Short/Long	
DP₁																	
DP₂																	
⋮				⑲													
DPₚ																	

DPₛ 估计		范围				规格		公理2	设计的FRs能力			6σ分数			实际能力		
	单件	最小值	最人值	分布	敏感度 (Aij)	LSL	USL	复杂性	μ	σ Short/Long	z	z-shift	DPMO	μ	σ	Short/Long	
M₁																	
M₂																	
⋮				⑳													
⋮																	

噪声估计	噪声名字	件	范围		影响的FR	失效模式
			最小值	最大值		
客户使用	N11					
	N12					
	⋮					
零件之间	N21					
	N22		㉑			
	⋮					
环境	N31				㉒	
	N32					
	⋮					
耦合	N41					
	N42					
	⋮					
老化	N51					

FRs\DPs	灵敏度矩阵					
	DP1	DP2	..	..	..	DPp
FR1	A11	A12				
FR2	A21	A22				
FR3						
⋮						
⋮						
⋮						
⋮			⑲			
⋮						
⋮						
⋮						
FRm						Amp

图 6-14 设计记分卡

在讨论记分卡条目之前，我们将发表以下评论：

团队应该记住记分卡与层次结构有关（见图 6-8）。记分卡的数量将与相关结构中的层级数量相等。

（1）记分卡由 DFSS 算法驱动，强调耦合、损失函数等概念。

（2）噪声因子，有时外部信号因子不能被设计团队指定，即使他们的信息是易得的。

（3）我们使用物理结构只是为了演示，这里的讨论同样适用于过程结构记分卡。DFSS 算法需要两种结构的记分卡。

注意，为了便于参考，我们在图 6-14 中用记分卡对条目进行了编号（其中 DPMO 是百万缺陷机会）。根据设计映射记录层次和记分卡范围，团队需要用以下条目填充记分卡（其中列出的数字对应于图 6-14 中的列号）：

⓪ 公理 1 测量，包括由记分卡处理的结构中的设计映射类型，使用等式（6-4）计算的倾斜度估计和使用等式（6-5）计算的倾斜度估计。两种测量方法都准确地估计了公理 1 的满意程度，特别是当非线性敏感性存在时。这两个方程的项记录在图 6-14 中第 19 列的灵敏度矩阵中。

① 由传递函数和设计映射表示的记分卡范围内的所有 FRs 的列表。

② 按财务报告准则使用的单位；预期可测量和持续的 FRs。

③ 每个 FR 的分布都有记录。通常，当（P+K+L＞5）时，根据中心极限定理，可以合理地假设为"正态性"。

④ 每一 FR 的传递函数方程输入在这一列中。团队可以利用第 20 列（图 6-14）和第 19 列的灵敏度矩阵。

⑤ 根据稳健设计编制 FR 类型以指示优化方向。稳健设计优化要求使用四种响应分类中的一种。田口博士将这些质量特性分为"越小越好"（例如，减少振动、减少摩擦）、"越大越好"（例如，增加强度）、"最接近目标的最好"（主要考虑是保持产品单一的性能目标）和"动态的"（与能量有关的性能超过规定的动态使用范围）。

⑥ 稳健设计损失函数可以更好地估计 FR 偏离其目标性能值 T 时产生的经济损失。质

量损失函数可以解释为将变异和目标调整转化为货币价值的一种手段。它允许 DFSS 团队通过将设计术语与经济估算相关联来执行成本的详细优化。在二次形式中,质量损失的确定首先找到有关 FR 的函数极限(功能极限或客户容忍度在稳健设计术语中是公理方法的设计范围)$T \pm \Delta FR$。

$$E[L(\text{FR}, T)] = K[\sigma_{\text{FR}}^2 + (\mu_{\text{FR}} - T)^2] \quad (\text{望目 FR}) \tag{6-10}$$

$$E[L(\text{FR}, T)] = K(\sigma_{\text{FR}}^2 + \mu_{\text{FR}}^2) \quad (\text{望小 FR}) \tag{6-11}$$

$$E[L(\text{FR}, T)] = K\left[\frac{1}{\mu_{\text{FR}}^2} + \frac{3}{\mu_{\text{FR}}^4}\sigma_{\text{FR}}^2\right] \tag{6-12}$$

均值 μ_{FR},方差 σ_{FR}^2 是通过长期历史数据、短期抽样或使用方程式(6-8)和(6-9)获得的。

$$E[L(\text{FR}, T)] = \int K\beta(\beta M - T)^2 g(\beta M)\mathrm{d}M \quad (\text{动态}) \tag{6-13}$$

其中 g 是 FR 的概率密度函数。

⑦ 按公理 2 计算 FR 复杂度。根据图 6-14 列 5 中确定或假设的 FR 分布,可以推导出基于熵的复杂性度量(见第 2 节 6.5)。例如,正态分布 FR 的复杂度由以下公式给出:

$$h(\text{FR}_i) = \ln\sqrt{2\pi e \sigma_{\text{FR}_i}^2} \tag{6-14}$$

在没有历史数据的情况下,FR 方差由式(6-8)估计。对于其他分布,DFSS 团队可以咨询他们的黑带大师(MBB)复杂的经验公式。记分卡中比如说复杂性 s,是第 7 列中的条目之和。

$$h(\text{scorecard}_s) = \sum_{i=1}^{m_a} h(\text{FR}_i)$$

$$= \sum_{i=1}^{m_s} \ln\sqrt{2\pi e \sigma_{\text{FR}_i}^2}$$

一个结构的所有层次记分卡中的复杂性列的总和给出了结构复杂性估计,如下所示

$$h(\text{structure}) = \sum_{s=1}^{N} h(\text{scorecard}_s)$$

(其中 N=记分卡数量)。物理结构和过程结构复杂性之和就是设计复杂性。其他形式的复杂性由 El-Haik 和 Yang(1999)导出。其目的是通过降低 FRs 的方差来降低公理 2 的复杂性,同时实现六西格玛能力。

⑧ 输入从 QFD 第 2 阶段获得的 FR 目标。

⑨ 如果适用,输入从 QFD 第 2 阶段获得的 FR 规格下限(LSL)。

⑩ 如果适用,输入从 QFD 第 2 阶段获得的 FR 规格上限(USL)。

⑪ 根据公式(6-9),抽样或历史长期数据估计,此处输入预测 FR 能力的平均值。

⑫ 根据公式(6-8),抽样或历史长期数据估计,此处输入预测 FR 能力的方差。

⑬ 输入(L)表示长,输入(S)表示短(如果使用采样)。

⑭ 计算 Z 值。

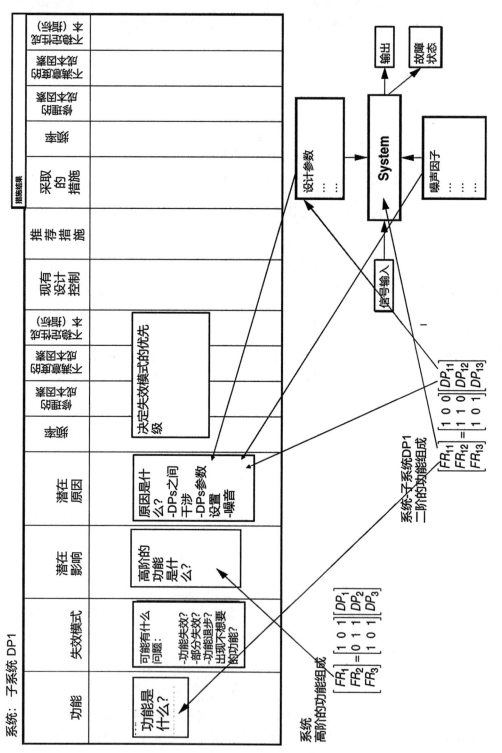

图 6 - 15 FMEA 和传递函数

⑮ 如果适用,使用历史偏移,或估计。

⑯ 使用表计算 DPMO。

⑰ 如果适用,记录 FR 的历史平均值。

⑱ 如果适用,记录 FR 的标准偏差。

⑲ 在矩阵中输入从 6.4.1 传递函数源导出或获得的灵敏度。

⑳ 输入从 6.4.1 传递函数详细方法中导出或获得的理想函数灵敏度。

㉑ 列出噪声因子部件和范围,如图中的头脑风暴或从传递函数详细活动中获得的。根据每个噪声因子,列出第 1 列中受影响的 FRs。本栏将提醒 DFSS 团队不要忽略噪声因子。

㉒ 根据受影响的 FRs 输入失效模式。

参见图 6-15。

第 7 章

质量功能展开(QFD)

7.1 引言

在 DFSS 体系中,质量功能展开(QFD)是制定计划最好的工具,该工具包含衡量用户对产品功能的,期望和需求程度的要素。在应用 QFD 的过程中,顾客评价和工程实现之间的关系备受关注(Cohen,1998)。在 DFSS 体系中,将顾客需求称为关键特性,它包含了例如关键质量特性(CTQ)和关键交付物(CTD)等重要指标。在 QFD 方法论中,顾客是用自己的方式定义产品,很少会用专业术语。顾客之声(Voice of customer,VOC)会填到需求列表里,随后作为一个关系矩阵的输入,这个关系矩阵我们称之为 QFD 的质量屋。

为了维持和提升公司的市场地位,了解顾客需求是必要的。因为如果没有在正确的正向设计输入产品需求,那么市场预测价值也是有限的。关键创新和关键市场是两个非常重要的特性,因为最先引进六西格玛水平概念的公司通常占据了市场的大部分份额。公司在红海市场从竞争对手中争夺市场份额比进军蓝海市场更加困难。QFD 的主要优势是可以让公司具有用最短的研发周期满足顾客期望的能力。其他优势还包括可以让公司具有研发系列产品和进一步提升顾客满意度的能力。

团队应该着重了解顾客的需求,更周密地规划工程项目。运用 QFD,让 DFSS 团队拥有预防错误和避免重大变更的能力。在 DFSS 设计或者变更设计项目的早期,QFD 通过科学的计划预防出现重大变更。团队成员应该使用市场和规划输入,通过设计、工艺、产品规划和跨职能部门几个方面达到满足顾客期望的目标。这将确保用户的重要问题得以解决,实现精益设计,并关注对用户很重要的潜在创新点。

如图 7-1 所示,使用 QFD 的公司在设计阶段早期会更重视问题回馈。在概念阶段对产品进行更改比在产品发售阶段更节省时间、成本、精力,这是因为在早期,资源应用于预防问题,而在后期,资源则将围绕产品的问题更改。

QFD 将顾客语言和期望转换成合理的设计要求。QFD 的意图是在产品设计的各个阶段融入顾客需求,包括产品进入市场后。使用 QFD,顾客决定质量优劣。顾客想要产品、流程和服务在整个生命周期内都能满足顾客需求和期望,并能够支付相应的价值。顾客驱动的结果是优秀品质、顾客满意和增加市场份额。

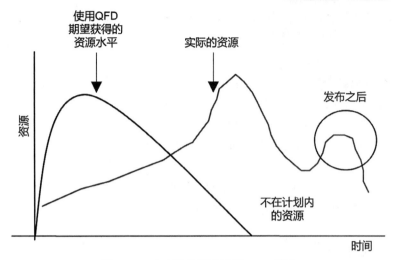

图 7‑1　在项目资源方面的 QFD 效果

QFD 的真实价值是它可以指导其他 DFSS 工具的运用,例如 SPC,以及影响设计能力和满足内外部顾客需求的稳健性。

QFD 是一个工具,可识别有意义的设计要素,而这些要素可以让设计、改进和资源使用有的放矢。在 QFD 体系中,计划非常关键,在获得对标和测试的可靠信息后,计划的关键性得到进一步提升。

本章的目标有:

(1)向黑带、绿带和其他读者提供所需要的知识和技巧来定义 QFD。

(2)认识和识别出 QFD 中的 4 个关键要素。

(3)对 QFD 整体 4 个阶段的方法有基本的理解。

(4)定义卡诺模型的 3 个质量特性。

(5)从流程角度,在第五节着重说明 QFD 在 DFSS 方法中的应用。

7.2　QFD 的历史

20 世纪 70 年代初,在日本川崎重工神户船厂,三菱重工创造了 QFD 工具。政府对军事船只有着严格的法规要求,加上每艘船需要大量资本投入,这迫使川崎重工神户船厂向军方承诺确保每艘船的质量。川崎重工神户船厂的工程师设计了一个矩阵,内容包括政府法规、设计重点和公司为满足顾客需求确定的工程控制特性。另外,矩阵指出了每个技术条目的相关重要性,使得这些重要条目可以优先获得公司的资源支持。

成功模式是可推广的。其他公司在 20 世纪 70 年代中期也采用了 QFD。例如,汽车工业首先采用 QFD 解决生锈问题。从那之后,QFD 就提升成了方法论,并被很多美国公司使用。

7.3　QFD 的价值、设想和现实

QFD 的主要价值是使顾客满意。

　　QFD给顾客提供他们所想要的,例如更快的产品上市,避免失效或发售前重大工程变更(见图7-1),和解决与顾客需求相关的"know-how"信息,这些信息会传递到下一个工程团队。

　　在QFD被实施之前可以做一些准备。包含:① 组建跨学科的DFSS团队,确定DFSS的方式;② 用更多时间了解用户需求、期望和产品或服务的细节定义。

　　项目伊始有很多现实的关注点,可以保证顺利实施QFD。例如,团队中的各个部门的代表并不主动交流。另外,市场反馈不使用技术语言或者技术参数,使QFD不能让设计更有继承性或只能采用全新设计。

　　在DFSS团队建立初期,也要面对"预防问题不如解决问题更有回报"的传统观念。这些传统将在团队系统地使用DFSS后逐步消失。

7.4　QFD方法论总览

　　QFD是由跨学科的DFSS小组实施的,DFSS小组使用数据分析,在项目的整个设计阶段分解关键客户特性。QFD通常有4个阶段。这4个阶段分别是① CTS计划;② 功能需求;③ 设计参数计划;④ 过程变量计划。图7-2所示为4个阶段和其组成部分。每个阶段将在后续章节进行详述。

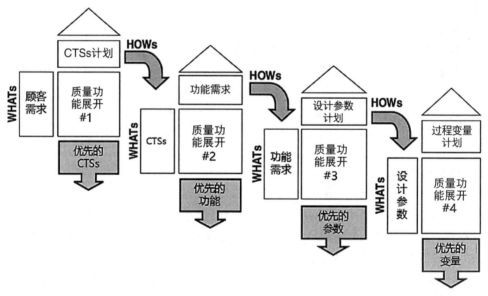

图 7-2　QFD 的 4 个阶段

　　图7-3很好地展示了QFD在设计循环中所处的位置,并且展示了QFD在顾客—QFD—产品这个循环中逐步迭代的过程。在这个反馈循环中,令A=客户需求,B=QFD分析,C=期望的设计实体(产品/服务/流程),D=顾客满意度评价(如客户调查),E=其他DFSS工具与概念;那么收益C/A由B/(1+BDE)给出。两个一般的分析活动在循环中连续地发生:先使用QFD进行客户分析(方框B),接着后面再进行一次客户分析(方框D)。如果乘积BDE≫1,那么C/A=(DE)$^{-1}$,这意味着我们的分析能力应该与综合概念的能力相适应。

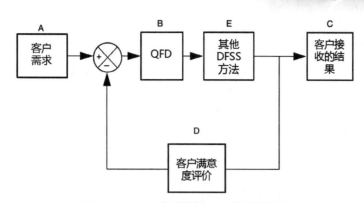

图 7 - 3　QFD 在设计循环中所处的位置

　　为了试图最小化和简化处理可能遇到的大量功能性需求,QFD 使用了许多技术,比如我们使用了 QFD 记录了应用范围在 130(工程功能)×100(客户特征)的要求(Hauser and Clausing,1988)。最初在 QFD 研究中使用的一种典型的分组技术是亲和图,它是一种层次分组技术,用于合并由客户声音产生的多个非结构化的想法。它的运作基于直觉上的相似性,从底层独立的想法(底部)到分类想法的整理(顶部)都可以看到这种相似性。客户特征的归纳是至关重要的一步。它需要一个具有多种能力(例如头脑风暴、评估和突破现有想法的能力)的跨部门团队,以识别出逻辑化的(不必是最优的)分组,从而将总体需求清单最小化到可管理的类别中。

　　另一项技术是树图。它是亲和图之外的一种技术。树图主要用于补充之前未发现的内容,以实现更完整的结构,产生更多的想法。这种想法的扩展将导致结构的增长,但同时也将为客户的声音提供更多视角(Cohen 1988)。

　　"质量功能展开"(见图 7 - 4)是 QFD 关系的基础。使用质量功能展开可以改善交流、规划和设计。这一好处不仅适用于 QFD 团队,也适用于整个组织。通过 QFD 确定的顾客需求可以应用于许多类

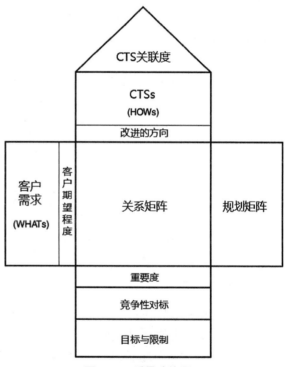

图 7 - 4　质量功能展开

似的的产品,并成为关键满意度需求(CTSs)的基础。使用 QFD 的一个好处是,客户意图将成为设计过程的驱动力,以及优化设计方案实体的催化剂。第 1 阶段质量屋(Cohen 1988)的组成部分如图 7 - 4 所示,并在第 7.4.1 至 7.4.9 中进行介绍。

7.4.1　客户需求特征(WHATs)

　　通过对问卷调查、索赔数据、保修情况、促销活动等客户反馈,可以看出顾客通常使用模

糊的话语描述他们的多方面需求，而且这些需求往往同时提出而非一一列举。可以用亲和图与树图来列举客户的需求清单，分析图表后可知，大多数客户需求都是非常笼统的概念，举个例子，客户在购物的时候，常常会说他们觉得某个事物很酷或是很时髦。酷感可能是一种非常可取的特性，但不同的人对酷的看法不同，所以不能直接使用酷来作为满足客户需求的标准。客户需求可以拓展为法律、安全及产品内在的其他需求，这一部分拓展要素可以用卡诺模型来描述（详见 7.5）。

7.4.2 产品特性（HOWs）

由六西格玛团队（DFSS）给出用来解决客户需求的设计特性被称为"HOWs"。首先，对每一个初始的客户属性进行可执行的定义，这样做的目的是确立一组能够实现客户需求的、具体的关键满意度要求。这样便可以将客户期望转化为如速度、扭矩和运输时间这样的设计标准。对于每一个客户需求，都应该有一个或多个能让客户满意的产品特性（HOWs）。例如，可以通过"时尚"的车身设计（与之前不同的新造型）、座椅摆放、足够大的伸腿空间、低噪声、更精细的粗糙度和低振动使一辆车变得酷起来。在这个阶段，只需要确定尺寸的测量和约束条件这两个要素就可以了。这种对客户需求及期望的替代在习惯上被称为代用质量特征。在本书中，我们将采用与六西格玛一致的关键术语。一个团队应该在一个能够独立解决问题的环境中定义产品特性（HOWs），而不应局限于文中列举出的特定零部件和具体生产过程。逐项列出能够实现多种客户需求的产品特性（HOWs），同时现实中并不只有一一对应的关系，所以很多产品特性（HOWs）都将可以对应多种客户需求（WHATs）。此外，每一个产品特性（HOWs）都将有一些好的方向或改进，具体如表 7 - 1 所示。

表 7 - 1　产品特性的提升方向

提升方向		
最大化	↑	1.0
目　标	O	0
最小化	↓	−1.0

注：圆圈 O 表示名义最好目标值。

7.4.3 关系矩阵

由于缺乏一一对应的关系，客户需求（WHATs）与产品特性（HOWs）联系起来的过程往往变得复杂而困难，因为有些时候，一种产品特性（HOWs）会影响不止一种客户需求（WHATs）。在很多情况下，解决方法与客户需求之间有着难以调和的矛盾，一些产品特性（HOWs）对于其中一种顾客需求（WHATs）是十分重要的，然而它的实施却会对另一种需求产生不利影响，打个比方，客户在挑选汽车时，"酷"与"时髦感"是客户众多考虑因素中的两个。能够让汽车变得酷的产品特性（HOWs）有降低车辆噪声、扩宽车内可用空间和设计相应的座椅，而这些方案也会对汽车的"时尚"要求产生一些影响，将产品特性（HOWs）放在质量屋（HOQ）的竖列中，而客户需求（WHATs）放到质量屋（HOQ）的横行，产品特性与客户需求之间便产生了关联。通过在每个单元格中放置一个表示因果关系大小的符号，可以显示每个（客户需求，产品特性）单元格中的关系。当日本神户造船厂的职员在 1972 年开发出一个关系矩阵时,他们把当地赛马符号当作关系矩阵符号用在质量功能展开(QFD)中,例如,双心圆表示强关系,一个圆表示中等强度,三角形表示弱关系。之所以使用符号而不是直接用数字,因为符号更容易识别和理解起来也更快。

不同的图形符号随处可见,同时我们可以看到表 7-2 中的符号比其他符号更常见:

表 7-2　关系矩阵符号

标准 9-3-1		
强	◎	9.0
中等	○	3.0
弱	▽	1.0

在确定每个单元(客户需求,产品特性)的强度之后,六西格玛(DFSS)团队应该花时间检查关系矩阵,例如,空白的行或列表示团队在理解上的差异或在满足客户需求方面的不足。一个空白的行表示需要为该行中的 WHAT 开发一个 HOW,这个空白行表示一个潜在的不能令客户满意的需求。当存在一个空白列时,仅仅只是众多 HOWs 中的一个,不会对 WHATs 产生任何影响。将这个 HOWs 对应给一个新的 WHATs,这个新的 WHATs 可能是尚未定义的,也可能是个无意义的 WHATs。关系矩阵使 DFSS 团队有机会重新审视他们的工作,从而实现更好的规划,获得更好的结果。我们需要一种方法来确定列首的关键满意度要求(CTS)在多大程度上满足横行左侧的客户需求。这是主观上对可能的因果关系的一种衡量考虑。为了对关键满意度要求(CTS)和顾客需求特征进行排序,我们将这一关系的符号具有的数值乘以顾客期望指数。

对于该产品来说,当 WHAT 数组汇总了所有的客户特征时,可以为六西格玛设计(DFSS)团队提供衡量每个关键满意度要求(CTS)相对重要性的指标,并为各种关系进行资源和精力的分配,强度比较、重要程度以及相互间作用提供了规划指标。

7.4.4　重要性等级

重要性等级是一种相对的度量,可以表示设计中每一个客户需求(WHATs)或产品特性(HOWs)的重要性。在质量功能展开(QFD)中,有两个重要性等级:

(1)客户期望指数:通过诸如问卷调查、问题诊断等客户活动,收集用户反馈进行等级划分,通常划分为 1 级(不重要)至 5 级(极其重要),如表 7-3 所示。

表 7-3　重要程度的划分

重要程度		
极其重要	◆	5.0
非常重要	◆	4.0
部分重要	◆	3.0
有点重要	◆	2.0
不 重 要	◇	1.0

(2) 技术重要性等级：

(a) 按照惯例，关系矩阵中的每个符号都对应一个能在(WHATs, HOWs)表中代表强度的值。

(b) 然后将这些值与客户期望指数相乘，并将这些数值返回到矩阵赋予对应符号。

(c) 然后，通过将每一列中所有表示关系的符号的值相加，就可以得到每个 HOW 的技术重要性等级。技术重要性等级的价值在于它们相互之间可以进行等级排序，从而决定 HOWs 的优先顺序，以及该 HOW 所能分配到的最大资源。在进行排序的时候，六西格玛设计(DFSS)团队应当在技术重要性等级的基础上，增加考虑其他因素，如方案实施的困难程度、是否有所创新、成本、可靠度、实施时间以及项目章程中其他所有需要度量的要素。

7.4.5　计划矩阵

计划矩阵包括在有能力满足客户需求的条件下，对产品性能竞争力和基准的标识能力的比较。它也被用来作为一种通过性能对比(目标等级/当前等级)来设定改进目标的工具。

豪斯与克劳辛(Hauser and Clausing, 1988)将这个矩阵视为一个可以解决如下问题的感知图：如果客户更倾向于某些特性，我们应该如何调整现有的产品抑或是研发新产品，从而体现客户的需求？具有客户价值的产品、原始特征的定向改进率，以及卖点，这些因素都将成为加权度量，以便于设计团队对这个客户需求特征的相对重要性进行排序。

7.4.6　HOWs 的关联度(质量屋顶部)

在质量屋顶部的每一个单元格代表两个不同 HOWs 之间可能存在的关联度。这些信息可以帮助团队从系统性的视角来考虑各种技术要求(HOWs)。

设计和制造活动包含许多折中方案，主要是由于违反了设计公理(详见第 8 章)。关联矩阵是日本工程师开发的初版质量功能展开(QFD)中用得更多的可选扩展功能之一。习惯上，关联矩阵的主要用途是通过识别不同方式之间的定性关联，从而做出折中方案。这是质量功能展开(QFD)中一个非常重要的功能，因为 HOWs 通常是相互关联的。比如，一个矩阵可以包含"质量"与"成本"。设计工程师希望降低成本，但成本方面的任何改进都会对质量产生负面影响。这被称为负相关，必须加以标识，以便于后续的权衡处理。权衡处理通常是通过修改长期目标(HOW MUCHs)来完成的。这些修改后的目标被称为实际目标。利用前面讨论的负相关例子，为了解决成本和质量之间的矛盾，成本目标将转变为实际目标。为方便参考，在关联矩阵图中再次使用符号来表示与以下尺度的相关性程度：

	权　衡	
协同/增效	+	1.0
折中/受损	−	−1.0

在一个耦合设计情景中，正、负相关作用都有可能发生，如果一个 HOWs 能够促进另一个 HOWs，这便产生了正相关。

相关性和耦合只能通过诸如发明问题解决理论(TRIZ)(第 9 章)和公理设计(第 8 章)这样的概念性方法来解决，否则，一些设计结果和折中方案将无法避免，这将导致客户对车辆结构设计的不满。

　　许多耦合情况的发生是设计意图和物理定律之间相互冲突造成的,而 TRIZ 和公理设计这两个六西格玛工具,旨在通过提供解决问题的理念和工具来处理这种自相矛盾的需求。很多时候设计团队屈服于物理规律是源于他们知识的缺乏。在一些商务型 DFSS 项目中,耦合情况可能必须由高层管理来解决,因为这些事务超出了单个部门的职责与能力,需要多个部门联合处理。

7.4.7　目标或者 HOW MUCHs

　　对于每一个在关系矩阵上的 HOWs 都需要确定一个对应的 HOW MUCHs,这样做的目的是量化客户的需求和期望,并为设计团队设立一个目标。

　　HOW MUCHs 同样创建了用于评估 HOWs 是否实施成功的基准,正因如此,HOWs 的实施才变得可以度量。对 HOWs 进行审查并开发出量化的方法是十分必要的,通常可以选择提供可见指示的目标定位的类型。此外,需要根据公司的营销策略来确定目标的容错范围,并与同类竞争对手的目标容错情况进行对比,运用公理设计方法将本公司的目标容错范围与其他同水平公司的同时进行分析。

7.4.8　竞争力评估或定标

　　竞争力评估用于比较公司自己设计团队与竞争对手的设计,如下所示为两种类型的评估方法:

　　(1) 客户竞争力评估:位于计划矩阵中关系矩阵的右边,通过调查等活动收集到的客户反馈(VOC)来评价在特定市场为了解决 WHATs 而进行的各种设计。

　　(2) 技术竞争力评估:位于关系矩阵的底部,通过与同级别竞争对手在技术层面进行 HOWs 的比较得到。

　　两种评估结果都应当具有一致性,如果它们之间产生冲突,就表明设计团队未能理解客户反馈(VOC)。出现这种情况时,团队需要重新回顾 HOWs 数列,检查对客户需求的理解是否有误,并将其与客户反馈(VOC)数据进行对比,而且可能需要进一步研究,然后,团队可能会得到能表现客户感知的新方法。任何违反常规的意外事项都应该记录下来,为之后的设计提供参考,遇到这样的情况时,就要让 DFSS 团队参与到质量功能展开(QFD)来解决,而非仅靠市场部人员比较竞争对手的设计就能解决的。通过这种方式,负责根据客户需求进行设计的团队将能准确地解释这些客户需求究竟是什么。

7.4.9　其他可选的 QFD 拓展图表

　　一些 QFD 图表可能会提供能根据用户的需求进行调整的功能,如工艺流程图,将"设计"向"技术规划"转变,还有优化资源配置顺序,以及服务投诉和维修历史。

7.5　质量的卡诺模型

　　QFD 中,诸如市场分析这样的"顾客反馈(VOC)"活动,我们可提供一系列代表顾客属性的 WHATs。这些由顾客所反馈的 WHATs 会被称为"性能质量"或"一维需求",然而相比较直接从客户口中得到 WHATs，还有更多的 WHATs 需要解决，如图 7-5 所示，这些也是"客户未说"的 WHATs。这些客户未说的 WHATs，是顾客默认会出现在设计中的基本特征，因为这些 WHATs 都是设计中隐含的功能要求或根据历来的经验认为应当存在的。例如，顾客会自然地期望他们的割草机把草割到特定的水平，但他们不会在调查中提到这个问题，除非他们过去的使用中遇到过这方面的麻烦。客户默认的需求有一个"奇怪"的特点——它们不能提高客户的满意度，但如果没有让客户在产品中感受到这些需求的存在，就会引起客户强烈的不满。

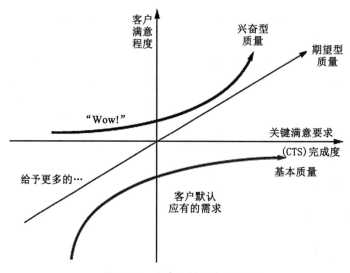

图 7-5　客户属性的卡诺模型

另一组"不言而喻"的 WHATs 可以归纳为创新或者满意，这种令人愉悦的惊喜可以非线性地增加顾客的满意度。例如，在汽车行业，面包车车主们对于在面包车第二个侧门和婴儿座安装地脚螺栓感到很满意。但随着时间的推移，设计特点在卡诺模型上的位置会发生改变。在 20 世纪 90 年代，大篷车的第二个侧门给顾客带来了惊喜，但在现在大多数的模型中，第二个侧门是标准配置，无须特殊要求即可安装。理想的六西格玛项目计划应包含所有三种类型的质量特征：兴奋型质量（没有讲出来的潜在需求），期望型质量（讲出来的一维线性需求）和基本质量（理所应当的需求）。

7.6　QFD 的 4 个阶段

包括 QFD 在内的六西格玛算法中，没有任何一个唯一的图表可以容纳团队用来计划、控制和记录整个项目开发周期的所有信息。我们必须规定 HOWs 的目标和公差，必须明确团队任务，必须识别潜在故障并采取对策。在六西格玛算法中，必须开发质量功能展开的"质量屋"矩阵以计划设计、生产过程、控制和程序。经验表明，平均每个质量功能展开的研究将需要比其四个阶段提出的更多的图表。第一个质量功能展开将客户的需求和期望转换成关键满意度需求，然后转化为设计行动。这个转换是通过构造一个新的关系矩阵（"质量屋"第二阶段）来完成的，在这个矩阵上，WHATs 就是关键满意度需求，它的目标值来自先前的矩阵。每个矩阵的 HOWs 和 HOW MUCHs 作为 WHATs 被逐步部署为开发周期下一阶段的矩阵上。从设计规划到工艺规划,最后到生产计划,这种 HOWs 到 WHATs 的转变是持续发生的。

此程序应持续到生产计划完成。如图 7-2 所示,这需要将客户需求部署到关键满意度需求,再部署设计参数,然后再部署到过程变量中。此时,可以开发生产需求,并且完成质量功能展开。虽然图中仅仅展示了 4 个图表,但是我们建议使用质量功能展开的第一阶段,然后针对逐级的需求继续进行"之字形"过程。在采用设计公理时,将产生物理结构的层次体系。

QFD 提供了一种有效的方法来收集可用选项的列表,可确认重要的、新的、困难的和高风险的 HOWs,并转移到下一个阶段进行进一步的层级和设计细节。

要继续跟进 HOWs,以便最有效地使用团队资源。这也能确保满足客户需求关键点的 HOWs 能获得最佳的时间和资源分配。

7.7　QFD 分析

完成"质量功能展开"的第一个 QFD 可能会给六西格玛设计团队一个错误的印象,认为他们的工作已经完成。

实际上,他们到目前为止的工作都是创建了一个工具,该工具将指导未来的工作,将客户的声音部署到设计之中。每个阶段的质量功能展开矩阵分析都会找出明确的设计弱点,必须将其作为潜在的优势进行处理,使之成为"同等级别中最好"。下面提供了一个相对简单的分析"质量屋"各阶段的程序:

(1) 空白或者"弱列"(weak column,指相关度低的列)。这一个 HOWs 与客户需求没有太大关系。

(2) 空白或"弱行"(weak row,指相关度低的行)。HOWs 没有满足某个客户的需求。

(3) 冲突。技术竞争评估与客户竞争评估冲突。

(4) 显著性。HOWs 与很多客户需求、安全、法规和公司内部需求相关。

(5) "大开眼界"的机会。该团队的公司和竞争者表现不佳时,六西格玛设计团队应抓住这个机会交付这些卖点,这些卖点最初可能被视为卡诺模型中的兴奋型需求。

(6) 标杆管理。这是一个纳入竞争对手评分高的 HOWs 的机会,团队应该使用标杆管理来修改和合并 HOWs,而不是去创建。

(7) 部署。具有重大意义的 HOWs 需要在第二阶段进一步部署,即设计参数部署。

7.8　QFD 案例

此节的 QFD 案例做了一些修改,以便说明一个六西格玛设计团队对质量功能展开的诊断。

7.8.1　质量功能展开相关概要

1. 项目目标

设计一个具有六西格玛水平的全球化商业流程。

2. 项目问题陈述

(1) 销售周期(潜在客户开发到完整的客户设置)超过 182 个工作日。内部和外部客户要求是从 1 到 72 个工作日不等。

(2) 只有 54% 的客户服务请求在承诺日期前关闭。客户希望 100% 的服务请求能够按时完成。

(3) 非标准的商业流程,未达到六西格玛能力水平。

3. 商业案例

(1) 对于向客户销售、建立客户和维护客户,没有一致的全球流程。

(2) 目前的销售和客户服务信息管理系统无法在全球范围内衡量准确性和及时性。

(3) 企业范围内的客户关怀是一个"必须"的要求,如果不能改进流程,则会威胁到产品组合的保留和增长。

4. 项目目标

(1) 将寻找客户的周期从 16 个工作日缩短到 5 个工作日。

(2) 将发现周期从 34 个工作日缩短到 10 个工作日。

(3) 将交易结束周期从 81 个工作日缩短到 45 个工作日(扣除所有销售指标的客户等待时间)。

(4) 将安装周期从 51 个工作日缩短到 12 个工作日。

(5) 将截止承诺日期的服务请求关闭百分比从 54%(1.6σ 水平)提高到 99.97%(5.0σ 水平)。

7.8.2 QFD 示例步骤

QFD 的基本步骤如下:

步骤 1:识别 WHATs 和 HOWs 以及它们之间的关系。六西格玛设计团队不仅要确定客户并建立客户的期望、需求、乐趣和使用概况文件,还应确定公司、监管和社会需求。此步骤的价值在于极大地提高六西格玛设计团队成员对客户、公司、法规和社会要求的了解。在这个阶段,六西格玛设计团队应该增加市场研究。市场研究专业人士可能会帮助黑带在创业活动中发挥领导作用,并在团队获得有关客户参与方法的知识后保持积极的参与。

黑带应制定计划,与确定的组织和员工协作,以定义支持项目的任务和计划,并在客户流程和前瞻性思维方法(如头脑风暴、远见和概念化)方面培训团队成员。

六西格玛设计团队应将重点放在关键客户上,优化围绕他们的决策,并尽可能多地增加客户。团队应建立客户环境条件、客户使用情况和运营条件;研究客户人群统计和概况;进行客户绩效评估;了解竞争对手的绩效。此外,团队还应:为理想的服务建立一个粗略的定义;通过访谈、焦点小组、客户委员会、实地试验、实地观察和调查,倾听客户的想法和需求;分析客户投诉并对属性进行满意度评定;根据质量功能展开(QFD)过程获取这些评级并给它们排序;研究所有关于这项服务的可用信息,包括营销计划;通过调查改进的功能和相应成本,进行标杆管理来改善薄弱环节,从而创造创新的想法和兴奋点,以及新的需求;通过将服务功能与需求、体验和客户信念相匹配,创造新的兴奋需求。用创新来避免对瓶颈、冲突和约束的妥协。

可以使用以下 WHATS:① 现有产品;② 专业人员;③ 柔性流程;④ 知识型员工;

⑤ 易用的产品;⑥ 快速流程;⑦ 高性价比产品;⑧ 准确性。

步骤 2:确定 HOWs 和关系矩阵。这一步的目的是根据客户期望、基准预测、机构知识和接口需求来定义一个"好的"产品或过程,并将这些信息转化为关键满意因素指标。这些将用于规划一个有效和高效的六西格玛设计项目。

引起客户不满意和保修成本过高的主要原因之一是设计规范不能充分反映出客户对产品或过程的使用。很多时候,规范是在设计完成之后编写的,或者它只是对不充分的旧规范的反映。此外,计划不周的设计通常不会在对客户重要的领域分配活动或资源,而会花费太多时间在提供微小价值的活动上,这造成了工程资源的浪费。由于在设计过程中没有对遗漏的客户需求进行针对性检查,因此处理这些投诉的程序可能是不完整的。在对客户来说并不重要的产品上花费时间做过度的设计和测试是没有什么用的。类似的,如果不把开发时间花在关系客户重要的领域,就会错失良机,随之而来的也将是巨额的保修成本。

在开展六西格玛设计时,我们需要提前了解客户的期望、需求、乐趣以及公司和法规的要求。然后,这些了解会转化为关键满意度需求(CTSs),进而驱动产品和工艺设计。表 7-4 给出了关键满意因素需求,HOWs 与 WHATs 的关系矩阵见图 7-6。

表 7-4 关键满意因素需求

顾客关注度

满足时间期望

了解业务和供给

节约成本/提高效率

第一次就设计正确

有顾问

了解产品和工艺

信息流转

问题解答

有礼貌的

充分的随访

我们需要首先考虑产品或过程中的高等级需求,这些是真正的关键满意度需求(CTS),它定义了产品或过程在理想状态下,客户会喜欢什么。从客户的角度考虑产品或流程,必须满足更高层次系统、内部客户(如制造、组装、服务、包装和安全)、外部客户和法律法规的需求。在黑带领域中,客户的 WHATs 有不容易探知的特性。

因此,需要将真实的质量特性与关键控制点联系起来,这样设计特性可能很容易测量,并且在目标合适时,将替代或者确保这些性能符合 WHATs。这种将真实的质量特性与替代的质量特性联系起来的关系图称为关系矩阵,其逻辑是多层次的。树图是新的七种管理工具之一,通常用于创建与客户关联的逻辑。如果六西格玛设计团队能够完成从客户特性到关键满意因素的转化,将会非常有价值。一个团队通常在逻辑只有几个层次的时候就开始分享不同的观点、故事和经验。甚至可以进行一些实验来更好的理解这些逻辑关系。在实验完成后，整个团队就会理解产品与用户需求的转化逻辑，并在图纸上详细描述产品和工艺特性，是如何与对客户重要的功能联系起来的。图 7-6 至图 7-10 给出了质量功能展开的完整第一、第二和第三阶段。下面的分析适用于第一阶段，我们鼓励读者将这些分析用于其他阶段。

前进方向		
最大化	↑	1.0
目标	○	0.0
最小化	↓	-1.0

		1 顾客关注	1 满足时间期望	2 了解业务和供给	3 节约成本/提高效率	4 第一次就设计正确	5 有顾问的	6 了解产品和工艺	7 信息流转	8 问题解答	9 有礼貌的	10 充分的随访
前进方向	1		↑	↑	↑	↑	↑	↑	↑	↑	↑	↑
已有产品	1	2.0	○		○		▽			○		
专业人员	2	3.0		▽		▽	○	●	▽		●	
柔性流程	3	4.0	○					●				
有经验的人员	4	4.0	○	●	○	●	●	●	●	●		▽
易用的产品	5	4.0	○		○	○		▽	○			▽
快速流程	6	5.0	●		●	○		○	○	○		▽
有成本效益的产品	7	5.0	○	●	●	○	●	○				
准确性	8	5.0		●		●						
	9											

图 7-6　WHATs，HOW 和关系矩阵

7.8.3　HOWs 的重要度计算

重要度的评级是对每个 WHAT 或者 HOW 的设计质量重要性的比较，我们采用 9-3-1 关系矩阵强度等级。这些数值乘以从客户参与活动(例如调查)中获得的客户重要性等级，得出了一个数值。通过将所有关系的所有值相加，可以求出 HOWs 的重要性等级。例如，图 7-7 中第一个 HOW 的重要性等级的计算方法为 $2.0\times3.0+4.0\times3.0+4.0\times3.0+4.0\times3.0+5.0\times9.0+5.0\times3.0=102$。相应地，其他 HOW 的重要性等级也可以算出。

第一阶段的质量功能展开诊断将在以下段落中进行描述。

(1) 弱 WHATs。黑带需要识别哪些 WHATs 的重要度是弱的或不相关的。这种情况表示无法满足客户需求。当这种情况发生时，公司应该尝试开发关键满意度需求(CTS)来取代这个 WHAT。有时，团队可能会发现现有的技术能力并不能满足 WHAT。此时，六西格玛设计团队应该利用客户调查和评估来进行审查和进一步的了解。我们的例子中没有这样的 WHAT。最接近这种情况的是第 1 行中的“已有产品”和第 5 行中的“易用的产品”。但这两个弱 WHAT 并未弱到需要重新开发新的 CTS 或进行新的调查评估。同时，有些团队会通过 CTS 的强相关性，强化对弱 WHAT 的分析。

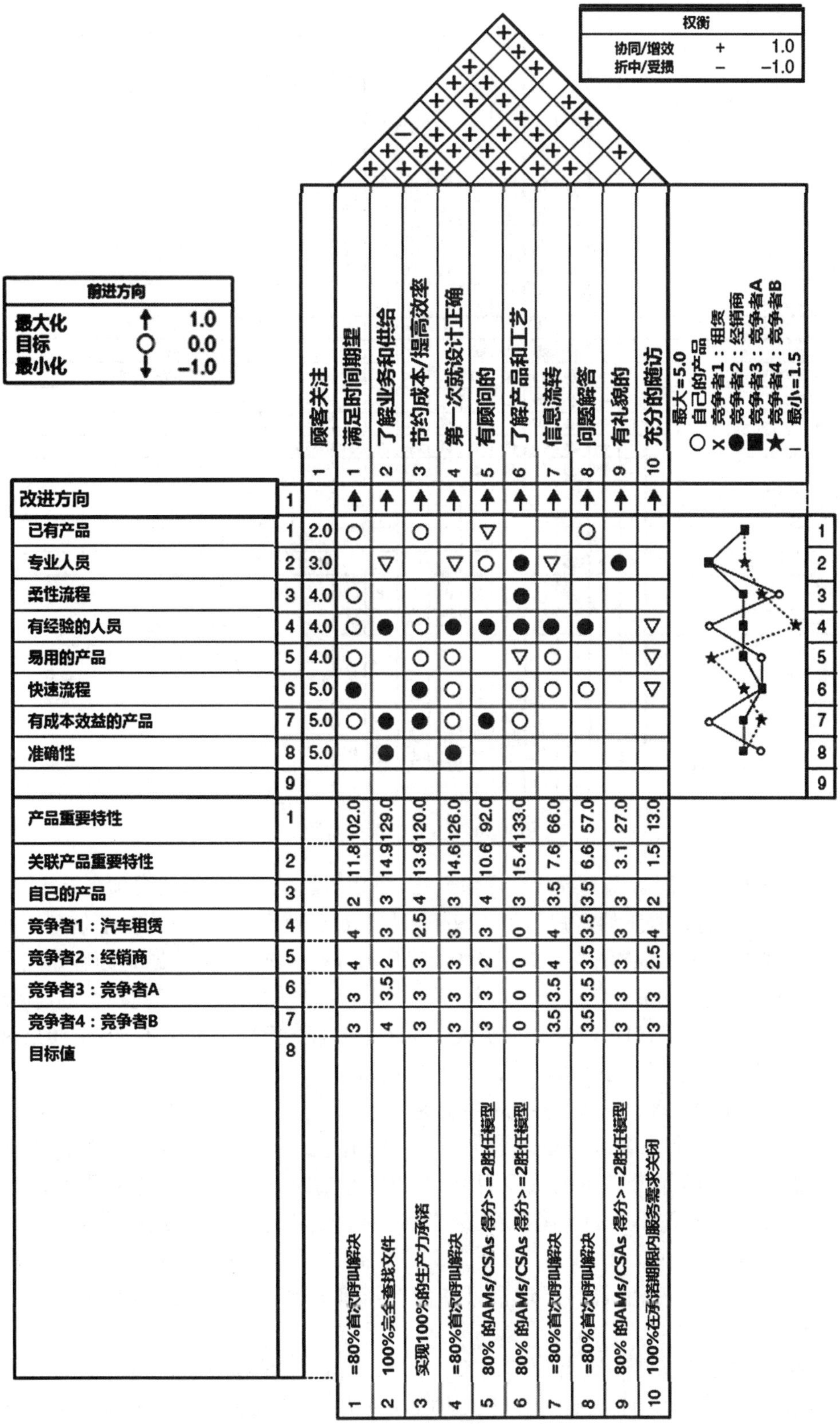

权衡		
协同/增效	+	1.0
折中/受损	−	−1.0

前进方向		
最大化	↑	1.0
目标	○	0.0
最小化	↓	−1.0

最大=5.0
○ 自己的产品
X 竞争者1：租赁
■ 竞争者2：经销商
★ 竞争者3：竞争者A
| 竞争者4：竞争者B
最小=1.5

顾客关注			满足时间期望	了解业务和供给	节约成本/提高效率	第一次就设计正确	有顾问的	了解产品和工艺	信息流转	问题解答	有礼貌的	充分的随访	
		1	1	2	3	4	5	6	7	8	9	10	
改进方向	1		↑	↑	↑	↑	↑	↑	↑		↑	↑	
已有产品	1	2.0	○		○		▽				○		1
专业人员	2	3.0		▽		▽	▽	●		●			2
柔性流程	3	4.0	○					●					3
有经验的人员	4	4.0	●	●	○	●	●	●	●			▽	4
易用的产品	5	4.0	○		○	○		▽	▽			▽	5
快速流程	6	5.0	●		●	●		○	●				6
有成本效益的产品	7	5.0	○	●	●	○	●	○					7
准确性	8	5.0		●		●							8
	9												9
产品重要特性	1		11,810 2.0	14,912 9.0	13,912 0.0	14,612 6.0	10,6 92.0	15,413 3.0	7,6 66.0	6,6 57.0	3,1 27.0	1,5 13.0	
关联产品重要特性	2												
自己的产品	3		2	3	4	3	4	3	3.5	3.5	3	2	
竞争者1：汽车租赁	4		4	3	2.5	3	3	0	4	3.5	3	4	
竞争者2：经销商	5		4	2	3	3	2	0	3.5	3.5	3	2	
竞争者3：竞争者A	6		3	3.5	3	3	3	0	3.5	3.5	3	3	
竞争者4：竞争者B	7		3	4	3	3	3	0	3.5	3.5	3	2.5	
目标值	8												

目标值（底部）:
1. =80%首次呼叫即解决
2. 100%完全查找文件
3. 实现100%的生产力承诺
4. =80%首次呼叫即解决
5. 80%的AMs/CSAs〈得分〉>=2胜任模型
6. 80%的AMs/CSAs〈得分〉>=2胜任模型
7. =80%首次呼叫即解决
8. =80%首次呼叫即解决
9. 80%的AMs/CSAs〈得分〉>=2胜任模型
10. 100%在承诺期限内服务客案求关闭

图 7-7 QFD 的第一阶段

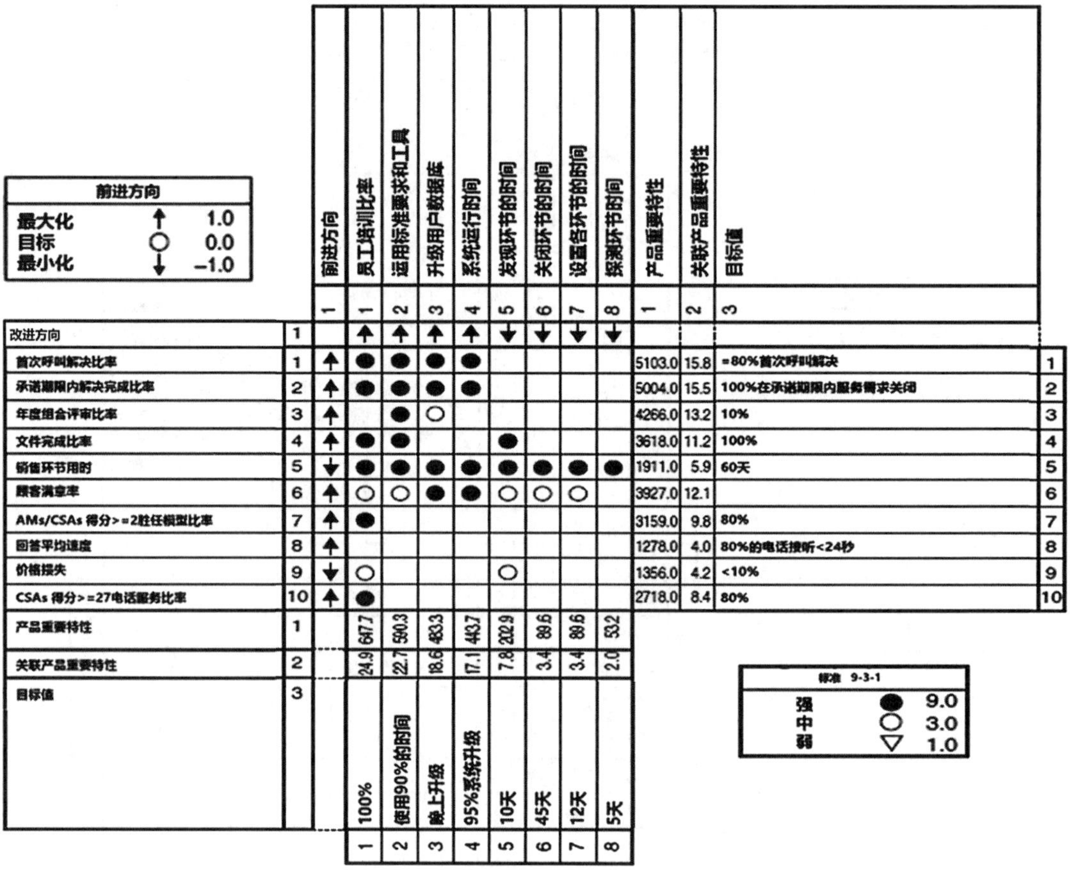

改进方向	方向	员工培训比率	运用标准需求和工具	升级用户数据库	系统运行时间	发现环节的时间	关闭环节的时间	设置各环节的时间	跟踪环节的时间	产品重要特性	关联产品重要特性	目标值	
		↑	↑	↑	↑	↓	↓	↓	↓	1	2	3	
首次呼叫解决比率 (1)	↑	●	●	●	●					5103.0	15.8	=80%首次呼叫解决	1
承诺期限内解决完成比率 (2)	↑	●	●	●	●					5004.0	15.5	100%在承诺期限内服务需求关闭	2
年度组合评审比率 (3)	↑		●	O						4266.0	13.2	10%	3
文件完成比率 (4)	↑	●	●			●				3618.0	11.2	100%	4
销售环节用时 (5)	↓	●	●			●	●	●	●	1911.0	5.9	60天	5
顾客满意率 (6)	↑	O	O	●	●		O	O	O	3927.0	12.1		6
AMs/CSAs 得分>=2胜任模型比率 (7)	↑	●								3159.0	9.8	80%	7
回答平均速度 (8)	↑									1278.0	4.0	80%的电话接听<24秒	8
价格损失 (9)	↓		O							1356.0	4.2	<10%	9
CSAs 得分>=27电话服务比率 (10)	↑	●								2718.0	8.4	80%	10
产品重要特性 (1)		647.7	590.3	453.3	443.7	202.9	89.6	89.6	53.2				
关联产品重要特性 (2)	24.9	22.7	18.6	17.1	7.8	3.4	3.4	2.0					
目标值 (3)	100%	使用90%的时间	网上升级	95%系统升级	10天	45天	12天	5天					

前进方向：最大化 ↑ 1.0；目标 O 0.0；最小化 ↓ -1.0

标准 9-3-1：强 ● 9.0；中 O 3.0；弱 ▽ 1.0

图 7-8 QFD 的第二阶段

（2）弱 HOWs。团队需要寻找空白单元格，或是弱的 HOWs（弱相关项都是▽）。这种情况表明 CTS 包含了真正的客户需求。对于黑带和黑带团队，如果分析项不是基于质量和功能属性，可以考虑在卡诺模型中移除对应 CTS 的分析。DFSS 的主题是顾客驱动和做正确的事，否则，将是无的放矢。在本书的例子中，CTS 中"充分的随访"是比较弱的（在重要排序中为 13 分）。同时，WHAT 中的"易用的产品"与 CTSs 没有强相关性，但是如果这时去掉"充分的随访"，也会进一步削弱 WHAT 的交付物。

（3）冲突。DFSS 团队需要寻找的冲突是顾客评估比较低、但在工程技术对标中产品或是服务排名靠前的项目。出现这样的冲突的主要原因是对顾客认知有错觉。此时，团队需要和市场部门一同确认项目才可以避免该冲突。在本书的例子中，有"成本效益的产品"，属于 WHAT，出现在很多 CTSs 中，包括"节约成本或提高效率"。如果顾客评估我们的产品设计比较弱（得分为 2），然而技术水平评估中却是最高的（得分为 4）。那谁说的是对的？矛盾的出现是可能没有正确理解顾客导致，必须在进行下一步分析前解决。

（4）优势。通过定义评级为 9 的 CTSs，DFSS 团队可以精确地找到对设计有意义的 CTSs。更改这些有意义的 CTS 对设计的影响非常大，并且这种影响会通过相关矩阵影响到其他 CTSs，产生正面和负面的影响。通过重要性等级和它们与 WHATs 之间的关系定

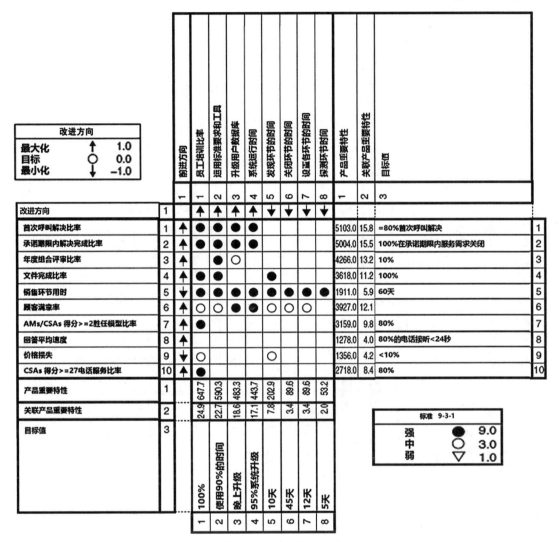

图 7 - 9　QFD 第三阶段

级得出的"9 分",我们可以看到以下的 CTSs 是较为重要的:"满足期望值""了解业务和供给""节省成本/提高效率""第一次就设计正确",以及"了解产品和工艺"。通过检查在图 7 - 10 中的关系矩阵,我们可以找到除了"第一次就设计正确"和"满足期望值"以外所有其他 CTSs 的正向关系。

需要重点关注的是,DFSS 团队应该在以下方面来关注客户属性:

(1) 自己的设计和竞争对手的设计中皆存在的不好之处;

(2) 那些标杆性竞争对手的表现比自己要好的 WHATs;

(3) 在第 2 阶段中需要进一步改进的 CTSs。

我们可以尝试把"柔性流程"放在一个类别中,然后把"精确度"和"易用的产品"放在另一个类别中。实现这些 WHATs 的 CTSs 要被重点关注,因为它们代表了最大的收益回报。标杆对比代表了那些在竞争对手处被打了高分的 WHATs,说明这些方面有很高的需求,是这种方式让我们节省设计与研发的时间。

翻进方向		
最大化	↑	1.0
目标	○	0.0
最小化	↓	-1.0

改进方向		1	2	3	4	5	6	7	8	9	10	产品重要特性	关联产品重要特性	自己的产品	竞争者1：汽车租赁	竞争者2：经销商	竞争者3：竞争者A	竞争者4：竞争者B	目标值	
改进方向	1	↑	↑	↑	↑	↑	↑	↑	↑	↑	↑									
满足时间期望	1	↑		+		+		+	+	+		+	102.0	11.8	2	4	4	3	3	=80%首次呼叫解决	1
了解业务和供给	2	↑	+	+		+	+						129.0	14.9	3	3	2	3.5	4	100%完全查找文件	2
节约成本/提高效率	3	↑	+			+	+	+				+	120.0	13.9	4	2.5	3	3	3	实现100%的生产力承诺	3
第一次就设计正确	4	↑	—	+				+	+	+			126.0	14.6	3	3	3	3	3	=80%首次呼叫解决	4
有顾问的	5	↑		+	+		+					+	92.0	10.6	4	1	2	3	3	80%的AMs/CSAs得分>=2胜任模型	5
了解产品和工艺	6	↑	+			+	+		+	+			133.0	15.4	3	0	0	0	0	80%的AMs/CSAs得分>=2胜任模型	6
信息流转	7	↑	+	+		+							66.0	7.6	3.5	4	4	3.5	3.5	=80%首次呼叫解决	7
问题解答	8	↑	+			+	+		+				57.0	6.6	3.5	3.5	3.5	3.5	3.5	=80%首次呼叫解决	8
有礼貌的	9	↑											27.0	3.1	3	3	3	3	3	80%的AMs/CSAs得分>=2胜任模型	9
充分的随访	10	↑		+	+		+	+		+			13.0	1.5	2	4	2.5	3	3	100%在承诺期限内服务需求关闭	10
产品重要特性	1		102.0	129.0	120.0	126.0	92.0	133.0	66.0	57.0	27.0	13.0									
关联产品重要特性	2		11.8	14.9	13.9	14.6	10.6	15.4	7.6	6.6	3.1	1.5									
自己的产品	3		2	3	4	3	4	3	3.5	3.5	3	2									
竞争者1：汽车租赁	4		4	3	2.5	3	1	0	4	3.5	3	4									
竞争者2：经销商	5		4	2	3	3	2	0	4	3.5	3	2.5									
竞争者3：竞争者A	6		3	3.5	3	3	3	0	3.5	3.5	3	3									
竞争者4：竞争者B	7		3	4	3	3	3	0	3.5	3.5	3	3									
目标值	8		=80%首次呼叫解决	100%完全查找文件	实现100%的生产力承诺	=80%首次呼叫解决	80%的AMs/CSAs得分>=2胜任模型	80%的AMs/CSAs得分>=2胜任模型	=80%首次呼叫解决	=80%首次呼叫解决	80%的AMs/CSAs得分>=2胜任模型	100%在承诺期限内服务需求关闭									

权衡		
协同/增效	+	1.0
折中/受损	—	-1.0

图 7-10　相关矩阵产品取舍

最高等级评分的 CTSs 当然是最重要的。例如，"了解产品和工艺"得了最高分 133。之所以得分高，因为它与 WHATs 之间有 3 处强相关。在技术难度评分中得分是 3，所以难度适中。此外，所有在关系矩阵中有负相关或强相关的 CTSs 都应该进入第 2 阶段继续研究。

7.9　总结

QFD 是一个将用户需求和期望转化成合适的工程术语的计划工具。该工具以用户满意为导向,并预防问题的发生,可以实现减少设计周期,最佳资源配置和减少更改的效果。与其他 DFSS 工具和概念的一起运用,可以让设计达到六西格玛水平成为可能。由顾客定义产品质量,QFD 挖掘顾客和技术度量来定义产品改善的空间。

在 DFSS 算法的每个阶段,QFD 通过充分考虑"顾客的声音",并将用户需求和期望转化成合理的设计要求直至生产和进入市场。在 DFSS 体系中,QFD 真正的价值是使团队通过产品研发提供服务或流程,从而具有可以满足内部和外部顾客需求或是期望的能力。

WHATs 代表了顾客的需求和期望。HOWs 是关键满意度需求(CTS)或是公司可以设计和控制的替代质量特性。各个 HOWs 之间的关系通过统计数据确定。当为了做出决定而要进行权衡和妥协时,竞争性评估和重要评级项作为最基础和风险评估项就可以用来研究参考。比如权衡可以通过使用专业的方法来解决,例如 TRIZ 和公理设计。由于顾客有偏好,特别是在汽车工业领域,有些约定、标志甚至质量屋的表现方式都可以略有不同。例如,质量屋的"屋顶"就是丰田增加的,福特增加了表示目标方向的箭头。

第 8 章

公理设计

8.1 引言

本书中所定义的 DFSS 方法的理论和应用,有赖于 I(识别)阶段使用的概念方法。公理设计方法是一种透视工程设计方法,是这一范畴的核心方法。

系统性的工程设计研究始于 19 世纪 50 年代的德国。最近工程设计领域的贡献包括公理设计(Suh,1990)、产品设计和开发(Ulrich 和 Eppinger,1995)、机械设计过程(Ullman,1992)和总体设计(Pugh,1991)。这些文献表明,工程设计的研究是一个活跃的领域,已从德国蔓延到世界各地的大多数工业化国家。迄今为止,工程设计理论的研究大多集中在设计方法上。结果是可想而知的,现在有许多设计方法在工业和学术界都有教授和实践。然而,大多数这些方法忽略了在初始概念阶段结合设计质量的必要性,唯有那些健全(可行)的概念在没有或只有最小限度的脆弱性的情况下才开展构思、评估和启动;所以才有了 DFSS。

目前的工程实践暴露出许多缺陷,导致设计实体的质量问题,迫切需要 DFSS 方法。这些脆弱性可分为以下几类:

(1) 概念上的脆弱性。这会导致在概念层面缺乏稳健性。在设计系统的范畴内(包括服务的和流程的)出现稳健性问题,主要是由于违反了设计准则和原理,特别是那些被推广为公理的准则和原理。在公理设计中,耦合系统可能是由于违反公理 1 所致,如果违反公理 2 将导致系统过于复杂。

(2) 运行时的脆弱性。当系统受到噪声因子(如客户使用或滥用、性能衰减和零件之间的差异)的影响时,会导致在使用环境中以及整个系统生命周期中运行层面缺乏稳健性(请参阅 第 13 至 15 章)。

8.2 为什么需要公理设计

设计,以及它通过制造和生产实现,可以定义为一系列的将顾客需求转化为对社会有用的设计解决方案的过程和活动。这些过程从概念阶段开始,分几个阶段进行。在概念阶段,构思、评估和选择好的设计解决方案是具有巨大意义的任务。设计和制造组织必须在一个开发周期中构思出没有或有最小限度的脆弱性的健全系统。

企业里通常有两种运作模式：

(1) 防火——构想可行且健全的概念实体，没有或有最小限度的概念上的脆弱性。

(2) 救火——问题的解决，系统可以在最小的操作脆弱性下仍存活。

可惜的是，后一种模式消耗了大部分组织的人力和非人力资源。

DFSS 理论的核心是公理化设计方法和稳健性设计。这两种方法与本书其余的方法结合在一起，提供了全面的 DFSS 方法，使公司能够仅在第一种模式（防火）下工作，转而为最大化减少浪费，同时又能提高客户满意度的方式大大提高业务活动（产品和流程）打开了大门。这是一个基于统计学和概念方法来驱动结果的过程，是做决策的补充手段。

设计及其制造和生产过程场景总是在不断变化。较短的生命周期和以客户为导向的高价值产品是目前的典型状况。我们已经迅速压缩了产品开发时间。因此，就产量和质量而言，设计效率比以往任何时候都更加重要。这种情况下需要持续地为客户提供健全的设计，这又需要高效且系统化的程序作预先的分析、集成和验证构想概念。设计的过程必须基于大体的基本设计原则，而不能仅基于经验知识、仿真和传统工程知识的积累。如果产品遵循了一定的基本原则，设计过程中可以实现快速的迭代。如果这种方法可以扩展到制造和生产，新产品的适应和未来缺乏经验的创造性设计情况将变得更加顺畅，设计团队将获得快速适应变化所需的灵活性。

为了保持竞争力，设计行业需要在短时间内以最低的成本交付高质量的产品。Suh(1990,2001)讨论了早期的设计阶段对产品和制造系统的影响。压缩上市时间的需求与日俱增，但我们遇到的新产品缺乏科学知识或现有经验的支持。仅仅依靠传统知识已不再足够。并行工程将在某种程度上帮助改善这种情况，但是它只适用于设计所需的原型产品和现有制造系统的迭代。为了提高设计效率，设计团队需要支持新概念解决方案的集成和分析实践活动，并以基本的通用设计原则为基础而进行这些活动。基本原理不能替代任何其他知识，也不能替代在相关学科中不断学习、采纳和实施新知识的需要。基本原理的部署只能补充开发产品和制造系统所需的特定知识。

8.3 设计公理

由于缺乏科学的设计原则，Suh(1984)提出使用公理作为科学设计的基础。设计需要满足以下两个公理以及众多推论。

(1) 公理 1：独立公理。保持功能需求的独立性。

(2) 公理 2：信息公理。尽量减少设计中的信息内容。

在满足公理 1 之后，通过公理 2 信息内容最少化来追求设计的简单性。在这种情况下，信息内容成了衡量设计复杂性的标准，并与该设计能否被成功制造（生产）的概率相关。

8.4 独立公理（公理 1）

设计过程涉及四个域之间的三个映射（见图 8-1）。第一个映射涉及客户关键满意度指标（CTS）和功能需求（FRs）之间的映射。功能需求是与解决方案无关的，也就是说，独立于设计参数的系统功能描述通常表示为动词和名词组成的一对词语,或者一个由动词、名词、短语三个词语组成的组合,比如承载、导热等。在这个映射所有物理结构的元素中,应该有一个团队成员通过设计算法对结构的生命周期负责。建立和推广功能规范,不管使用的 DP 矩阵如何。物理映射都是非常关键的,因为它给出了从客户角度完成设计目标所需的从高层次来看的最小功能需求集的定义。这可以通过质量功能展开(QFD)来执行(第 7 章)。一旦定义了 FR 或 CTS 的最小集合,就可以开始物理映射。此映射涉及 FR 域到设计参数域(DP)的映射。它代表了开发周期中初步的详细设计阶段,并且可以由设计矩阵表示,因此使用术语"映射",因为高级 FR 功能集关联到最低分解级别。设计矩阵集形成了概念上的物理结构,该结构揭示了耦合的脆弱性,并提供了一种方法来跟踪设计更改在整个结构中传播时的影响链。

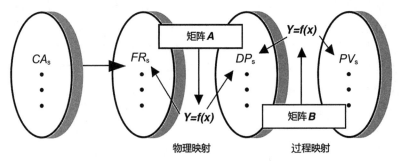

图 8-1 设计过程的映射

过程映射是最后一个映射,涉及 DP 设计参数域到过程变量域(PV)的映射。这种映射也可以用矩阵来表示,并提供了将 DPs 转化为制造和生产过程变量所需的过程结构。

方程 $y=f(x)$ 用于反映相关映射中域(数组 y)和陪域(数组 x)之间的关系,其中数组 $\{y\}$ 是具有 m 个成分的需求向量,$\{x\}$ 为具有 p 个分量的设计参数向量,A 是表示物理映射矩阵的灵敏度,公式 $A_{ji}=\dfrac{\partial y_j}{\partial x_i}$。 在过程映射中,矩阵 B 表示 DP 和 PV 之间的过程映射。总体映射为两个矩阵的乘积矩阵 $C=A\times B$。 总体映射(矩阵 C)是客户将体验到的(见图 8-2)。要获得客户满意度,必须出色地执行两个映射。这个目标只能靠遵循了某些设计原则来实现:成功是可复制、可重复的,避免失败并更快地朝着客户期望的满意方向发展。

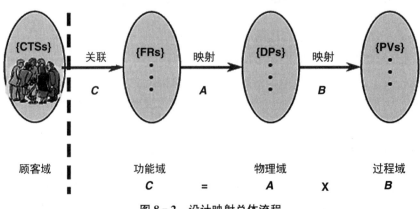

图 8-2 设计映射总体流程

这两个映射都是 DFSS 团队具有传递函数概念的首要接口(第 6 章)。最初,DFSS 团队在识别两个域之间可能的关系时并没有用数学方法编写映射。后来,传递函数可以从物理中导出,也可以通过回归分析和 DOE 的经验得到。在几乎所有情况下,建模和仿真都需要类似的数学传递函数(详见第 6 章)。

根据公理 1,理想的情况是有一对一的映射,以便可以调整特定的 x 以满足其相应的 y 而不影响其他要求。这样会使 DFSS 团队具有无缺陷设计的优势,也将使得六西格玛的可行性设计具有无比的改进灵活性。公理 2 指出,最好的设计是包含最小化的信息内容。由于知识不足和其他阻碍因素,以及技术和成本的限制,公理设计在重新设计方面的精确部署是不可行的。在这种情况下,与不满足公理相关的度量(标准)中建立了不同程度的概念缺陷(见图 8-3)。例如,由于违反公理 1 而可能产生一定程度的耦合。概念上薄弱的设计因其运行脆弱性,故而在改进阶段几乎很难获得成功。

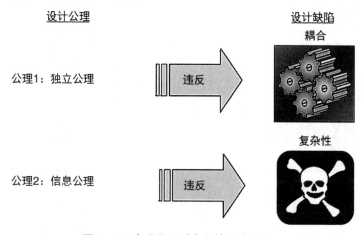

图 8-3 违反公理时产生的设计漏洞

当矩阵 A 是方形对角矩阵时,即当 $i=j$ 且其他位置为 0 时 $m=p$ 且 $A_{ij} \neq 0$,则该设计称为非耦合设计,这意味着每个 y 都可以独立于另一个 y 进行调整或更改。非耦合设计是一对一的映射,表示为

$$
\begin{Bmatrix} y_1 \\ \vdots \\ \vdots \\ y_m \end{Bmatrix} = \begin{bmatrix} A_{11} & 0 & \cdots & 0 \\ 0 & A_{22} & & \vdots \\ \vdots & & \ddots & 0 \\ 0 & \cdots & 0 & A_{mm} \end{bmatrix} \begin{Bmatrix} x_1 \\ \vdots \\ \vdots \\ x_m \end{Bmatrix}
\tag{8-1}
$$

在解耦设计情况下,矩阵 A 为上下三角矩阵,其中对于 $i=1$、j 和 $i=1$、p,非零灵敏度系数的最大数量等于 $p(p-1)/2$ 且 $A_{ij} \neq 0$。解耦的设计表示为

$$
\begin{Bmatrix} y_1 \\ \vdots \\ \vdots \\ y_m \end{Bmatrix} = \begin{bmatrix} A_{11} & 0 & \cdots & 0 \\ A_{21} & A_{22} & & \vdots \\ \vdots & \vdots & \ddots & 0 \\ A_{m1} & A_{m2} & \cdots & A_{mm} \end{bmatrix} \begin{Bmatrix} x_1 \\ \vdots \\ \vdots \\ x_m \end{Bmatrix}
\tag{8-2}
$$

当按矩阵传达的某个顺序调整 x 值时,可以将解耦设计视为非耦合设计。非耦合和解

耦的设计实体具有概念上的稳健性。也就是说，可以更改 x 项以影响相应的要求，从而适应客户需求。可以肯定的是，当矩阵的需求数量 m 大于 x 值 p 的数量时，或者当物理约束到一定程度，进行非对角线灵敏度元素为非零时，就会产生耦合设计的结果。通过"巧妙的"在问题表述中添加 $m-p$ 个额外的 x 项，耦合设计可以变成非耦合或解耦的。耦合设计可以用下面的图片和公式表示

$$\begin{Bmatrix} y_1 \\ . \\ . \\ y_m \end{Bmatrix} = \begin{bmatrix} A_{11} & A_{12} & . & & A_{1p} \\ A_{21} & A_{22} & & & . \\ . & & . & & A_{(m-1)p} \\ A_{m1} & . & A_{m(p-1)} & & A_{mp} \end{bmatrix} \begin{Bmatrix} x_1 \\ . \\ . \\ x_m \end{Bmatrix} \qquad (8-3)$$

图 8-4 显示了一个设计的示例，即一般水龙头的两种可能的设计。非耦合架构将具有更高的可靠性和更高的客户满意度，因为两个 FRs 的多次调整可以独立完成，以适应客户需求。

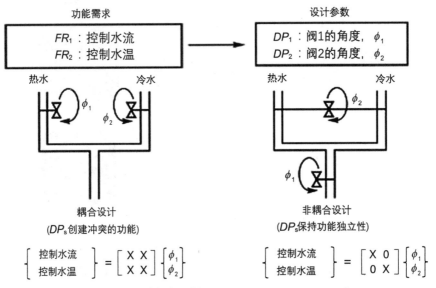

图 8-4　设计耦合示例(Swenson and Norlund, 1996)

功能需求的耦合被归类为设计缺陷。DFSS 团队不要将此概念与物理集成或设计参数 (DPs)整合搞混淆；也就是说，非耦合设计的一对一映射并不排除在一个组件上支撑多个功能的可能(有关更多详细信息，请参见 10.2 节)。

设计矩阵的非耦合或解耦，是一经发现就要通过"之字形"方法具体分析的活动。当一个概念缺少某些设计参数时，就会产生耦合或不能满足要求的约束条件。在执行"之字形"过程中，团队需要识别设计约束。通常约束与功能要求(FRs)容易混淆。功能需求代表了设计要做的事情，它们与性能相关，并且可以在某些公差范围内指定。而成本、可靠性和环境影响之类的限制条件，无法用于直接衡量其功能，也不会有任何特定的 DP 与之应对；因此，它们被称为"约束"。约束是设计的属性，而不是设计能掌控的事情。通常，设计中的所有元素(而不仅仅是一个元素)都可能构成约束。我们不能靠添加一个 DP 来改善约束。然而，约束是用之字形映射来度量的过程，所以约束模型和传递函数模型都是至关重要的。

设计映射的重要性有很多方面。其中最主要的是揭示了功能需求之间的传递函数，以及

功能域、物理域、设计参数、陪域之间的耦合。了解耦合非常重要,因为它为 DFSS 团队提供了在何处寻找解决方案、进行调整或更改,以及如何在最小负面影响的情况下长期维护它们的线索。

如本章所述,当使用"之字形"方法(Suh,1990)时,可以按层次结构获得设计矩阵。在较低级别的层次上,由于 FRs 采取基本物理、数学、建筑和工程的形式,因此可以从数学上获得灵敏度。在某些情况下,传递函数不容易获得,这就需要尝试从获得经验或通过建模(例如 CAE 或离散事件模拟)来获得。较低的层次表示深入到层次结构树的根源,使得技术系统达到六西格玛质量水平。

8.4.1 "之字形"映射

在水龙头示例中,只有完成了从功能域到物理域的映射,设计才算完整。但是,在许多复杂性更高的设计任务中,例如变速箱叶片油泵(第 8.4.3 节),需要一个将高层次的概念要求层叠在一起的过程。此过程的目的是分解 FR, DP 和 PV,以便在制造实施之前进行进一步详细说明。我们应详细说明该过程,使得它能够在某个分解级别上从 FR_s 映射到 DP_s,并在更详细的级别上从 DP_s 映射到 FR_s。公理设计的"之字形"过程正是这样做的(见图 8-5)。此过程需要在解决方案无关的环境(DP_s 所在环境)中进行分解,定义 FR_s 后才选择 DP_s,而不是反过来。定义 FR 后,我们采取"之字形"映射到物理域,并且在恰当地选择 DP_s 之后,我们继续"之字形"映射到功能域以进行进一步分解。这个过程与传统的级联过程形成了直接的对比,传统的级联过程只利用一个域,将设计视为功能的总和或部分的总和,而"之字形"映射需要一直深入继续,直到无法进行进一步分解为止。必须达到诸如材料属性或几何尺寸的程度。从理论上讲,该过程可以深入到物理和化学结构等客观原理。它的结果是为 FR_s 和 DP_s 创建了层次结构树(一种物理结构)。从技术上来看,这个结构树是这个项目的主要成果。当然,从 DP_s 映射到 PV_s 的映射还需要继续进行,最终产出过程结构。

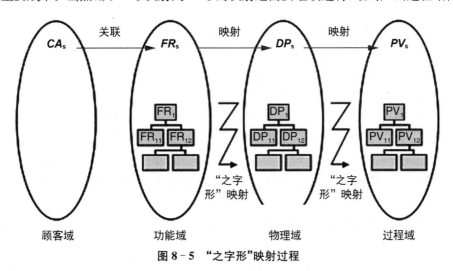

图 8-5 "之字形"映射过程

8.4.2 自动变速箱的高等级"之字形"映射

自动变速箱是一种动力传输装置,可以使发动机充当制动装置并可以改变驱动轮的方向(Brejcha,1982)。自动变速箱顶层 FRs 是匹配发动机转速和扭矩以满足驾驶员的需求,并为驱动轮提供动力。变速箱有很多不同的设计,但所有的变速箱设计都旨在不同发动机转速下为驱动轮提供动力,而不会造成能量损失。设计一款自动变速器以满足驾驶员的需求,会依赖许多非传动系层面以及发动机特性,这些特性由发动机排量、扭矩输出和运行规格确定。在恒定的节气门开度下,扭矩与发动机转速的关系曲线图确定了发动机的有用扭矩。变速器挡位(速比)调度表可以与发动机扭矩曲线相关。不同车辆要考虑所需的不同变速器类型,比如高性能车型可能需要更低的速比和更牢固的换挡,以最大化车辆的加速能力,从而满足客户的期望,而经济模式要求更激进的超速传动比。重载的豪华车还会有其他要求。噪声、振动和粗糙度(NVH)是自动变速器设计中的另一个重要考虑因素。变速箱本身必须尽可能平稳、安静地运转,档位调度表应设计成能防止发动机过载或过速。

自动变速器的设计可以从公理设计的角度进行探讨。变速器工程师团队确定了以下的顶层 FRs 及其对 DPs 的映射:

(1) 顶层 FRs：① FR_1＝启动性能；② FR_2＝燃油经济性；③ FR_3＝高速爬坡度；④ FR_4＝中断发动机动力传输；⑤ FR_5＝扭矩传输；⑥ FR_6＝无扭矩波动。

(2) 顶层 DPs：① DP_1＝起始速比；② DP_2＝最高速比；③ DP_3＝结构特征；④ DP_4＝扭转阻尼；⑤ DP_5＝控制策略；⑥ DP_6＝变矩器。

设计公式可以写成

$$\begin{bmatrix} FR_1 \\ FR_3 \\ FR_2 \\ FR_4 \\ FR_5 \\ FR_6 \end{bmatrix}_{6\times1} = \begin{bmatrix} A_{11} & 0 & A_{13} & 0 & 0 & 0 \\ 0 & A_{22} & 0 & 0 & 0 & 0 \\ A_{31} & A_{32} & A_{33} & 0 & 0 & A_{36} \\ 0 & 0 & A_{43} & A_{44} & 0 & 0 \\ A_{51} & 0 & A_{53} & 0 & A_{55} & 0 \\ 0 & 0 & 0 & 0 & 0 & A_{66} \end{bmatrix}_{6\times6} \begin{bmatrix} DP_1 \\ DP_2 \\ DP_6 \\ DP_4 \\ DP_3 \\ DP_5 \end{bmatrix}_{6\times1} \qquad (8-4)$$

其中 A_{ij} 是非零条目(敏感度)。该方程式表现出两个严重的耦合问题。这些耦合问题是 FR_1(启动性能)和 FR_2(燃油经济性)在 DP_5(控制策略)和 DP_6(变矩器)中耦合。由于技术限制,这些耦合问题无法在短期内解决。目前唯一的选择是降低耦合度。采用"之字形"过程对该公式进行进一步分解,得到以下 FRs 和 DPs。

(1) 二级 FRs：① $FR_{1.1}$＝启动时发动机扭矩放大倍数；② $FR_{2.1}$＝行驶时发动机扭矩放大倍数；③ $FR_{6.1}$＝发动机和变速箱分离；④ $FR_{6.2}$＝发动机扭矩放大倍数；⑤ $FR_{4.1}$＝发动机扭矩过滤；⑥ $FR_{3.1}$＝发动机动力传输；⑦ $FR_{3.2}$＝储油；⑧ $FR_{3.3}$＝支撑组件；⑨ $FR_{5.1}$＝扭矩放大调度；⑩ $FR_{5.2}$＝换挡品质控制；⑪ $FR_{5.3}$＝泵压力控制；⑫ $FR_{5.4}$＝转换器滑动摩擦控制；⑬ $FR_{5.5}$＝组件润滑。

(2) 二级 DPs：① $DP_{1.1}$＝起步档速比；② $DP_{1.2}$＝主减速比；③ $DP_{1.3}$＝传动链速比；④ $DP_{1.4}$＝变矩器速比；⑤ $DP_{2.1}$＝高速档速比；⑥ $DP_{2.2}＝DP_{1.2}$；⑦ $DP_{2.3}＝DP_{1.3}$；⑧ $DP_{2.4}＝DP_{1.4}$；⑨ $DP_{6.1}$＝液体介质；⑩ $DP_{6.2}$＝K 因子；⑪ $DP_{4.1}$＝吸能机制；⑫ $DP_{4.2}$＝释放机制；⑬ $DP_{4.3}$＝耗散机制；⑭ $DP_{3.1}$＝壳体；⑮ $DP_{3.2}$＝内部组件；⑯ $DP_{5.1}$＝施加/释放摩擦元件；⑰ $DP_{5.2}$＝变速器位置；⑱ $DP_{5.3}$＝主带轮的流量；⑲ $DP_{5.4}$＝泵的过流量限制；⑳ $DP_{5.5}$＝调节旁通离合器；㉑ $DP_{5.6}$＝泵流量导向。

所得的设计方程由式(8-5)给出。根据定义,这个设计方程是冗余的;有些 DPs 是需要固定住不能改变的,但一些 DPs 用于修复其他的指标包括成本、复杂性和可变性优化,这就为设计人员提供了简化解决方案的机会。请注意,为了达到公理设计架构的可加性要求,对某些 FRs 取了对数函数。公理 1 的部署使设计功能需求的六西格玛目标成为可能。它提出了一种系统的方法,可以通过减少阵列 y 表示的功能需求(FR)之间的耦合脆弱性,在设计的系统中建立潜在的六西格玛功能。使用公式 $y = f(x)$,其中 y 是功能需求的数组,x 是设计参数或过程变量的数组。通过控制 x 项,可以同时实现减少波动和达到六西格玛的设计水平。

$$
\begin{Bmatrix} \ln FR_{1.1} \\ \ln FR_{2.1} \\ FR_{6.1} \\ FR_{6.2} \\ FR_{4.1} \\ FR_{3.1} \\ FR_{3.2} \\ FR_{3.3} \\ FR_{5.1} \\ FR_{5.2} \\ FR_{5.3} \\ FR_{5.4} \\ FR_{5.5} \end{Bmatrix}_{13\times1} = \begin{bmatrix} A_{11} & A_{12} & A_{13} & A_{14} & 0 & 0 & 0 & 0 & 0 & 0 & 0 & 0 & 0 & 0 & 0 & 0 & 0 & 0 \\ 0 & A_{22} & A_{23} & A_{24} & A_{25} & 0 & 0 & 0 & 0 & 0 & 0 & 0 & 0 & 0 & 0 & 0 & 0 & 0 \\ 0 & 0 & 0 & 0 & 0 & A_{36} & 0 & 0 & 0 & 0 & 0 & 0 & 0 & 0 & 0 & 0 & 0 & 0 \\ 0 & 0 & 0 & 0 & 0 & A_{47} & 0 & 0 & 0 & 0 & 0 & 0 & 0 & 0 & 0 & 0 & 0 & 0 \\ 0 & 0 & 0 & 0 & 0 & 0 & A_{58} & A_{59} & A_{5,10} & 0 & 0 & 0 & 0 & 0 & 0 & 0 & 0 & 0 \\ 0 & 0 & 0 & 0 & 0 & 0 & 0 & 0 & 0 & 0 & A_{6,12} & 0 & 0 & 0 & 0 & 0 & 0 & 0 \\ 0 & 0 & 0 & 0 & 0 & 0 & 0 & 0 & 0 & A_{7,11} & 0 & 0 & 0 & 0 & 0 & 0 & 0 & 0 \\ 0 & 0 & 0 & 0 & 0 & 0 & 0 & 0 & 0 & A_{8,11} & 0 & 0 & 0 & 0 & 0 & 0 & 0 & 0 \\ 0 & 0 & 0 & 0 & 0 & 0 & 0 & 0 & 0 & 0 & 0 & A_{9,13} & A_{9,14} & 0 & 0 & 0 & 0 & 0 \\ 0 & 0 & 0 & 0 & 0 & 0 & 0 & 0 & 0 & 0 & 0 & A_{10,13} & 0 & A_{10,15} & 0 & 0 & 0 & 0 \\ 0 & 0 & 0 & 0 & 0 & 0 & 0 & 0 & 0 & 0 & 0 & 0 & 0 & 0 & A_{11,16} & 0 & 0 & 0 \\ 0 & 0 & 0 & 0 & 0 & 0 & 0 & 0 & 0 & 0 & 0 & 0 & 0 & 0 & 0 & A_{12,17} & 0 & 0 \\ 0 & 0 & 0 & 0 & 0 & 0 & 0 & 0 & 0 & 0 & 0 & 0 & 0 & 0 & 0 & 0 & A_{13,18} & 0 \end{bmatrix}_{13\times18} \begin{Bmatrix} \ln DP_{1.1} \\ \ln DP_{1.2} \\ \ln DP_{1.3} \\ \ln DP_{1.4} \\ \ln DP_{2.1} \\ DP_{6.1} \\ DP_{6.2} \\ DP_{4.1} \\ DP_{4.2} \\ DP_{4.3} \\ DP_{3.1} \\ DP_{3.2} \\ DP_{5.1} \\ DP_{5.2} \\ DP_{5.3} \\ DP_{5.4} \\ DP_{5.5} \\ DP_{5.6} \end{Bmatrix}
$$

$$(8-5)$$

8.4.3 变速箱叶片油泵

在此示例中依旧是在泵的层面,继续进行变速箱"之字形"映射,尤其是 $FR_{5.3}$ = 泵压力控制(Brejcha,1982)。

液压泵是一种通过外部动力源(即发动机)向液压介质施加力的结构。通常,前泵驱动器在自动变速器中连接至变矩器轮毂,如图 8-6 所示。图 8-7 表示侧视图,而图 8-8 表示叶片泵的俯视图(Brejcha,1982)。

液压泵在工作时通过流量和压力传递力和运动。换句话说,泵是自动变速器的心脏。当前大多数使用的泵是旋转式泵,它具有相同的操作机制,其中液压介质(也包括

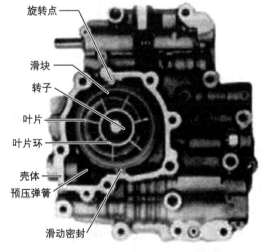

图 8-6 自动变速箱中的泵原理图
[参见 Brejcha(1982)]

流体)被收集在周期性膨胀和收缩的腔室内。需要在泵的入口处增大空间以将流体吸入泵中,而在出口处收窄空腔,以迫使流体在压力下进入系统。可变叶片泵是容量可变的旋转式泵。输出会根据变速箱的要求而变化以节省功率。它的优点很多,其中最主要的就是在需求很高时(尤其是在低速行驶时)提供大容量的动力,以及高速行驶提供所需的最小的力。

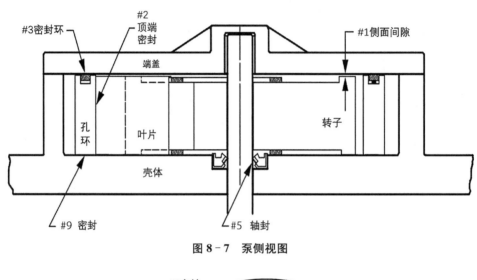

图 8-7 泵侧视图

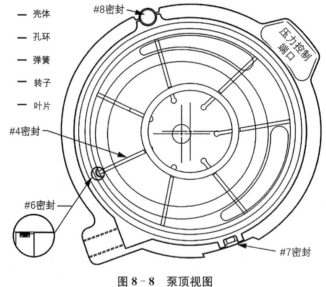

图 8-8 泵顶视图

它的运行机制如下。当预压弹簧将滑块移至完全伸出位置时,滑块和转子会偏心。当转子和叶片在滑块内旋转时,膨胀和收缩区域形成吸入(膨胀)和压力(收缩)腔。吸入侧的叶片之间滞留的液压介质被移动到压力侧。当滑块向中心移动时,大量的流体从压力侧移回到吸入侧(见图 8-6)。当滑块和转子之间达到同心度时,将创建一个中性条件(不会产生体积的变化)。

预压弹簧的功能是将滑块保持在完全展开的位置,以便在发动机启动时全流量输出。

当泵的压力调节阀达到其预定值时,滑块将相对弹簧发生位移。在设计调节点,压力调节阀打开通向泵滑阀的进油口,并导致滑阀逆着预压弹簧运动,减少了流量输出并保持调节后的压力。

泵的物理结构采用"之字形"映射,将 FR(数组 y)和设计参数(数组 x)分解为层次结构,直到获得完整的设计映射结构为止。DFSS 团队必须在各个域之间进行来回转换操作才能创建这种结构。在物理映射中,我们首先必须定义顶层 FRs 或功能要求。在泵的例子中,有一个顶层功能需求,$y_1 =$"将外部动力转换为液压动力"。通过五个设计参数来满足此要求:$x_1 =$"位移机构",$x_2 =$"动力源",$x_3 =$"吸油系统",$x_4 =$"排油系统",$x_5 =$"液压介质"和 $x_6 =$"外部负载"耦合系统。映射如图 8-9 所示,其中 x 表示映射或功能关系。P 图可用于对映射进行分类,其中 x_2 是信号因子,x_1,x_3,x_4,x_5 和 x_6 是设计控制因子。物理结构层次结构中的 1 级映射表示一个"之字形"映射步骤。并非所有的设计参数都将跳到 FR 域。设计参数 x_2 和 x_5 将不会进一步分解,因为它是由泵范围以外的其他传动要求决定的。在本项目中,可以将它们视为噪声因素。图 8-10 是 $x_1 =$"位移机构"的映射。我们有四个具有 m 的 FR(阵列 y),即四个 FR 和八个 $p=8$ 的设计参数(阵列 x),因为 $p>m$,所以是冗余设计。一旦"之字形"过程完成,就开始了在各自层次结构中的所有设计映射的解耦阶段。

FR 阵列:

$y_1 =$ 将外部动力转换为液压动力

DP 阵列:

$x_1 =$ 位移机构

$x_2 =$ 动力源

$x_3 =$ 吸油系统

$x_4 =$ 排油系统

$x_5 =$ 液压介质

$x_6 =$ 外部负载耦合系统

($m=1$, $p=6$)的设计映射为:

$$\{y_1\} = [A_{11}\ A_{12}\ A_{13}\ A_{14}\ A_{15}\ A_{16}] \begin{Bmatrix} x_1 \\ x_2 \\ x_3 \\ x_4 \\ x_5 \\ x_6 \end{Bmatrix}$$

图 8-9 变速箱泵一级映射

FR 阵列:

$y_{1.1} =$ 吸收室

$y_{1.2} =$ 均匀排放室

$y_{1.3} =$ 不允许流量从出口流向入口

$y_{1.4} =$ 根据外部液压信号交替吸收释放

DP 数组:

$x_{1.1} =$ 膨胀室

$x_{1.2} =$ 压缩室

$x_{1.3} =$ 密封装置-入口和出口之间的几何边界

$x_{1.4} =$ 可移动的孔环

$x_{1.5} =$ 偏置弹簧

$x_{1.6} =$ 控制压力

$x_{1.7} =$ 坚硬的盖子

$x_{1.8} =$ 坚硬的壳体

($m=4$, $p=8$)的设计映射为

$$\begin{Bmatrix} y_{1.1} \\ y_{1.2} \\ y_{1.3} \\ y_{1.4} \end{Bmatrix} = \begin{bmatrix} A_{11} & 0 & A_{13} & A_{14} & 0 & 0 & A_{17} & A_{18} \\ 0 & A_{22} & A_{23} & 0 & 0 & A_{26} & A_{27} & A_{28} \\ 0 & 0 & A_{33} & 0 & 0 & 0 & A_{37} & A_{38} \\ 0 & 0 & A_{43} & A_{44} & A_{45} & A_{46} & A_{47} & A_{48} \end{bmatrix} \begin{Bmatrix} x_{1.1} \\ x_{1.2} \\ x_{1.3} \\ x_{1.4} \\ x_{1.5} \\ x_{1.6} \\ x_{1.7} \\ x_{1.8} \end{Bmatrix}$$

图 8-10 $x_1 =$"位移机构"(1.1 级)的设计矩阵

8.5 耦合的度量

设计类别具有双重重要性：① 提供一种设计分类方案；② 它们加强了这种需要评估给定设计实体的耦合程度。Renderle(1982)建议同时使用 R（全能直度）和 S（全参直度）作为耦合度量。

$$R = \prod_{\substack{j=1,\ p-1 \\ k=1+i,\ p}} \sqrt{\left[1 - \left(\sum_{i=1}^{P} A_{kj}A_{kj}\right)^2 \middle/ \left(\sum_{k=1}^{P} A_{kj}^2 \sum_{k=1}^{P} A_{kj}^2\right)\right]} \qquad (8-6)$$

$$S = \prod_{j=1}^{P} \left(\frac{|A_{jj}|}{\sqrt{\sum_{k=1}^{P} A_{kj}^2}}\right) \qquad (8-7)$$

其中 A_{ij} 是设计矩阵的元素(Suh, 1990)。这两个度量均通过传递函数设计矩阵中列的量级进行标准化。这些度量可以理解为矢量代数的范畴，其中 DP 和 FR 的数组应作为矢量处理。当两个矢量的点积为零时，它们是正交的。R（全能直度）是矩阵宽度 p 中，DP 正交性的度量；它是在传递函数中，设计矩阵所有角度对的正弦函数(sin)乘积的绝对值。当 DP 正交时，R 最大，随着耦合度增加，R 将会减小。由于 DP 可以正交但不平行于 FR，因此这种正交性度量不能满足公理 1，也就是说，无法确保一对一的映射，因此我们引入 S（全参直度）。它反映了 DP 与 FR 相应轴之间的对角关系。S（全参直度）是设计矩阵对角元素乘积的绝对值。当 $S=1$ 时，DP 与 FR 平行，从而实现非耦合设计。表 8-1 给出了这两种度量与不同的设计类别（根据公理 1）的对应情况。

表 8-1 按设计类别划分的功能独立性度量

设 计	R（全能直角）	S（全参直角）	注 释
非耦合设计	1	1	$R=S=1$
解耦设计	<1	<1	$R=S$
耦合设计	<1	<1	R 可以大于或小于 S

8.5.1 耦合对设计的影响

在本书中，"设计"一词不仅限于产品设计。它应该扩展到操作、制造或生产，即体现设计实体的过程。公理 1 与概念的综合有关，以便选择一个健康的概念。此公理可确保在设计实体中建立六西格玛能力的潜力，应当在物理（矩阵 $\boldsymbol{A}$）和过程（矩阵 $\boldsymbol{B}$）映射中都做出保证。

在第 2 节中的图 8-4 和图 8-2，我们可以用数学方式将两个映射表示为

$$\boldsymbol{FR}_{m\times 1} = \boldsymbol{A}_{m\times p}\boldsymbol{DP}_{p\times 1} \qquad (8-8)$$

$$\boldsymbol{DP}_{p\times 1} = \boldsymbol{B}_{p\times n}\boldsymbol{PV}_{n\times 1} \qquad (8-9)$$

或者等效为

$$FR_{m \times 1} = CPV_{n \times 1} \tag{8-10}$$

其中，A 是物理映射矩阵，B 是过程映射矩阵，$C_{m \times n} = AB$ 是整体设计矩阵。在这两种映射中，我们都试图满足独立公理 1。因此，乘积矩阵 C 应该是对角矩阵，即非耦合的。可以根据等式从耦合角度对 A 和 B 矩阵进行分类。因此，图 8-11 给出了矩阵 C 可以采用的不同可能性，这样可以得出以下结论：

（1）根据规划的不同，解耦设计可以是上部或下部三角矩阵。

（2）要使整体设计实体（产品和过程）完全非耦合，则两个矩阵都需非耦合。

从可控制性、质量和稳健性的角度来看，非耦合设计是理想的，而且具有潜能实现可生产性的高可行性，即减少每机会缺陷数（DPO）。当无法实现非耦合设计时，就要选择解耦设计。但是，在执行全新设计（创意设计）和增量设计的综合过程时，应遵循给出的调整顺序。与耦合设计相比，非耦合和解耦设计在所有 FRs 中具有更高的实现六西格玛能力的潜力。从概念上讲，六西格玛设计被定义为通过同时进行过程映射和物理映射而具有整体非耦合的或解耦的设计。

如图 8-11 所示，观察到以下情况：

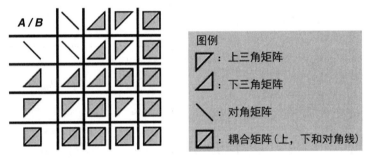

图 8-11 矩阵 C 的可能性

（1）仅当两个映射都非耦合时，才能实现整体非耦合的设计；

（2）当两个映射都解耦时，具有相似的三角形方向，可以实现整体解耦设计。映射中一个非耦合，而另一个解耦；

（3）有一个映射是耦合时，会导致整体耦合设计。两种映射都需要以不同的三角形方向解耦。

在一切均等且都有机会的情况下，可能性由图 8-12 所示的概率分布给出。设计不应该有侥幸心理，设计界应该认可并采纳 $DFSS$ 方法。

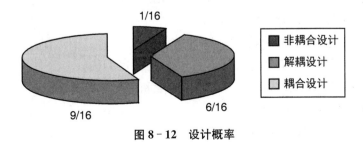

图 8-12 设计概率

另外,图 8-11 指出了在设计发布前后更容易实现为解决问题而做更改的方向,既解决问题而又不会带来新问题或放大现有的 FRs 问题。在非耦合和解耦设计的情况下,与耦合设计相比,以 DFSS 项目形式进行的设计更改可以更容易地实现和控制。可以启动 DFSS 项目以针对软性或硬性的设计更改。软更改是否有效解决取决于灵敏度、名义值和公差设置;硬更改需要更改 PV 阵列、DP 阵列或同时更改两者,即进行新设计。硬更改通常在软更改阶段之后进行调试和调整。无论哪种情况,主要成本都是控制解决方案实施的费用。更改(硬更改)或调整(软更改)x 值可用于解耦或去耦合系统。

遗憾的是,由于技术能力不足或过时,变更成本、组织文化或其他阻碍因素,硬更改并非总是可行的。一家公司可能会选择一个明智的决定来保持设计实体的耦合,但是 FR 之间的耦合程度会降低(最小化)。尽管业界应该认识到此决策是短期策略,但如果把它作为长期战略采用,在竞争对手推出了解耦方案而不是耦合程度最小化的方案,将失去竞争优势。

朝着去耦化的硬性更改,在投产后是难以实施且成本高昂的,而在按照 DFSS 设计系统时可以避免这种情况。这种情况很少出现,因为公司可能首先寄希望于软更改来改善其当前的系统。这种做法的目的通常是解决眼前关注的问题(燃眉之急)。不可避免的是,在进行系统解耦之前,必须对耦合进行清晰的描述。这可能需要对设计矩阵进行重新排列或重新排序,如图 8-13 所示。

$$\begin{Bmatrix} y_1 \\ y_2 \\ y_3 \\ y_4 \end{Bmatrix} = \begin{bmatrix} A_{11} & A_{12} & A_{13} & 0 \\ A_{21} & A_{22} & 0 & 0 \\ A_{31} & 0 & 0 & 0 \\ A_{41} & A_{42} & A_{43} & A_{44} \end{bmatrix} \begin{Bmatrix} x_1 \\ x_2 \\ x_3 \\ x_4 \end{Bmatrix}$$

重新排序

$$\begin{Bmatrix} y_3 \\ y_2 \\ y_1 \\ y_4 \end{Bmatrix} = \begin{bmatrix} A_{31} & 0 & 0 & 0 \\ A_{21} & A_{22} & 0 & 0 \\ A_{11} & A_{12} & A_{13} & 0 \\ A_{41} & A_{42} & A_{43} & A_{44} \end{bmatrix} \begin{Bmatrix} x_1 \\ x_2 \\ x_3 \\ x_4 \end{Bmatrix}$$

调整顺序：

DPs	对象	影响
x_1	y_3	y_1, y_2, y_4
x_2	y_2	y_1, y_4
x_3	y_1	y_4
x_4	y_4	—

图 8-13 设计矩阵重新排序

8.5.2 设计顺序

在下述示例中,假设我们有一个设计方程,如式(8-11)所示,可以总结出以下设计步骤,并应在优化和验证阶段的后续设计活动中使用以下步骤:

(1) 仅使用 DP_6 匹配和控制 FR_6。

(2) 用 DP_1 匹配 FR_1,相应地固定 DP_1 的值。

(3) 固定 DP_1 后,使用 DP_3 控制 FR_3。相应地固定 DP_3。

(4) 固定 DP_1 和 DP_3 的值后,使用 DP_5 匹配和控制 FR_5。

(5) 仅使用 DP_2 调节和控制 FR_2。

(6) 固定 DP_2 后,使用 DP_4 调节 FR_4。

$$
\begin{Bmatrix} FR_1 \\ FR_2 \\ FR_3 \\ FR_4 \\ FR_5 \\ FR_6 \end{Bmatrix}_{6 \times 1} = \begin{bmatrix} A_{11} & 0 & 0 & 0 & 0 & 0 \\ 0 & A_{22} & 0 & 0 & 0 & 0 \\ A_{31} & 0 & A_{33} & 0 & 0 & A_{36} \\ 0 & A_{42} & 0 & A_{44} & 0 & 0 \\ A_{51} & 0 & A_{53} & 0 & A_{55} & 0 \\ 0 & 0 & 0 & 0 & 0 & A_{66} \end{bmatrix}_{6 \times 6} \begin{Bmatrix} DP_1 \\ DP_2 \\ DP_3 \\ DP_4 \\ DP_5 \\ DP_6 \end{Bmatrix}_{6 \times 1} \tag{8-11}
$$

其中 A 是非零灵敏度。请注意,上述步骤 1、2 和 5 可以同时执行。其余规则并非如此。减少优化步骤中的工作的最大潜力是将这一步骤用作理想函数定义的第一视角。为每个分区函数定义理想函数是选择和理解良好的结构(即解决方案实体)以及为其余 DFSS 算法奠定基础的关键。随着活动在开发过程中的进展,理想函数的定义将得到澄清、完善和最终确定。分析和综合活动需要在设计域之间以及这些域内通过多个向前和向后运动来快速迭代。与大多数工程活动一样,在结构创建中,前后循环迭代是一种好习惯。

在此示例中,与其余 FR 优化研究有关的建议序列是仅使用 DP_1 优化 FR_1,仅使用 DP_3 优化 FR_3,仅使用 DP_4 优化 FR_4,仅使用 DP_5 优化 FR_5。例如,DP_1 的任何较低级别的设计参数都不应出现在 FR_3 的优化中。为了避免耦合,我们需要选择 DP 进行优化,消除控制因子之间的相互作用,并强制执行相应的传递函数模型。

8.5.3 耦合设计的解耦(DFSS 算法步骤 6)

有多种方法可以根据具体情况对设计进行解耦:

(1) 使数组 y 的大小等于数组 x 的大小: $m=p$。根据 Suh(1990)中的定理 2,当一个设计耦合时,FR 的数量大于设计参数的数量,所以可以通过添加新参数来解耦它,使得 FR 的数量等于设计参数的数量,这样设计矩阵的一个子集就包含 $m \times m$ 元素构成了三角矩阵(见图 8-14)。

$$
\begin{Bmatrix} y_1 \\ y_2 \\ y_3 \end{Bmatrix} = \begin{bmatrix} \times & 0 \\ \times & \times \\ \times & \times \end{bmatrix} \begin{Bmatrix} x_1 \\ x_2 \end{Bmatrix} \rightarrow \begin{Bmatrix} y_1 \\ y_2 \\ y_3 \end{Bmatrix} = \begin{bmatrix} \times & 0 & 0 \\ \times & \times & 0 \\ \times & \times & \times \end{bmatrix} \begin{Bmatrix} x_1 \\ x_2 \\ x_3 \end{Bmatrix}
$$

图 8-14 通过添加额外的设计参数进行解耦

(2) 利用系统的灵敏度进行去耦。在这种情况下,设计人员要寻找对目标 FR 以外的 FR 影响最小的参数。这可以通过在极端的设计范围内改变 x 值来分析设计矩阵中非对角线元素的大小来完成。

方法 1 和方法 2 通过添加、替换或更改设计参数的灵敏度来寻求去耦或解耦。这些方法可能会从其他公理设计定理和推论中受益匪浅(Suh, 1990)。此外,使用 TRIZ 矛盾消除原理(第 9 章)可以减少或消除耦合的脆弱性,从而获得解决方案巨大的协同作用:

$$
\begin{Bmatrix} 功能要求(y_1) \\ 功能要求(y_2) \end{Bmatrix} = \begin{bmatrix} A_{11} & A_{12} \\ A_{21} & A_{22} \end{bmatrix} \begin{Bmatrix} 设计参数(DP_1) \\ 设计参数(DP_2) \end{Bmatrix}
$$

继续基于上面的耦合设计矩阵,通过使用 TRIZ 阿奇舒勒的矛盾矩阵正确选择 DP,DFSS 团队可以使用 TRIZ 使灵敏度 A12,A21 或两者都小到忽略不计(第 9.8 节)。

TRIZ 基于从国际专利中提取的原理,这些原理表明人们过去是如何找到解决各种技术问题的解决方案的。这些原则按问题类别进行组织，以进行选择性检索，并且这些方法包括过程算法。因为这些原理与过去成功解决的类似问题相关，所以成功的可能性增加了。以下步骤给出了简化的 TRIZ 过程描述：

① 将设计问题语句转换为两个 FRs 之间的冲突之一；

② 将这两个 FRs 功能要求匹配到 39 个总结好的工程参数中；

③ 使用阿奇舒勒的 TRIZ 矩阵查找解决这两个 FR 冲突的解决方案原理；

④ 将此通用解决方案原理转换为工作中的项目解决方案。

在新设计的情况下，解耦方法 1 和 2 提供了很多机会。在有物理和财务约束的重新设计的情况，应用它们的自由度将受到限制。耦合的重新设计方案需要使用另一种基于公差优化的方法来减少运行脆弱性。

（3）通过公差优化去耦。FR_s 的公差在去耦设计中起着重要作用。FR 总是指定一些公差 $y_j \pm t_j$，$j = 1, \cdots, m$，其中 t_j 是 FRj 的半公差，m 是阵列 y 中 FR 的数量。假设我们采用 2×2 耦合设计为

$$\begin{Bmatrix} y_1 \\ y_2 \end{Bmatrix} = \begin{bmatrix} A_{11} & A_{12} \\ A_{21} & A_{22} \end{bmatrix} \begin{Bmatrix} x_1 \\ x_2 \end{Bmatrix}$$

在方法 3 中，问题在于是否可以忽略 A_{12} 或 A_{21}（$A_{12} = 0$ 或 $A_{21} = 0$），以便可以将设计视为去耦。如果不是，则需要方法 3。y_1 的传递变化可以表示为

$$\Delta y_1 = \frac{\partial y_1}{\partial x_1} \Delta x_1 + \frac{\partial y_1}{\partial x_2} \Delta x_2$$

根据客户要求，我们需要保持 $\Delta y_1 \leqslant t_j$；因此，由于设计参数的变化而导致的 FR(y_1) 的变化小于客户指定的公差。为了实现解耦设计，我们需要将 A_{12} 减小到可以忽略的程度，这样我们可以忽略对角线元素，而使 $t_j \geqslant (\partial y_1 / \partial x_2) \Delta x_2$，这就是 Suh(1990) 中定理 8 的本质。

总之，在 DFSS 算法步骤 6 中的去耦或解耦工作主要是：

（1）从顶层 FR_s（从 QFD 的第 2 阶段获得的）开始。

（2）定义顶层 DP_s。

（3）使用"之字形"处理将 FR_s 映射到 DP_s，以获得设计矩阵和物理结构。

（4）将所有层次的设计矩阵重新排序和分类为耦合、解耦或非耦合。

（5）通过采用本节中介绍的方法，可以在所有物理结构级别上保持 FR_s 的独立性。

（6）在过程映射（从 DP 到 PV 的映射）中重复步骤 1 至 5。

8.5.4 去耦阶段(DFSS 算法 6.2)

这个例子是 8.4.3 节图 8-10 的延续，其中描述了 $x_1 =$ "位移机构"的映射。对于密封装置 1，将使用图 8-14 所示的转子到腔室的间隙作为解耦示例。通向泵的"之字形"映射如图 8-15 所示。本例中之所以选择该装置，是因为泵内的密封装置不够牢固，导致泵的效率

FRs 矩阵：

$y_{1.3.1.1}$ 从高压到低压室的泄漏最小化

$y_{1.3.2.1}$ 润滑运行腔表面

DPs 矩阵：

$x_{1.3.1.1}$ 配合间隙

设计公式为

$$\begin{bmatrix} y_{1.3.1.1} \\ y_{1.3.2.1} \end{bmatrix} = \begin{bmatrix} A_{12} \\ A_{21} \end{bmatrix} [x_{1.3.1.1}]$$

图 8-15 $x_{1.3.1}$ 的设计矩阵＝"旋转转子到腔的间隙"（级别 1.3.1）

较低。如果没有 DFSS 方法,泵制造商将依靠经验的试验,即运行脆弱性改善阶段,来提高密封的稳健性。如图 8-16 所示。这很可能不足以提高稳健性,因为密封的脆弱性概念是一个耦合设计。在不解决耦合的情况下,可以做得最多是 FR 之间的权衡,第一个 FR:y_1="从高压到低压室的最小化泄漏"和第二个 FR:y_2="润滑运行腔表面",因为两者都取决于一个设计参数 $x_{1.3.1}$="叶片和转子之间的间隙"。发生耦合是因为密封装置 1♯系统带有两个 FRs 和一个设计参数;也就是说,FRs($m=2$)的数量大于设计参数的数量($p=1$)。显然,需要引入另一个设计参数(比如 $x_{1.3.2}$)来解决耦合问题。

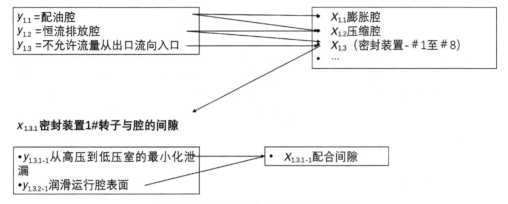

图 8-16 密封装置 1 的"之字形"映射

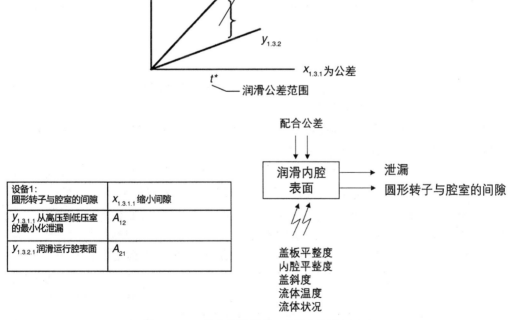

图 8-17 1♯密封装置的 P 图(未使用 DFSS)

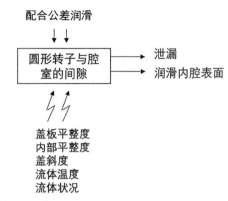

设备1：圆形转子与腔室间隙	$x_{1.3.1.1}$ 配合间隙	$x_{1.3.2.1}$ 材料表面处理
$y_{1.3.1.1}$ 从高压到低压室的最小化泄漏	A_{11}	圆形转子与腔室的间隙润滑内腔表面
$y_{1.3.2.1}$ 润滑运行腔表面	$A_{21} \to 0$	A_{22}

图 8-18　1♯密封装置的 P 图(使用 DFSS)

还应该巧妙地引入此参数,以产生非耦合或至少解耦的设计。此参数应提供一个 FR,而不会对另一个 FR 有不利的影响。通过使用 TRIZ,这些适应了表面涂层处理的特性在密封结构 1 的映射中被作为 $X_{1.3.2}$。涂层将通过液压介质的表面张力帮助润滑,从而保持表面湿润和润滑。表面处理的涂层不会影响泄漏,因此可以收紧公差以最大限度地减少泄漏。因此这个映射和 P 图如图 8-18 所示。

8.6　公理 2 的含义

公理 2 处理设计信息的内容(复杂性),本质上是 FRs 和 DPs 的数量(解决方案大小)及其固有变化的函数。香农熵的概念这时可用于量化信息内容。在对数字信号通信的研究中,Shannon(1948)定义了一个复杂度,称为熵,在该水平之下不能压缩信号。熵的原理被推广到许多学科,并被用作不确定性的度量。在设计背景下,Suh(1990)提出了将信息作为公理 2 中复杂性的度量。

8.6.1　复杂度范例

设计的复杂性有很多方面,包括功能结构中输入和输出之间传递函数的透明性不足,所采用物理过程的相对困难以及涉及的组件和零件的数量相对较大(Phal 和 Beitz,1988)。在大多数文献中,术语"复杂性"是在务实的意义上使用的。很容易产生这样一个关于复杂性的想法:通过塑造复杂性的位置以及它如何影响设计,而不用理解真实意义。在语言学上,复杂性被定义为一种对象的性质。对我们来说,对象是设计实体、产品、服务或过程。该对象可以具有许多交织在一起的元素、面貌、细节或属性,这些特性使整个对象很难以统一的方式理解。复杂性是一种普遍存在的品质,在某种程度上,它存在于所有的对象中。复杂程度根据对象中许多已探究和可以理解的现象而变化。Ashby(1973)将复杂性定义为"描述重要系统所需的信息量。"Simon(1981)将复杂系统定义为"由许多以非简单方式相互作用的部件组成"。这些定义暗示了复杂系统中相互关联(耦合)的元素之间的某种程度的沟通,这是转化为复杂系统的主要特征之一,即层次结构。Simon(1981)指出,等级制度比直觉权威具有更广的纬度。它反映了相关实体之间的某种程度的沟通或交互。在设计的实体中,交互作用的层次越高,相对的空间邻近性越短。

Weaver(1948)在开创性的论文中区分了两种复杂性：无组织的和有组织的。杂乱无章的系统具有大量变量。这些变量及其相互作用的影响只能通过使用随机性和随机过程的统计方法来解释，而不能通过任何分析方法来解释。目的是从总体平均意义上描述系统。统计学是解决此类复杂性的一门很好的例子。在简单的组织中（另一极端），统计分析方法可以很好地起作用。组织的简单性系统的特点是有数量很少的重要变量，它们在确定性关系中联系在一起。可能存在弱变量，但对解释现象影响不大（请参阅第3.7 节）。

大多数设计问题不能总是以已讨论的两个极端复杂性中的任何一个为案例。可以肯定地说，大多数问题通常在两个极端之间属于一个独立的类别，称为有组织的复杂性。这类问题的解决方案在不同的开发阶段使用统计和分析方法。设计问题在早期阶段更容易受到分析和概念方法的影响，而在验证阶段则更容易受到统计方法的影响，这是因为存在意料之外的因素，即噪声因子。有组织的复杂性建议使用新的公式进行简化，以利用信息和复杂性度量（请参阅第 5 章）。

生成需要的信息量是设计中所涉及的复杂程度的度量。在此产品设计中，复杂性、信息将会与制造操作对所需规格和能力的服从程度有关。此外，加工过程的选择也会有助于复杂性、兼容性。机加工与规格需求的兼容性被认为是复杂性的另一个组成部分。兼容性与相关的工程和科学知识有关。选择错误的机器以获得一定的 DP 将增加交付正确的组件时遇到的复杂性。兼容性是生产和制造工程以及材料科学的本质，而这两者都不在本章的范围之内。

物理实体的复杂性与满足每个 FR 所需的信息有关，而这又是映射到其 DP 的功能。满足 FR 的能力是机器能力的功能，因为我们无法始终达到目标性能。因此，FR 必须满足设计范围 $FR \in [T \pm \Delta FR]$ 的公差。FR 中的复杂程度与成功满足其映射到 DP 的概率有关。由于概率与复杂性有关，因此我们将探索使用熵信息作为度量复杂性的一种方法。

8.6.2 熵–复杂度的度量

Shannon(1948)证明，在通信线路中，传输错误的概率仅在传输速率达到信道容量时才增加。通过对随机过程的研究，Shannon 将熵定义为无法压缩信号的复杂程度。熵原理的引入是信息论的起源。熵的原始概念是在 19 世纪的热理论中引入的（Carnap，1977）。Clausius 使用熵来衡量系统的混乱状态。第一种基本形式是由 Boltzmann 于 1896 年在理想气体理论研究中开发的。他在熵的宏观性质和系统的微观状态之间建立了联系。熵和功之间的玻耳兹曼关系是众所周知的，并且熵的概念用于热力学中以补充其第二定律。

Hartley(1928) 在传播理论的背景下介绍了信息的对数度量。Hartley 和后来的 Shannon(1948) 引入了他们的度量，目的是根据不确定性来度量信息。Hartley 的信息度量实质上是基数或源字母大小的对数（请参阅定义 8-1），而 Shannon 则用概率论来制定其度量。两种度量都是信息度量，因此也是复杂性度量。但是，由于与统计力学中使用的数学形式相似，Shannon 将其度量称为"熵"。

Hartley 的信息度量（Hartley，1928）可用于探索数学框架中信息和不确定性的概念。让 X 为基数 $|X| = n$ 的有限集。例如，X 可以是商务型 DFSS 项目中的不同过程，或者流程图或产品 DFSS 项目中的一组 DP。通过连续选择 X 因子可以从集合 X 生成序列。一旦做

出选择,所有可能被选择的因子都将被消除,只有一个除外。在做出选择之前,必定经过模糊性分析。模糊程度与可用替代方案的数量成正比。一旦做出选择,就不会产生歧义,因此,所获得的信息量可以定义为消除的模糊量。

Hartley 的信息度量 I 由 $I = \log 2\ N$(位)给出,其中 $N = ns$,而 s 是选择序列。结论是,解决情况所需的不确定性或设计问题中要减少的复杂性等价于所涉及的潜在信息。ΔI 位信息的减少表示 ΔI 位的复杂度或不确定性的减少。

定义 8-1 信息源是一个有序对 $\theta = (X, P)$,其中 $X = \{x_1, x_2, \cdots, x_n\}$ 是一个有限集,称为源字母,P 是 X 上的概率分布。我们用 p_i 表示 x_i 的概率。

集合 X 的元素在特定上下文中提供特定表示。例如,它可以代表一组 DP 的所有可能的公差间隔的集合。建议集合 X 与概率的关联将随机变量视为信息源,它传达有关围绕某些中心趋势的行为变化的信息。假设我们随机选择 X 的任意元素,即 X_i,概率为 P_i。在采样发生之前,与结果相关的不确定性固定不变。但是,采样后会获得与源有关的等效信息,因此不确定性与信息相关。如果 $X = \{x_1\}$,则不会有不确定性,也不会获得任何信息。在另一个极端,当字母带有相等的被选择概率时,最大的不确定性发生。在这种情况下,可以通过采样获得最大的信息。大量信息揭示了采样过程之前的最大不确定性。

8.6.3 Shannon 熵

当且仅当函数 H 具有以下形式时,它满足上述三个属性

$$H_b(p_1, p_2, \cdots, p_m) = -\sum_{k=1}^{m} p_k \log_b p_k \tag{8-12}$$

其中 $b > 1$。如果 $p = 0$,则 $p \log b = 0$。函数 H 称为 b 元熵。

Shannon 熵是信息的重要度量。当概率很小时,我们会对发生的事件感到惊讶。我们不确定是否会发生罕见事件,因此它们的发生带有大量信息。因此,我们应该期望 H 随着概率的增加而减小。Shannon 熵是函数 $\log_b(1/p)$ 根据分布 p 的期望值。它是对离散信息源的一种度量。另一方面,在连续信息源的情况下,可以使用熵。它具有吸引人的数学形式,可以认为是 Shannon 熵的连续模拟。Boltzmann 信息具有一个积分,其中 Pi 被概率密度函数 pdf/f(.)代替。对于某些 pdf,没有封闭形式的积分。解决此问题的一种方法是使用具有 Shannon 熵形式的 Boltzmann 熵数字化版本。然而,离散的版本是一个近似的解决方(El-Haik,1996)。

8.6.4 Boltzmann 熵

具有密度的连续随机变量 X 的 Boltzmann 熵 $h(f)$ 为

$$h_b(f) = -\int_s f(x) \log_b f(x) dx \text{ (如果存在积分)} \tag{8-13}$$

其中 S 是随机变量的支持集 $S = \{x/f(x) \geqslant 0\}$。

例 8-1 正齿轮的节圆直径(PD)是齿轮设计的基本设计参数,大多数计算都基于该参数。一对配合齿轮的节圆彼此相切。但是,螺距直径是无法直接测量的虚拟圆。齿轮的功能是"传递速度"。此功能可以映射到许多设计参数,这些设计参数基本上可以分为 DP 的

两个子集：几何子集和材料属性(刚度，硬度等)子集。节圆 PD 的直径遵循正态分布，即 制造过程可变性的结果：$PD \sim f(PD) = \left(1/\sqrt{2\pi\sigma^2}\right) \mathrm{e}^{-PD^2/2\sigma^2}$ 。 那么，我们有

$$
\begin{aligned}
h(f) &= -\int f(PD) \ln f(PD) \\
&= -\int f(PD) \left(\frac{-PD^2}{2\sigma^2} - \ln\sqrt{2\pi\sigma^2}\right) \\
&= \frac{1}{2\sigma^2} E(PD^2) + \ln\sqrt{2\pi\sigma^2} \\
&= \ln\sqrt{2\pi\mathrm{e}\sigma^2} \text{ nats}
\end{aligned}
\tag{8-14}
$$

该方程式如图 8-19 所示。

在正常信息源的情况下，此示例显示信息和复杂性都是可变性的函数。方差的减小不仅将减少制造不确定的可能性，而且还将减少制造零件所需的信息。这就是公理设计的力量。

等式(8-14)指出，在正常信息源的情况下，随机变量、复杂性和信息是可变性的函数。

减少方差不仅会减少制造不合格齿轮的可能性，而且会减少制造零件所需的信息(图 8-19)。对于多变量情况，共同密度 $\Phi(DP)$ 由下式给出：

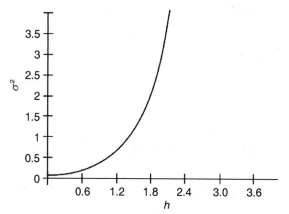

图 8-19　方差与函数的复杂性关系

$$
\frac{\exp\left[(-\frac{1}{2})(DP-M)'\sum^{-1}(DP-M)\right]}{\sqrt{2\pi^P \mid \Sigma \mid}} \text{ 或 } \frac{\exp\left[(-\frac{1}{2})\sum_{i=1}^{P}\left[(DP_i-\mu_i)/\sigma_i\right]^2\right]}{\sqrt{2\pi^P \mid \Sigma \mid}}
$$

其中 $DP^{\mathrm{T}} = [DP_1, \cdots, DP_p]$, $\boldsymbol{M}^{\mathrm{T}} = [\mu_1, \cdots, \mu_\pi]$,

$$
\boldsymbol{\Sigma} = \begin{bmatrix} \sigma_1^2 & 0 & \cdots & 0 \\ 0 & \sigma_2^2 & \cdots & \vdots \\ \vdots & \cdots & \ddots & \vdots \\ 0 & \cdots & \cdots & \sigma_p^2 \end{bmatrix} \text{ 然后，复杂度由}
\tag{8-15}
$$

$$
h(DP_1, \cdots, DP_p) = \ln\sqrt{(2\pi\mathrm{e})^p \mid \boldsymbol{\Sigma} \mid} \text{ nats}
\tag{8-16}
$$

对于 $p=2$，我们有

$$
h(DP_1, \cdots, DP_p) = \ln 2\pi\mathrm{e}\sigma_1\sigma_2 \text{ nats}
\tag{8-17}
$$

使用 Boltzmann 熵的概念，我们能够将可变性识别为复杂性的来源。但是，可变性并不是复杂性的唯一来源，我们将在后面看到。实际上，按照以下定理，灵敏度会增加复杂性。

定理 8-1 设计的复杂性有两个来源：可变性和灵敏度。线性设计情况下的总设计复杂度为

$$h(\{FR\}) = h(\{DP\}) + \ln|\boldsymbol{A}| \qquad (8-18)$$

式中 $\boldsymbol{A}$ 为非奇异设计矩阵 $\boldsymbol{A}$ 的行列式。过程映射的推论 8-1（图 8-2），其中 $h(\{DP\}) = h(\{PV\}) + \ln|[\boldsymbol{B}]|$，则代入(8-18)，总设计复杂度由

$$
\begin{aligned}
h(\{FR\}) &= h(\{DP\}) + \ln|\boldsymbol{A}| \\
&= h(\{PV\}) + \ln|\boldsymbol{B}| + \ln|\boldsymbol{A}| \\
&= h(\{PV\}) + \ln|[\boldsymbol{B}][\boldsymbol{A}]| \\
&= h(\{PV\}) + \ln|[\boldsymbol{C}]| \qquad (8-19)
\end{aligned}
$$

复杂度设计有两个组成部分：(1) 由于可变性($=h(DP)$)和(2)由于耦合脆弱性($=\ln|\boldsymbol{A}|$)。定理 8-1 的术语耦合脆弱性比灵敏度系数的数值(设计矩阵决定因素的参数)具有更广泛的含义。耦合复杂度组件中包含三个成分：映射、灵敏度和维数。映射成分指的是二进制变量 Z_{ij}，表示功能域和物理域之间的映射过程，定义为

$$
Z_{ij} = \begin{cases} 1, & \text{如果 } FR_i \rightarrow DP_j \\ 0, & \text{其他} \end{cases}
$$

换句话说，映射变量表示非零灵敏度系数在设计矩阵 A 中的位置。灵敏度成分是指非零 $A_{ij} = \partial FR_i / \partial DP_j$ 系数的大小和符号。尺寸成分是指设计问题的大小：平方设计矩阵中的 m，FR 数和 p，DP 数。我们将对由于脆弱性引起的复杂性成分的解释视为 Simon (1981)复杂性定义的数学形式。

定理 8-1 的主题是，如果设计者不知道其映射变量如何变化(可变性组件)，则在获得 FR(在物理映射中)或 DP(在过程映射中)时，会遇到两个复杂性组件及其变化的程度(脆弱性组件)。对于非耦合设计，$|\boldsymbol{A}|$ 的值是对角元素的乘积，$|\boldsymbol{A}| = \prod_{i=1}^{p} A_{ii}$，并且由于灵敏度而导致的复杂度分量为 $\sum_{i=1}^{p} \ln|A_{ii}|$。总的解耦设计复杂度(假设所有 DP 都是正常的信息源)为 $\sum_{i=1}^{p} \ln\sqrt{(2\pi e \sigma_i A_{ii})}$。

8.7 总结

公理设计(AD)是由 MIT 的 Nam Suh 教授开发的设计分析和集成开发的一般原理。它的开发旨在为设计团队提供基于逻辑和理性思维过程和工具的理论基础，从而为设计奠定科学基础并改善设计活动。公理设计的目的是为设计活动建立科学的基础，以增加工程知识和经验，提供基于逻辑和理性思维过程和工具的理论基础，最小化随机搜索或试错法的过程，加速产品开发过程，提高质量和可靠性。

公理设计是一种简单而系统的工具，用于在进一步开发之前分析现有设计和新概念的优点，DFSS 算法第 6 步及以上的概念，在概念级别促进全面的功能需求分析。当公理设计与所需的其他设计方法(例如，设计优化方法、TRIZ 以识别适当的设计参数以解决耦合问题以及概率设计分析)集成在一起时，将获得协同作用。

附录:公理设计的历史发展

公理设计可以定义为一种系统设计方法。系统设计的过程是识别功能需求或 CTQ,确定可能的设计参数和过程变量,然后将它们集成到系统中。在这种情况下,理解设计矩阵和层次结构中表示的不同需求和参数之间关系的能力至关重要。没有这种能力,设计过程将成为一个混乱的任务,最终可能导致糟糕的设计。公理设计方法的基本假设是,存在一套确定良好设计实践的良好设计原则。该方法是出于开发设计学科基础的需要而诞生的。这项工作始于 1977 年,当时创始人 Nam Suh 教授受到麻省理工学院机械工程系主任赫伯特·理查森教授的邀请,在麻省理工学院建立了制造研究中心。Suh 教授从 40 000 美元的基金和两名兼职助理教授开始,建立了制造与生产力实验室(LMP)。在与美国国家科学基金会(NSF)进行一些沟通之后,对该方法提出了一个建议。到 1984 年,LMP 已成为拥有大量工业资金的大型且成功的组织。它们针对应用领域发表一些论文并且在 1990 年出版了第一本相关书籍。第一届国际公理设计会议(ICAD)于 2000 年 6 月举行,公理设计方法开始显现出特定的轨迹。在设计和开发过程中,已经进行了大量有价值的研究(Sohlenius,1997;Hintersteiner,1999;Hintersteiner 和 Nain,1999;Nordlund 等,1996;El-Haik 和 Yang,1999)。发展的另一条路线集中在概念综合和设计弱点上。例如,Tate 等人(1998)讨论了可以进行设计更改的顺序。Lee(1999)讨论了设计中的耦合弱点。

该方法最重要的贡献是"之字形"系统架构方法、公理和设计弱点的识别。该方法可以捕获设计矩阵中的需求(FR)、组件(DP 或 PV)及其关系,可以用多种方式描述此信息,包括设计层次结构和设计矩阵树,流程图以及模块结点结构图(Kim et al,1991;Suh,1996)。

第9章
发明问题解决理论(TRIZ)

9.1 引言

TRIZ(来自俄语 Teoriya Resheniya Izobreatatelskikh Zadatch)是从 1940 年代末开始在苏联开发的发明问题解决(TIPZ)理论。TRIZ 基于每年 1 500 多人对世界上许多科学和工程领域的最成功的解决方案进行研究,并对来自世界各地的成功专利进行系统分析,以及对人类创造力的心理学研究(Darrell Mann, 2002)。如第 8 章所述,在 DFSS 算法的背景下,TRIZ 可用于概念生成和解决与耦合脆弱性相关的问题。本质上,当两个功能需求结合在一起时,TRIZ 可能会建议使用不同的设计参数来解耦两者,从而达成设计解耦或非耦合。TRIZ 的创建者 Genrich S. Altshuller 于 1946 年开始进行发明和创造力研究。在最初审查了 200 000 个苏联专利摘要之后,Altshuller 选择了 40 000 个作为发明解决方案的代表。他将专利的不同发明水平分为五个级别,从最低的 1 级到最高的 5 级。他发现几乎所有发明问题都包含至少一个矛盾。在这种情况下,矛盾被定义为一种情况,在这种情况下,尝试改进系统的一个功能会损害另一功能。他发现发明的水平通常取决于解决矛盾的程度。

1) 级别 1:很显然或常规解决方案的百分比为 32%;通过专业领域内众所周知的方法进行解决

处于 1 级的发明占专利发明的 32%,并且采用的是从几个明确的观点得出的显而易见的解决方案。实际上,第 1 级发明不是真正的发明,而是对现有系统的狭窄扩展或改进,它们不会根据发明的应用进行实质性更改。通常,特定功能会得到增强或健全。一级发明的示例包括增加墙壁的厚度使得房屋有更大的隔热性,或者增加雪地车上的前滑雪板之间的距离以提高稳定性。这些解决方案可能代表了良好的工程学,但是并没有发现和解决矛盾。

2) 级别 2:发明里面的 45% 范例;对现有系统的改进,通常带有一些折中妥协

第 2 级的发明通过减缓系统中固有的矛盾而对现有系统进行了较小的改进,同时仍然需要做出明显的妥协。这些解决方案代表了 45% 的发明。通常通过几百次尝试和实验才能找到 2 级解决方案,并且只需要了解单个技术领域即可。现有系统稍作更改,并包含可以带来明显改进的新功能。在履带驱动装置和雪地车车架之间的新悬挂系统是 2 级发明。在这个级别上,另一个示例是使用可调式转向管柱来扩大可以舒适驾驶汽车的人体空间。

3) 级别 3:技术内的重大发明,占 18%;现有系统的实质性改进

第 3 级的发明显著改善了现有系统,占专利的 18%。在这一层面上,通常通过引入一些全新的元素来解决现有系统中的发明矛盾。这类解决方案可能包含数以百计的想法,并通过反复试验进行了验证。例如,用自动变速箱代替汽车的标准变速箱,或将离合器驱动安放在电钻上。这些发明通常涉及其他行业不可或缺的技术,但在该问题的行业中并不为人所知。最终的解决方案导致了行业内的模式转变。创立一项 3 级发明超出了行业内所接受的思想和原则的范围。

4) 级别 4:技术以外的发明 4%;使用科学而非技术产生的新一代设计

第 4 级的发明是在科学而非技术中发现的。这些突破代表了约 4% 的发明。这些解决方案通常需要成千上万的随机试验。第 4 级发明通常不在技术的正常范围,而是涉及对主要功能使用完全不同的原理。在第 4 级解决方案中消除了矛盾,因为在新系统中不可能存在原有的矛盾。因此,四级发明突破利用了该区域以前几乎未知的物理作用和现象。一个简单的例子就是将具有能量存储功能的材料(形状记忆金属)用于钥匙圈,不用强制将钢环打开取下钥匙,而是将钢环放在热水中。金属的形状记忆功能使它可以打开,以便轻松更换钥匙。而在室温下,这个环会关闭。

5) 级别 5:发现 1%;重大发现与新科学

处于第 5 级的发明不存在于当代科学知识的范围内。这样的开创性作品仅占发明的不到 1%。这些发现需要终生奉献,因为它们涉及成千上万个想法的研究。解决方案的类型是在发现新现象并将其应用于本发明对应问题时发生的。激光和晶体管等 5 级发明创造了新的系统和产业。一旦第 5 级发明被发现,随后的应用或发明就会在四个较低级别之一中发生。例如激光是 1960 年代的技术奇迹,现在通常用作讲师的指针和土地测量师的测量仪器。在对发明进行广泛研究之后,TRIZ 的其他主要发现还包括

(1) 通过对数百万个专利和发明的归纳推理,TRIZ 研究人员发现,大多数创新都是基于极少数发明原理和方法的应用。

(2) 杰出的创新通常以完全解决矛盾为特征,而不仅仅是权衡和妥协。

(3) 杰出的创新通常以将系统中的浪费或有害元素转化为有用资源为特征。

(4) 技术创新趋势是高度可预测的。

什么是 TRIZ?

TRIZ 是方法,是工具和思维方式的结合(Darrel Mann,2002)。TRIZ 的最终目标是在设计和创新上实现绝对完美。为了获得绝对的完美,TRIZ 具有五个关键的哲学要素:

(1) 理想性。理想性是系统卓越性的最终标准;该标准是系统提供的收益最大化以及与系统相关的有害影响和成本最小化。

(2) 功能。功能是系统分析的基本模块。它用于构建模型,以显示系统的工作方式以及系统如何产生收益、有害影响和成本。

(3) 资源。资源的最大利用是实现最理想情况的关键之一。

(4) 矛盾。矛盾是功能改进的常见障碍。消除矛盾通常会大大增加功能,并使系统达到全新的性能水平。

(5) 进化。科技系统发展的进化趋势是高度可预测的,可以用来指导进一步的发展。

TRIZ 基于这五个关键的哲学要素，开发了一种方法体系。该方法系统是完整的问题定义和解决过程。这是一个由四个步骤组成的过程，包括问题定义、问题分类和工具选择、解决方案生成和评估。问题定义是 TRIZ 中非常重要的一步。如果你对问题进行了正确且精确的定义，那么问题其实已经解决了 90%。

(1) 问题定义步骤包括以下任务：

(a) 项目定义。

(b) 功能分析。这包括系统的功能建模和分析。这是"定义"步骤中最重要的任务。TRIZ 使用非常复杂的工具进行功能建模和分析。

(c) 技术分析。此步骤研究所有子系统和零件的技术开发的相对成熟度。如果子系统或部件在技术上"太"成熟，它可能会达到性能极限，从而成为整个系统的瓶颈。

(d) 最终理想解。最终理想解是 TRIZ 创新时系统的虚拟极限。它可能永远无法实现，但却为我们提供了"终极梦想"，并将帮助我们思考"打开这个盒子"。

(2) 问题分类和工具选择。TRIZ 有各种各样的工具可以解决创造性的问题。但是，我们必须为正确的问题选择正确的工具。在 TRIZ 中，我们必须首先对问题类型进行分类，然后相应地选择工具。

(3) 解决方案生成。在这一步中，我们应用 TRIZ 工具来生成问题的解决方案。由于 TRIZ 有丰富的工具，因此有可能生成许多解决方案。

(4) 评估。在任何工程项目中，我们都需要评估新解决方案的可靠性。TRIZ 有其自己的评估方法。但是，在此阶段还可以使用其他非 TRIZ 方法，例如公理设计和设计脆弱性分析。

在随后的章节中，我们将开始讨论 TRIZ 的哲学意义，以便为理解奠定基础。然后，我们讨论 TRIZ 定义和解决问题的四步过程，以及 TRIZ 中使用的工具。

9.2 TRIZ 基础

理想性、功能、矛盾、资源利用和进化是 TRIZ 的支柱。这些要素使 TRIZ 与其他创新和解决问题策略明显不同。在本节中，我们会描述所有五个元素。

9.2.1 功能建模和功能分析

功能建模和功能分析起源于价值工程(Miles，1961)。功能定义为一个产品或服务的自然的或典型的执行操作。通常，产品或服务提供许多功能。例如，汽车为客户提供了从 A 点到 B 点的舒适驾驶环境，空调，音乐等。

在所有功能中，最重要的功能是主要的基本功能，定义为产品或服务执行的主要目的或最重要的执行操作。主要基本功能必须始终存在，尽管实现该功能的方法或设计可能会有所不同。例如，对于汽车，"从 A 点到达 B 点的能力"是一项主要的基本功能。

除了主要的基本功能外，还有其他有用的功能。我们可以称它们为次要有用功能。次要有用功能有几种：

(1) 次要基本功能。这些不是主要的基本功能，但客户肯定需要它们。例如，"提供舒适的驾驶环境"是汽车的"必需"。

(2) 非基本但有益的功能。这些功能为客户提供尊贵价值，舒适感等。例如，汽车漆面既提供基本功能又提供非基本功能；它可以保护汽车免受腐蚀和生锈，并为汽车创造"光滑外观"。

除了次要的有用功能，还有两种其他类型的功能：

（1）辅助功能。该功能支持主要的基本功能或其他有用的功能。它是由实现主要基本功能或其他有用功能的特定设计方法产生的。随着实现主要基本功能和其他有用功能的设计方法发生变化，辅助功能也可能会发生变化。至少有两种辅助功能：协助功能和校正功能。

（a）协助功能。这些功能辅助了其他有用的功能。例如，发动机悬架系统提供了"锁定发动机在汽车中的位置"的功能，以使发动机在提供动力的同时牢固地保持在汽车上的位置。

（b）校正功能。这些功能纠正了另一个有用功能的负面影响。例如，汽车内燃机中水泵的主要基本功能是"在发动机系统中循环水以冷却发动机"；它是汽车发动机的校正功能。发动机主要的基本功能是为汽车提供动力，但是内燃机也会产生负面影响，例如发热。水泵的功能是纠正这种负面影响。如果我们改变设计，使用电力作为车辆的动力源，将不再需要水泵的功能。

（2）有害功能。这是一种不必要的负面功能，是为了达成有用功能同时引起的。例如，内燃机不仅提供动力，而且会产生噪声，热量和污染，这些都是有害的功能。

总之，主要的基本功能和次要的有用功能为客户带来了好处。辅助功能也很有用，或者至少它们是无害的，但它们不能直接为客户提供利益，而且会增加成本，有害的功能是无用的，根本没有任何好处。

（a）功能说明。一个功能可以由三个元素完全描述：主语、动词和宾语。例如，对于汽车，其主要基本功能可以描述为

车（主语）　　　　　　移动（动词）　　　　　　驾乘人员（宾语）

对于牙刷，其主要基本功能可以描述为：

牙刷（主语）　　　　　　刷（动词）　　　　　　牙齿（宾语）

（b）功能分析图。功能分析图是一个图形描述和分析功能的工具。下图是典型的功能分析图模板：

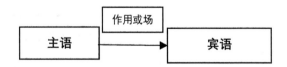

主语是作用的来源，宾语是作用的接受者。作用是功能语句中的"动词"，它由一个箭头指示。在一个技术系统中，作用常常是通过应用某种场来完成的，如机械场、电气场或化学领域。例如，"刷牙"功能可以是由以下功能分析图描述：

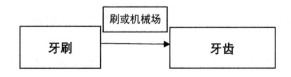

在上图中，"机械"代表"机械场"显然，刷牙是一种机械领域的应用。在功能分析图中，有四种类型的动作，它们由四种类型的箭头表示，如图9-1所示。

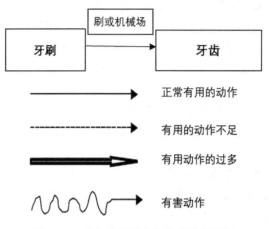

图9-1 功能分析图中各种功能的图例

例9-1 如果我们使用牙刷太轻，刷牙时间不够长，或者我们用的是磨损的牙刷，那么我们的牙齿就不能得到足够的清洁。在这种情形中，我们称之为"不足的有用行动"，我们可以使用以下功能分析图表达这一点。

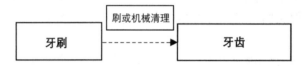

如果我们用强力牙刷，用力刷牙并且强烈的冲洗，我们的牙龈就会受到伤害，我们的牙齿也会受到伤害。我们可以使用以下功能分析图描述此情况：

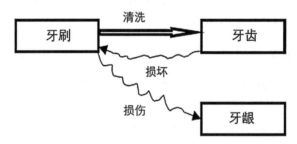

也就是说，牙刷给牙齿过度的刷牙动作，并且会产生有害的作用，"撕裂牙龈"，使它们会流血，并且牙齿也会对牙刷产生有害的作用。

功能建模与分析实例。图9-2以一个投影仪作为示意图。图9-3是功能建模和整个系统的分析图。在这个例子中，有很多"链式作用"；也就是说，"宾语"可以是其他对象的主语。然后我们有一系列的"主语-作用-宾语-作用"链条。每条链描述一个完整的功能。我们可以确定以下功能：

（1）从"电在屏幕上成像"，也就是"把电影中的图像投影到屏幕"的功能，我们可以认为这是主要的基本功能。

（2）从"手"到"调焦装置"再到"镜"，即"调焦图像"的功能，这是次要的基本功能。

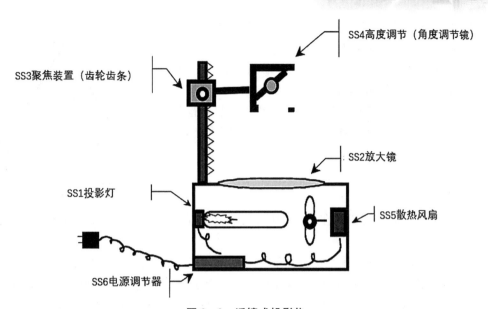

图 9-2 透镜式投影仪

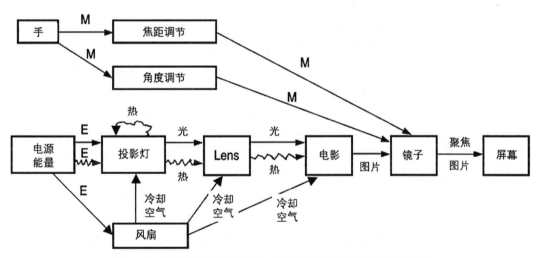

图 9-3 投影仪的功能分析图,其中 E 代表电场,M 代表机械场

(3) 从"手"到"角度调整"再到"镜子",即"将图像投影到屏幕右侧位置"的功能,这也是次要的基本功能。

(4) 从"电"到"投影灯"再到"透镜"等,这是一个有害的功能链,如果不加以校正,那有害的功能就会损坏胶片和装置。

(5) 由于有害功能,我们必须增加一个辅助功能,即从"电"到"风扇"的链,并以透镜和胶片结尾。此功能是一种校正功能,可补偿有害功能的负面影响。

物-场功能模型:在 TRIZ 方法中,物-场模型也是用于功能建模和功能分析的流行模型。在物-场模型中,有三个基本要素。图 9-4 说明了物-场模型的模板:这三个元素是:① 物质 1(S1):物品,相当于功能分析图中的"对象"。② 物质 2(S2):工具,等效于功能分析图中的"主体"。③ 场(F):代表 S1 和 S2 的相互作用之间的能量场。

我们可以给出以下两个简单的物-场模型示例:

（1）真空吸尘器清洁地毯：① S1—地毯（物品）；② S2—吸尘器（工具）；③ F—清洁（机械场）。

（2）一个人正在粉刷墙壁：① S1—墙（物品）；② S2—人员（工具）；③ F—粉刷（化学作用）。

对于 TRIZ 初学者来说，物-场模型可能看起来很复杂。但是，它说明了"物质"和"场"是任何功能必不可少的组成部分。

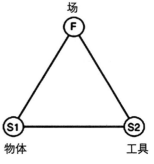

图 9-4　物-场模型

9.2.2　资源

最大限度地有效利用资源在 TRIZ 中非常重要。同样在 TRIZ 中，我们需要考虑资源并以创造性的方式利用资源。

对于任何产品或过程，其主要任务是交付功能，因为物质和场是功能的基本构建模块，从 TRIZ 的角度来看它们是重要的资源，但是仅有物质和场不足以构建和交付功能，还需要重要的资源、空间和时间。从 TRIZ 的角度来看，信息和知识库也是重要的资源。

我们可以将资源分为以下几类。

（1）物质资源：① 原料及产品；② 废物；④ 副产品；④ 系统元素；⑤ 来自周围环境的物质；⑥ 廉价物质；⑦ 系统中的有害物质；⑧ 系统中的异物。

（2）场资源：① 系统中的能量；② 来自环境的能量；③ 可以在现有能源平台上建立的能源/领域；④ 可以从系统废物中获取的能量/场。

（3）空间资源：① 真空；② 不同系统接口处的空间；③ 垂直排列产生的空间；④ 通过嵌套排列创建的空间；⑤ 通过重新布置现有系统元素创建的空间。

（4）时间资源：① 前期准备工作；② 通过有效的调度，节约出来的时间；③ 通过并行操作，节约出来的时间；④ 后期工作。

（5）信息/知识资源：① 了解所有可用物质（材料特性，转化等）；② 了解所有可用信息（字段属性，利用率等）；③ 过去的知识；④ 他人的知识；⑤ 操作知识。

（6）功能资源：① 未利用或未充分利用的现有系统主要功能；② 未利用或未充分利用的现有系统辅助功能；③ 未利用或未充分利用的现有系统有害功能。

在 TRIZ 中，更重要的是要寻找便宜、易于使用的丰富资源，而不是昂贵、难以使用且稀缺的资源。以下是一个示例。

例 9-2　农田养鱼：中国东南部人口稠密，土地是稀缺资源，大部分土地用于种植水稻。农业专家建议，稻田可喂养鱼类，同时种植水稻，因为在稻田中，水是一种免费的现成资源，而鱼类废弃物可作为水稻的肥料。

9.2.3　理想度

理想度是衡量卓越的标准。在 TRIZ 中，理想度由式（9-1）比率定义

$$\text{理想度} = \frac{\sum \text{收益}}{\sum \text{成本} + \sum \text{伤害}} \tag{9-1}$$

其中：$\sum$ 收益=系统有用功能值的总和。此处,支持功能不被认为是有用功能,因为它们不会直接为客户带来收益。我们认为支持功能是使系统正常工作的成本的一部分；$\sum$ 成本=系统性能支出之和；$\sum$ 伤害=有害功能造成的"危害"之和。

在式(9-1)中,较高的比率表示较高的理想度。当新系统能够实现比旧系统更高的比率时,我们认为这是真正的改进。在 TRIZ 中,有一条"增加理想度的法则",它指出所有技术系统的发展都是朝着增加理想度的方向发展的。在以下情况下,系统的理想性将提高：① 增加收益；② 降低成本；③ 减少危害；④ 收益增长快于成本和危害。

就 TRIZ 而言,任何技术系统或产品本身都不是目标。产品/系统的真正价值在于其有用的功能。因此,更好的系统是在初始构建和维护中消耗较少资源的系统。当比率变为无限大时,我们称其为"最终理想解"(IFR)。因此,IFR 系统不需要任何材料,不消耗能源和空间,不需要维护并且不会损坏。

9.2.4　矛盾

从 TRIZ 的角度来看,具有挑战性的问题可以表示为技术矛盾或物理矛盾。

(1) 技术矛盾。技术矛盾是指一种努力改善系统的某些技术属性会导致其他技术属性的恶化的矛盾情况。例如,随着容器变得更坚固,它变得更重；而更快的汽车加速度会降低燃料效率。

当出现技术矛盾时：

① 有用的动作同时导致有害的动作；② 引入(强化)有用的作用,消除或减少有害的作用会导致系统或其部分之一的恶化或不可接受的复杂性。

与技术矛盾相关的问题可以通过在矛盾需求之间寻求折衷或克服矛盾来解决。权衡或折衷的解决方案并不能消除技术上的矛盾,而是弱化了它们,最后保留了有害的(不必要的)动作或系统中的缺点。Altshuller 对数千项发明的分析得出了典型的通用技术矛盾,例如生产率与准确性,可靠性与复杂性以及形状与速度。研究发现,尽管技术系统存在巨大差异,发明问题也存在较大差异,但典型的系统矛盾仅约 1 250 个,这些矛盾可以表述为 39 个设计参数的矩阵表(见表 9-1 和附录)。

从 TRIZ 的角度来看,克服技术矛盾非常重要,因为矛盾中的两个属性都可以极大地改善,并将系统性能提升到一个全新的水平。TRIZ 开发了许多消除技术矛盾的工具。这些工具将在第 9.5 节中讨论。

(2) 物理矛盾。物理矛盾是指主体或客体必须处于两个相互排斥的物理状态中的情况状态。物理矛盾具有典型的模式："要执行功能 F1,该元素必须具有属性 P,但要执行功能 F2,它必须具有属性-P,或与 P 相反。"例如,汽车必须重量轻(P)才能具有高燃油经济性(F1),但是汽车也必须重量重(-P)才能稳定行驶(F2)。

例 9-3　制造电工电线时,它先要经过液体瓷漆,然后再经过模具,以除去多余的瓷漆并给电线定尺寸。模具必须是热的,以确保可靠的校准。但是如果送丝中断了几分钟或更长时间,则热模具中的瓷漆会烘烤并牢固地抓住金属丝。此时必须停止该过程以切割导线并清洁模具。

表 9 - 1 设计参数

1	运动物体的重量	14	强度	27	可靠性
2	静止物体的重量	15	运动物体的作用时间	28	测量精度
3	运动物体的长度	16	静止物体的作用时间	29	制造精度
4	静止物体的长度	17	温度	30	作用于物体的有害因素
5	运动物体的面积	18	照度	31	物体产生的有害因素
6	静止物体的面积	19	运动物体的能量消耗	32	可制造性
7	运动物体的体积	20	静止物体的能量消耗	33	操作流程的方便性
8	静止物体的体积	21	功率	34	可维修性
9	速度	22	能量损失	35	适应性,通用性
10	力	23	物质损失	36	系统的复杂性
11	应力,压强	24	信息损失	37	控制和测量的复杂性
12	形状	25	时间损失	38	自动化程度
13	稳定性	26	物质的量	39	生产率

物理矛盾。模具应该是热的,便于操作;应该是冷的,避免烘烤瓷漆。

在许多情况下,技术矛盾也可以表述为物理矛盾。传统的设计理念基于折中(权衡)。如果工具或物体必须既热又冷,则通常不会使其太热或太冷。与这种方法相反,TRIZ 提供了几种方法来完全克服物理矛盾。这些方法在第 9.4 节中讨论。

9.2.5 S 曲线和技术系统的进化

TRIZ 研究人员在对许多技术系统的演变进行研究的基础上发现,许多技术系统的"进化趋势"非常相似且可预测。他们发现许多技术系统在其演进过程中将经历五个阶段,这五个阶段是:孕育期,婴儿期,成长期,成熟期和衰退期。如果我们在水平轴(X 轴)上绘制时间线并绘制:① 性能参数;② 发明级别;③ 专利数量(与系统有关);④ 经济收益。

在垂直轴(Y 轴)上,将得到图 9 - 5 中所示的四个曲线。由于第一条曲线的形状(性能与演化阶段)(最左侧)具有 S 形,因此也称为 S 曲线。

(1)孕育期。对于技术系统而言,其孕育阶段是从构思开始到诞生之间的时间。只有满足以下两个条件,才会出现新的技术系统:

(a)需要该系统的功能;

(b)有一些手段(技术)可以实现此功能。

飞机技术系统的开发可以作为示例。早在许多人的梦想和愿望中,人们就对飞机的功能即"飞行"有了需求。但是,直到 1800 年,空气动力学和力学的技术知识才足以发展人类的飞行。自从 1848 年滑翔机飞行和 1859 年的汽油发动机发展以来,飞机的技术就可以使用了。赖特兄弟在 1903 年成功地将这两种技术集成到了飞机上,并且有了新技术。

(2)婴儿期。新技术系统的诞生是婴儿期的起点,也是 S 曲线的第一步。新系统是高

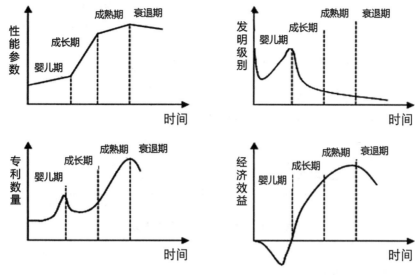

图 9 - 5　技术系统进化曲线

级发明的结果。通常,该系统是原始的、低效的、不可靠的,并且具有许多未解决的问题。但是,它确实提供了一些新功能或提供该功能的方法。由于缺乏人力和财力,现阶段的系统开发非常缓慢。必须回答许多设计问题。例如,大多数人可能不相信这个系统很有用,但有少数狂热者相信这个体系的未来,继续朝着它的成功努力。

在婴儿期,其性能水平较低,其改善速度较慢(见图 9-5,左上)。发明级别通常很高,因为最初的概念通常具有很高的发明性和可专利性。通常为 3、4 甚至 5 级(右上)。但是,由于该系统是相当新的系统,因此该系统中的发明数量通常很少(左下)。利润通常是负数(右下),因为在技术开发的这个阶段,客户通常很少,但是费用很高。

(3)成长期(快速发展)。这个阶段始于社会认识到新系统的价值。到这个时候,已经解决了许多问题,系统的效率和性能得到了改善,并且人们和组织在新产品或过程的开发上投入了资金。这加快了系统的开发速度,改善了结果,进而吸引了更多的投资。因此,建立了积极的"反馈"循环,可以进一步加快系统的发展。

在成长阶段,由于投资的快速增加和许多技术瓶颈的消除,性能水平的提高很快(见图 9-5,左上)。发明级别正在降低,因为在此阶段的大多数发明都在应对逐步的改进。它们大多是 1 级或 2 级(右上),但是发明的数量通常很高(左下)。利润通常快速增长(右下)。

(4)成熟期。在此阶段,由于最初的系统概念几乎已经潜力枯竭,因此系统发展速度变慢。可能已经付诸大量的金钱和劳动力,但是结果通常是非常边缘化的。在这个阶段,建立了标准体系。通过系统优化和权衡取舍,改进仍在继续。系统的性能仍在增长,但是速度较慢(图 9-5,左上)。发明级别通常较低(右上),但是工业标准形式的发明数量却很高(左下)。由于市场饱和与竞争加剧,利润率通常会下降(右下)。

(5)衰退期。在此阶段,技术已达到极限,已找不到根本上的改进机会。这个体系可能不复存在的必要,因为可能不再需要它所提供的功能。为了避免公司倒闭,很重要的一点是在下降阶段之前就启动下一代技术系统。图 9-6 说明了两代技术系统的 S 曲线。

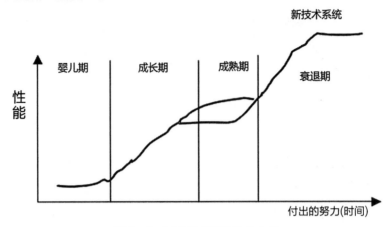

图 9-6　两代技术系统的 S 曲线

9.3　TRIZ 解决问题的过程

TRIZ 具有四步解决问题的过程：① 问题定义，② 问题分类和问题工具选择，③ 问题解决方案以及 ④ 解决方案评估。我们将详细描述每个步骤。

9.3.1　问题定义

问题定义是非常重要的一步。解决方案的质量高度依赖于问题定义。问题定义始于以下几个问题：

（1）问题是什么？

（2）项目范围是什么？

（3）涉及哪些子系统、系统和组件？

（4）我们是否有当前的解决方案，为什么当前的解决方案不好？

这些是在任何工程项目中都会问到的常见问题。通过回答这些问题，我们可以定义项目的范围并专注于正确的问题区域。

除了回答这些常见问题外，几种 TRIZ 方法在问题定义阶段也非常有帮助。

功能建模和功能分析。确定项目范围后，建立该项目涉及的子系统的功能模型非常有帮助。功能建模和分析使我们能够更清楚、更准确地看到问题。我们将回想一下牙刷示例，以说明功能分析如何帮助解决问题。

例 9-4　重新研究牙刷问题。假设我们是牙刷制造商，当前的普通牙刷在性能上并不令人满意，也就是说，无法对牙齿进行充分清洁。我们可以首先绘制以下功能图：

通过分析功能图，我们可以提出以下可能性：

（1）当前的性能不足可能是由"动作不足"引起的，即实际功能图如下：

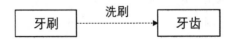

如果是这样,它属于"功能性能不足"的问题,我们可以使用 TRIZ 标准解决方案技术来解决此问题。

(2)我们可能会发现当前的功能模型过于局限,因为功能声明"牙刷刷牙"将我们的解决方案限制为仅使用牙刷和仅使用机械作用。我们可以开发以下替代功能模型:

$$\boxed{\text{牙齿清洁装置}} \xrightarrow{\text{去除}} \boxed{\text{牙齿污垢}}$$

主题"牙刷"由更通用的"牙齿清洁设备"代替。对象"牙齿"更改为"牙齿上的污垢",这更加精确。动作"擦除"更改为更通用的术语"去除"。在这种替代功能模型中,"对象"和"动作"可以打开供选择。例如,我们可以使用液压作用来清洁牙齿,或者可以使用化学作用来清洁牙齿,甚至可以考虑对牙齿进行预处理以使其不含灰尘等,显然,这种替代功能模型为解决问题和创新打开了大门。

理想度和最终理想解。经过功能建模和功能分析,我们可以通过使用以下方法评估当前系统的理想性。

$$\text{理想度} = \frac{\sum \text{收益}}{\sum \text{成本} + \sum \text{伤害}}$$

最终理想解是当前系统的最终最优解决方案,其中:

$$\sum \text{收益} \longrightarrow \infty \text{ 而且} \sum \text{成本} + \sum \text{伤害} \longrightarrow 0$$

通过将当前系统的理想性与最终理想解进行比较,我们可以确定"系统改进应该去哪里"和"系统应该在哪些方面进行改进"。这无疑将有助于问题定义并确定"应该解决什么问题"。

S 曲线分析,评估任何 TRIZ 项目中涉及的当前技术系统的发展阶段都是非常有益的。例如,如果我们当前的子系统处于增长阶段,那么我们应该将注意力集中在逐步改进上。如果我们的子系统已经接近成熟阶段,那么我们知道是时候开发该子系统的下一代了。

矛盾分析,通过使用第 9.2.4 节中描述的方法。我们可以确定当前系统中是否存在任何物理矛盾或技术矛盾。TRIZ 有许多解决矛盾的方法。

9.3.2 解决方案生成

在对问题进行分类之后,通常可以使用许多 TRIZ 方法来解决问题,因此可以找到许多替代解决方案。这些解决方案将在下一步中进行评估。

9.3.3 概念评估

有许多概念评估方法可用于评估和选择最佳解决方案。这些方法通常与 TRIZ 不相关。常用的概念评估方法包括普氏概念选择,价值工程和公理设计方法。

9.4 物理矛盾

当我们第一次遇到矛盾时,它通常表现为技术矛盾。在深入研究问题之后,技术矛盾的根本原因通常是物理矛盾。物理矛盾是主体或对象必须处于相互排斥的物理状态。物理矛盾具有典型的模式："要执行功能 F1,元素必须具有属性 P,但要执行功能 F2,它必须具有属性－P 或与 P 相反。"

9.4.1 分析物理矛盾

为识别导致了技术矛盾的物理矛盾,建议按照以下三个步骤对冲突进行预分析：

步骤 1：识别冲突中涉及的功能并建立矛盾的功能模型。

步骤 2：找出物理矛盾。当有用的作用和有害的作用共同存在于同一物体上时,经常会发生物理矛盾。

步骤 3：确定冲突区域(Domb,2003)。问题中存在冲突的两个"区域",即空间和时间。换句话说,两个"区域"是冲突的位置属性和冲突的时间属性。区域的识别可以帮助确定哪些分离原则可用于解决物理矛盾。

我们将使用以下示例说明上述三个步骤。

例 9-5　为了密封装有药物的瓶子,将燃烧器的火焰施加到瓶子的颈部以熔化玻璃。但是,火焰可能会使安瓿瓶中的药物过热,从而导致药物分解,工具展示如图 9-7：

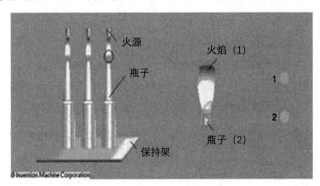

图 9-7　例 9-5 工具展示

步骤 1：捕获冲突中涉及的功能,并建立冲突的功能模型。安瓿瓶需要密封药物应保持完整。火焰会熔化玻璃并密封瓶子,但也会使药物过热。功能模型如下：

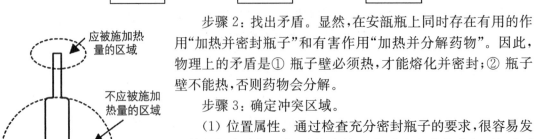

步骤 2：找出矛盾。显然,在安瓿瓶上同时存在有用的作用"加热并密封瓶子"和有害作用"加热并分解药物"。因此,物理上的矛盾是① 瓶子壁必须热,才能熔化并密封；② 瓶子壁不能热,否则药物会分解。

步骤 3：确定冲突区域。

(1)位置属性。通过检查充分密封瓶子的要求,很容易发现热量仅应施加于瓶子的尖端。为了防止药物分解,绝对不要加热瓶子的底部。

(2)时间属性。在当前的瓶子密封过程中,有用功能"加热并密封瓶子"和有害功能"加热并分解药物"将同时发生,如图 9-8 所示。

图 9-8　加热过程

9.4.2 分离物理矛盾

在识别出物理矛盾之后，TRIZ 采取了以下四种解决矛盾的方法。它们是：空间上的分离，时间上的分离，组件之间的分离以及系统级别的分离。

方法 1：空间分离。空间上的分隔意味着：一个对象的一部分具有属性 P，而另一部分则具有相反的属性－P。通过这种分离，可以解决物理矛盾。为了完成分离，我们需要研究冲突需求区域。例如，在"密封玻璃瓶"的情况下，如果我们能够保持瓶子顶部区域的高温，则可以解决。

例 9－6 空间分离。

问题：将金属表面放在金属盐溶液（镍，钴，铬）中进行化学涂层。在还原反应期间，溶液中的金属沉淀到产物表面上。温度越高，处理速度越快，但是溶液在高温下会分解。多达75%的化学药品沉淀在容器的底部和壁上。添加稳定剂是无效的，但是在低温下进行该工艺会大大降低生产率。

矛盾：该过程必须是热的（为了快速、有效地涂层）和冷的（以使金属盐溶液保持有效）。使用空间上的分离原理，很明显只有零件周围的区域必须很热。

解决方案：在将产品浸入冷溶液中之前，先将其加热至高温。在这种情况下，溶液靠近产品的位置很热，而其他地方的温度却很低。使产品在涂覆过程中保持热的一种方法是在涂覆过程中施加感应加热电流。

例 9－7 空间分离（Fey and Revin 1997）。

问题：转子连杆必须满足两个相互矛盾的要求，即（对于给定的形状）应该轻巧，以减少驱动马达和允许更大的有效载荷。但是，轻质材料通常会降低刚度。另一方面，应达到一定的刚度以减少臂端的挠度和启动/停止的周期。但是，刚性材料通常很重。如图 9－9 所示。

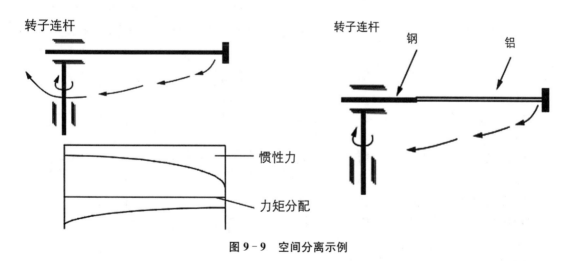

图 9－9 空间分离示例

矛盾：连杆必须很轻，才能承载较大的有效载荷，但必须很重，以确保良好的刚性。

解决方案：一个简单的分析表明，连杆的挠度是由连杆的根段（最大弯矩）决定的，而惯性则主要由过弯段决定。因此，矛盾的要求在空间上是分开的。根部不会显著影响链节的有效质量，但会决定其刚度，它可以由高杨氏模量的材料（例如钢）制成，而悬臂部段不会显著提高刚度,但会决定有效质量,它可以由轻质材料(例如铝)制成。

方法 2:时间分离。时间分离意味着对象在一个时间段具有属性 P,而在另一个时间段则具有相反的属性－P。为此,我们需要研究冲突的时间属性。如果这是有益行为与有害行为的冲突,我们需要确定有益行为和有害行为的时间段。然后,我们必须确定需要执行有用功能并消除有害功能的时间段。如果我们可以将这两个时期完全分开,我们也许可以消除这一矛盾。

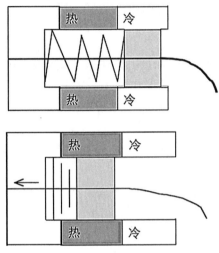

图 9－10 时间分离示例

例 9－8 时间分离(Teminko 等人,1998)。

问题:制造电工电线时,它先通过液态瓷漆,然后通过模具,以去除多余的瓷漆并调整电线尺寸。模具必须是热的,以确保可靠的校准。如果送丝中断了几分钟或更长时间,则热模具中的瓷漆会烘烤并牢固地抓住导线。此时必须停止该过程以切割导线并清洁模具。如图 9－10 所示。

矛盾:模具应热运转,在冷却时应避免烘烤瓷漆。时间分离原则表明,在拉线时应使模具处于高温状态,而在不动时应使模具处于低温状态。有没有一种方法可以自动控制模具的加热?当导线被拉到模具上时,会有很大的力沿导线拉动的方向拉动模具,当导线停止时,就不会被拉动。

解决方案:模具可以固定在弹簧上。当导线移动时,它将拉动模具,从而将弹簧压缩到加热区域中。通过感应或通过与热室壁接触来加热模具。当金属丝停止运动时,弹簧将模具推回到冷区。

例 9－9 时间分离问题。一些建筑物由桩支撑,桩的尖端应锋利,以利于打桩。但是,尖桩降低了支撑能力。为了获得更好的支撑能力,桩的末端应平整。但是,打桩较难。如图 9－11 所示。

矛盾:桩应锋利以利于打入,又应该平整为基础提供更好的支撑。

解决方案:这种情况需要方案,以便及时分离矛盾的属性。在打桩过程中,桩很尖锐,然后使其底部扩展,这可以通过少量炸药来实现。

方法 3:组件之间的分离。组件之间的分离意味着一个组件具有属性 P,而另一个组件具有相反的属性－P。有时,我们可以将冲突所涉及的组件的属性数限制为一个,然后引入另一个组件来具有另一个属性。

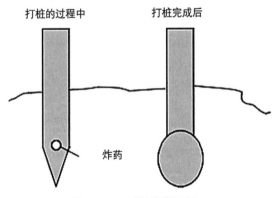

图 9－11 时间分离示例

例 9－10 问题:传统的台虎钳是用来固定规则形状的物体。要固定不规则形状的物体,必须安装特殊的钳口,制造此类钳口需要费时费力。钳口必须是刚性的,以夹持零件,钳口又必须具有柔性,以适应零件的轮廓。

解决方案：建议使用分离系统及其部件之间相反特性的原理来制造钳口。两个装满松散材料的柔性壳体固定在上下虎钳夹钳上。工件（零件）放置在壳体之间并受到挤压。一旦壳体包住工件，就使用真空泵设定最终形状，从而可靠地固定工件。这种设计提高了生产率，并减少了建造专用夹具的需要。

方法4：系统级别的分离。这是一种由一组组件组成的方法，其中每个组件都必须具有一个属性，而整个组件组将具有另一个属性。

例9-11 问题：遥控器（例如，电视机）由红外辐射器、电容器、电源（蓄电池）和按键型控制元件组成。电容器由电池永久充电。当按下

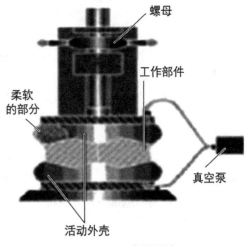

图9-12 虎钳设计

任意一个面板按键时，电容器会放电到红外辐射器中，从而发出控制电磁脉冲。但是，在充电或等待模式下工作的高值电容器具有相当大的静态电流。这是造成电池放电浪费的原

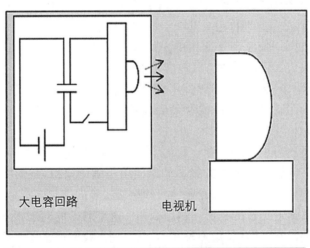

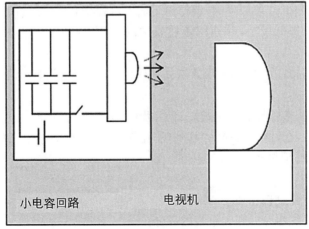

图9-13 遥控单元

因。电容器值的减小会导致遥控器遥控范围的减小。电容器值的增加又会导致面板的成本增加。

技术矛盾。我们希望通过减小电容器的值来减小静态电流，但是所发射的控制脉冲的功率会降低。显然，这是典型的技术矛盾，因为改善一个参数会降低另一个参数。

物理矛盾。为了改善静态电流并避免功率下降，电容器在充电时应处于低值，在放电时应处于高值。因此，与整个系统有关的技术矛盾变成了仅与一个组件有关的物理矛盾。

解决方案是在给电容器充电时拆分能量在激励红外辐射器的时候合并能量流。为此，将电容器形成一组在电池中的低值电容器的组合，以使它们的总值等于面板初始电容器的值。电容器电池的总静态电流小于一个高值电容器的静态电流。而所发射的控制脉冲的功率保持与以前相同。

9.5 消除技术矛盾—发明原理

Genrich Altshuller 分析了 40 000 多项专利，确定了大约 1 250 个典型的技术矛盾。这些矛盾进一步表现为 39 个"工程参数"的矩阵。为了解决这些矛盾，Altshuller 编制了 40 条原理。40 条原理中的每条原理都包含几个子原理，总共有 86 个子原理。

应当指出的是，这 40 条原理是通用的。例如，如果矩阵表推荐原理 30"柔性壳体或薄膜"，则该问题的解决方案将以某种方式改变被修改的技术系统的灵活性或适应性。

矛盾矩阵表（见附录）和 40 条原理并不能直接解决问题。他们仅提出寻找解决方案的最有希望的方向。为了解决该问题，必须解释这些建议并找到一种将其应用于特定情况的方法。

通常人们通过类比思维解决问题。我们尝试将面临的问题与某种常见的标准问题（类比）相关联，针对这些问题找到解决方案。如果使用正确的模拟，我们将得出有用的解决方案。我们对类似问题的了解是教育、专业学习和生活经验的结果。

如果我们遇到从未遇到过的类似问题怎么办？这个明显的问题揭示了我们使用解决发明问题的标准方法的缺点。因此，矩阵表和 40 条原理为我们提供了解决我们不熟悉的问题的线索。使用矩阵表和 40 条原理时，遵循以下简单过程将有所帮助：

（1）确定需要改进的属性，并使用矛盾表中的 39 个参数之一对该属性进行标准化或建模。

（2）回答以下问题：ⓐ 使用常规方法如何改善此属性？ ⓑ 如果使用常规方法，哪个属性会恶化？

（3）在矩阵表（请参阅附录）中选择一个与步骤 2b 相对应的属性。

（4）使用矩阵表，在行（改善属性）和列（恶化属性）的交点中确定克服技术矛盾的原理。

我们列出 40 条原理供参考：

1）**原理 1：分割**

（1）把一个物体分成相互独立的部分。

（2）将物体分解成容易拆卸和组装的部分。

（3）增加物体分割的程度。

2）**原理 2**：抽取。从物体中抽出产生负面影响的部分或属性，或仅抽出物体中必要的部分或属性。

3）**原理 3**：局部质量

（1）将对象的结构从均匀更改为不均匀，或将外部环境（或外部影响）从均匀更改为不均匀。

（2）确保物体的各部分处于完成各自功能的最佳状态。

（3）使对象的每个部分实现有用的不同功能。

4）**原理 4**：非对称

（1）将对象的形状从对称变为非对称。

（2）如果对象不对称，加大其不对称程度。

5）**原理 5**：合并

（1）将相同或相似的物品组合（或合并）；集合相同或相似的部件以执行类似操作。

（2）使操作具有连续性或平行性，并及时将它们整合。

6）**原理 6**：多用性

使物体的一部分或整个物体具备多种功能，从而满足了对其他部分的需求。

7）**原理 7**：嵌套原则

（1）把一个物体嵌入另一个物体，然后将这两个物体再嵌入第三个物体，依此类推。

（2）让某部分穿过另一部分的空腔。

8）**原理 8**：重量补偿

（1）将某一物体与另一能提供升力的物体组合，以补偿其重量。

（2）通过与环境（例如，使用空气动力，流体动力，浮力和其他力）的相互作用补偿其重量。

9）**原理 9**：预加反作用原理

（1）如果有必要同时伴有有害和有用影响，则应预先进行反制，控制有害影响。

（2）预先在物体中产生应力，以抵抗已知的不良工作应力。

10）**原理 10**：预操作原理

（1）预先对物体（全部或部分）施加必要的改变。

（2）预先安置物体，使其在最方便的位置开始发挥作用而不浪费运送时间。

11）**原理 11**：事先防范。事先准备好应急措施，以补偿物体相对较低的可靠性。

12）**原理 12**：等势。改变操作条件，使组件处于同一等势面上以减少物体提升或下降的需要（例如，更改运行条件以消除在重力场中升高或降低物体的需要）。

13）**原理 13**：反向作用

（1）用相反的动作代替问题定义中所规定的动作（例，不要冷却物体，而是加热物体）。

（2）让可移动的物体部分（或外部环境）不动，让不动的部分移动。

（3）将物体（或过程）顺序颠倒。

14）**原理 14**：曲面化

（1）将物体的直线、平面部分用曲线或球面代替，将平行六面体或立方体结构变为球状结构。

（2）使用滚轮、球、螺旋或圆顶。

(3) 改直线运动为旋转运动；利用离心力。

15）**原理 15**：动态化

(1) 调整（或设计）物体、外部环境或过程的性能，以便优化物体或优化操作条件。

(2) 将物体分成能够相对移动的部分。

(3) 如果对象（或过程）是刚性的或不灵活的，则使其可移动或自适应。

16）**原理 16**：不足或超额行动。如果使用给定的解决方法很难获得 100% 的效果，则通过使用相同方法"略少"或"略多"，该问题可能会更容易解决。

17）**原理 17**：维度变化

(1) 将物体放入二维或三维空间。

(2) 将物体用多层布置替代单层布置。

(3) 倾斜或重新定位物体，将其侧放。

(4) 利用给定区域的"不同面"。

18）**原理 18**：机械振动

(1) 使物体发生振荡或振动。

(2) 提高物体的频率（甚至达到超声波水平）。

(3) 利用物体的共振频率。

(4) 利用压电振动代替机械振动。

(5) 结合超声波振动和电磁场。

19）**原理 19**：周期性动作

(1) 用周期性动作或脉冲动作代替连续动作。

(2) 如果动作已经是周期性的，则改变周期的幅度或频率。

(3) 在脉冲之间使用暂停来执行其他不同的操作。

20）**原理 20**：有效作用的连续性

(1) 持续工作；使物体各部分满负荷持续工作。

(2) 消除所有闲置或间歇的动作或工作。

21）**原理 21**：快速通过。高速实施过程或某些步骤（例如破坏性，有害或危险的操作）。

22）**原理 22**：变害为利

(1) 利用有害因素（尤其是对环境或周围环境有害的影响）以取得有益的结果。

(2) 将有害作用叠加到另一有害作用以消除它们，解决问题。

(3) 放大有害因素直至它不再有害。

23）**原理 23**：反馈

(1) 在系统中引入反馈（回顾、反复核对），以改善过程或作用。

(2) 如果已引入反馈，改变其大小或作用。

24）**原理 24**：中介物

(1) 使用中介物或中介过程。

(2) 暂时把一物体与另一物体结合（可被轻易去除）。

25）**原理 25**：自服务

(1) 通过执行辅助有用功能使物体服务于自己。

(2) 使用废弃资源、能量或物质。

26)**原理 26：复制**

(1) 使用简单,廉价的复制品代替难以获得的昂贵的或易碎的物体。

(2) 用光学复制品替换物体或工艺流程。

(3) 如果已经使用可见的光学复制品,则使用红外线或紫外线复制品。

27)**原理 27：廉价代替品。**用大量廉价的物品代替昂贵的物品,降低部分质量(例如使用寿命)

28)**原理 28：机械系统替代**

(1) 用感官方法(光学、声觉、味觉或嗅觉)装置代替机械装置。

(2) 用电场、磁场和电磁场与物体相互作用。

(3) 用运动场替代静止场,用结构化场替代非结构化场。

(4) 用场与场激活粒子(例如铁磁物质)共同使用。

29)**原理 29：气压和液压结构。**使用物体的气体和液体部分替代固体部分(例如充气、充液、气垫、流体静力结构、水反应性)

30)**原理 30：柔性壳体或薄膜**

(1) 使用柔性壳体或薄膜代替三维结构。

(2) 使用柔性壳体或薄膜将物体与外部环境隔离。

31)**原理 31：多孔材料**

(1) 使物体多孔或添加多孔元素(嵌入、涂层等)。

(2) 如果物体已经是多孔的,利用孔引入有用物质或功能。

32)**原理 32：改变颜色**

(1) 改变物体或其外部环境的颜色。

(2) 改变物体或外部环境的透明度。

33)**原理 33：同质性。**使物体与使用相同材料(或具有相同属性的材质)的物体相互作用

34)**原理 34：抛弃与修复**

(1) 消除已完成其功能的部分对象(通过溶解,蒸发等方法抛弃),或在操作过程中修改它们。

(2) 相反,在操作过程中修复消耗的部件。

35)**原理 35：物理/化学状态变化**

(1) 更改物体的物理状态(例如变成气体、液体或固体)。

(2) 更改浓度或黏度。

(3) 改变柔度。

(4) 改变温度。

36)**原理 36：相变。**使用在相变过程中发生的现象(例如,体积变化,热量损失或吸收)

37)**原理 37：热膨胀**

(1) 利用热膨胀(或收缩)材料。

(2) 如果已经使用热膨胀材料,使用热膨胀不同系数的多种材料。

38)**原理 38：强氧化剂**

(1) 用富氧空气代替普通空气。

（2）用纯氧气代替富氧空气。

（3）将空气或氧气暴露于电离辐射中。

（4）使用臭氧化氧气。

（5）用纯臭氧代替臭氧化（或电离）的氧气。

39）**原理 39**：惰性环境

（1）用惰性环境代替普通环境。

（2）给物体引入中性材料或惰性添加剂。

40）**原理 40**：复合材料。用复合（多种）材料替代均质材料。

例 9-12 使用 40 条原理和矩阵表来改进扳手设计。

当我们使用常规扳手卸下拧得过紧或腐蚀的螺母（如图所示）时，问题之一是螺母的角部受到集中载荷，因此它们可能会很快滑牙。我们可以减小扳手和螺母之间的间隙，但是很难卡进去。我们有什么办法可以解决这个问题（Darrel Mann，2002）？

显然，我们想减少扳手和螺母之间的间隙以提高操作可靠性，但是，这导致了操作的恶化。从 TRIZ 的角度来看，当有用的行为同时引起有害行为时，就会出现技术矛盾。

与技术矛盾相关的问题可以通过在矛盾需求之间找到平衡点，或者通过克服矛盾来解决。权衡或折衷的解决方案并不能消除技术矛盾，而是缓解它们，在系统中依旧保留有害的（不必要的）动作或缺陷。在该示例中，折衷的解决方案是使间隙既不太大也不会太小。如果可以完全克服技术矛盾，则可以找到针对该问题的创造性解决方案。四十条原理和矩阵表是克服矛盾的重要工具。

（1）建立矛盾模型。调查问题并找到一对矛盾。技术矛盾应使用 39 个参数中的 2 个参数来描述。在这个问题上，矛盾是：① 我们要改进的参数：可靠性（参数 27）；② 恶化的参数：易于操作（参数 33）。

（2）检查矩阵表。对于本发明原理，在矛盾矩阵中的行中待改进的参数和列中待恶化的参数。矩阵提供以下原理 27、17 和 40（请参见下面的部分矩阵）。

改善的通用工程参数	恶化的通用工程参数	25	26	27	28	29	30	31	32	33
		时间损失	物质的量	可靠性	测量精度	制造精度	作用于物体的有害因素	物体产生的有害因素	可制造性	操作流程的方便性
25	时间损失	+	35,38,18,16	10,30,4	24,34,28,32	24,26,28,18	35,18,34	35,22,18,39	35,28,34,4	4,28,10,34
26	物质的量	35,38,18,16	+	18,3,28,40	13,2,28		33,30	35,33,29,31	3,35,40,39	29,1,35,27	35,29,10,25
27	可靠性	10,30,4	21,28,40,3	+	32,3,11,23	11,32,1	27,35,2,40	35,2,40,26	—	27,17,40

（续表）

	恶化的通用工程参数	25	26	27	28	29	30	31	32	33
28	测量精度	24,34,28,32	2,6,32	5,11,1,23	+	−	28,24,22,26	3,33,39,10	6,35,25,18	1,13,17,34
29	制造精度	32,26,28,18	32,30	11,32,1	−	+	26,28,10,36	4,17,34,26	−	1,32,35,23

（3）解释原理。阅读每个原理,并在原理概念和您的处境之间构建类比,然后为您的问题创建解决方案。原理 17(另一个尺寸)表示扳手问题可以解决为"在二维或三维空间中移动对象"或"使用给定区域的不同面"。从原理 27(廉价代替品)和原理 40(复合材料)开始,我们可以"用许多便宜的物体代替昂贵的物体",并"从均质材料变为复合材料"。

（4）解决问题。扳手的工作表面可以通过应用原理 17 重新设计为不均匀的形状(请参见右图)。原理 27 和 40 可以一起使用。想法是在拧紧或松开昂贵的螺母时,在扳手的工作表面上安装软金属或塑料垫。

9.6　功能改进方法/TRIZ 标准解

功能是 TRIZ 分析的基本元素。技术系统中的许多问题可以归因于部分系统功能不完善。从 TRIZ 的角度来看,至少需要三个要素才能实现功能。它们是一个主体,一个场和一个对象,如下所示：

如果缺少这三个元素中的任何一个,那么将不会传递任何功能。如果这三个元素中的任何一个不能正常工作,那么该功能将无法令人满意地传递。

正如我们在第二节中讨论的那样。有时系统中的某些组件也可能提供有害功能。有害的功能总是会降低系统的理想性,这是非常不可取的。功能改进方法是改善有用功能的传递,消除或容纳有害功能的方法。功能改进方法源于 1975 年至 1985 年期间由 G.S. Altshuller 及其同事编写的 TRIZ 76 个标准解。我们将在以下两类中描述功能改进方法：改进有用功能的方法和消除或容纳有害功能的方法。

9.6.1　改善有用功能的方法

如果有用的功能没有交付或没有正确交付,则有两个主要原因：

（1）"主体-动词-对象"模型中缺少一些要素。最常丢失的元素是主体和动词。在这种情况下,该功能将根本无法交付。为了解决这种情况,我们需要在"主体-动词-对象"模型中提供缺失的元素。

（2）主体-动词-主体模型中的某些要素无法正常工作，可能是对象，动词或主体，或它们的组合。在这种情况下，有用的功能将无法充分交付。为了解决这种情况，我们需要改进无法正常工作的元素。我们将讨论以下几种常用方法。

方法1：在主体-动词-对象模型中填充缺少的元素。

主体-动词-对象模型中最经常丢失的元素是主体和动词，即当前情况是

$$\boxed{对象}$$

我们需要找到一个动词以及一个主体来完成功能模型：

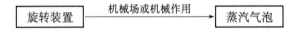

例9-13 液体包含蒸气气泡。理想的效果是将气泡从液体中分离出来，但是这种效果并未达到。实际情况的主体-动词-对象模型如下：

$$\boxed{蒸汽气泡}$$

通过施加离心力，可以分离出蒸汽，然后我们需要添加一个动作或一个场（即"离心力"）和一个主体（即旋转设备）来完成一个完整的主体-动词-对象模型：

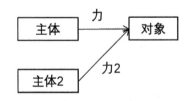

方法2：添加主体和场以创建充足有用的作用。

在某些情况下确实存在原始的主体和作用关系，但不足以创建足够的有用功能：

$$\boxed{主体} \dashrightarrow^{力} \boxed{对象}$$

然后，我们可以添加另一个主体和动作来增强工作量，即

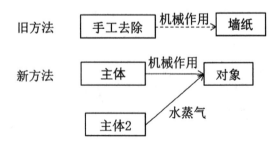

例9-14 仅用机械手段去除墙纸是无效的，但在将蒸汽喷到墙纸上之后，将容易去除。

方法 3：改进对象。

在有用作用不足的情况下：

$$\boxed{主体} \xrightarrow{力} \boxed{对象}$$

常见原因之一是对象对动作或场不敏感。我们可以通过以下方式之一更改对象，从而提高对象对动作或场的敏感性：

（1）用新物质替换原始对象；

（2）修改对象的物质；

（3）将添加剂涂在外部物体上；

（4）在内部物体上添加添加剂；

（5）更改对象的材料结构或属性。也就是说，我们将原始系统更改为：

$$\boxed{主体} \xrightarrow{力} \boxed{改变了的对象}$$

例 9 - 15 检查冰箱是否泄漏：

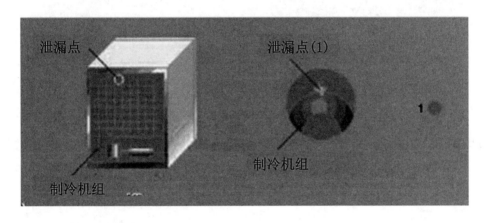

基本情况：需要检查制冷系统是否泄漏。

当前的问题：常规技术无法提供准确的制冷剂泄漏检测和位置。

分析：人眼看不到泄漏（液体流出），即

$$\boxed{眼睛} \xrightarrow{目视} \boxed{泄漏点}$$

新设计：建议在关键区域使用一层检测物质。外表面涂有导热涂料（与检测物质混合）。油漆膨胀并变色以指示制冷剂泄漏的位置，即

$$\boxed{眼睛} \xrightarrow{目视} \boxed{带颜色标记的泄漏点}$$

例 9 - 16 测量表面积。

旧设计：

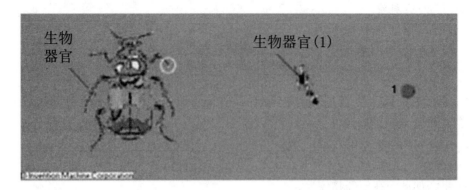

必需测量诸如昆虫的生物标本的表面积。（缺点：小尺寸和复杂的表面浮雕使测量变得困难。）

新设计：

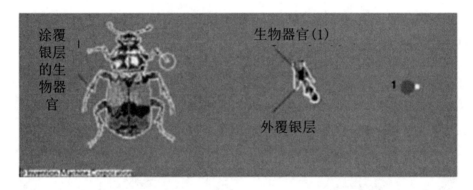

建议在昆虫上涂一层薄薄的银，并测量其重量或数量。将涂层化学涂覆在硝酸银的酸性溶液中。通过涂覆后溶液中银浓度（或重量）的变化来测量昆虫的表面积。

例 9-17　可靠的密封。

旧设计：

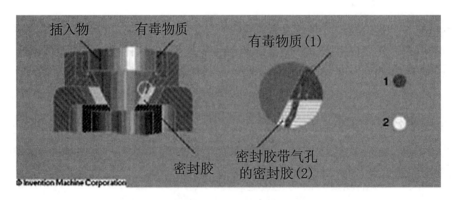

填充有密封剂的多孔镶块，可防止有毒物质通过阀杆泄漏。这是通过将镶块紧紧固定在阀杆表面上来完成的。（缺点：在高压下，有毒物质可能使密封件从阀杆上压开，形成气孔。）

新设计：

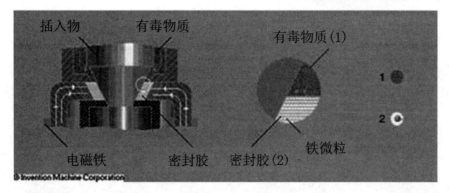

提出在密封胶中加入铁磁颗粒,将它们(带有磁场)压在阀杆上。粒子紧紧地粘在一起,增加密封剂黏度,防止气孔的形成。

方法4:改进场

在有用作用不足的情况下:

$$\boxed{主体} \dashrightarrow^{\ 力\ } \boxed{对象}$$

另一个常见原因是,当前场在向对象传递作用方面无效。我们可以尝试通过以下方式之一更改场:

(1) 改变场的方向;

(2) 改变场的强度;

(3) 更改场的空间结构(均匀,不均匀和依此类推);

(4) 更改场的时间结构(脉冲,加速,减速,来回地,等);

(5) 在载体和对象之间应用新的物质以更改该场的属性;

(6) 添加另一个或多个场,以增强整体效果。

也就是说,我们将原始系统更改为:

$$\boxed{主体} \xrightarrow{\ 已改变的\ 力\ } \boxed{对象}$$

例9-18 远程电焊 在电子制造过程中,我们需要在难以接近的区域焊接细线。施加电流以熔化导线:

但是,除非电流很大,否则电线不会熔化;因此,建议在电线接头处涂一层高耐电涂层,以确保接头附近的电压足以将电场转换成电线接头处的高热场。这种热量使电线熔化并结合,但是电线的其他部分几乎不能出现电压,使它们完好无损,不受电流的影响。

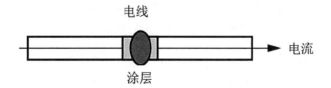

例 9 - 19 更改场的空间结构

旧设计：

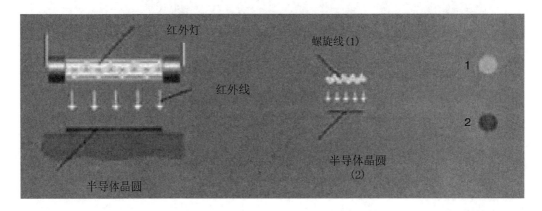

红外线灯加热半导体晶片。（缺点：晶片加热不均匀；边缘的冷却速度快于中心部分。）

新设计：

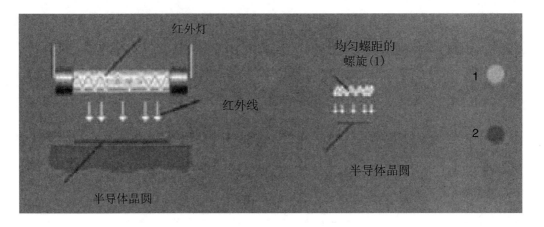

为了使灯均匀加热，用灯螺旋加热元件，在靠近外缘处采用较小的卷绕螺距。该灯产生不均匀的热流，以补偿晶片中的不均匀冷却。

9.6.2 消除或包容有害功能的方法

传递有害功能时，我们用下图表示：

正如我们前面所讨论的，交付一个功能（包括有害功能）需要这三个要素。因此，要消除有害功能，我们可以尝试以下方法：① 阻止或禁用有害作用（场）；② 破坏或禁用有害功能的场；③ 把有害的作用（场）吸引到另一个物体上；④ 添加另一个场以抵消有害作用（场）。

我们将讨论以下几种常用方法。

方法 1：阻止或禁用有害操作（作用）

我们可以通过以下方式阻止对对象的有害作用(场):

(1) 插入一种物质以保护对象免受有害作用,即

(2) 在载体和对象之间插入一种物质以更改有害作用的属性,即

例 9 - 20 玻璃安瓿瓶密封。

在这个问题上,安瓿瓶内药物的过热是有害的作用。我们将尝试引入一个绝缘体来保护安瓿瓶底部不受热。

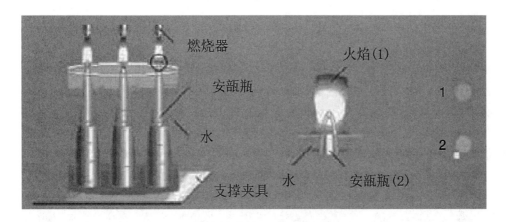

具体而言,我们建议使用水套包围安瓿。水从安瓿中带走多余的热量,以防止药物过热。

例 9 - 21 弯钉管。

旧设计:

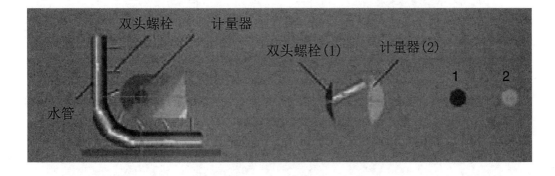

将螺柱管在芯轴上弯曲以形成需要的形状。(缺点:芯轴会损坏双头螺栓。)

新设计:

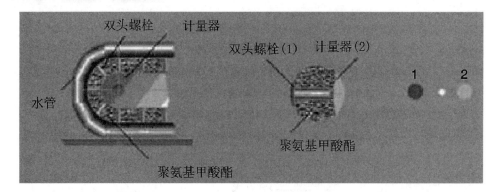

新设计提出了在芯轴和管之间引入弹性（聚氨酯）层。弹性件压缩时不会将力从芯轴传递到双头螺栓。同时，它传递足够的压缩力以使双头螺栓之间的管壁弯曲。结果，弯曲不会损坏双头螺栓。

方法 2：添加另一个场以抵消有害作用（场）。

添加另一个作用来抵消有害作用，即

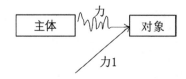

例 9-22 授粉植物。

旧设计：在人工授粉中，花朵用含花粉的气流吹。缺点是气流不能打开某些花瓣，因为它们很小，对风的力量没有反应。

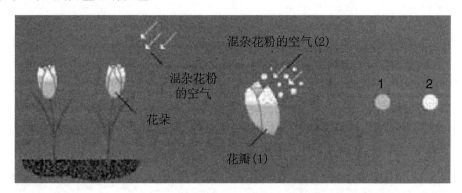

新设计：

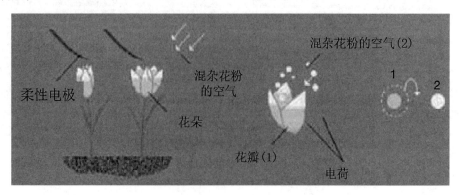

建议使用电场。灵活的电流穿过花朵,为花朵充电。然后,使带相反电荷的电极靠近以打开花朵。在这时,对花粉施加气流。

方法 3:对另一个对象进行有害的动作(场)。

添加了另一个对象,即对象1,以对其自身进行有害操作,也就是

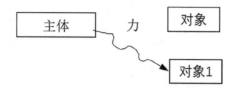

例 9-23　保护地下电缆。

旧设计:

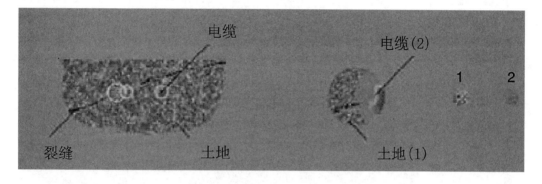

电缆埋在土壤中。[缺点:大地裂缝(由于坚硬的霜冻)会损坏电缆。]

新设计:

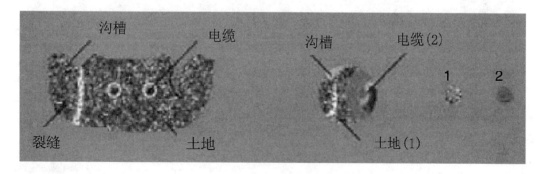

建议在平行于电缆的地下挖沟。这些沟吸引了冻胀的裂缝,使电缆不受损。

方法 4:剪裁或替换有害功能的载体

我们可以通过以下方式之一剪裁或替换有害功能的载体,以使主体不产生有害行为(请参阅第 9.7 节):

(1) 简化系统,以消除主体(请参阅第 9.7 节)。

(2) 用系统的另一部分代替主体。

(3) 用另一种物质代替主体。

(4) 打开/关闭主体的磁力影响。

例9-24 研磨零件的内表面 通过旋转移动带有磁场的磨粒介质可用于抛光工件的内表面。
旧设计：

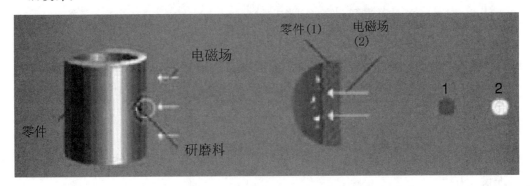

外部磁场会在零件内部移动铁磁磨料颗粒。磨料颗粒将零件磨平。（缺点：零件壁减弱了磁场。）

新设计：建议将零件加热到居里温度。部分磁性被去除，以确保其金属不会削弱磁场。较强的磁场和较高的零件温度提高了研磨效果。

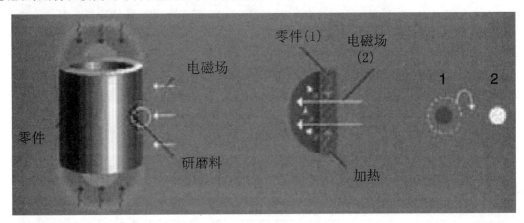

例9-25 恢复白炽灯丝。

为了使照明更接近日光，必须要提高白炽灯丝的温度。但是，灯丝温度越高，金属的蒸发速度越快。灯丝也因而很快变细并烧毁。

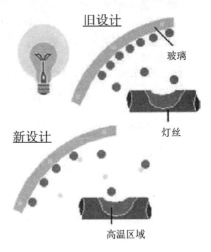

建议在灯泡工作期间通过向灯泡中添加溴来恢复白炽灯丝。溴与沉积在灯泡上的钨相互作用，形成溴化钨。化合物溴化钨蒸发并流向高温区，在高温区分解并沉淀在蒸发的位置。

方法5：剪裁或替换对象。

有害功能。我们可以通过以下方式之一剪裁或替换有害功能的对象，以使该对象对有害作用（场）不敏感（请参阅第9.7节）：

（1）简化系统，以消除对象（第9.7节）。

（2）用系统的另一部分替换该对象。

(3) 用另一个对象替换该对象。

(4) 打开/关闭对象的磁力影响

例 9 - 26 张力测量网格。

旧设计：

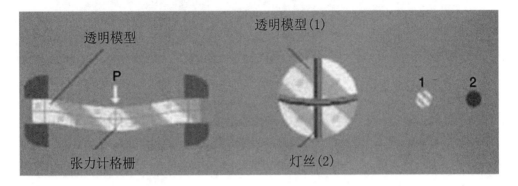

透明模型中的应力测量网格是使用很细的材料制成的。（缺点：细丝的尺寸和强度使应力测量失真。）

新设计：

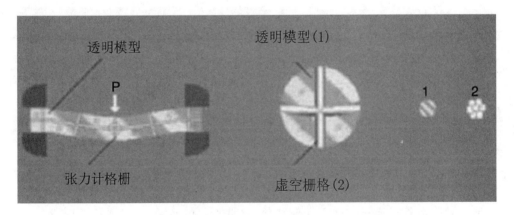

我们提出由圆柱形微孔制造格栅。微孔（直径较小）不会使模型应力场变形，但仍可被看见以准确定义模型的变形。通过蚀刻掉模型中嵌入的细铜丝形成空隙网格。

例 9 - 27 去除过敏原。

旧设计：

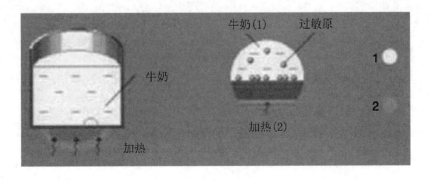

需要减少牛奶中的过敏原。为此,将牛奶煮沸,然后冷却,使白蛋白沉降(被去除)。(坏处:大多数具有明显过敏特性的球蛋白成分留在牛奶里)。

新设计:

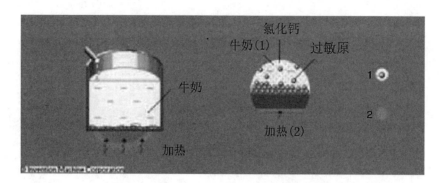

建议在处理前将氯化钙(浓度为 0.03％至 0.1％)添加到牛奶中,以使球蛋白成分沉淀下来。这样就减少了牛奶过敏原。

例 9 - 28 制作薄壁管。

旧设计:

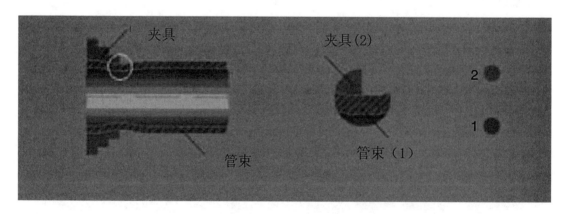

薄壁镍铬合金管是通过拉丝工艺制成的。(缺点:在夹紧、加工或运输时管道很容易变形)

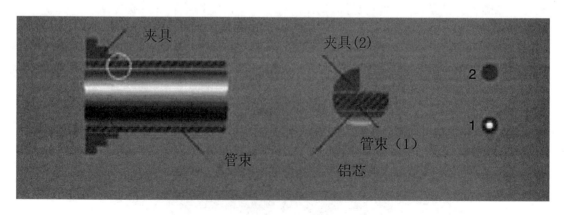

建议在管内形成铝芯以防止其变形。处理完成后,通过用碱性试剂蚀刻除去铝芯。

9.7 降低复杂度/剪裁

剪裁(或"裁剪"或"减少零件数量")是一套系统的方法,可用于消除多余的功能和零件,从而改变结构和简化系统。多余的功能是对客户很小或没有好处的功能。有时多余功能是隐性的,我们需要努力识别它们。为了识别冗余功能,为系统绘制功能分析图并对模型中每个功能提出问题非常有帮助。我们需要考虑是否真的需要这个功能?

剪裁还可用于识别和消除多余零件。根据理想度的基本思想和最终理想解,最好的组件是没有组件;资源的最佳利用是不使用资源。减少多余零件将减少系统的成本和复杂性。通常,系统越简单,潜在问题就越少。

应该剪裁什么样的零件? 我们应该考虑剪裁以下部分组件:

(1)无法提供有用功能的组件;

(2)具有许多有害功能而很少有用的功能的组件;

(3)只为客户提供低价值功能的组件;

(4)利用率低的组件。

可以剪裁什么样的零件?

(1)组件的有用动作可以由系统中的另一组件执行;

(2)组件的有用操作可以通过简单地更改系统中的另一个组件来执行;

(3)组件的有用功能可以由接收作用的组件(自助服务)执行;

(4)组件的有用功能可以通过廉价替代品或一次性替代品来实现。

例 9-29 使用裁剪:无灯泡探测灯。

1970 年代,苏联向月球表面发射了无人登月探测器,将电视图像传输到地球。当时设计了使用灯泡的探测灯,以照亮车辆前方的月球表面。但是,现有的灯泡在登陆月球表面的冲击下无法存活。最耐用的灯泡是用于军事坦克的灯泡。但即使是那些灯泡,在测试过程中也会在玻璃和螺丝底座之间的连接处破裂。必须开发适合该应用的新灯泡设计。情况报告给项目负责人巴巴金博士,他问:"灯泡的目的是什么?"答案是显而易见的——真空密封灯丝。但是,月亮的大气层已经呈现出完美的真空状态。因此,巴巴金建议使用没有灯泡的灯。这就是识别多余功能的情况。

9.8 技术系统的进化

在研究了成千上万项专利之后,Altshuller 和他的同事开发了 TRIZ,得出结论,技术系统的发展是高度可预测的,并符合以下几种规律:

(1)提高理想度;

(2)完备性增加,然后简化(裁剪度增加);

(3)子系统不均衡发展;

(4)动态化增强。

在我们的 TRIZ 问题解决过程中,如果遇到一个问题,即当前的系统能够提供有用的功能，并且没有明显的有害功能需要消除，也没有需要克服的矛盾，但是该系统在市场上不再具有竞争力，那么我们迫切需要增强系统的性能。于是，我们可以在工程进化中运用这些思想来产生改进。

9.8.1　提高理想度法则

TRIZ 认为，所有技术系统的进化都将朝着理想度增加的方向进行。回顾一下理想度的定义

$$理想度 = \frac{\sum 收益}{\sum 成本 + \sum 伤害}$$

换句话说，任何技术系统的发展都是总是朝着① 增加收益；② 降低成本；③ 减少伤害。有许多 TRIZ 技术可以提高理想度。

（1）增加收益的技术。

（2）增加单个系统中的功能数量。这种特点是以单-双-多（Mono - Bi - Poly）系统进化。Mono 表示单系统。单系统定义为具有一个功能的单个对象。示例如下：① 刀；② 单管猎枪。

（3）Bi 表示双系统。双系统被定义为两个子系统的组合，其功能可能相同、相似、不同甚至相反。以下是双系统的一些示例：

① 双管猎枪，是两种单发猎枪的组合步枪。② 一字/十字螺丝刀。一个是一字，另一个是十字形的，它是两个相似功能的组合。③ 手表计算器。它是手表和计算器的结合，不同功能的组合。④ 带橡皮的铅笔。两种相反功能的组合。

（4）Poly 表示多系统。多系统定义为功能相同、相似、不同甚至相反的三个或更多个子系统的组合。多元系统的示例包括多级火箭、瑞士军刀和电动工具组，声音系统（收音机，CD播放器，磁带播放器等的组合）

（5）单-双-多系统发展指出，技术系统的发展通常是通过增加越来越多的功能来实现的，从简单的单系统，双系统到多系统。

（6）增加功能的量级和质量。在技术系统的发展过程中，不仅功能数量可能增加，功能的量级和质量也会提高。例如，在火器的开发中，早期的火器只能在短距离内射击，并且不是很强大，频率非常低，准确性也很差。随着技术的发展，它可以射击得越来越远，它的威力越来越强大，频率和精度越来越高。

例 9 - 30　大学的一卡通系统。大学生曾经携带许多卡，包括健身俱乐部卡，图书馆卡和停车卡。大学管理部门开发了一卡通系统，其中所有信息都存储在一张塑料卡的同一磁条中。通过使用此卡，学生可以进入任何设施，例如健身俱乐部或图书馆。这是增加有用功能数量的方法。

（1）降低成本的技术。

（2）裁剪：① 删除冗余功能；② 删除冗余组件；③ 用便宜的替代品替换零件；④ 将几个部分合并为一个部分；⑤ 通过已经存在的物质资源执行组件功能。

例 9 - 31　自给式液压系统。泵将有色液体输送到温室顶部透明板之间的间隙，形成薄

的半透明薄片。液体薄片的间隙厚度和不透明度用来控制进入温室的太阳辐射。该功能是足够的,但是液压设备增加了温室的运营成本。

为了降低成本,建议取消液压系统。一个可膨胀的液体放置在屋顶空腔中。随着温室内部温度的升高,液体膨胀。屋顶腔中充满了流体,防止了过多的太阳能进入温室。这个设计消除了辅助功能(液压设备),降低了整个技术系统的成本。

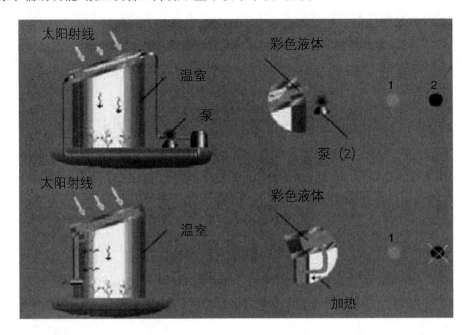

减少辅助功能的数量:
(1) 裁剪辅助功能和相关组件;
(2) 简化辅助功能和相关组件;
(3) 使用免费资源来提供辅助功能。

减少危害的技术:
(1) 使用功能改进方法减少有害功能;
(2) 使用裁剪减少有害功能;
(3) 使用现有资源来对抗有害功能。

例 9 - 32 使用污染物(废物)防止污染。为防止污染,热电厂的废气用碱性化学物质处理。碱性炉渣本身是从燃煤电厂中回收的,那里的炉渣也曾是污染源。在这种情况下,通过使用现有资源来实现防止污染的辅助功能,并且消除了有害功能(污染)。

9.8.2　完备性增加,然后简化(裁剪度增加)

这种发展趋势表明,在开发初期,技术系统的种类通常只会提供容量有限的非常简单的基本功能,但是随着技术的成熟,系统将在基础功能上增加更多的功能,从而提高功能的质量和数量。该系统还将增加更多的组件并变得更加复杂,并且随着开发的深入,系统结构将得到改善,这意味着减少了组件数量,降低了复杂性并更好地利用了空间、材料和其他资源,并且该过程将继续。

该趋势与理想度程度的增长趋势密切相关。正如我们所描述的那样，不断增加的理想度的特征是事半功倍。功能增加和结构增强的趋势体现为"越来越能干，越来越花钱，然后整合、简化和少花钱。"

9.8.3　子系统不均衡发展

对于具有许多组件和子系统的复杂系统，系统元素的不均匀发展也具有系统进化的特色：

（1）系统中的每个组件或子系统可能都有自己的 S 曲线。通常，不同的组件或子系统会根据自己的时间表进行发展。同样，不同的系统组件会在不同时间达到其内在的极限。

（2）首先达到其极限的组件将抑制整个系统的进化。这样的组件成为设计中的薄弱环节。当然，欠发达的部分也是薄弱环节。

（3）薄弱环节（矛盾）的形成揭示了阻碍整个系统发展的系统组件。显然，可以通过改善约束这些组件的链接（消除矛盾）来改进该系统。但是，系统开发中经常犯的错误是总是关注提升较强的因素，而不是改进那些限制系统发展的部分。

以下示例强调了集中精力改善系统中最薄弱的环节的重要性。

例 9 - 33　早期的飞机受到发展不够的空气动力学的限制。然而多年来，工程师们并没有致力于改善空气动力学，而是专注于增加飞机发动机的功率。

例 9 - 34　一家汽车塑料保险杠制造商的报废率是预期的两倍。所有解决问题的努力都是针对提高制造水平。由于公司总裁参与了材料的制定，所以没有认真考虑对配方的修改。有一次，出于无奈，该组织购买了一种新的商业配方，这使得制造过程变得稳定，报废量降至目标水平的十分之一。

9.8.4　动态化增强

当一个新的技术系统开发出来时，它通常是死板并且不灵活的，只能提供基本功能。死板将妨碍系统在不同用户环境下的性能。随着系统的进一步发展，动态性的程度将提高。

例 9 - 35　镜头的演变。在 1950 年之前，相机镜头的焦距是固定的。然后才开发了变焦镜头，并不断改进，其焦距可以在机械水平上改变。这里介绍一项专利：

美国专利 4,958,179(1990)：具有可变焦距的相机。可变焦距相机使用的镜头系统至少具有两种不同的焦距：相对较长的焦距适合远摄模式和较短的焦距适合适用于广角摄影模式。该系统配备有焦距悬挂结构，该焦距悬挂结构包括由电动机驱动的可旋转焦距改变构件、设置在该可旋转焦距改变构件上的杆位移构件以及与该杆接合的电动机切换杆连接。部件用于切换电动机开关和变焦部件，变焦部件改变拍摄镜头的焦距。

自 1990 年以来，在特定情况下已经开发了光学流体透镜来代替传统的固体透镜。它专门为需要大镜片的应用而设计的镜片，省去了昂贵的研磨和抛光操作。透镜是一个可调节的腔室，其中装有一种光学液，可以通过改变腔室的大小来对其进行不同程度的加压。腔室端部的弹性光学膜片的曲率响应腔室内流体压力的变化而变化，以产生固定或可变焦距的透镜。

9.9 物理、化学和几何作用数据库

技术系统的设计和生产是为了提供功能。如前所述,要交付功能,我们至少需要三个要素,分别是一个主体,一个作用和一个对象。主体和对象是物质;作用通常由各个场传递。因此,有关物理、化学领域特性的知识对于开发高级技术系统非常重要。

许多 TRIZ 软件程序都具有关于物质和场的属性及其物理、化学和几何作用的庞大数据库。其中一个例子是 Invention Machine 公司的软件。这种数据库对于创建创造性的解决方案非常有帮助。

9.10 公理设计和 TRIZ 的对比

下表总结了公理设计(AD)(第 8 章)和 TRIZ 之间的可能关系。我们选择了 AD 中的七个推论和三个定理(Suh,1990)与 TRIZ 工具进行比较。七个设计推论直接从两个公理中得出,因此将这些"下层设计规则"与 TRIZ 工具进行比较对于理解这两种方法很有用。然后我们仅选择了三个定理,因为我们认为 AD 中的其他定理不能与 TRIZ 关联。Mann (1999)给出了 AD 和 TRIZ 在域、映射、层次结构和公理级别的一般比较。

公理设计(AD)	TRIZ
推论 1:耦合设计的解耦。 如果 FR 在设计构思中耦合或成为相互依赖,则须解耦或分离解决方案的各个部分或各个方面。此推论指出,如果设计构思与功能需求耦合,则必须通过解耦来确保功能独立性。可以在不进行物理分离的情况下实现功能上的解耦。但是,在许多情况下,这种物理分解可能是解决耦合问题的最佳方法(Suh,1990)	TRIZ 中的矛盾概念类似于公理设计 AD 的功能耦合。TRIZ 中克服矛盾意味着 AD 消除功能耦合。矛盾有两种类型:技术矛盾和物理矛盾。技术矛盾源于物理矛盾。因此,通常需要以"矩阵表"和 40 项"发明原理"或"分离原理"为指导对技术系统的物理结构开展必要的改变,以消除矛盾
推论 2:FR 的最小化。功能需求和约束的最小化数量。该推论表明,随着功能需求和约束条件数量的增加,系统变得更加复杂,因此信息量也随之增加。该推论建议设计人员力求在总体设计上实现最大程度的简约,或者在物理和功能特性上实现最大程度的简化	最终理想解(IFR)原理对应推论 2。IFR 是实现所需功能的"费用",如果系统不存在但已执行所需功能,则将实现 IFR。IFR 帮助工程师专注于将对物质、能源、工程产品或过程的复杂性的要求最小化的概念
推论 3:物理部分的集成。当方案构思的 FR 都能独立的被满足时,将设计特征集成到单个物理过程、设备或系统中。该推论 3 指出,应通过零件的整合来减少物理组件的数量,和没有功能要求的耦合。但是,我们不希望看到物理集成会导致信息内容的增加或功能需求的耦合	进化模式 5:完备性增加,然后进行简化(裁剪度增加)。这种模式表明,技术系统趋向于首先朝着增加复杂性(即系统功能的数量和质量增加)发展,然后朝着简化(由较不复杂的系统提供相同或更好的性能)发展。术语 mo-bi-poly 表示单一功能产品通过物理实施方案的集成演变为双功能或多功能产品

公理设计（AD）	TRIZ
推论4：使用标准化。如果这些部件的使用符合FR和约束，则使用标准化或可互换的部件。这个推论陈述了一个众所周知的设计规则：使用标准零件、方法、操作和例程，制造和组装。特殊零件应尽量减少使用以便降低成本。通用件可以允许减少库存，并简化制造和服务运营；也就是说，它们减少了信息内容	没有任何模式，原理或工具符合此推论。TRIZ将其研究重点放在解决创造性的问题上，因此它很少关注物理组件的标准化和可互换性
推论5：使用对称性。如果它们与FR和约束条件一致，则使用对称的形状或布置。显而易见的是，对称零件更易于制造且易于定位装配。不仅形状应尽可能对称，而且孔的位置其他特征也应对称放置，以最大限度地减少制造和使用过程中所需的信息。对称的零件可在制造过程中促进对称性	原则4：TRIZ中的不对称性（40个发明性原理之一）与推论5相反。TRIZ提出了相反的原理，因为理论5陈述了工程设计的一般规则，但是TRIZ方法论将其研究重点放在了创造性的问题解决技术上。这些技术源自专利数据库，该专利数据库涉及新颖的方法和独特的想法
推论6：最大化公差。在陈述功能要求时指定最大允许公差	在TRIZ中找不到相应的工具。推论6是设计的一般规则，与发明无关
推论7：非耦合的设计，信息更少。在满足一组FR方面，寻求比耦合设计需要更少信息的非耦合设计。该推论表明，如果设计者提出了一种非耦合设计，则设计者应返回初始阶段以开发另一种具有比耦合设计信息更少的非耦合或解耦设计	40条发明原理。这些原则提供了克服矛盾的技术
定理1：由于DP数量不足而造成耦合。当DP的数量小于FR的数量时，则要么是耦合设计，要么FR无法被满足	物场模型分析指出，可以使用完整的物-场三角形对任何功能正常的系统进行建模，并且与"完整"三角形的任何偏离（例如，缺少一个元素）都意味着问题存在
定理2：耦合设计的解耦。如果由于FR的数量多于DP（$m>n$）而导致设计耦合时，而且有一组包含$n\times n$个元素的设计矩阵A可以构成一个三角形矩阵。可以通过添加设计新的DP来解耦设计，以使FR和DP的数量彼此相等	建立物场模型（"76个标准解"的第一类）与定理2具有相同的想法。该标准解决方案指出，如果给定的对象不接受（或勉强接受）所需的更改，并且问题描述不包含任何引入物质或场的限制，则可以通过以引入来缺失的元件来完善物场模型
定理3：需要新设计。当一组给定的FR被改变时，比如添加了新的FR或某个新的FR替换了其中一个FR或通过选择完全不同的FR集合时，原始DP给出的设计解决方案一定无法满足新FR集。因此，必须寻求新的设计解决方案	增强物场模型，属于"76个标准解"的第2类，对应于定理3。添加新的FR或用新的FR替换其中一个FR意味着以前的系统是无效的物场模型。在这种情况下，需要增强物质场模型以改善系统功能

9.10.1 案例研究：使用 TRIZ 分离原理解决耦合问题

独立公理意味着设计矩阵采用特殊形式。将公理 1 应用于设计矩阵的结果如下：

(1) 最好具有一个正方形矩阵(即，$n=m$)。

(2) 矩阵应为对角矩阵或三角矩阵。

在实际设计情况下，我们需要搜索产生对角或三角矩阵的 DP。独立程度可以视为公差的定义。在功能域和物理域中都有层次结构，在设计过程中两个域之间存在之字形过程。工艺域是最直接了当的，其解决方案是在每个级别解耦设计而组成。当解决方案由各个级别的非耦合设计组成时，域的映射过程最为简单。当设计是非耦合的，我们可以只考虑一个层次的 FR，而无须考虑相同层次和先前层次结构的其他 FRs。当设计耦合时，我们必须考虑决策对其他 FR 和 DP 的影响。因此，设计人员应尝试通过在设计层次结构的每个级别上去耦合或解耦设计来找到解决方案。

问题是如何解耦设计。很明显最好将设计矩阵修改为对角或三角矩阵。在实践中，许多耦合设计都会经历变迁，通过与 TRIZ 方法背道而驰的试错过程而达成解耦。在 TRIZ 方法论中，耦合设计被定义为存在矛盾。要消除耦合的依赖则意味着通过应用发明原理或分离原理来克服技术或物理矛盾。因此，这些原理可以与公理设计推论及定理一起用于解耦耦合设计的应对。

纸张处理机的设计过程(Sekimoto 和 Ukai，1994)说明了 TRIZ 中的分离原理如何帮助满足公理 1。

纸张处理机案例研究。自动柜员机(ATM)中使用的纸张处理机的功能是"从一堆钞票中分离出一组钞票"，这是系统的第一个 FR。可以使用几种物理结构来实现此功能要求，例如摩擦、真空和浮起。我们选择了摩擦法，其作用机理如图 9-14 所示。

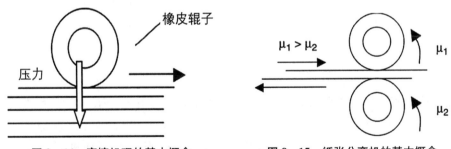

图 9-14 摩擦机理的基本概念　　　　图 9-15 纸张分离机的基本概念

但是，由于某些情况下摩擦力会发生变化，因此该 DP 不能始终正常工作。如果作用在最前面的钞票上的摩擦力过大，则会向前发送两张或更多张钞票。如果力太弱，则顶部钞票可能无法分离。因此，我们必须将第一级功能需求分解为两个功能需求："对第一张钞票施加前向力"和"对第二张钞票施加后向力"。为了满足这两个要求，这种设计的新 DP 是一对沿相同方向旋转的辊，如图 9-15 所示。上辊的摩擦系数也大于下辊的摩擦系数。设计公式为

$$\begin{Bmatrix} FR_1 \\ FR_2 \end{Bmatrix} = \begin{bmatrix} A_{11} & A_{12} \\ A_{21} & A_{22} \end{bmatrix} \begin{Bmatrix} DP_1 \\ DP_2 \end{Bmatrix};$$

其中，FR_1＝向第一张钞票施加前向力；FR_2＝向第二张钞票施加反作用力；DP_1＝上辊；DP_2＝下辊；A_{11}＝上辊和第一张钞票之间的摩擦；A_{22}＝下辊和第二张钞票之间的摩擦。

A_{12}和A_{21}代表两个钞票之间的摩擦，因此A_{12}等于A_{21}。与A_{11}和A_{22}相比，A_{12}和A_{21}可以忽略不计；因此可以独立满足两个要求。

剩下的问题是：

（1）如果同时在两个滚筒之间插入三张或更多张钞票会怎样？

（2）如果滚筒继续旋转，则在第一张钞票向前发送后会发生什么？

（3）钞票质量发生变化时会发生什么？

要回答这些问题，必须定义以下四个FR：① FR_3＝倾斜堆积钞票的横截面以使隔离变得容易；② FR_4＝拿出隔离钞票；③ FR_5＝调整摩擦力；④ FR_6＝一张钞票消失后减小前进力。

在公理中，这六个FR是独立需求的最小集合，它们完全表征了针对纸张处理机特定需求的设计目标。如下选择物理域中的六个DP，机器如图 9 - 16 所示：① DP_1＝上辊；② DP_2＝下辊；③ DP_3＝楔形地板导向器；④ DP_4＝托架压紧轮；⑤ DP_5＝压板；⑥ DP_6＝凸轮。

凸轮（DP_6）的功能是减少一张钞票后的向前力。但是，当凸轮旋转时，它也会影响FR_1，FR_2，FR_3和FR_5，因为它会改变地板导向装置的压力和倾斜度。

耦合设计的设计公式如下：

$$\begin{Bmatrix} FR_1 \\ FR_2 \\ FR_3 \\ FR_4 \\ FR_5 \\ FR_6 \end{Bmatrix} = \begin{bmatrix} \times & 0 & 0 & 0 & 0 & x \\ 0 & \times & 0 & 0 & 0 & x \\ 0 & 0 & \times & 0 & 0 & x \\ 0 & 0 & 0 & \times & 0 & 0 \\ 0 & 0 & 0 & 0 & \times & x \\ 0 & 0 & 0 & 0 & 0 & \times \end{bmatrix} \begin{Bmatrix} DP_1 \\ DP_2 \\ DP_3 \\ DP_4 \\ DP_5 \\ DP_6 \end{Bmatrix}$$

但是，从 TRIZ 的角度来看，FR_1和FR_6可以看作是由于FR_1需要大的前向力而FR_6需要小的前向力，因此存在技术矛盾。通过应用矩阵表和 40 个发明原理可以克服技术矛盾。但是，如果技术矛盾可以转化为物理矛盾，则分离原理可以用于解决这个问题。

在这种情况下，FR_1和FR_6要求上辊和第一张钞票之间的摩擦既大又小。在物理上，两个因素控制着上辊和第一张钞票之间的摩擦力：压力和摩擦系数。这意味着压力或摩擦系数都应大或小。由于不需要同时使用FR_1和FR_6，因此压力和摩擦系数不应一直都相同。因此，可以利用时间上相反特性的分离（TRIZ 分离原理之一）来克服矛盾。

图 9 - 16 给出了一种使压力变大和变小的设计方案。图 9 - 17 说明了另一种设计方案。使用局部橡胶辊来满足FR_1和FR_6，因为它的摩擦系数在一次转动时大而在另一次转动时小。因此，技术矛盾转化为物理矛盾，并使用 TRIZ 分离原理克服了矛盾。在图 9 - 17 中，将两个DP集成为一个部分，并使用五个组件分别满足六个功能要求。设计公式为

$$
\begin{Bmatrix} FR_1 \\ FR_2 \\ FR_3 \\ FR_4 \\ FR_5 \\ FR_6 \end{Bmatrix} = \begin{bmatrix} \times & 0 & 0 & 0 & 0 & 0 \\ 0 & \times & 0 & 0 & 0 & 0 \\ 0 & 0 & \times & 0 & 0 & 0 \\ 0 & 0 & 0 & \times & 0 & 0 \\ 0 & 0 & 0 & 0 & \times & 0 \\ 0 & 0 & 0 & 0 & 0 & \end{bmatrix} \begin{Bmatrix} DP_1 \\ DP_2 \\ DP_3 \\ DP_4 \\ DP_5 \\ DP_6 \end{Bmatrix}
$$

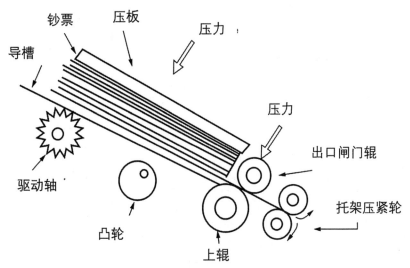

图 9 - 16　纸张分离机的设计(解决方案 1)

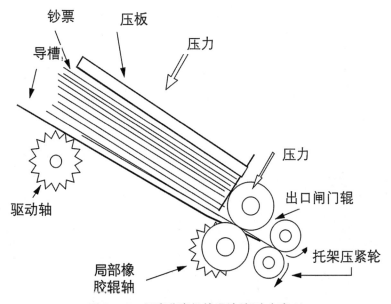

图 9 - 17　纸张分离机的设计(解决方案 2)

这是个非耦合设计。显然,图 9 - 17 中的设计解决方案更好,因为它是非耦合设计,并且具有更简单的结构。结构简单意味着需要的信息更少,并且易于生产。

附录：矛盾矩阵表及发明原理

什么被恶化了？

应该改善什么？	1 运动物体的重量	2 静止物体的重量	3 运动物体的长度	4 静止物体的长度	5 运动物体的面积	6 静止物体的面积	7 运动物体的体积	8 静止物体的体积	9 速度	10 力	11 应力,压强	12 形状	13 稳定性
1 运动物体的重量	+	—	15,8,29,34	—	29,17,38,34	—	29,2,40,28	—	2,8,15,38	8,10,18,37	10,36,37,40	10,14,35,40	1,35,19,39
2 静止物体的重量	—	+	—	10,1,29,35	—	35,30,13,2	—	5,35,14,2	—	8,10,19,35	13,29,10,18	13,10,29,14	26,39,1,40
3 运动物体的长度	8,15,29,34	—	+	—	15,17,4	—	7,17,4,35	—	13,4,8	17,10,4	1,8,35	1,8,10,29	1,8,15,34
4 静止物体的长度	—	35,28,40,29	—	+	—	17,7,10,40	—	35,8,2,14	—	28,10	1,14,35	13,14,15,7	39,37,35
5 运动物体的面积	2,17,29,4	—	14,15,18,4	—	+	—	7,14,17,4	—	29,30,4,34	19,30,35,2	10,15,36,28	5,34,29,4	11,2,13,39
6 静止物体的面积	—	30,2,14,18	—	26,7,9,39	—	+	—	—	—	1,18,35,36	10,15,36,37	—	2,38
7 运动物体的体积	2,26,29,40	—	1,7,35,4	—	1,7,4,17	—	+	—	29,4,38,34	15,35,36,37	6,35,36,37	1,15,29,4	28,10,1,39
8 静止物体的体积	—	35,10,19,14	19,14	—	—	—	—	+	—	2,18,37	24,35	7,2,35	34,28,35,40
9 速度	2,28,13,38	—	13,14,8	—	29,30,34	—	7,29,34	—	+	13,28,15,19	6,18,38,40	35,15,18,34	28,33,1,18
10 力	8,1,37,18	18,13,1,28	17,19,9,36	28,10	19,10,15	1,18,36,37	15,9,12,37	2,36,18,37	13,28,15,12	+	18,21,11	10,35,40,34	35,10,21

什么被恶化了?

应该改善什么?		14 强度	15 运动物体的作用时间	16 静止物体的作用时间	17 温度	18 照度	19 运动物体的能量消耗	20 静止物体的能量消耗	21 功率	22 能量损失	23 物质损失	24 信息损失	25 时间损失	26 物质的量
1	运动物体的重量	28,27,18,40	5,34,31,35	—	6,29,4,38	19,1,32	35,12,34,31	—	12,36,18,31	6,2,34,19	5,35,3,31	10,24,35	10,35,20,28	3,26,18,31
2	静止物体的重量	28,2,10,27	—	2,27,19,6	28,19,32,22	35,19,32	—	18,19,28,1	15,19,18,22	18,19,28,15	5,8,13,30	10,15,35	10,20,35,26	19,6,18,26
3	运动物体的长度	8,35,29,34	19	—	10,15,19	32	8,35,24	—	1,35	7,2,35,39	4,29,23,10	1,24	15,2,29	29,35
4	静止物体的长度	15,14,28,26	—	1,40,35	3,35,38,18	3,25	—	—	12,8	6,28	10,28,24,35	24,26	30,29,14	—
5	运动物体的面积	3,15,40,14	6,3	—	2,15,16	15,32,19,13	19,32	—	19,10,32,18	15,17,30,26	10,35,2,39	30,26	26,4	29,30,6,13
6	静止物体的面积	40	—	2,10,19,30	35,39,38		—	—	17,32	17,7,30	10,14,18,39	30,16	10,35,4,18	2,18,40,4
7	运动物体的体积	9,14,15,7	6,35,4	—	34,39,10,18	10,13,2	35	—	35,6,13,18	7,15,13,16	36,39,34,10	2,22	2,6,34,10	29,30,7
8	静止物体的体积	9,14,17,15	—	35,34,38	35,6,4		—	—	30,6	—	10,39,35,34	—	35,16,32,18	35,3
9	速度	8,3,26,14	3,19,35,5	—	28,30,36,2	10,13,19	8,15,35,38	—	19,35,38,2	14,20,19,35	10,13,28,38	13,26	—	10,19,29,38
10	力	35,10,14,27	19,2	—	35,10,21		19,17,10	1,16,36,37	19,35,18,37	14,15	8,35,40,5	—	10,37,36	14,29,18,36

什么被恶化了？

应该改善什么？		27 可靠性	28 测量精度	29 制造精度	30 作用于物体的有害因素	31 物体产生的有害因素	32 可制造性	33 操作流程的方便性	34 可维修性	35 适应性、通用性	36 系统的复杂性	37 控制和测量的复杂性	38 自动化程度	39 生产率
1	运动物体的重量	3,11,1,27	28,27,35,26	28,35,26,18	22,21,18,27	22,35,31,39	27,28,1,36	35,3,2,24	2,27,28,11	29,5,15,8	26,30,36,34	28,29,26,32	26,35,18,19	35,3,24,37
2	静止物体的重量	10,28,8,3	18,26,28	10,1,35,17	2,19,22,37	35,22,1,39	28,1,9	6,13,1,32	2,27,28,11	19,15,29	1,10,26,39	25,28,17,15	2,26,35	1,28,15,35
3	运动物体的长度	10,14,29,40	28,32,4	10,28,29,37	1,15,17,24	17,15	1,29,17	15,29,35,4	1,28,10	14,15,1,16	1,19,26,24	35,1,26,24	17,24,26,16	14,4,28,29
4	静止物体的长度	15,29,28	32,28,3	2,32,10	1,18	—	15,17,27	2,25	3	1,35	1,26	26		30,14,7,26
5	运动物体的面积	29,9	26,28,32,3	2,32	22,33,28,1	17,2,18,39	13,1,26,24	15,17,13,16	15,13,10,1	15,30	14,1,13	2,36,26,18	14,30,28,23	10,26,34,2
6	静止物体的面积	32,35,40,4	26,28,32,3	2,29,18,36	27,2,39,35	22,1,40	40,16	16,4	16	15,16	1,18,36	2,35,30,18	23	10,15,17,7
7	运动物体的体积	14,1,40,11	25,26,28	25,28,2,16	22,21,27,35	17,2,40,1	29,1,40	15,13,30,12	10	15,29	26,1	29,26,4	35,34,16,24	10,6,2,34
8	静止物体的体积	2,35,16	—	35,10,25	34,39,19,27	30,18,35,4	35	—	1	—	1,31	2,17,26	—	35,37,10,2
9	速度	11,35,27,28	28,32,1,24	10,28,32,25	1,28,35,23	2,24,35,21	35,13,8,1	32,28,13,12	34,2,28,27	15,10,26	10,28,4,34	3,34,27,16	10,18	
10	力	3,35,13,21	35,10,23,24	28,29,37,36	1,35,40,18	13,3,36,24	15,37,18,1	1,28,3,25	15,1,11	15,17,18,20	26,35,10,18	36,37,10,19	2,35	3,28,35,37

什么被恶化了?

应该改善什么?	1 运动物体的重量	2 静止物体的重量	3 运动物体的长度	4 静止物体的长度	5 运动物体的面积	6 静止物体的面积	7 运动物体的体积	8 静止物体的体积	9 速度	10 力	11 应力,压强	12 形状	13 稳定性
11 应力,压强	10,36,37,40	13,29,10,18	35,10,36	35,1,14,16	10,15,36,28	10,15,36,37	6,35,10	35,24	6,35,36	36,35,21	+	35,4,15,10	35,33,2,40
12 形状	8,10,29,40	15,10,26,3	29,34,5,4	13,14,10,7	5,34,4,10	—	14,4,15,22	7,2,35	35,15,34,18	35,10,37,40	34,15,10,14	+	33,1,18,4
13 稳定性	21,35,2,39	26,39,1,40	13,15,1,28	37	2,11,13	39	28,10,19,39	34,28,35,40	33,15,28,18	10,35,21,16	2,35,40	22,1,18,4	+
14 强度	1,8,40,15	40,26,27,1	1,15,8,35	15,14,28,26	3,34,40,29	9,40,28	10,15,14,7	9,14,17,15	8,13,26,14	10,18,3,14	10,3,18,40	10,30,35,40	13,17,35
15 运动物体的作用时间	19,5,34,31	—	2,19,9	—	3,17,19	—	10,2,19,30	—	3,35,5	19,2,16	19,3,27	14,26,28,25	13,3,35
16 静止物体的作用时间		6,27,19,16		1,40,35	—	—		35,34,38	—	—	—	—	39,3,35,23
17 温度	36,22,6,38	22,35,32	15,19,9	15,19,9	3,35,39,18	35,38	34,39,40,18	35,6,4	2,28,36,30	35,10,3,21	35,39,19,2	14,22,19,32	1,35,32
18 照度	19,1,32	2,35,32	19,32,16		19,32,26	—	2,13,10		10,13,19	26,19,6	—	32,30	32,3,27
19 运动物体的能量消耗	12,18,28,31	—	12,28		15,19,25	—	35,13,18		8,15,35	16,26,21,2	23,14,25	12,2,29	19,13,17,24
20 静止物体的能量消耗		19,9,6,27			—	—	—	—	—	36,37	—	—	27,4,29,18
21 功率	8,36,38,31	19,26,17,27	1,10,35,37	—	19,38	17,32,13,38	35,6,38	30,6,25	15,35,2	26,2,36,35	22,10,35	29,14,2,40	35,32,15,31
22 能量损失	15,6,19,28	19,6,18,9	7,2,6,13	6,38,7	15,26,17,30	17,7,30,18	7,18,23	7	16,35,38	36,38	—	—	14,2,39,6
23 物质损失	35,6,23,40	35,6,22,32	14,29,10,39	10,28,24	35,2,10,31	10,18,39,31	1,29,30,36	3,39,18,31	10,13,28,38	14,15,18,40	3,36,37,10	29,35,3,5	2,14,30,40
24 信息损失	10,24,35	10,35,5	1,26	26	30,26	30,16	—	2,22	26,32		—	—	—

什么被恶化了?

应该改善什么?	14 强度	15 运动物体的作用时间	16 静止物体的作用时间	17 温度	18 照度	19 运动物体的能量消耗	20 静止物体的能量消耗	21 功率	22 能量损失	23 物质损失	24 信息损失	25 时间损失	26 物质的量
11 应力，压强	9,18,3,40	19,3,27	—	35,39,19,2	—	14,24,10,37		10,35,14	2,36,25	10,36,3,37	—	37,36,4	10,14,36
12 形状	30,14,10,40	14,26,9,25	—	22,14,19,32	13,15,32	2,6,34,14		4,6,2	14	35,29,3,5	—	14,10,34,17	36,22
13 稳定性	17,9,15	13,27,10,35	39,3,35,23	35,1,32	32,3,27,15	13,19	27,4,29,18	32,35,27,31	14,2,39,6	2,14,30,40	—	35,27	15,32,35
14 强度	+	27,3,26	—	30,10,40	35,19	19,35,10	35	10,26,35,28	35	35,28,31,40	—	29,3,28,10	29,10,27
15 运动物体的作用时间	27,3,10	+	—	19,35,39	2,19,4,35	28,6,35,18	—	19,10,35,38	—	28,27,3,18	10	20,10,28,18	3,35,10,40
16 静止物体的作用时间	—	+	+	19,18,36,40	—	—	—	16	—	27,16,18,38	10	28,20,10,16	3,35,31
17 温度	10,30,22,40	19,13,39	19,18,36,40	+	32,30,21,16	19,15,3,17	—	2,14,17,25	21,17,35,38	21,36,29,31	—	35,28,21,18	3,17,30,39
18 照度	35,19	2,19,6	—	32,35,19	+	32,1,19	32,35,1,15	32	13,16,1,6	13,1	1,6	19,1,26,17	1,19
19 运动物体的能量消耗	5,19,9,35	28,35,6,18	—	19,24,3,14	2,15,19	+	—	6,19,37,18	12,22,15,24	35,24,18,5	—	35,38,19,18	34,23,16,18
20 静止物体的能量消耗	35	—	—	—	19,2,35,32	—	+	—	—	28,27,18,31	—	—	3,35,31
21 功率	26,10,28	19,35,10,38	16	2,14,17,25	16,6,19	16,6,19,37	—	+	10,35,38	28,27,18,38	10,19	35,20,10,6	4,34,19
22 能量损失	26	28,27,18,38	—	19,38,7	1,13,32,15	—	—	3,38	+	35,27,2,37	19,10	10,18,32,7	7,18,25
23 物质损失	35,28,31,40	28,27,3,18	27,16,18,38	21,36,39,31	1,6,13	35,18,24,5	28,27,12,31	28,27,18,38	35,27,2,31	+	—	15,18,35,10	6,3,10,24
24 信息损失	—	10	10	—	19		—	10,19	19,10	—	+	24,26,28,32	24,28,35

什么被恶化了？

应该改善什么？		27 可靠性	28 测量精度	29 制造精度	30 作用于物体的有害因素	31 物体产生的有害因素	32 可制造性	33 操作流程的方便性	34 可维修性	35 适应性，通用性	36 系统的复杂性	37 控制和测量的复杂性	38 自动化程度	39 生产率
11	应力，压强	10,13,19,35	6,28,25	3,35	22,2,37	2,33,27,18	1,35,16	11	2	35	19,1,35	2,36,37	35,24	10,14,35,37
12	形状	10,40,16	28,32,1	32,30,40	22,1,2,35	35,1	1,32,17,28	32,15,26	2,13,1	1,15,29	16,29,1,28	15,13,39	15,1,32	17,26,34,10
13	稳定性	—	13	18	35,24,18,30	35,40,27,39	35,19	32,35,30	2,35,10,16	35,30,34,2	2,35,22,26	35,22,39,23	1,8,35	23,35,40,3
14	强度	11,3	3,27,16	3,27	18,35,37,1	15,35,22,2	11,3,10,32	32,40,28,2	27,11,3	15,3,32	2,13,25,28	27,3,15,40	15	29,35,10,14
15	运动物体的作用时间	11,2,13	3	3,27,16,40	22,15,33,28	21,39,16,22	27,1,4	12,27	29,10,27	1,35,13	10,4,29,15	19,29,39,35	6,10	35,17,14,19
16	静止物体的作用时间	34,27,6,40	10,26,24	—	17,1,40,33	22	35,10	1	1	2	—	25,34,6,35	1	20,10,16,38
17	温度	19,35,3,10	32,19,24	24	22,33,35,2	22,35,2,24	26,27	26,27	4,10,16	2,18,27	2,17,16	3,27,35,31	26,2,19,16	15,28,35
18	照度	—	11,15,32	3,32	15,19	35,19,32,39	19,35,28,26	28,26,19	15,17,13,16	15,1,19	6,32,13	32,15	2,26,10	2,25,16
19	运动物体的能量消耗	19,21,11,27	3,1,32	—	1,35,6,27	2,35,6	28,26,30	19,35	1,15,17,28	15,17,13,16	2,29,27,28	35,38	32,2	12,28,35
20	静止物体的能量消耗	10,36,23	—	—	10,2,22,37	19,22,18	1,4	—	—	—	—	19,35,16,25	—	1,6
21	功率	19,24,26,31	32,15,2	32,2	19,22,31,2	2,35,18	26,10,34	26,35,10	35,2,10,34	19,17,34	20,19,30,34	19,35,16	28,2,17	28,35,34
22	能量损失	11,10,35	32	—	21,22,35,2	21,35,2,22	—	35,32,1	2,19	—	7,23	35,3,15,23	2	28,10,29,35
23	物质损失	10,29,39,35	16,34,31,28	35,10,24,31	33,22,30,40	10,1,34,29	15,34,33	32,28,2,24	2,35,34,27	15,10,2	35,10,28,24	35,18,10,13	35,10,18	28,35,10,23
24	信息损失	10,28,23	—	—	22,10,1	10,21,22	32	27,22	—	35	—	35,33	35	13,23,15

什么被恶化了？

应该改善什么？		1 运动物体的重量	2 静止物体的重量	3 运动物体的长度	4 静止物体的长度	5 运动物体的面积	6 静止物体的面积	7 运动物体的体积	8 静止物体的体积	9 速度	10 力	11 应力,压强	12 形状	13 稳定性
25	时间损失	10,20,37,35	10,20,26,5	15,2,29	30,24,14,5	26,4,5,16	10,35,17,4	2,5,34,10	35,16,32,18	—	10,37,36,5	37,36,4	4,10,34,17	35,3,22,5
26	物质的量	35,6,18,31	27,26,18,35	29,14,35,18	—	15,14,29	2,18,40,4	15,20,29	—	35,29,34,28	35,14,3	10,36,14	35,14	15,2,17,40
27	可靠性	3,8,10,40	3,10,8,28	15,9,14,4	15,29,28,11	17,10,14,16	32,35,40,4	3,10,14,24	2,35,24	21,35,11,28	8,28,10,3	10,24,35,19	35,1,16,11	—
28	测量精度	32,35,26,28	28,35,25,26	28,26,5,16	32,28,3,16	26,28,32,3	26,28,32,3	32,13,6	—	28,13,32,24	32,2	6,28,32	6,28,32	32,35,13
29	制造精度	28,32,13,18	28,35,27,9	10,28,29,37	2,32,10	28,33,29,32	2,29,18,36	32,28,2	25,10,35	10,28,32	28,19,34,36	3,35	32,30,40	30,18
30	作用于物体的有害因素	22,21,27,39	2,22,13,24	17,1,39,4	1,18	22,1,33,28	27,2,39,35	22,23,37,35	34,39,19,27	21,22,35,28	13,35,39,18	22,2,37	22,1,3,35	35,24,30,18
31	物体产生的有害因素	19,22,15,39	35,22,1,39	17,15,16,22	—	17,2,18,39	22,1,40	17,2,40	30,18,35,4	35,28,3,23	35,28,1,40	2,33,27,18	35,1	35,40,27,39
32	可制造性	28,29,15,16	1,27,36,13	1,29,13,17	15,17,27	13,1,26,12	16,40	13,29,1,40	35	35,13,8,1	35,12	35,19,1,37	1,28,13,27	11,13,1
33	操作流程的方便性	25,2,13,15	6,13,1,25	1,17,13,12	—	1,17,13,16	18,16,15,39	1,16,35,15	4,18,39,31	18,13,34	28,13,35	2,32,12	15,34,29,28	32,35,30
34	可维修性	2,27,35,11	2,27,35,11	1,28,10,25	3,18,31	15,13,32	16,25	25,2,35,11	1	34,9	1,11,10	13	1,13,2,4	2,35
35	适应性、通用性	1,6,15,8	19,15,29,16	35,1,29,2	1,35,16	35,30,29,7	15,16	15,35,29	35	35,10,14	15,17,20	35,16	15,37,1,8	35,30,14
36	系统的复杂性	26,30,34,36	2,26,35,39	1,19,26,24	26	14,1,13,16	6,36	34,26,6	1,16	34,10,28	26,16	19,1,35	29,13,28,15	2,22,17,19
37	控制和测量的复杂性	27,26,28,13	6,13,28,1	16,17,26,24	26	2,13,18,17	2,39,30,16	29,1,4,16	2,18,26,31	3,4,16,35	36,28,40,19	35,36,37,32	27,13,1,39	11,22,39,30
38	自动化程度	28,26,18,35	28,26,35,10	14,13,28,17	23	17,14,13	—	35,13,16	35,37,10,2	28,10	2,35	13,35	15,32,1,13	18,1
39	生产率	35,26,24,37	28,27,15,3	18,4,28,38	30,7,14,26	10,26,34,31	10,35,17,7	2,6,34,10	35,37,10,2	—	28,15,10,36	10,37,14	14,10,34,40	35,3,22,39

什么被恶化了?

应该改善什么?		14 强度	15 运动物体的作用时间	16 静止物体的作用时间	17 温度	18 照度	19 运动物体的能量消耗	20 静止物体的能量消耗	21 功率	22 能量损失	23 物质损失	24 信息损失	25 时间损失	26 物质的量
25	时间损失	29,3,28,18	20,10,28,18	28,20,10,16	35,29,21,18	1,19,26,17	35,38,19,18	1	35,20,10,6	10,5,18,32	35,18,10,39	24,26,28,32	+	35,38,18,16
26	物质的量	14,35,34,10	3,35,10,40	3,35,31	3,17,39	—	34,29,16,18	3,35,31	35	7,18,25	6,3,10,24	24,28,35	35,38,18,16	+
27	可靠性	11,28	2,35,3,25	34,27,6,40	3,35,10	11,32,13	21,11,27,19	36,23	21,11,26,31	10,11,35	10,35,29,39	10,28	10,30,4	21,28,40,3
28	测量精度	28,6,32	28,6,32	10,26,24	6,19,28,24	6,1,32	3,6,32	—	3,6,32	26,32,27	10,16,31,28	—	24,34,28,32	2,6,32
29	制造精度	3,27	3,27,40	—	19,26	3,32	32,2	—	32,2	13,32,2	35,31,10,24	—	32,26,28,18	32,30
30	作用于物体的有害因素	18,35,37,1	22,15,33,28	17,1,40,33	22,33,35,2	1,19,32,13	1,24,6,27	10,2,22,37	19,22,31,2	21,22,35,2	33,22,19,40	22,10,2	35,18,34	35,33,29,31
31	物体产生的有害因素	15,35,22,2	15,22,33,31	21,39,16,22	22,35,2,24	19,24,39,32	2,35,6	19,22,18	2,35,18	21,35,2,22	10,1,34	10,21,29	1,22	3,24,39,1
32	可制造性	1,3,10,32	27,1,4	35,16	27,26,18	28,24,27,1	28,26,27,1	1,4	27,1,12,24	19,35	15,34,33	32,24,18,16	35,28,34,4	35,23,1,24
33	操作流程的方便性	32,40,3,28	29,3,8,25	1,16,25	26,27,13	13,17,1,24	1,13,24	—	35,34,2,10	2,19,13	28,32,2,24	4,10,27,22	4,28,10,34	12,35
34	可维修性	1,11,2,9	11,29,28,27	1	4,10	15,1,13	15,1,28,16	—	15,10,32,2	15,1,32,19	2,35,34,27	—	32,1,10,25	2,28,10,25
35	适应性,通用性	35,3,32,6	13,1,35	2,16	27,2,3,35	6,22,26,1	19,35,29,13	—	19,1,29	18,15,1	15,10,2,13	—	35,28	3,35,15
36	系统的复杂性	2,13,28	10,4,28,15	2,17,13	2,17,13	24,17,13	27,2,29,28	—	20,19,30,34	10,35,13,2	35,10,28,29	—	6,29	13,3,27,10
37	控制和测量的复杂性	27,3,15,28	19,29,25,39	25,34,6,35	3,27,35,16	2,24,26	35,38	19,35,16	19,1,16,10	35,3,15,19	1,18,10,24	35,33,27,22	18,28,32,9	3,27,29,18
38	自动化程度	25,13	6,9		26,2,19	8,32,19	2,32,13	—	28,2,27	23,28	35,10,18,5	35,33	24,28,35,30	35,13
39	生产率	29,28,10,18	35,10,2,18	20,10,16,38	35,21,28,10	26,17,19,1	35,10,38,19	1	35,20,10	28,10,29,35	28,10,35,23	13,15,23	—	35,38

什么被恶化了？

应该改善什么？		27 可靠性	28 测量精度	29 制造精度	30 作用于物体的有害因素	31 物体产生的有害因素	32 可制造性	33 操作流程的方便性	34 可维修性	35 适应性，通用性	36 系统的复杂性	37 控制和测量的复杂性	38 自动化程度	39 生产率
25	时间损失	10,30,4	24,34,28,32	24,26,28,18	35,18,34	35,22,18,39	35,28,34,4	4,28,10,34	32,1,10	35,28	6,29	18,28,32,10	24,28,35,30	—
26	物质的量	18,3,28,40	13,2,28	33,30	35,33,29,31	3,35,40,39	29,1,35,27	35,29,10,25	2,32,10,25	15,3,29	3,13,27,10	3,27,29,18	8,35	13,29,3,27
27	可靠性	+	32,3,11,23	11,32,1	27,35,2,40	35,2,40,26	—	27,17,40	1,11	13,35,8,24	13,35,1	27,40,28	11,13,27	1,35,29,38
28	测量精度	5,11,1,23	+	—	28,24,22,26	3,33,39,10	6,35,25,18	1,13,17,34	1,32,13,11	13,35,2	27,35,10,34	26,24,32,28	28,2,10,34	10,34,28,32
29	制造精度	11,32,1	—	+	26,28,10,36	4,17,34,26	—	1,32,35,23	25,10	—	26,2,18	—	26,28,18,23	10,18,32,39
30	作用于物体的有害因素	27,24,2,40	28,33,23,26	26,28,10,18	+	—	24,35,2	2,25,28,39	35,10,2	35,11,22,31	22,19,29,40	22,19,29,40	33,3,34	22,35,13,24
31	物体产生的有害因素	24,2,40,39	3,33,26	4,17,34,26	—	+	—	—	—	—	19,1,31	2,21,27,1	2	22,35,18,39
32	可制造性	—	1,35,12,18	—	24,2	—	+	2,5,13,16	35,1,11,9	2,13,15	27,26,1	6,28,11,1	8,28,1	35,1,10,28
33	操作流程的方便性	17,27,8,40	25,13,2,34	1,32,35,23	2,25,28,39	19,1	2,5,12	+	12,26,1,32	15,34,1,16	32,26,12,17	—	1,34,12,3	15,1,28
34	可维修性	11,10,1,16	10,2,13	25,10	35,10,2,16	2,21	1,35,11,10	1,12,26,15	+	7,1,4,16	35,1,13,11	—	34,35,7,13	1,32,10,25
35	适应性，通用性	35,13,8,24	35,5,1,10	—	35,11,32,31	2	1,13,31	15,34,1,16	1,16,7,4	+	15,29,37,28	1	27,34,35	35,28,6,37
36	系统的复杂性	13,35,1	2,26,10,34	26,24,32	22,19,29,40	—	27,26,1,13	27,9,26,24	1,13	29,15,28,37	+	15,10,37,28	15,1,24	12,17,28,24
37	控制和测量的复杂性	27,40,28,8	26,24,32,28	28,26,18,23	22,19,29,28	2,21	5,28,11,29	2,5	12,26	1,15	15,10,37,28	+	34,21	35,18
38	自动化程度	11,27,32	28,26,10,34	28,26,18,23	2,33	2	1,26,13	1,12,34,3	1,35,13	27,4,1,35	15,24,10	34,27,25	+	5,12,35,26
39	生产率	1,35,10,38	1,10,34,28	32,1,18,10	22,35,13,24	35,22,18,39	35,28,2,24	1,28,7,19	1,32,10,25	1,35,28,37	12,17,28,24	35,18,27,2	5,12,35,26	+

第 10 章

面向 X 的设计

10.1 引言

这一章的大部分内容将关注在产品上。它将关系到在制造业中面向 X 的设计(Design for X, DFX)工具家族的演化。但我们将仅关注 DFX 家族中的一些很关键的成员。对于商务型项目的 DFSS 团队来说,他们也可以从中获益。他们可以将流程或者服务与这里将提到的一些主题做类推和描绘,尤其是面向服务的设计(DFS)和面向生命周期成本的设计(DFLCC)这两部分。这两部分主要是基于在不确定性基础上的作业活动成本法(activity-based costing, ABC)。很多商务型的 DFSS 团队都发现在这里呈现的一些工具、概念和思考方式非常有用,他们可以借此在很多方面通过跳出固有思维方式的方法来打开视野。

并行工程与 DFSS 有着类似的操作方式,黑带们应该根据情况持续地调整 DFSS 团队成员来作出反应并适应并行的设计,所以说,设计成员和流程管理成员在团队中都是同等重要的。DFX 技术是具体设计活动的一部分,是能够改进生命周期成本、质量、提升设计的灵活性、提升效率和生产能力的理想方式,它在过程中使用了并行设计的概念(Maskell, 1991)。这样的方式会有很多收益,通常会有竞争力的衡量与测量、改进决策方式和提升运营效率。DFX 中的 X 由两部分组成:生命周期过程的 x 和绩效衡量(能力):X = x + 能力(Huang, 1996)。举例来说,在产品设计中,DFX 家族中最早的一个成员就是面向装配的设计(design for assembly, DFA)。DFX 工具家族是对并行工程实施的最有效的方法。DFX 关注并行工程中关键的业务元素,并使得 DFSS 团队能够最大化地利用有限的能利用的资源。

在 DFA 中,焦点通常都会在一些因素中,比如尺寸大小、对称性、重量、方向、形状特征以及一些其他与产品有关的因子,同时也包括拿取、装夹、嵌入方式以及其他在装配过程中的相关因子。

从效果上来说,DFA 是通过研究装配过程的因子和它们与更易于装配的关系,从而把装配过程作为生产过程的一部分形成聚焦。

DFX 工具家族是起始于 DFA 的,但是为了能够更好更早地做出决策,持续发展出了一系列的 DFX,尤其是那些与制造过程有关的 DFX。在早期的设计步骤中,生产与制造过程的潜在问题经常被忽略。虽然有很多先驱和组织在此投入很多早期工作与研究（Matousek，1957；Neibel and Baldwin，1957；Pech，1973），以及一些由国际酿酒学院（CIRP）和设计建造工坊（WDK）组织的工作坊，但是这些早期工作并不能有效地解决制造过程的这些遗漏。

在 19 世纪 70 年代还有一些研究，由在英国和麻省大学的一组学者开始进行，并衍生出了两个不同的商业化的 DFA 工具：一个是 Boothroyd 和 Dewhurst（1983），另一个是 Lucas 的 DFA（1989），他们使用工作表、数据、知识库、系统化的程序来克服在设计指导上的限制，这使得他们与之前的一些实践方式不太一样。这种 DFA 的方式被认为是面向装配设计的一个变革。

Boothroyd 和 Dewhurst 的 DFA 方法跳出了关于自动加料和嵌入的研究领域，而进入到包括更广泛的手工装配过程等工业应用中，尤其是在机车引擎上。这样的成功使得 DFX 家族涌现了一批新的成员，它产生了面向制造的设计（DFM）、面向可靠性的设计（DFR）、面向维护性的设计（DFM）、面向售后服务的设计（DFS）、面向检验的设计（DFI）、面向环境的设计（DFE）、面向可回收的设计（DFR）等。

DFX 工具收集并呈现了关于设计对象和它的生产过程的事实情况，分析了其中的所有关系，测量了在图纸中描绘的功能性关键质量指标（CTQs），通过集合优势和避免弱点来产生不同的备选方案，提供了未来重新设计改进空间的建议，以及一些"如果-那么"形式的场景，和形成多次迭代的所有方式。

这一章的目标是介绍 DFX 家族中的几个关键成员，其他的成员就留给读者依据表 10-1 去自行寻找和挖掘更深入的材料了。

表 10-1　DFX 矩阵表

X	DFX	参 考 文 献
产品或过程		
装配	Boothroyd-Dewhurst DFA Lucas DFA 三菱 AEM	O'Grady 和 Oh，1991 Sackett 和 Holbrook，1988 Huang，1996
制造	面向尺寸控制的设计 三菱 MEM 面向制造的设计	Huang，1996 Arimoto，1993 Boothroyd，1994
检验或测试	面向检验的设计 面向尺寸控制的设计	Huang，1996
材料物流	面向材料物流的设计	Foo，1990
储存和发配	面向储存于发配的设计	Huang，1996
循环和处置的灵活性	面向易于回收的设计 多样性减少项目	Beitz，1990 Suzue 和 Kohdate，1988
环境修复	面向环境的设计 面向可靠性与维护性的设计	Navichandra，1991 Gardner 和 Sheldon，1995

（续表）

X	DFX	参 考 文 献
服 务		
成本	面向整个生命周期成本的设计	Sheldon，1990
服务	面向服务性的设计	Gershenson 和 Lshii，1991
采购	面向利润的设计	Mughal 和 Osborne，1995
销售和市场营销	面向市场营销的设计 QFD-质量功能展开	Zaccai，1994 本书第 6 章
使用与操作	面向安全的设计 面向人居因素的设计	Wang 和 Ruxton，1993 Tayyari，1993

　　DFSS 团队应该最大限度发挥现有设计团队、现有供应商的能力，同时挖掘出现有工厂和装配线的优势。这样从短期来看，达到成本最优化。这些理念都是为了产生足够的稳健设计来通过现有的能力实现六西格玛的产品性能，并行工程使得这种从上到下的思维方式成为可能。而这些概念也被加入 DFSS 的算法中，并用来提升面向制造的设计、面向装配的设计，以及面向服务的设计。

　　这些被团队处理的"面向 X 的设计"活动主要有：

　　（1）在 DFSS 算法中尽早使用 DFX；

　　（2）从 DFA 开始，设计面向多样性的产品设计项目，设计面向服务的商务型的项目；

　　（3）根据步骤 2 的结果，确定下一步要使用哪个 DFX，这是 DFSS 团队能力的一个功能。开展"设计面向"活动需要时间和资源，但最主要的挑战是执行。

　　DFX 方法中隐藏着一个风险，就是它可能会限制或减少对卓越的追求。时间和资源限制可能会诱使 DFSS 团队被迫接受不可接受的情况，前提是可以在随后的步骤（二次工程）中纠正不足。正如错误的概念无法通过出色的细节设计恢复一样，糟糕的第一次设计也无法通过失效模式分析、优化或容差设计实现恢复。

10.2　面向制造和装配的设计（DFMA）

　　DFM 和 DFA 是 DFX 系列中的方法，DFSS 团队可以使用这些方法仔细分析每个设计参数（DP），这些设计参数可以定义为手动或自动制造和装配的零件或部件，以逐步减少浪费。浪费，可能意味着没有功能（不增加价值）的产品或功能，以及那些应该在物理映射中使用"之字形"方法简化或裁剪掉的产品或功能，或者是在流程映射中使用"之字形"方法可以消除的零件。除了公理设计之外，DFSS 算法中 DFX 的最大优势是消除以下浪费源：① 需要多个附加操作的装配；② 具有不必要的过度的设计公差。

　　作为一条黄金法则，DFSS 团队应尽量减少装配和工作台的数量，这些装配和工作台、高层级 DP（例如零件或子零件）在成为确定的零件前必须审核。这一目标在现在的条件下是可以实现的，因为在计算机数控机床（CNC）已经有了单设置加工和多轴能力的重大发展。使用数控机床将减少交货期、工具和安装成本，同时可以用更大的灵活性响应客户需求。单台安装机器通常配备有测量零件位置和方向的触控触发探头。通过减少昂贵的夹具和安装时间，数控机床能节省超过60%的在制品(WIP)。然而，最显著的优点还是生产出高质量的零件，并通过减少废品和返工来提高流通合格率(RTY)(也就使得隐蔽工厂的影响最小化)和总的百万缺陷率(DPMO)。

在开始使用DFA和DFM工具之前，团队应该做到如下准备：

(1) 重温DFSS算法的物理结构、过程结构(第5章)，以及市场策略。团队应该意识到DFSS算法作为产品设计策略是聚焦全局的，过程策略通常是关注局部的，而实际上这取决于现有的制造设施。

(2) 回顾所有涉及市场分析、客户属性和CTSs以及其他的要求，如包装和维护。如果需要团队保持对设计的确认，可以开发必要的软工装原型、模型、实验和模拟，以将风险降到最低。在这样做时，团队应该利用可用的规范、测试、成本效益分析和建模来构建设计。

(3) 使用仿真工具分析现有的制造和装配功能、操作和序列，检查产品的装配和子装配流程定义是否合理，并找到最佳的组织和生产方法。

(4) 在过程结构中确定的过程应用最合适的技术，而不是最新的技术。

(5) 遵循公理设计方法创建"模块化"设计，即组件、零件和部件形式的标准物理实体。模块化实体具有许多优点，例如成本的降低、物理和过程结构配置的方便性、工程变更实施的便利性、更多的产品的衍生品以及更高的质量和可靠性。

(6) 利用物理耦合而不是功能耦合的思想去设计最小数量的零件，即在时间或空间上具有非耦合的多个DP的零件。例如，图10-1(Suh 1990)所示的开瓶器。功能要求有：

① FR_1：撬开饮料瓶盖；② FR_2：打开饮料瓶；③ DP_1：饮料开瓶器侧；④ DP_2：瓶盖打开器侧。

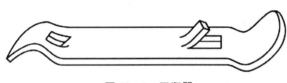

图10-1　开瓶器

设计映射如下：

$$\begin{Bmatrix} FR_1 \\ FR_2 \end{Bmatrix} = \begin{bmatrix} \times & 0 \\ 0 & \times \end{bmatrix} \begin{Bmatrix} DP_1 \\ DP_2 \end{Bmatrix}$$

根据定义，这两个功能需求是独立的，或者按照公理1是非耦合的。如图10-1所示，可通过冲压金属板制成来满足这些FR_s的简单装置。请注意，单个设备可以在没有功能耦合的情况下制造，并在物理上存在于同一个部件中。功能耦合是一个脆弱性设计，不应与物理耦合混淆。此外，由于降低了产品的复杂性，因此也符合公理2。建议执行以下步骤：

(1) 选择合适的材料以便于制造。

(2) 应用分层装配原则和因素，如零件搬运和输送、方向、标识、定位、允许公差和配合。

(3) 使用适当的DFM和DMA工具。由于DFM和DFA是相互连接的，因此它们可以根据图10-2中的路线图顺序使用，如Huang(1996)所建议的，他将路线图称为"DFMA"方法。

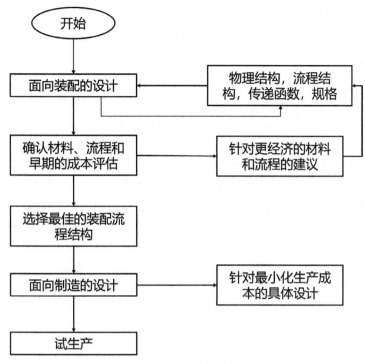

图 10 – 2 DFMA –面向制造的设计步骤

DFMA 方法

使用 DFMA，显著的改进往往来自简易的思想，特别是减少独立部件的数量。Boothroyd-Dewhurst 的 DFA 方法给出了以下三个标准，在将每个零件添加到装配中时，必须用这三个标准进行检查（Huang，1996）：

（1）在产品运行期间，零件是否基于所有已装配的其他零件移动？

（2）是否这些零件的材料必须与已装配的所有其他零件不同，或者必须与这些零件不同类？只有与材料性能有关的原因才可以接受。

（3）该部件是否要与其他已组装的部件分开？对于其他独立部件，是否需要必要的组装或拆卸，否则是不可能完成吗？对这些问题的回答如果都是"是"，表示该部分是一个关键的部分，是关键部件，必须是独立的。所有非关键的部件，在理论上，可以被移除或与其他关键部件物理耦合。因此，从理论上讲，关键部件的数量是设计中独立部件的最小数量。

接下来，DFSS 团队估计设计的装配时间并根据装配难度确定其效率等级。这项服务可以在通过检查每个部件以确定其如何被夹装、导向、嵌入产品之后，完成初步评估。评估后，要对现有设计评分，这个评分的标准时间由组装零件需要的所有必要操作时间确定。DFA 时间标准是对影响装配过程的设计特性进行分类，然后估计出总装配时间；使用标准的人工成本，就可以估计出组装成本和效率。在这个阶段，先不考虑制造成本，组装时间和效率可以为新的迭代提供基准。

在介绍了所有可行的简化任务后，下一步分析各个独立部件的制造过程。DFMA 内

DFM 的目标是能使 DFSS 团队权衡可选方案，评估制造成本，并在物理耦合（DPs 整合）和增加制造成本间做取舍。DFM 方法提供了估计过程成本的经验数据。有必要的话，我们鼓励 DFSS 小组适当的时候查询下述研究内容：Dewhurst(1988)注塑模，Dewhurst and Blum (1989)压铸零件，Zenger and Dewhurst(1988)钣金冲压，Knight(1991)粉末金属配件。

DFMA 方法通常得益于防错技术，它大多应用于同时考虑成型、制造与装配过程的情况。防错(Poka-yoke)是一种在工作中避免人为错误的技术。日本制造工程师新乡重夫(Shigeo Shingo)为了实现零缺陷提出了这一技术术语。缺陷可能存在于以下两种状态中：(1)已经发生了，要求检测缺陷，或者(2)即将发生时，需要进行缺陷预防。防错有三个基本功能：禁止、控制和警告。这项技术能分析过程中潜在的问题，根据零件的特性尺寸、形状和重量识别问题，并查出偏离标准程序和规范的过程。

例 10-1 在这个练习中(Huang 1996)，一个马达驱动总成被设计用来感应和控制它是否在两个钢架上的位置。电机固定在刚性底座上，它可以通过轨道上下运动，并支撑电机系统(见图 10-3)。马达与圆柱形测量传感器分别连接到供电单元和控制单元。电机系统是完全封闭的，有一个可拆卸的盖子，用于在需要时调整位置传感器。当前的设计如图 10-3 和图 10-4 所示。

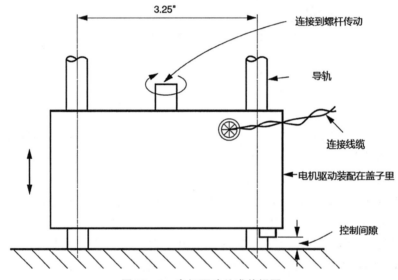

图 10-3 电机驱动总成前视图

电机系统用两个螺丝固定在底座上。传感器用螺丝钉固定，提供适当的摩擦并防止磨损，基座设有两个衬套。端盖由两个端板固定螺丝固定在两个支柱上，并拧入底座。端板配有塑料衬套，用于连接电线。一个盒形的盖子从底座下面滑过整个组件。盖子用四个螺丝固定住，其中两个插入底座，两个插入端盖。这是一个好的装配设计吗？

解决方案 我们需要采取以下 DFMA 步骤：

(1)研究基准设计，识别所有零部件与子组件。最初的设计由 19 个零件组成：① 2 个外购的设计组件：电机驱动器和传感器；② 8 个其他部件(端板、盖板、定位销等)；③ 9 个螺丝钉。

(2)对每一个部件应用第 10.2.1 节给出的标准，以简化设计并确定理论上可能的最小零件数量。我们需要简化，实现最小零件数量如下：

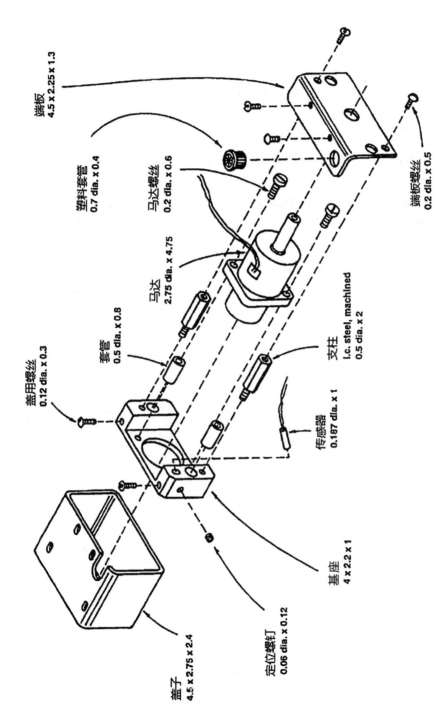

端板
4.5 x 2.25 x 1.3

塑料套管
0.7 dia. x 0.4

马达螺丝
0.2 dia. x 0.6

马达
2.75 dia. x 4.75

端板螺丝
0.2 dia. x 0.5

套管
0.5 dia. x 0.8

支柱
l.c. steel, machined
0.5 dia. x 2

盖用螺丝
0.12 dia. x 0.3

传感器
0.187 dia. x 1

基座
4 x 2.2 x 1

定位螺钉
0.06 dia. x 0.12

盖子
4.5 x 2.75 x 2.4

图 10 - 4　原始设计的爆炸图(单位：英寸)

(a) 电机和传感器是外购的标准组件。因此，不需要进一步分析。

(b) 底座组装成夹具，它是一个"关键"部件。

(c) 两个衬套不满足第 10.2.1 节中的标准。从理论上讲，它们可以组装到底座上，也可以用相同的材料制造并与端盖合并。

(d) 从理论上讲，固定螺钉、四盖螺钉和端盖螺钉是非必要的。可以尝试采用整体集成的紧固措施。

(e) 两个定位销可以组装到底座上（不符合标准）。

(f) 端盖是可获得的关键部件。

如果电机和传感器组件可以被拧紧或拧到底部带卡扣的塑料盖里，那就只需要四个单独的零件，所以零件减少了 79%，只剩下理论上可能的最小值的四个零件：电机、传感器、底座、和端板。

(3) 重新检查所有精简过的部件，检查去除它们后的实用性、技术性或经济上的限制。例如，有些人可能会说需要两个电机螺丝来固定电机以实现更高的紧固力或固定传感器，任何其他选择都会更贵，因为它的体积不大。还有人认为这样的两个金属衬套也许不必要。在所有情况下，都很难找到分开的支柱、阀盖和六个螺丝。

(4) 估计装配时间和成本，以节省权衡装配设计方案的成本。DFMA 数据库可以在没有任何详细图纸的情况下提供此类估计。表 10 - 2 展示了 DFMA 分析的结果：

(a) 实际总装配时间 $T_1 = 163$ s。

(b) 理论零件数为 4 个，平均装配时间为 3 s。所以，理论总装配时间 $T_2 = 12$ s。

(c) 使用公式(10 - 1)计算基准总成设计效率。这不是一个高效组装的设计。

$$\eta_1 = \frac{T_2}{T_1} \times 100\% = \frac{12}{163} \times 100\% = 7.362\% \qquad (10-1)$$

表 10 - 2 基准设计用的 DFMA 表格

项　　目	数　　量	理论零部件数量	装配时间/s	装配成本/美分
基　　座	1	1	3.5	2.9
轴　　套	2	0	12.3	10.2
马达部件	1	1	9.5	7.9
传感器部件	2	0	21.0	17.5
定位螺钉	1	1	8.5	7.1
支　　柱	1	0	10.6	8.8
端　　板	2	0	16.0	13.3
端板螺丝	1	1	8.4	7.0
塑料轴套	2	0	16.6	13.8
螺纹导程	1	0	3.5	2.9
重新定位	—	—	5.0	4.2

（续表）

项　　目	数　　量	理论零部件数量	装配时间/s	装配成本/美分
盖　　子	—	—	4.5	3.8
盖用螺丝	1	0	9.4	7.9
总　　计	$\dfrac{4}{19}$	$\dfrac{0}{4}$	$\dfrac{34.2}{160.0}$	$\dfrac{26.0}{133.0}$

（5）在考虑了所有实际情况、技术和经济限制后，重新执行步骤 4 以获得最佳设计（零件数量最少）。假设衬套与底座是一体的，卡扣式塑料盖取代了压铆螺母柱、盖、塑料衬套和六个螺钉，如图 10-5 所示。这些零件减少了 97.4 秒的装配时间，假设每小时 35 美元的人工费率，则每小时减少 0.95 美元。其他增加的改进包括使用导向螺钉固定底座，底座经过重新设计以实现自对准。优化设计工作表如表 10-3 所示。

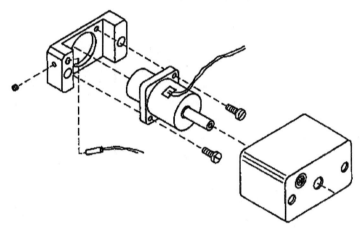

图 10-5　DFMA 优化的设计（Huang, 1996）

表 10-3　优化设计后的 DFMA 的表格

项　　目	数　　量	理论零部件数量	装配时间/s	装配成本/美分
基　　座	1	1	3.5	2.9
马达部件	1	1	4.5	3.8
马达螺丝	2	0	12.0	10.0
传感器部件	1	1	8.5	7.1
定位螺钉	1	0	8.5	7.1
定位螺钉	—	—	5.0	4.2
螺纹导桿				
塑料盖子				
总　　计	$\dfrac{1}{7}$	$\dfrac{1}{4}$	$\dfrac{4.0}{46.0}$	$\dfrac{3.3}{38.4}$

(a) DFMA 数据库中的实际总装配时间 $T_1 = 46$ s。

(b) 理论零件数为 4 个,平均装配时间为 3 s。所以,理论总装配时间 $T_2 = 12$ s。

(c) 计算基准总成设计效率使用公式(10-2)。

$$\eta_1 = \frac{T_2}{T_1} \times 100\% = \frac{12}{46} \times 100\% = 26.087\% \tag{10-2}$$

(6) 如表 10-4 所示计算零件成本节约。零件成本节约 = 35.44 − 21.73 = 13.71,与此同时,新的固定盖子成本为 5 000。

表 10-4 成本差异表

原 设 计		新 设 计	
条 目	成本/$	条 目	成本/$
基材(铝)	12.91	基材(尼龙)	13.43
轴承(2)	2.40*	电机螺栓(2)	0.20*
电机螺栓(2)	0.20	固定螺丝	0.10*
固定螺丝	0.10*	塑料盖,包括模具	8.00
支架(2)	5.19		
端板	5.89		
端板螺栓(2)	0.20*		
塑料衬套	0.1*		
罩盖	8.05		
罩盖螺栓(4)	0.40*		
总 计	35.44		21.73

* 大量采购。未包括购买的电机和传感器组件。新设计:塑料盖模具费用 = $5 000。

(7) 根据时间(步骤 4)和零件减少(步骤 6)计算总节省:

$$总节省 = 组装时间节省 + 零件节省 = 0.95 + 13.71 = 14.66 \tag{10-3}$$

盈亏平衡点在 342 个组装件。

10.3 面向可靠性的设计(DFR)

可靠性是指一个物理实体在规定的运行条件下,在预定的时间内交付其功能需求(FRs)的概率。可靠性的时间可以用几种方法来衡量。例如,可以用汽车的使用时间和行驶里程,也可以用开关的循环次数来衡量关断机制。DFSS 团队应使用 DFR 来减少设计的生命周期成本。

可靠性评估通常包括应力强度和环境因素的测试和分析,并且应考虑终端用户的不当使用甚至滥用。一个可靠的设计应该能预料到所有可能出现的错误。我们认为 DFR 是一种长期保持和维持六西格玛能力的方法。DFR 采用概率方法来预测故障并采用以下措施和方法：

（1）同时采用公理设计和可靠性科学来降低物理实体故障率的措施。

（2）计算关键部件可靠性的技术，减少或消除耦合等设计缺陷的设计方法。

（3）减少使用低于规定标称值的部件。

（4）采用 DFEMA（设计潜在失效模式作用分析），用于寻找纠正潜在失效的替代方法。"失效"是指在规定的运行条件下，使系统或部件无法满足其功能要求的意外事件。

（5）稳健性设计，使设计对所有不可控的变异源（噪声因子）不敏感。

（6）必要的冗余设计，要求并行系统在重要部件或子系统出现故障时对其进行备份。

可靠性涉及一系列广泛的问题，包括人为错误、技术故障、环境因素、不充分的设计实践和材料可变性。DFSS 团队可以通过以下方式提升：

（1）最大限度地减少运输、服务和维修带来的损失。

（2）抵消环境和衰退因素。

（3）降低设计的复杂性（El‐Haik 和 Young，1999）。

（4）最大化使用标准组件。

（5）使用 DFMEA 确定缺陷的所有根本原因，而不是症状。

（6）在适用的情况下，使用 SPC（统计过程控制）控制显著和关键因子。

（7）跟踪内部和外部供应商的所有成品率和缺陷率，并制定应对策略。

为了使失效概率最小，首先必须确定所有可能的潜在失效模式和潜在失效机理。物理和工艺结构开发之后要进行 DFR 的详细检查，之后才是原型制作；然而，当使用公理 1 时，在概念阶段应考虑可靠性的因素。团队应该借鉴类似产品或零件的现有知识和经验，以及任何可用的高级建模技术。故障避免，特别是与安全相关的故障避免是关键的。团队可以用不同的危险分析方法。一般来说，这些方法首先强调危险因素，然后识别所有可能将这些因素转化为危险条件或故障的事件。团队必须确定纠正措施以消除或减少这些状况。其中一种方法称为故障树分析（FTA）。FTA 使用演绎逻辑门来找出可能产生故障或相关故障的事件，可与 FTA 结合使用的其他工具包括 DFMEA 和 PFMEA 以及鱼骨图。

10.4　面向可维护性的设计 DFMt

可维护性设计的目标是确保设计对象在其整个预期寿命期内都能令人满意地运行，同时将支出预算和投入降到最低。可维护性设计（DFMt）、可服务性设计（DFS）和可靠性设计（DFR）是相关的，因为通过提高可靠性可以实现最小化维护和方便服务。有效的 DFMt 最大限度地减少：① 维护停机时间；② 用户和技术人员维护时间；③ 维护任务造成的人员伤害；④ 维护特性造成的成本；⑤ 更换零件、备用装置和人员的后勤要求。维护措施可以是预防性的、纠正性的或回收和大修。

可维护性设计包括访问和控制、显示器、紧固件、手柄、标签、定位和安装以及测试。

DFSS 团队需要遵循以下准则：

（1）使用简单的程序和技巧，尽量减少可用设计参数（DPs）的数量。

（2）通过将可维修性的 DPs 展示在可维修性的目视位置，使其易于达成。这也将加强故障识别的目视检查过程。

（3）使用通用的紧固件和连接方法。

（4）设计最少的手工工具。

（5）提供安全装置（防护服、防护罩、开关等）；

（6）最小调节设计，并尽量让 DPs 可调节。

DFSS 团队应在生命周期成本的范围内制定维修或报废决策的标准。需要考虑的主要维修性成本因素包括运输、海运和搬运、维修人员培训以及维修物流，这些因素通过了可维修性的 DPs（部件和子系统）的服务、生产、分销和安装的设计。

"修复"过程应该要以如下为目标：

（1）提高应对紧急情况的现场维修能力；

（2）提升现有的修复设施来反映出设计的变更；

（3）利用模块化和标准化的配件来降低成本；

（4）减少仓储空间。

"处理"过程应该考虑到如下内容：

（1）制造成本；

（2）简化维护工作（比如最小化的技巧，最简化的工具，标准化的辅助方法等）；

（3）工作场所的可靠性：合适的培训技能用来避免损害到修复设备；

（4）修复变更的调整，以使新零件能够兼容或嵌入，而不是现场返工。

10.5　面向售后服务性的设计（Design for Serviceability）

在 DFSS 团队完成了面向可靠性的设计-DFR 和面向制造的设计 DFMA 练习后，下一步就是要引入 DFS-面向售后服务性的设计了，这是 DFX 家庭中的另一个成员。

DFS 是一种能够诊断、移除、替代、补充，或者修补任何一个（组件或者子组件）的设计参数 DP，使其轻易地回到原始规格参数的能力。可维修性较差的话，会造成售后成本、客户的不满、和因忠诚度降低导致的销售损失与市场份额的降低。DFSS 团队可以用类似 QFD 来检查分析客户之声（VOC），研究能够听到的可维修性的相关要求。可维修性的便利程度在卡诺模型中属于期望型质量要求。DFSS 的规则中建议将可维修性涉及的人员在早期阶段就引入，因为他们可以被模拟成客户来考虑。在 DFSS 的理论中，面向可维修性的设计——DFS 可以使得包括内外部客户在内的很多客户都受益。比如在图 10 - 6 中就描绘了汽车行业的 DFS 分析中的客户细分。有更多的客户就代表了有更多的收益能够被识别并获得，而这些可能是 DFSS 团队一开始的时候没有意识到的。

对 DFSS 团队来说，以下一些内容就是 DFS 中应该考虑到的一些方面：① 客户服务属性；② 工时；③ 零件成本；④ 安全性；⑤ 可诊断性；⑥ 服务的简化性；⑦ 修复的频率和发生率；⑧ 特殊工具；⑨ 在服务过程中引起的失败或问题。

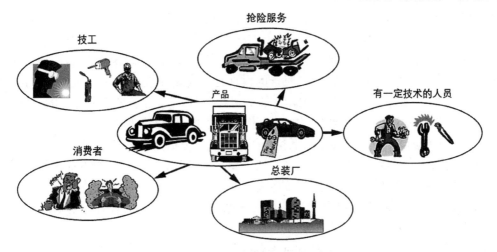

图 10-6 汽车行业的 DFS 客户们

10.5.1 DFS 指引

面向售后服务性/可维修性——DFS 的指引包括如下方面：

（1）通过减少需要服务的需求来降低服务方面的功能需求 FR。这一点在有记录追踪产品和服务的质保数据的公司中比较容易实现。DFSS 团队可以通过数据分析就能进行 DFS 的工作了，从过去累积的各种设计方案中找到潜在的设计和失效率，再用帕累托图来排序分析，就可以找到其中的优先顺序了。DFX、公理设计、稳健性设计、DFR 技术都可以用来提升可靠性。比如说，面向制造的设计可以通过减少零件的数量来提升可靠性，公理 2 可以帮助减少设计刚度来减少在功能要求中的波动，而这些波动是造成失效的主要原因。另外，公理设计可以帮助产生物理耦合的创意，这些耦合可以帮助把设计参数 DP 合并起来，使得离散件减少，因此增强了可靠性的水平。

（2）识别客户服务的属性和细分客户所需要的合适服务是使用 DFS 技术的决定条件。这里有三种类型：标准操作、预期维护和修复。

标准操作包括了常规的耐久和老化的条目，比如说添加和更换工作溶液。在标准操作中，就应该最大限度地加强服务的便捷性，而且要保证防错技术。在很多行业中，终端客户通常就是操作者。

预期维护保养通常根据需求在客户手册中的推荐与制定条目中。在这个条目中，客户期望频次最少，便捷性达到最大化。在最小的生命周期成本的压力下，很多公司就会努力把预期维护保养的工作压缩到标准操作中，或者留给客户按照说明程序去做。一个稳健的预期维护保养的工作应该有更好的可靠性和耐久性，需要最少的工具（比如说只需要一个标准的紧固件的尺寸），和易于去除的路径。

在修复的服务中，易于修复就是关键点了。这个目标经常受制于难以进入、空间狭小和设计的复杂性。修复服务可以通过实施一些诊断系统、修复包和模块化的设计实践来最大化的提高。修复的问题可以有一系列的 1 类错误和 2 类错误的潜在原因，它们包含在了诊断系统、工具、零件运输和修复技术中。

（3）多尝试 DFS 的方式。如果可维修性的要求目前还没有被实施，那么我们鼓励 DFSS

团队在可维修性的 FR 和 DP 之间使用之字形方法将设计要求梳理出来。一旦团队识别了所有的可维修性能映射，他们就可以开始考虑潜在的设计选项了。这些选项有时候是不可实施的，或者有时候，他们看起来是会互相冲突的。但尽管如此，DFSS 团队也应该审视整个流程来决定一个六西格玛水平能力的完善的设计是否应该被应用到所有的需求中，包括那些与可维修性有关的设计中。功能要求 FR 的可维修性组合通常包括了适当的位置、工具和零件的标准化、加速失效性能的保护性、人机工程考量，和诊断功能。

DFSS 团队应该整体性地实施以下各步骤来形成一个稳健的 DFS 尝试：

（1）通过 QFD、可维修性的种类、客户细分和六西格玛的目标这几个方面来评审提出的假设、客户关键满意度指标和功能要求的可维修性。

（2）检查设计现状，使用可用的现状的历史数据来预测他们的设计性能表现。团队同时也应该对标最佳实践来超越客户满意度。

（3）识别出所需的服务类型（比如标准化操作、预期维护和修复），并且将他们匹配到相应的细分客户中。

（4）在公司的核心文件中明晰所有的服务过程，包括步骤、顺序和潜在的问题。

（5）预估工时。为了评估质保成本，工时被认为是量化可维修性的基础。它应该包含了认可修复时间、诊断时间、物流时间和实际的修复时间。团队应该努力实现达到甚至超越最佳实践工时。

（6）通过回顾客户问题跟踪系统（如果有的话），确定问题产生的原因并从根本消除，根据优先策略（如帕累托图分析中的保修成本影响）解决问题，在文献和核心书籍中寻找解决方案，并预测未来趋势，通过这些方式从而最大限度地减少所有与工作相关的问题。

（7）通过步骤 1 到步骤 6 能确定在设计上能实现的解决方案。从采集的数据中提取的信息可以得出一些有帮助的设计指导。每一个独立的组件或者关键部件都应该针对其独特的功能制定设计指导。

（8）将有用的设计指导（DPs 或解决方案）引入到设计过程框架中。这些设计指导可以根据以下问题的答案进行分类。

（a）方向性。

（Ⅰ）零件是否有容易移除的路径（操作步骤的总和）？

（Ⅱ）操作流程是否需要重新定位？

（b）污染物。

（Ⅰ）在操作之前或操作过程中，是否能控制液体（如果有）？

（Ⅱ）操作过程中污染零件的可能性有多大？

（c）操作性

（Ⅰ）可拆装性。为了操作便利，是否可以对零件进行分装？以便检查结构。

① 拆装是否简单明了？ ② 不对称的组件是否可以单向装配以避免装错？

（Ⅱ）可触及性。用手能不能够到零件？用工具能不能够到？能否将零件从装配体中取出？

（Ⅲ）分层性。零件所在装配层是否与零件的维修频率相关？

（Ⅳ）固定性。是否可以移动或调整零件的尺寸，以获得操作空间。

（Ⅴ）效率性。是否存在没有必要拆卸零件但因为妨碍视线或阻碍操作却要拆卸的。

（Ⅵ）诊断性。能否在不拆卸的情况下对零件进行诊断？

（Ⅶ）操作的可靠性。操作或拆卸零件过程是否会对零件有潜在损坏的风险。数量尽可能减少的 DFMA 是否已详尽讨论？考虑使用标准的部件（如紧固件）。

（d）简易性-客户角度考量。

（Ⅰ）工具。设计通用工具。尽量减少专用工具的使用。

（Ⅱ）调整。使用稳定可靠的技术，通过调整和调试减少客户的介入。

（Ⅲ）防呆法。使用带颜色的编号和清晰的说明。

10.5.2 压力记录化 PCB 板（印刷电路板）更换

这种方法（Boothroyd 和 Dewhurst，1990，Huang，1996）已被用于研究拆卸和重新组装过程，通过识别所有单独的步骤，包括部件拆卸、工具获取、工具收集和工具定位以及工具插入。这个过程中的时间标准是 Abbatiello(1995)的在罗德岛大学研究的成果。图 10 - 7 中给出了压力记录化的爆炸图。表 10 - 5 和图 10 - 6 中的工作表是运用了合理操作时间数据库而编制的。DFS 方法的第一步是完成表 10 - 5 中的拆解工作表。DFSS 小组可以拆解压力记录仪，来填写 PCB 拆解工作表。

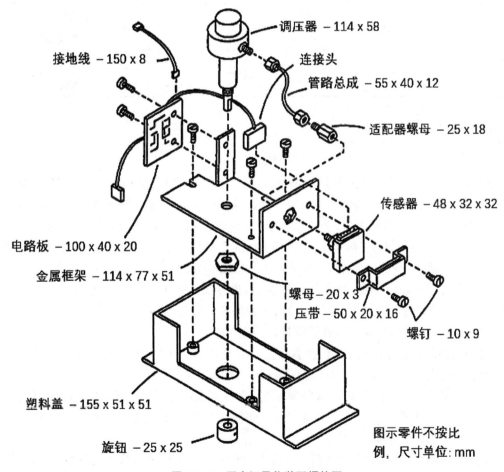

图 10 - 7 压力记录仪装配爆炸图

表 10 - 5　拆卸工作表

装配：流程记录

1	2	3	4	5	6	7	8	9	10	11	劳动率 ($/h)L=30
ID 号码	重复操作数量	四位数的工具获取代码	工具获取时间/s	四位数的项目取消的操作码	项目取消或操作时间/s	四位数的项目预留代码	项目预留时间/s	操作时间	操作成本	服务项目的数量，覆盖部分功能连接	服务任务
1	3	5700	4.2	1710	11.3	5500	1.4	42.3	35.25	0	去除螺钉
2	1			5800	4.5			4.5	3.75	0	重新定位
3	1	5700	4.2	4100	8			12.2	10.17	0	松开固定螺丝钉
4	1			1500	2.4	5500	1.4	3.8	3.167	0	去除把手
5	1			1500	2.4	5500	1.4	3.8	3.167	0	去除盖子
6	1			5800	4.5			4.5	3.75	0	再调整
7	1			4401	6.4			6.4	5.333	0	拔掉螺丝
8	2	5700	4.2	1700	8	5500	1.4	23	19.17	0	移除螺丝
9	1			1500	2.4	5500	1.4	3.8	3.167	1	移除 PCB 板

104.3 T_d	86.92 C_d	1 N_m

Note：T_d＝总操作时间；C_d＝总操作成本；N_m＝总服务数量。

在拆装过程中，小组会切换多个工作台进行拆卸，并在拆装工作表中逐行记录所有操作。

当碰到该工作不需要拆解的子组件时，子组件将作为零件处理。不然将继续进行拆解并记录操作过程。表 10 - 5 的第 3、5、7 列给出了参考 Abbatiello(1995)数据库的数据。例如，第 4 列中的 4.2 秒的时间是根据录像了拆解工作过程时间取的平均值，并包括拆解结束时更换工具的部分时间。PCB 拆解时间预估为 104.3 s。这个时间可以通过乘以工时费来换算为人工成本。

如果满足以下任何一项，则维修效率 η 可以通过部件拆卸必要性来确定：

（1）零件或组件必须被拆除，以便分离出来需要操作的组件。

（2）拆卸的零件或组件包含在需要操作的组件中。

（3）拆卸的零件或组件是起到包裹功能的盖板部件。例如，压力记录仪中的塑料盖子并不包裹印刷电路板，因此它不被认为是盖子。

当一个部件或子组件不满足这些要求时，它将不被视为拆卸过程的需要操作的部件。表 10 - 5 第 11 栏中的总数是理论上最小的合理且必要的拆卸需要的操作次数。在本示例中，只有拆除 PCB 是合理的，$Nm=1$。

下一步是填写相应的重装工作表（见表 10 - 6）。重装工作表的格式与拆装工作表类似，需要参考嵌入件和紧固件数据库。

表 10-6　重装工作表

装配：流程记录

1	2	3	4	5	6	7	8	9	10	劳动率 $/h, $L=30$
ID 号码	重复操作数量	四位数的工具获取代码	工具获取时间,s	四位数项目获取码	物品获取时间,s	四位数项目插入或操作代码	部件插入或操作时间,s	操作时间	操作成本	服务任务
1	1	5700	4.2	5601	3.4	0001	4.90	12.50	10.42	增加 PCB
2	2			5600	1.4	0401	13.80	30.40	25.33	拧紧螺丝钉
3	1	5700	4.2			3000	4.40	8.60	7.167	放入传感器
4	1					5800	4.50	4.50	3.75	再定位
5	1			5600	1.4	0001	4.90	6.30	5.25	去除塑料盖子
6	1			5600	1.4	0001	4.90	6.30	5.25	去除把手
7	1					2700	8.00	8.00	6.667	拧紧螺丝
8	1	5700	4.2			5800	4.50	8.70	7.25	再定位
9	3			5600	1.4	0401	13.80	45.60	38	螺栓拧紧盖子

130.9	109.1
T_r	C_r

DFSS 小组注意到,总移除零件时间等于 130.9 s,不等于总拆卸零件时间。

在完成这两张工作表后,可以通过以下步骤计算出所进行的操作——更换 PCB 的工作效率可以通过如下步骤计算得出：

(1) 计算拆卸工作总时间为 $T_s = T_d + T_r = 235.2$ s

(2) 根据所有必要操作所需的最少时间来确定理想的工作时间,这些操作包括移除零件、预留空间、获取工具和插入工具。需要做出若干假设。

（Ⅰ）维修所需的所有部件都放置在容易触及的位置,"理想情况下"不需要工具。

（Ⅱ）根据 DFMA,我们使用"1/3 DFS 理想法则",即在装配的理想设计中,大约每三个部件中就有一个不需要安全紧固,随后通过有效的方法,如扣合和释放连接进行紧固。

通过这些假设,得到需要没有额外的删除或插入零件的理想服务时间为

$$t_{min} = \frac{3T_1 + T_2}{3} + \frac{2T_3 + T_4}{3} + T_5 + T_6 \tag{10-4}$$

其中,T_1=未紧固物品移除时间(从数据库得知=2.4 s);

T_2=扣合物品移除时间(从数据库得知=3.6 s);

T_3=未紧固物品插入时间(从数据库得知=3.8 s);

T_4=扣合物品插入时间(从数据库得知=2.2 s);

T_5=物品获取时间(从数据库得知=4 s);

T_6=物品预留时间(从数据库得知=1.4 s)。

因此

$$t_{\min} = \frac{3 \times 2.4 + 3.6}{3} + \frac{2 \times 3.8 + 2.2}{3} + 1.4 + 1.4$$

$$\cong 9 \text{ s} \tag{10-5}$$

当 $N_m = 1$ 时，基于时间的效率为

$$\eta_{\text{time}} = \frac{t_{\min} \times N_m}{T_s} \times 100\% = \frac{9 \times 1}{235.2} \times 100\% = 3.8\% \tag{10-6}$$

效率值很低，于是，我们得出的结论是服务程序需要简化、需使用有效的拆卸方法并对装配进行重新配置，从而使需要频繁操作的组件使用方便。在我们的例子中，考虑 PCB 是主要的服务结构，重新配置程序集，以便 PCB 板在最外层（见图 10-8）。

使用相同的数据库值，拆卸和重新装配的估计时间＝16.5 秒。因此，新的效率是

$$\eta_{\text{time}} = \frac{t_{\min} \times N_m}{T_s} \times 100\% = \frac{9 \times 1}{16.5} \times 100\% = 54.5\% \tag{10-7}$$

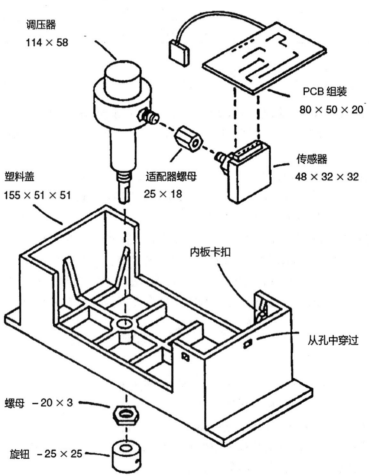

图 10-8　重新配置后的压力记录仪的装配图（Huang 1996）（非按比例缩放　单位：mm）

这种 DFS 计算方法可以扩展到多个服务过程,例如 $i=1,2,\cdots,k$。基于时间的总效率是失效频率 f_i 所关注过程的加权平均值。即

$$\eta_{\text{overall}} = \left[\frac{1}{\sum\limits_{i=1}^{k} f_i}\right] \left(\sum_{i=1}^{k} f_i \eta_i\right) \tag{10-8}$$

10.6 面向环境的设计(Design for Environmentality,DFE)

为了满足世界日益增长的能源需求,摆脱对化石燃料的过度依赖已经成为一项必要的努力。自 1973 年第一次石油危机和 1991 年海湾战争以来,世界能源观发生了重大变化。从那时起,许多国家试图通过研究替代能源来减少对石油的依赖。然而,更重要的是,人们对环境污染和减少矿物燃料排放影响的认识有所提高。全球研究得出结论,化石燃料消耗增加导致二氧化碳释放增加,进而导致大气升温。这些被称为"温室作用理论"和"全球变暖"的理论都是环境问题,也对设计和制造业产生了强烈的影响。例如,有关汽车排放水平的立法增加,促使汽车工业寻找能够限制化石燃料消耗、同时注重节能和降低环境影响的替代燃料来源。因此,环保设计的动力来源于人们认识到,可持续的经济增长的实现和消耗地球资源之间没有必然性。这一趋势为评估设计中应如何考虑环境打开了大门。

《面向环境的设计(DFE)》(Myers 1984,Bussey 1998)申明了环境问题以及生产后的运输、消耗、维护和维修。其目的是尽量减少环境污染影响,包括战略决策层面和设计开发。自从引入 DFE 以来,人们就可以把环境看作一个客户!因此,缺陷设计的定义应包括对环境产生负面影响的设计。因此,DFE 通常伴随着额外的初始成本,导致总生命周期成本的增加。

10.6.1 技术及设计问题

过去大多数应用设计技术都是由美国能源部示范项目开发的。这些技术经常被各种各样的错误所困扰。虽然应用了常见的设计原则,但许多解决方案只能通过测试才找到。

环保的设计仍然比较昂贵。在很大程度上,自 20 世纪 90 年代初以来获得的技术已经证明,它能够在许多设计应用的可持续性上做出重大贡献。相比长期利益,公司更关注短期利益,在这些设计得到广泛应用和大规模营销之前,商业的环保设计可能会继续成为一个话题,而不是常规做法。

在回答 DFE 在给定的 DFSS 项目中是否有利可图的问题时,必须考虑相对于使用它们的其他组件(特别是数据技术)而言首先是最优的设计。为了获得最大的经济效益和估计预期的节省(或损失),都需要进行经济评估。使用经济分析技术的主要目的是同时考虑环境问题和利润问题,以减少不可再生能源的使用并最大限度地提高可回收性。这些技术通常阐明了限制不可再生能源使用的财务价值。

根据项目既定的经济标准,对于任何提议,其解决方案的实际财务价值都很容易评估。例如,太阳能经济学研究,如何在太阳能系统所有权和运营成本以及太阳能系统在预期使用

寿命内节省的燃料的未来成本之间进行权衡。生命周期成本(LCC)是一个术语,通常用于描述在确定项目的经济效率时,对项目生命期间的所有相关成本进行核算的一般经济评估方法。生命周期成本需要评估以下类型的相关成本:① 系统购置和安装成本(资本成本)。② 系统更换成本。③ 保养和维修成本。④ 运营成本(如能耗成本)。⑤ 扣除清除和处置费用后的残值或转售价值。

可通过应用以下一些或所有评估技术来实施生命周期成本法:① 总生命周期成本(TLCC)分析,它将时间范围内所有等效成本的折现值相加。② 净现值(NPV)分析,计算一个潜在的项目的 TLCC 与其备选方案之间的差额,作为项目净利润的计量。③ 内部收益率(IRR)技术,给出投资的百分比收益率(Bussey,1998)。④ 作业成本法(ABC)的不确定性度量。(见第 10.7 章节)

DFE 侧重于成本,如节能、太阳能项目主要通过避免燃料成本来实现效益,是适合评价项目经济可行性的一种方法。

10.6.2　DFE 面向经济基础和优化的设计

DFE 投资的价值在很大程度上取决于客户的预期。每个客户细分市场用不同的因素衡量,比如额外的初始成本、运营成本、节能、税收影响、回报和总体现金流。了解这些要素对客户的重要性,对于找到生命周期成本的正确平衡是必要的。在环境友好设计的经济评估中需要考虑通用基础,包括资金的时间价值、机会成本、中性或负面环境友好设计的经济价值。

例如,在评估一个太阳能项目时,必须制定一套经济标准,以帮助进行生命周期经济分析。为了帮助阐明 DFSS 项目的 DFE 目标,应在 100% 环境中性基准设计的基础上进行差异分析。例如,如果我们提出一个太阳能系统作为车辆附件以此来减少化石燃料消耗,我们必须分析传统系统在相同的车辆环境、局部地区气候等条件下的基本情况,这些条件正是设计太阳能系统的目标。为阐明提出的解决方案的财务设计目标,应评估基准成本。这将为最初预算设置提供参考。通过改变初始投资与每年能源成本减少的比例,将获得不同的回报率并用于比较。

在确定 DFE 方法在 DFSS 项目中的可行性时,几个预先设定的任务会是必不可少的部分,如表 10 - 7 所示。

表 10 - 7　在对 DFE 进行经济评估前要问的问题

(1) 可用于资助该项目的资金数额。DFSS 团队需要要求更多的预算吗?
(2) 最低吸引回报率(MARR)是多少? 应该用什么贴现率来评估这个项目? 投资时间表是什么?
(3) 项目的经济寿命是多少?
(4) 项目的生命周期是否与客户的时间表相同,以便证明投资是可行的?
(5) 与环保设计相关的运营成本是多少? 例如,在汽车工业中,燃料的升级速度是一个考虑因素。燃料的通胀率会高于美元吗?
(6) 政府激励措施(联邦/州/地方)。任何激励措施在整体经济评估中都会发挥作用吗?

10.7 生命周期成本设计(LCC)：不确定性作业成本法

作业成本法(ABC)是一种新的、强有力的估算生命周期设计成本的方法,特别是当与不确定性条款结合时(Huang,1996)(ABC之所以得名,是因为它关注的是在设计实践中进行的活动)。该方法利用流程和灵敏度图来识别和跟踪影响LCC的重要参数。ABC方法假设设计,无论是产品、服务还是过程,都会消耗活动。这一假设不同于传统的假设资源消耗的成本估算方法。让我们以制造业中的物料处理步骤为例。传统的成本法可以将这种成本降低转化为等量劳动力的减少。ABC方法将此转化为消除活动以降低材料搬运成本,这是一种直接而精确的转化。这一假设使得ABC成为一种非常有吸引力的模型,包括成本跟踪的优越性、直接和间接成本成分的分离、更高的准确性以及更符合基于活动的管理系统。ABC过程如图10-9所示。

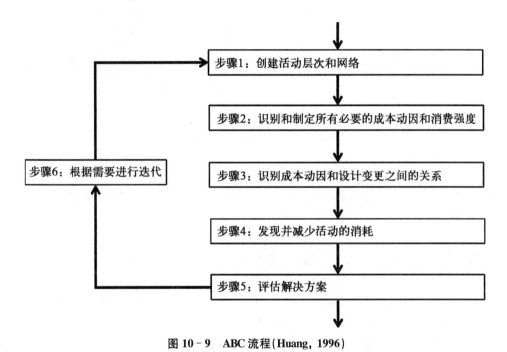

图 10 - 9　ABC 流程(Huang, 1996)

ABC的目标是确定设计寿命内的活动,然后分配可靠的成本驱动因素和消耗强度的活动。它给出了固有成本不确定性的概率分布,然后使用蒙特卡罗模拟和其他离散事件模拟技术对不确定性进行建模,并估计不确定性对成本的影响。通过对仿真模型开展受控的虚拟实验,可以估计不确定性影响。现有的商业模拟软件有水晶球(通常可添加宏到电子表格中操作)和Sigma Flow(从Simul8平台导出)。Sigma Flow还具有额外的六西格玛分析能力。不确定性可以用多种方式建模。我们可以使用基于历史数据的概率论(增量设计方案)建立不确定性模型,也可以基于经验和模糊集理论(Zadeh 1965)建立主观不确定性模型,这是一种创造性的设计。在电子表格模拟模型中,假设单元和预测单元是常用的,前者是变异源,而后者是响应变量。

产品成本模型

举个简单例子，其中产品成本等于直接人工和材料成本的和（Huang，1996）。根据我们对这两个成本构成的假设，我们希望预测总成本（见图 10 - 10）。假设单元被赋予不确定性或概率分布。直接人工单元呈三角分布，而材料假设单元呈椭圆形分布。这些不确定性分布由 DFSS 团队根据各种原因确定；不过，我们也发现这些分配在许多应用中是准确的：

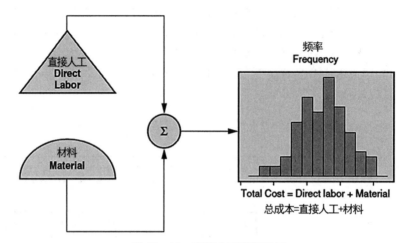

图 10 - 10　直接人工模拟实例

（1）机器的运行周期时间：

① CNC 机器的参数；② 参数的一致性（最小值和最大值）；③ 三个参数之间的关系（最小值、中位数、最大值）。

（2）传送速度（或者自动导航的汽车 - AGV）：

① 实际运行速度的最小波动常数；② 参数的一致性（最小值和最大值）。

（3）AGV 的运行时间、叉车的运行时间等：

① 固定速度、距离以及微小堵塞的常数；② 三个参数之间的关系（最小值、中位数、最大值）；③ ＊对数正态的参数（均值，总体均值 μ）。

（4）停机时间（未知的维修时间或者失效时间）：

① 需要为 TTR、TTF（或者 TBF）假定分布（参照下述第五和第六个活动），并为其设定参数（两种分布都需要，但是只需要一组参数）；② 使用下面的关系来解出唯一的未知数：停机比例/100 ＝ MTTR/（MTTF＋MTTR）＝ MTTR/MTBF；③ 借助黑带来估算 MTTR 和 TTR 的分布找到最佳，使用埃尔朗（Erlang）分布作为 TTF（或者 TBF）的分布，用基于解决 MTTF（或者 MTBF）的等式得出的参数。

（5）停机时间—维修时间：三个参数之间的关系（最小值、中位数、最大值）。

（6）停机时间—两次失效之间的时间：① 埃尔朗（Erlang）参数（均值，K）；② 指数参数（均值）。

（7）不良率：二项参数：成功率和成功之间＝不良品。

（8）零件的到达时间间隔：

① 埃尔朗(Erlang)参数(均值, K)；② 对数正态参数(均值, σ)；③ 指数参数(均值)。

(9) 零件类型之间：

① 二项参数：成功率和成功之间＝第一个零件类型；② 离散概率参数：A 的百分比，(A＋B)的百分比，百分之百。

模拟程序的迭代从假设的模块中提供了随机的数字。这些随机数在模型中通过求和来不断增加，以此计算出所有成本的值和预测的模块。当所有的迭代进行时，预测模块的计算值形成一个新的统计分布。六西格玛统计分析就可以接管了，黑带可以构建置信空间或者测试假设检验，就像这些数据是从真正的随机试验中收集的一样。面向生命周期成本的设计包含选择最经济的选项，就像我们用其他的成本计算方法一样(如 10.6.1 中描述)。设计选项可以使用 ABC 来研究，选择一个成本更优项。然而，因为因子的不确定性，所以图片的表达还是不够清晰。考虑到图 10－11，在流程结构或者流程梳理中，A 活动更可能比 B 得到更大的利润；但是它包含了可能的损失。应该选择哪一个选项呢？答案决定于经济状态和风险管理政策。回避风险的团队将会选择 A，因为期望利润更高。

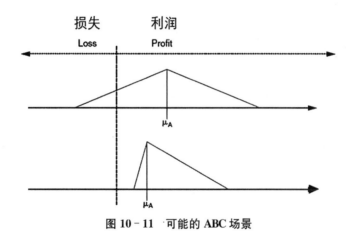

图 10－11　可能的 ABC 场景

需要注意的是，埃尔朗(Erlang)分布是一种概率模型，K＝分布参数总的数量(使用 $K=3$ 或者 $K=2$ 来达到最佳结果)。当用失效之间的时间来模拟而且时间非常短(接近于 0)的时候避免使用。这是一个二项分布的延伸，用在三个或者更多的选择中。

10.8　总结

(1) DFX 家族为全方位的分析设计提供了系统性的思路。它在 DFSS 的并行工作环境中加强了团队合作。

(2) DFMA－面向制造和装配的设计思路在零件减少方面达到了显著效果，这样实现了简化而更加可靠的设计，只需要更少的装配和更低的制造成本。

(3) DFR－面向可靠性的设计使得 DFSS 团队能否洞察到一个设计潜在的失效模式，并且识别出需要改进的设计内容。当可靠性的问题在 DFSS 机制的早期时候被识别出来的时候，项目的周期时间就会被减少。

(4) 根据公理 2，在先完成 DFS－面向售后服务的设计之后，简化的产品可以通过

DFMA 的应用来实现。DFS 拥有诊断、移除、替代、规划或者修复任何（组件或者子系统的）设计参数 DP 来回到最初的与简易性相关的规格要求。较差的可服务性会带来售后质保成本、客户的不满意度，以及由于忠诚度的降低而带来的销售损失和市场份额下降。

（5）在面向生命周期成本的设计中，我们介绍了基于活动的作业成本法（ABC）。

第 11 章

失效模式及影响分析

11.1 引言

失效模式及影响分析(failure mode and effect analysis，FMEA)帮助 DFSS 小组成员通过思考"什么地方可能会出错?""变异从何而来?"来提升产品质量并优化开发过程。通过完善产品开发、生产制造、装配、交付以及其他服务过程,防止问题的产生并减少变异。所以,团队应该研究物理结构、工艺流程和其他流程图。研究应该包括:过去的保修经验(如果有的话)、顾客想要的、期望的、迫切的需求、性能需求、图纸及技术参数、过程流程图。对于每一个功能需求(FR)和制造装配过程,团队都需要思考"什么地方可能会出错"。他们必须清楚在产品制造、装配、交付以及所有的服务过程中可能会出现的设计失效模式、过程失效模式以及潜在变异的来源。考虑因素包括客户使用的变化(如使用习惯、使用场景的变化)、产品超过使用寿命后老化等潜在因素,以及潜在的过程问题,例如错误的标记、错误的操作步骤、运输问题、售后服务的错误诊断。团队应该改进产品设计和生产过程去防止"错误事情"的发生,包括制定应对不同情况下的策略,重新设计流程去减少变异问题的产生,在设计和流程中采用防错法(poka-yoke)。预测失效模式和变异来源的工作是不断更新的。当团队致力于进一步改进他们的设计时,这个过程将会是持续进行的。

在 DFSS 方法中,DFSS 团队将会碰到各种类型的 FMEA,如图 11-1 所示。我们建议在早期概念和设计阶段使用概念 FMEA 分析系统和子系统。它主要关注由设计引起的与系统功能相关的潜在失效模式。FMEA 概念帮助 DFSS 团队回顾功能需求(FR)的目标,选择最少缺陷的最佳物理结构方案,识别初步测试需求,明确硬件系统可靠性目标设置是否需要冗余功能。设计 FMEA(DFMEA)用于设计产品从发布到生产前的分析。在 DFSS 方法中,DFMEA 总是要在原型构建之前完成。DFMEA 的输入为功能需求。输出是:① 防止造成失效模式的措施或探测失效模式的清单;② 过去已采取的措施和未来可能采用的措施。DFMEA 能帮助 DFSS 团队完成如下目标:

(1) 估计对所有顾客的影响;

(2) 评估和选择设计方案;

(3) 在 DFSS 方法中开发一个有效的验证阶段;

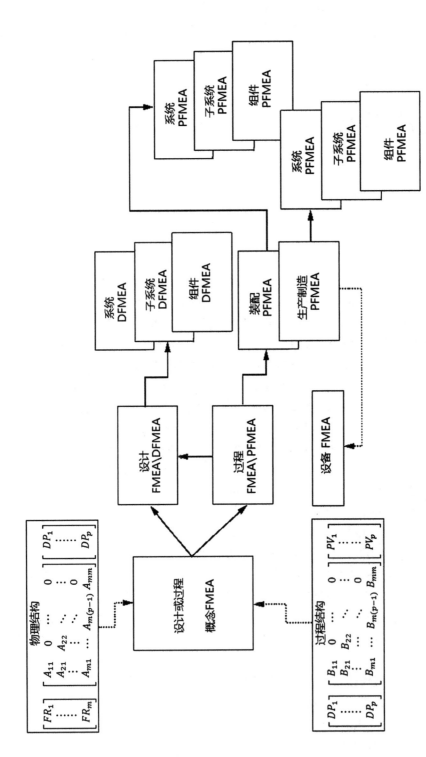

图 11-1　FMEA 类型

（4）输入面向 X 的设计所需的信息（DFMA、DFS、DFR、DFE 等；参见第 9 章）；

（5）使用缓解、转移、忽略或预防失效模式等策略，确定纠正措施清单的优先级；

（6）根据失效原因确认潜在的特殊设计参数（DPs）；

（7）记录研究结果，以备日后参考。

过程 FMEA（PFMEA）用于分析制造、装配和任何其他过程，针对那些被标识为商务型 DFSS 的项目，它的重点是关注过程输入。软件 FMEA 记录并解决与软件功能相关的失效模式。PFMEA 是一个有价值的工具，它也能帮助 DFSS 团队做到以下工作：

（1）通过识别潜在的制造/装配或生产过程中的失效原因以增加控制度和探测度，并减少失效的发生率；

（2）使用缓解、转移、忽略或预防失效模式的策略，确定纠正措施的优先级；

（3）记录过程与结果；

（4）从失效的角度上，识别需要特殊控制的潜在过程变量（PVs）。

11.2 FMEA 基本原理

FMEA 可以描述为一组系统活动，旨在实现：① 识别和评估产品或过程的潜在失效及其影响；② 确定可以消除或减少潜在失效模式发生可能性的措施；③ 记录整个过程。

它是对设计和生产过程必须做什么以满足客户需求的补充（AIAG2001）。

在本书中，"设计和生产过程必须做什么才能满足顾客需求"是一种 DFSS 方法。如果可以的话，DFSS 团队可浏览现有的 FMEA 数据，以作进一步改善和更新。在任何情况下，FMEA 表都应该作为一种"动态文档"使用。FMEA 输入的基本数据如图 11-2 所示。

FR, DP 或流程步骤 ①	潜在失效模式 ②	潜在失效后果 ③	严重度 ④	潜在失效原因 ⑤	频度 ⑥	当前控制措施 ⑦	探测度 ⑧	RPN ⑨	建议控制措施 ⑩
			0		0		0	0	
			0		0		0	0	
			0		0		0	0	
			0		0		0	0	
			0		0		0	0	

图 11-2　FMEA 表

（1）定义范围、FRs（功能需求）、DPs（设计参数）和过程步骤。对于 DFSS 团队，这些输入列可以很容易地从图纸、工艺图或流程图中提取。但是，我们建议根据由"之字形方法"得到的层次结构，对结构中识别出的子系统与组件来做 FMEA 练习。从这个角度来说，它有利于将物理结构转化成框图，就像图 11-3 中所描绘的汽车发动机那样。系统框图是一种与 FMEA 相关结构的图解翻译。系统框图强调 FMEA 的范围（边界），包括什么、不包括什么在内。例如，在 DFMEA 中，潜在失效模式包括"无"FR（功能需求）、部分 FR 和降级 FR、间歇性的 FR 交付和在物理结构中的非预期的 FR。在系统框图的帮助下，根据能量、信息或材料对 FRs 之间的耦合进行了图示分类（Phal 和 Beitz，1988）。

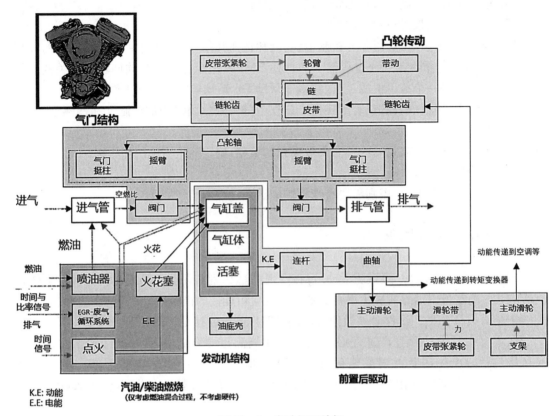

图 11-3　发动机系统框

（2）识别潜在失效模式。失效模式发生表示损失至少一个 FR（功能需求）。正如在物理结构中所确定的那样，DFSS 团队在识别所有潜在失效模式时应该问"设计在何种情况下未能实现其 FRs？"失效模式一般可以分类为材料、环境、人、设备、方法等。失效模式有其自身的层次结构，潜在失效模式可能是更高级子系统中的原因或后果，导致其 FRs 的失效。失效模式可能发生，但不是一定会发生。潜在失效模式可以从以前的基线、当前数据、试验、车队试验和当前 FMEA 中识别。

（3）潜在失效后果（S）。潜在的失效后果是客户体验到的其产品失效的后果。

（4）严重度。严重度是对失效模式的影响"有多严重"的主观衡量。通常情况下，严重度是从 1（无影响）到 10（有害影响）的离散等级。严重度等级为 9 或更高表示需要更多关注的潜在特殊影响，这通常是安全或政府监管问题（见表 11-1）。严重影响的组成因素通常分为"致命""严重"或"控制"。"致命"要素通常是一个安全问题，需要对所有原因进行深入研究，尽可能使用故障树分析（FTA）。"严重"要素表示对设计本身很重要。"控制"代表因为政府对任何公众关注的要素进行监管。团队需要积极制订控制计划来降低"严重"和"致命"要素的风险。在产品项目中明确原因后，这些信息将被传送到 PFMEA。流程图类似于商务型 DFSS 项目中的系统框图。

表 11 - 1　美国汽车工业行动集团(AIAG)严重度评级

影　响	影响的严重度定义	等　级
无	无影响	1
微小	对生产线有轻微干扰;部分(<100%)的产品必须返工但可以在线上进行返工;配合度/光洁度/异响等内容不符合要求;有鉴别能力的客户会发现缺陷	2
较小	对生产线有轻微干扰;必须返工,但需要离线进行;配合度/光洁度/异响等内容不符合要求;普通客户能注意到缺陷	3
很低	生产线轻微中断;产品可能需要分类,部分(<100%)返工;匹配度/光洁度/异物等内容不符合要求;大多数客户能注意到缺陷	4
低	生产线轻微中断;100%的产品可能需要返工;车辆/产品可操作,但性能和舒适性会降低;客户感到一些不满	5
中等	生产线轻微中断;部分(<100%)可能必须报废(无分拣);车辆、物品可操作,但性能和舒适度降低;客户感到不满	6
高	生产线轻微中断;产品可能需要分拣并报废一部分(<100%);车辆可操作,但性能降低;客户不满意	7
很高	生产线发生重大失效;产品可能 100%报废;车辆/产品无法使用,失去主要功能;客户非常不满意	8
危险:有警告	可能危及操作人员;失效模式影响车辆安全运行或涉及不遵守政府法规;操作过程中失效、出故障会发生警报	9
危险:无警告	可能危及操作员;失效模式影响车辆安全运行或涉及不遵守政府法规;操作过程中即使发生故障也不会发生警报	10

(5) 潜在原因。一般来说,潜在原因是噪声因子的集合,以及由于违反公理设计和最佳实践的设计缺陷。研究噪声因子的影响有助于 DFSS 团队识别失效机理。DFSS 团队在系统框图的帮助下进行的分析允许识别其范围内的项目与环境、客户和设计参数(DPs)内部的交互和耦合。对于图 11 - 2 第 2 列中确定的每个潜在失效模式,DFSS 团队需要在此列中输入原因(见 11.3 章节连接 FMEA 第 3 列和第 5 列的因果工具)。其中有两个基本原因:① 产品没有按照设计规范制造和组装的;② 设计可能包括导致不可接受的变化(错误的结构或设计误差)的缺陷或漏洞;或两者兼而有之。

(6) 频度。频度是物理实体(部件/组件或子系统)在设计的预期寿命内可能发生失效的评估累积的主观评级;换句话说,它是"事件原因"发生的可能性。FMEA 通常假设,如果原因发生,失效模式也会发生。基于这一假设,频度也是发生失效模式的可能性。根据失效可能性或概率,通常以百万分之几(ppm)缺陷为单位,将频度按 1(几乎从不)到 10(几乎肯定)的等级进行评级。除了这种主观评价,还可以使用回归模型。频度是一个等级表,并不反映实际的可能性。实际可能性或概率是从具有相同部件或替代品产品的历史服务或保修数据中提取的故障率。示例如表 11 - 2 所示。在 DFMEA 中,设计控制能防止或减少失效模式的原因,并相应地修改"频度"列。

表 11-2 汽车工业行动小组(AIAG)频度评级

失效可能性	事 件	评 级
非常高—反复失效	≥100(每 1 000 辆/件)/≥10% ≥50(每 1 000 辆/件)/≥5%	10 9
高—经常失效	≥20(每 1 000 辆/件)/≥2% ≥10(每 1 000 辆/件)/≥1%	8 7
中—偶发失效	≥5 每(1 000 辆/件)/≥0.5% ≥2 每(1 000 辆/件)/≥0.2% ≥1 每(1 000 辆/件)/≥0.1%	6 5 4
低—相对较少失效	≥0.5(每 1 000 辆/件)/≥0.05% ≥0.1(每 1 000 辆/件)/≥0.01%	3 2
非常低—不太可能失效	≤0.01(每 1 000 辆/件)/≤0.001%	1

(7) 当前的控制措施。设计控制方法的目标是识别并尽早发现设计缺陷和漏洞。设计的控制方法通常被用于一级失效。各种控制方法被广泛使用,如实验室测试、项目和设计评审、设计建模(例如仿真、CAE)。在改进型 DFSS 项目中,团队应该从企业记录中审查相关历史信息(类似失效模式和其他设计的探测方法经验),如实验室测试、原型测试、建模研究和快速测试。在创新设计的情况下,DFSS 团队需要头脑风暴避免新技术的失效探测风险,比如问:"他们通过什么方式识别到失效模式? 还有,他们如何发现它的发生?"

设计控制可采取不同的行动,包括实体和过程的结构变更(不产生新的缺陷)、特殊控制、设计指南、DOE(实验设计)、设计验证计划、耐久性、图纸和修改标准、程序和最佳实践指南。

(8) 探测度。探测度是一种主观评价,对应于探测方法将检测到潜在失效模式的第一级故障的可能性。这种评价是基于控制系统通过设计算法中相关事件的有效性;因此,FMEA 是一个动态的文档。DFSS 团队应该:① 评估每种探测方法的能力,以及在 DFSS 工作中多早能使用这种方法;② 回顾图 11-2 第 8 列中的所有探测方法,并将数据表示到探测等级上;③ 对方法进行评分,选择最低探测度,以防出现矛盾。

示例如表 11-3 所示。

表 11-3 美国汽车工业行动集团(AIAG)探测度评级

探测度	探 测 可 能 性	等 级
几乎确信	设计控制几乎肯定会探测到潜在的原因/机制和后续失效模式	1
非常高	设计控制很有可能探测到潜在原因/机制和后续失效模式	2
高	设计控制将探测出潜在原因/机制和后续失效模式的可能性高	3
较高	设计控制探测出潜在原因/机制和后续失效模式的可能性较高	4

（续表）

探 测 度	探 测 可 能 性	等 级
中	设计控制将探测出潜在原因/机制和后续失效模式的可能性中等	5
低	设计控制将探测出潜在原因/机制和后续失效模式的可能性低	6
非常低	设计控制探测出潜在原因/机制和后续失效模式的可能性极低	7
渺茫	设计控制探测出潜在原因/机制和后续失效模式的可能性渺茫	8
非常渺茫	设计控制探测出潜在原因/机制和后续失效模式的可能性非常渺茫	9
绝对不确定	设计控制无法探测出潜在原因/机制和后续失效模式；或者没有设计控制	10

　　（9）风险顺序数（RPN）。它是图 11-2 中严重度（第 4 列）、频度（第 6 列）和探测度（第 8 列）评级的乘积。范围从 1 到 1 000。除了产品功能外，严重度、探测度和频度的加权平均值是另一种计算 RPN 值的方法。RPN 值用于确定潜在失效模式的优先级。严重度、频度和探测度等级是有行业差异的，黑带应使用自己公司采用的评级系统。汽车工业评级汇总如表 11-1 至 11-3（AIAG 编译评级见表 11-4）所示。软件 FMEA 如表 11-5 所示，服务行业的 FMEA 如表 11-6 所示。

　　（10）行动建议。DFSS 团队应选择并管理后续行动。潜在失效风险很高的地方应该立即制定一个控制计划来控制局势。在设计项目的过程中，DFSS 团队应观察、学习和更新 FMEA，使其成为动态的文档。FMEA 不是回顾性的，而是企业丰富记忆的信息来源，也是核心设计指导书的重要参考。DFSS 团队应记录 FMEA，并以公司广泛使用的电子和实物格式保存。

表 11-4　AIAG 编译的评级

等 级	严 重 度	频 度	探 测 度
10	无警告的危险	非常高；几乎必然失效	不能探测
9	有警告的危险		非常渺茫
8	丧失主要功能	高；重复失效	渺茫
7	降低主要功能		非常低
6	丧失次要功能	中；偶发失效	低
5	降低次要功能		中
4	大部分客户能察觉小瑕疵		中高
3	一些客户能察觉小瑕疵	低；相对较少失效	高
2	少数客户能察觉小瑕疵		非常高
1	无影响 客户不太可能察觉小瑕疵	渺茫；失效可探测	几乎确定

表 11-5 软件 FMEA 的等级

等级	后果的严重度	发生的可能性	探测度
1	表面错误——没有损失产品功能性；包含不正确的文档	每年每 100 个单位中出现 1 次(1/5 千万概率)	需求/设计评审
2	表面错误——没有损失产品功能性；包含不正确的文档	每年每 10 个单位中出现 1 次(1/500 万概率)	需求/设计评审
3	产品功能降低——暂时的；随着时间推移或者系统运行，问题会消失	每年每 1 个单元中出现 1 次(1/525 000 概率)	代码审阅/单件测试
4	产品功能降低——暂时的；随着时间推移或者系统运行，问题会消失	每个月每 1 个单元中出现 1 次(1/43 000 概率)	代码审阅/单件测试
5	功能性缺失——问题不能自然消失，但是一个"临时方案"可以临时绕过问题区域，直到在不损害操作的情况下解决了问题	每周出现 1 个(1/10 000)	系统兼容与测试
6	功能性缺失——问题不能自然消失，但是一个"临时方案"可以临时绕过问题区域，直到在不损害操作的情况下解决了问题	每天出现 1 个(1/1 440)	系统兼容与测试
7	功能性缺失——问题不能自然消失，而且没有"临时方案"可以绕过这个问题；功能性受损或者缺失，但是产品仍然可以在一定程度上被使用	每个班次出现 1 个(1/480)	安装与启动
8	功能性缺失——问题不能自然消失，而且没有"临时方案"可以绕过这个问题；功能性受损或者缺失，但是产品仍然可以在一定程度上被使用	每小时出现 1 个(1/60)	安装与启动
9	产品停滞/流程停止/需要重启——产品完全停工，所有功能性都已经缺失，系统需要重启	每 10 分钟出现 1 个(1/10)	只有线上可以探测
10	产品停滞/流程停止/需要重启——产品完全停工，所有功能性都已经缺失，系统需要重启	每分钟出现超过 1 个(1/1)	只有线上可以探测

表 11-6 服务行业的 FMEA 等级

严重度		频度		探测度	
等级	描述	等级	描述	等级	描述
1	非常低。在流程中没注意到很正常，对流程和生产的影响也很难注意到，或者对产品功能的影响也容易忽视。客户不太容易注意到不同	1—2	极低——失效可能性＜总体的 0.015%(＜150 PPM)	1—2	极低——出货后被探测到的可能性极低(＜150 PPM)
2—3	低。在落地流程上影响有限，对流程的产出没有影响，在系统层面注意不到，但是能够在产品上稍微能被注意到(在子系统或系统中)	3—5	低——失效可能性在总体的 0.015%~0.375%之间(150~3 750 PPM)	3—5	低——出货后被探测到的可能性低(150~750 PPM)

（续表）

严　重　度		频　度		探　测　度	
等级	描　述	等级	描　述	等级	描　述
4—6	中等。失效产生的影响在流程中存在，可能需要未预期的返工，可能对设备带来一些损害；客户能够立即注意到；效果出现在子系统或者产品的功能表现上	6—7	中—失效可能性在总体的 0.375% ～1.5% 之间（3 751～15 000 PPM）	6—7	中—出货后被探测到的可能性中等（751～15 000 PPM）
7—8	高。可能引起严重的损害影响流程进行；需要及时的返工；设备、工具或者特性有损失；效果产生在主要的产品系统上，但是不影响安全性相关或者政府法规规定的	8—9	高—失效可能性在总体的 1.5%～7.5%之间（15 001～75 000 PPM）	8—9	高—出货后被探测到的可能性高（15 001～75 000 PPM）
9—10	极高。生产停滞；对流程或者装配人员产生伤害；效果在产品安全性上，或者牵涉到不合规、不符合政府法规制度。	10	非常高—失效可能性＞总体的 7.5%（＞75 001 PPM）	10	极高—出货后被探测到的可能性极高（＞100 000 PPM）

11.3　设计 FMEA(DFMEA)

　　DFMEA 的目标是帮助团队在设计中避免失效模式，最终目的是能够显著提高设计的可靠性。从这个意义上，可以简单地定义可靠性为随时间推移的设计质量变化（参考最初的六西格玛水平）。

　　主动使用 DFMEA 是一种工作方式的转变，这种做法现在很少使用或被认为形式主义。这种态度非常有害，因为忽视了其显著好处。潜在失效模式的知识可以从经验中获得，或从客户手中（现场失效）发现，或者在原型测试中发现。但是，DFMEA 的最大作用是在项目的早期阶段，当失效模式还未在实际产品中产生时，可以主动地识别出来。

　　DFSS 中 DFMEA 的作用是物理结构功能层次的识别。首先，DFSS 团队将在最低层级（例如，一个组件）上实施 DFMEA，然后在下一层级（例如，一个子系统）评估每种失效模式的影响等。FMEA 是一种自底向上的方法，而不是自顶向下的方法，并且通常不能揭示所有更高层级的潜在失效。然而，这个缺点在 DFSS 方法中通过把物理和过程结构加上框图作为补救被修正。

　　在开始任何的 FMEA 工作之前，我们建议黑带提前准备 FMEA 系列会议，在 FMEA会议之前传达所有相关信息，在每次会议开始时明确目标、角色，进行有效地沟通。

　　由 DFSS 团队开展 DFMEA 的主要步骤是：

　　（1）建立由实际结构决定的项目边界（范围）。组件、子系统和系统是不同的层次级别。团队将会从最低层次结构级别（组件级别）开始，然后继续向上。在相应的列中，将较低级别的相关信息输入到较高级别。

　　（2）建立在范围内层次结构的所有层次上充分描述耦合和接口的系统框图。这些接口将包括受控输入（DPs）和非受控输入，如环境因素、退化、制造和 DFX 方法。

　　（3）在定义了各个 FRs 的所有层级后重新审视物理结构。这里的任务是确保物理结构中的所有 DPs 最终都由某个组件或子系统托管。组件集构成了项目的物料清单。

（4）识别结构中每个层级的潜在失效。团队需要确定可能使设计失效的所有潜在方式。对于结构中的每个 FR，团队将集体讨论设计失效模式。失效模式描述了结构中的每个分层实体在其预期寿命结束之前如何开始失效。潜在的设计失效模式是指结构中的物理实体可能无法交付其 FRs 的方式。

（5）研究失效的原因和后果。其原因一般被归类为由于：

（a）由于违反原理而导致的设计缺陷。在这种类型的失效原因中，部件是按照设计规范制造和组装的。尽管如此，它还是失败了。

（b）噪声因子包括它们的作用以及它们 DPs 的相互作用，有如下三个方面：

（Ⅰ）包括工位到工位的制造、装配漏洞和缺陷，比如不符合规格的组件。装配错误，比如组件根据规格制造，但在结构的较高层次上产生了装配过程错误。此外，材料的变化也适用于这种类型。

（Ⅱ）环境和操作者的使用过程。

（Ⅲ）退化：随着时间的推移而磨损。

失效的影响是失效模式在下一个更高层级上的直接后果：包括损失客户和违反法规等。潜在的失效原因可以通过故障树分析（FTA）、因果图、因果矩阵等工具进行分析。

在原因识别中应遵循两条黄金法则：① 团队应该从具有最高严重度评级的模式开始原因识别；② 团队应尝试超越第一、第二或第三层的原因。

（6）利用 RPN 数值对潜在的失效模式进行排序，以便采取措施解决这些问题。每种失效模式都从其引起的后果的严重度、探测度和失效发生的频度来考虑。

（7）将任何特殊的 DPs 按"关键"或"重要"等需要控制的特征来划分。当失效模式被认定的严重度等级大于关键特性评级时，则可能存在潜在的"关键"DP 特性。关键特性通常会影响安全或法规。当失效模式-原因组合的严重度等级在某个范围内低于"关键"阈值时，则可能存在潜在的"重要"DP 特征。"重要"意味着对 QFD 中的某些 CTS 具有重要意义。这两种类型的分类都被输入到 PFMEA 中，被称为"特殊"特性。特殊特性需要"特殊控制"，需要在正常控制之外再进行额外的控制（管理上、测量上、过程设计上等）。一般采用稳健设计法来确定"特殊"特征。

（8）决定使用"设计控制"作为探测失效模式或失效原因的方法。通常有如下两种类型的控制方法：

（a）一类是用于预防失效原因、失效机理或失效模式，以及它们带来的后果而设计的控制。这种控制类型也是为了减少失效发生频度。

（b）另一类是在零件投入生产前，通过理论分析或实际测试的方法来探测失效原因、失效机理或失效模式的控制。

（9）纠正措施的识别和管理。小组在 RPN 数值的基础上，选择恰当纠正措施。纠正措施的策略包括：

（a）将失效风险转移到项目范围以外的其他系统上。

（b）完全防止失效［例如，poka-yoke（防错）设计］。

（c）通过以下方式降低失效的风险：

（Ⅰ）减少"严重度"（改变 DPs）。

（Ⅱ）减少"频度"（降低复杂性）。

（Ⅲ）提高"探测"能力（如进行头脑风暴,同时进行自上而下的失效分析,如 FTA 等）。

（10）定期回顾失效分析、失效记录然后更新 DFMEA 表。DFMEA 是需要动态实时更新的文件,需要实时的回顾和整理。

任何等级的潜在失效模式都可以通过利用现有的知识去应对解决,例如工程/结构分析学、类似设计的历史失效数据库、可能存在错误的设计、物理失效。为了能有一个全面、良好的实践,黑带应该指导 DFSS 团队成员持续跟踪和更新他们特定的失效模式列表。

通过故障树分析（FTA）,一种自上而下的分析方法,可以加强我们对那些与安全相关和严重度高的失效模式的理解。FTA 和 FMEA 一样,帮助 DFSS 团队回答"如果…"等问题。这些工具通过找到失效在哪以及怎么发生的,加深了设计团队对其设计产品的理解。从本质上讲,FTA 可以看作是一个数学模型,它以图形化的方式表现逻辑关系（如 AND、OR 等）来组合可能发生的失效的事件或容易发生失效的事件。其目的是凸显出在 DFSS 项目结构中某些能直接或间接导致高等级失效的低等级失效。在结构发展的促进下,需要尽早进行 FTA,特别是与安全相关的失效以及可靠性设计（见第 9 章）。

11.3.1　FTA 示例

在本例中,将 FTA 应用于汽车前灯开发设计。该电路非常简单,仅包括电池、开关、灯本身和线束（见图 11-4）。为了简单起见,我们假设线束足够可靠,不在我们的研究范围之内。我们还假设某些部件的失效概率是一定的。在给定的时间内,失效概率为 DPMO,或是指定的失效分布（不一定是正态分布）得出的不可靠度。这种概率可以从经常用于跟踪失效率的保修和客户投诉数据库中估算出来。失效概率可以通过将失效概率和运行时间代入各自的失效分布中计算得出。在本例中,将假设以下的失效概率。P_1（电池坏了）＝0.01,P_2（接触不良）＝0.01,P_3（开关失效）＝0.001,P_5（灯坏了）＝0.02 以及需要进一步计算的 P_4（没电了）和 P_6（灯不亮）。首先,我们需要定义高等级失效事件。在本例中,高等级失效是"不发光"。下一步,我们要找到可能导致这种失效的事件。然后,我们继续找出可能导致"不发光"失效的三个事件:"没电了""灯管坏了"和"开关坏了"（或是这些事件的组合）都可能导致"不发光"这个高等级失效,因此采用 OR 逻辑关系图。图 11-5 给出了 FTA。

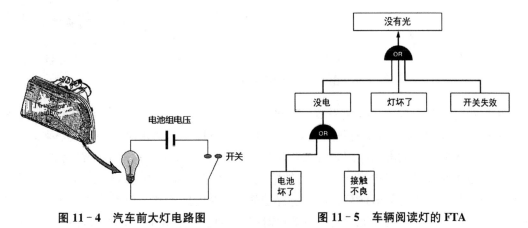

图 11-4　汽车前大灯电路图　　　　图 11-5　车辆阅读灯的 FTA

从概率论出发,并假设事件独立,我们可以得到

$$P_4 = P_1 + P_2 - P_1 \times P_2 = 0.019\ 9 \tag{11-1}$$

$$
\begin{aligned}
P_6 &= P_3 + P_4 + P_5 - P_3 \times P_4 - P_3 \times P_5 - P_4 \times P_5 + P_3 \times P_4 \times P_5 \\
&= 0.001 + 0.019\ 9 + 0.02 - 0.001 \times 0.019\ 9 - 0.001 \times 0.02 - 0.019\ 9 \times \\
&\quad 0.02 + 0.001 \times 0.019\ 9 \times 0.02 \\
&= 0.040\ 46
\end{aligned}
\tag{11-2}
$$

11.3.2 因果工具

因果图,也称为鱼骨图或石川图,和因果矩阵是常用的两种工具,在 DFSS 团队使用 FMEA 工具的时候很有用。因果图识别了影响设计运行的各种原因,可以用箭头表示它们之间的因果关系。该图表是由可能导致不希望发生的失效模式的原因组成,也许有几个原因。原因是自变量,失效模式是因变量。图 11-6 给出了一个示例。压配合滑轮(见第 5.9.1 章节)的装配臂板测试失效,产生废料。对测试部件的分析表明,臂板、房屋扭转弹簧从枢轴管分离,导致零件解体。

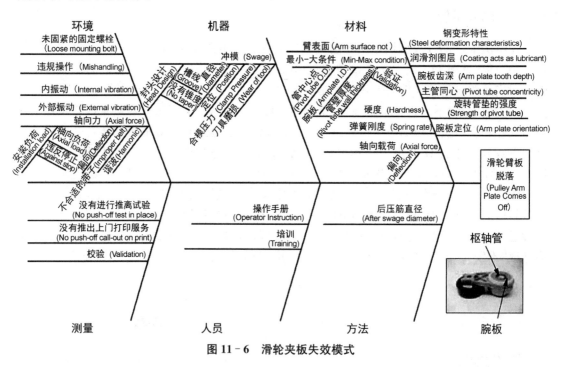

图 11-6 滑轮夹板失效模式

因果矩阵是另一种用于确定失效原因的技术。在列表中,DFSS 团队可以列出失效模式。团队接着使用 RPN 数值对每个失效模式进行数值排序。团队使用头脑风暴来确定所有可能影响失效模式的潜在原因,并在矩阵的左侧列出这些原因。这是一种有用的做法,将这些原因按类型(环境、退化等)分为设计缺陷或噪声因子。然后,团队对矩阵主体中每个失效模式原因的影响进行数值计算。这些过程是基于团队的经验和任何可用的信息。然后将影响率与 RPN 交叉相乘,得到每行的总数(原因)。然后,在创建 DFMEA 时,使用这些总数

来分析和确定重点工作的优先级。通过不同类型(耦合、环境、制造、退化等)将原因分组,研究团队将巩固关于这些类型原因强度的几个假设,以设计他们的解决方案。

11.4　流程 FMEA (PFMEA)

PFMEA 中的活动与 DFMEA 类似,但侧重于过程失效。DFSS 小组在 PFMEA 中要采取的基本步骤是:

(1) 构建由过程结构所限定的项目过程边界(范围)。通过防止制造、装配和生产的失效,团队可以最大限度地提高设计质量。从最低层级的 DFMEA(组件级)开始,团队应该利用组件流程结构来绘制所有相关流程图。然后团队继续到下一个更高的层次结构,子系统层级,完成所有子系统 PFMEAs,并继续向上一级进行。

(2) 构造对应的 PFMEA 过程流程图,该流程图由上面的步骤 1 形成,它完整描述了过程结构和范围内层次结构的那个层级上的耦合和接口。接口将包括受控输入(PVs)和非受控输入噪声,如制造和装配的错误和变异。团队可以从宏观层级的流程图开始,但是在详细流程图中获得最大的效力。详细流程图展示了详细的操作、运输、检查点、周期时间等等。较低层级的相关信息被输入到下一个较高层次的 PFMEA,在适当的情况下,列在相应的列中。

(3) 在定义了相应 DPs 的所有层次上重新回顾流程结构。这里的任务是确保过程结构中的所有 PV 最终由某个过程托管。这些相互排斥的过程组成了项目的生产或制造线。

(4) 识别流程结构中每个层次的潜在失效。在经历了相应的层级 DFMEA 之后,团队需要确定所有过程失效导致设计失效的所有潜在原因。对于结构中的每个设计参数,团队将对过程失效模式进行头脑风暴。失效模式描述了结构中的每个层级实体在结束之前是如何开始失效的。潜在的过程失效模式是指结构中的过程实体可能无法实现它的 DPs。

(5) 研究失效的原因和后果。原因通常被归类为弱点,原因是:

(a) 由于违反公理而导致的过程弱点。在这种失效原因中,部件的制造和组装符合工艺能力和设计规范。尽管如此,它仍然无法按预期组装或运行。通常,当设计不是在设计和制造之间同时构思时,就会发生这种情况。

(b) 噪声因子平均作用及其与 PVs(过程变量)的相互作用:

(Ⅰ) 制造和装配变更以及主要由于工艺或材料变化造成的缺陷。

(Ⅱ) 生产环境与操作失误。

(Ⅲ) 机器退化:随着时间的推移磨损。

(c) 失效的影响是失效模式对下一个更高层次过程的直接后果,并最终影响到客户。操作人员或监控系统通常会注意到相关过程或其下游的影响。潜在的失效原因可以通过这些工具分析,诸如故障树分析、因果图、因果矩阵。

(d) 原因识别应遵循两条黄金法则:

(Ⅰ) 团队应从相关 DFMEA 中严重度等级最高的模式开始。

(Ⅱ) 他们应该努力超越第一层次的原因到第二或第三层次的原因。团队应提出以下过程问题:

①什么样的变化源会导致这个过程无法交付它的 DPs（设计参数）？②假设输入是正确的并且符合规范，什么会导致过程失效？③如果过程失效，对操作员的健康和安全、机器、组件本身、下游流程、客户和法规有何影响？

（6）使用 RPN 数值对潜在的过程失效模式进行排序，以便采取措施解决它们。每种潜在的失效模式都考虑了其影响的严重度、探测的可能性和其原因的发生频度。

（7）将任何特殊 PVs（过程变量）归类为"特殊"特性，需要对其进行控制，例如"操作员安全"特性，这些特性与不影响产品但可能影响安全或适用于工艺操作的政府法规有关。另一类过程"特殊"特性是有重大影响的特性，当超出规范的公差严重影响过程本身的操作或后续操作，但不影响正在加工的部件或子系统时，会出现这种特性。这两种类型的分类都输入到 PFMEA 中，称为"特殊"特性。

（8）确定"过程控制"作为探测失效模式或原因的方法。有两种类型的控制措施：①旨在防止失效原因或失效机制或失效模式及其后果发生的控制措施；②针对纠正措施的原因或机制的探测而设计的控制措施。

（9）纠正措施的识别和管理。根据 RPN 数值，团队决定是否要采取纠正措施，如下所示：

（a）将失效风险转移到项目范围外的其他系统。

（b）完全防止失效［例如，过程防错措施（防错）］。

（c）通过以下方式降低失效风险：

①降低"严重度"（变更或改变 DPs）；②减少"频度"；③提高"探测"能力（例如，头脑风暴会议，同时使用自上而下的失效分析，如 FTA）。

应根据过程结构进行 PFMEA。将 PFMEA 和 DFMEA 过程添加到设计项目管理图中是很有用的。建议采用 PERT 或 CPM 方法。黑带应安排简短的会议（少于 2 小时），并有明确的目标。FMEA 阶段性的目标可能包括测量系统评估、过程能力验证和探索性 DOEs（实验设计）。这些活动耗费资源和时间，给 DFSS 项目关闭周期带来了可变性。

（10）评审分析、记录和更新 PFMEA。PFMEA 是一份动态文件，应持续不断地进行回顾和管理。步骤 1 至 9 应记录在适当的媒介中。

如表 11-7 所示，是一个交付周期 PFMEA 的例子。

表 11-7　交付过程 PFMEA

过程步骤/输入	潜在失效模式	潜在失效后果	严重度	潜在原因	频度	现行控制	探测度	RPN	行动建议
①交付	仓库出货单据不打印	迟交	10	系统故障	1	第二天被客户服务中心确认	5	50	打开订单屏幕
②交付	没有转移进入仓库	迟交	10	未获纸面授权	1	不受控	1	10	计算机系统包括负载信息
			10	计算机系统参数不正确	5	每周采购报告	5	250	计算机系统包括负载信息

(续表)

过程步骤/输入	潜在失效模式	潜在失效后果	严重度	潜在原因	频度	现行控制	探测度	RPN	行动建议
③交付	枢纽仓库没有正确装载到转运载体上	迟交	10	加载错误。负载不检查	1	转移报告	5	50	检查加载/请求加载
			10	库存虚盘(由于不完善的程序和安全;控制)	5	转移报告	5	250	每日库存对账
④交付	与客户沟通	迟交	10	矩阵没有反映实际运输的时间	3	转移报告	5	150	验证矩阵
			10	传输载体性能差	5	转移报告	5	250	测量性能
			10	给转运承运人错误的发货信息	1	转移报告	5	50	仓库系统创建负荷清单
⑤交付	对客户不利	迟交	10	承运人表现差	5	客户投诉	1	50	监控性能,更换载体
			10	承运人不知道客户交货日期/没有车	9	运营商服务合同,运营商报告	1	90	每批货物在提单上记录交货日期
			10	给承运人错误的交货信息	3	不受控	1	30	仓库系统创建负荷清单
总计			110		39		39	1 230	

11.5 质量系统和控制计划

控制计划是维持 DFSS 项目成果的手段。然而,如果不在一个全面可靠的质量操作系统中实施,这些计划将是无效的。一个可靠的质量体系可以为 DFSS 项目提供维持其长期收益的基础。质量体系认证已成为许多行业的客户要求和趋势。ICOV DFSS 算法的验证(V)阶段要求 DFSS 项目区域采用可靠的质量体系。

质量体系的目标是通过从设计到服务的各个阶段防止不合格品,以达到让顾客满意的目的。质量体系是六西格玛-部署公司商定的经营方法,不能把它与一套旨在满足外部审核组织(如 ISO9000)要求的文件相混淆。换言之,质量体系代表的是公司的行为,而不是书面的条款。有效质量体系的要素包括质量宗旨、管理评审、企业结构、规划、设计控制、数据控制、采购质量相关职能(如供应商评估和进货检验)、设计产品和过程结构的可追溯性、过程控制、预防性维护、过程监控和操作员培训、过程能力研究、测量系统分析(MSA)、评审功能、检查和测试、服务、统计分析和标准。

QS9000 质量体系要求中适用于 DFSS 项目的细节可在 4.1.2 节中找到:"定义并记录组织自由和权力,方便:① 采取措施防止任何与产品、过程和质量体系有关的不合格的发生;

② 识别并记录所有与产品、过程和质量体系有关的问题;③ 通过指定渠道发起、推荐或提供解决方案;④ 验证实施方案。"

自动或人工控制的设计(服务或产品)和设计过程的控制方法。控制方法包括公差、防错(poka-yoke)、基于控制 PVs 或监测 DPs 的警告和趋势信号的统计过程控制图(SPC)、用于检测目的的标准操作程序(SOPs),以及短期检查行动。在应用这些方法时,DFSS 团队应重新审查操作员的培训,以确保适当的控制功能,并提取历史长期和短期信息。

控制计划工作表是制造、装配或生产环境中的动态文件,它用于记录 FMEA 建议的所有过程控制方法或其他 DFSS 方法(如优化和稳健性设计)产生的过程控制方法。控制计划是对控制部件和过程(或服务)进行系统控制的书面描述。应根据一段时间内获得的经验,更新控制计划,以反映控制措施的变化。表 11-8 给出了一种建议形式。

表 11-8　控制计划工作表

DFSS团队:											
							日期(初始):				
							日期(回顾):				
过程步骤	输入	输出	过程规格 (LSL,USL, 目标)	Cpk/日期 (样本量)	测量系统	%R&R 或P/T	现行控制方法 (从PFMEA)	负责人	地点	时间	反应计划

第 12 章

实验设计的基本原理

12.1 实验设计(DOE)介绍

实验设计(design of experiment，DOE)也被称作统计性的设计实验。

实验设计和分析的目的是找到流程的试验因子和输出之间的因果关系。DOE 的过程模型如图 11-1 所示。这个模型与之前介绍过的参数图(P-图)基本是一致的。

例 12-1 农业实验：实验设计最早是在 1930 年代,作为一种改进农业中产量的研究设计工具而被提出。实验中的输出变量 y,或者说响应 y,通常就是某一个农场的产量。

实验中的控制因子,比如说 $\mathbf{X} = (X_1, X_2, \cdots, X_n)$ 通常就是"农业中的变量",例如不同类型化肥的使用量、灌溉系统、种子的选择等。"不可控因子",比如说 $\mathbf{Z} = (Z_1, Z_2, \cdots, Z_n)$ 可以是土壤类型、天气等等。

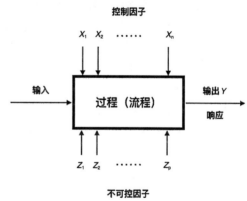

图 12-1 过程(流程)模型

在早期的农业实验中,试验人员想要了解产量与控制因子之间的因果关系,特别是不同类型的肥料、肥料的使用量、灌溉类型和种子的类型如何影响到农作物的收成。

在任何一种 DOE 项目中,我们都可以有意地改变这些实验因子来观察他们对于输出的影响效果。实验中获得的数据将用于拟合输出 y 与实验因子的经验模型。从数学意义上来看,我们其实就是在尝试找到以下的一种函数关系：

$$Y = f(X_1, X_2, \cdots, X_n) + \varepsilon \tag{12-1}$$

这里的 ε 指的是实验误差,或者说是实验波动。ε 的存在说明了在 Y 与 $(X_1, X_2, \cdots, X_n)$ 之间可能没有一个精确的函数关系。这是因为：

(1) 不可控因子 $(Z_1, Z_2, \cdots, Z_n)$ 将会影响输出 Y,但是没有在公式(12-1)中体现出来。

(2) 在 Y 与 $(X_1, X_2, \cdots, X_n)$ 中都存在实验和测量误差。

DOE 项目通常有很多步骤,我们将其归纳如下：

1) 步骤 1：定义项目

这是第一步,也是不能够忽略的一步。我们需要识别出项目的目标,找到问题所涉及的范围。比如说,在一个产品设计中,我们需要识别出到底想要完成什么。我们是想要减少缺陷吗？我们是想要提升现有产品的性能吗？现在的性能如何？项目范围是什么？我们是针对子系统或者零件来工作吗？

2) 步骤 2：选择响应变量(输出)

在项目定义完成后,我们需要找到响应变量 Y。在选择这个变量的时候,试验人员应该确定它是否能够对所研究的流程提供有用的信息。通常来说,响应变量是衡量流程的关键绩效测量指标。我们同时也希望 Y 能够有如下特点：

(1) 属于连续型变量,这样能够使得数据分析更加容易,也更有意义。

(2) 是一个能够被简单又准确地测量到的变量。

3) 步骤 3：选择因子、因子水平和因子范围

实际上,步骤 2 和步骤 3 可以同时进行。我们都希望能够识别出所有对响应变量有显著影响的重要因子。有时候,因子的选择是很容易的,但是在有些案例中,一些非常重要的因子会被隐藏,不容易发现。

因子有两种类型：连续型因子和离散型因子。连续型因子可以用连续型的数据来表示。比如说,体重、速度、价格就是连续型因子。离散型数据也被叫作类型变量,或者属性变量。比如说,机器的种类、种子的种类、操作系统的种类都是离散型因子。

在一个 DOE 项目中,每一个实验因子都至少会被改变一次,也就是说,每个因子都会有至少两种设置水平。否则,这个因子就不会成为实验中的一个变量,而是一个固定因子了。在实验中的因子不同状态的设置被称为"水平"。

对于一个连续型变量的因子,这些水平常常被定义为不同的数值。比如说,温度的两个水平可以被定义为 200℃ 和 300℃。对于连续型因子,变量的范围也很重要。如果变量的范围太小了,我们有可能丢失掉很多有用信息。如果范围太大,那么数据的极值可能是实验中无法实现的。

对于离散型变量,水平的数量常常就等于"可用选择的数量"。比如说,如果"机器的类型"是一个因子,那么水平数就取决于"一共有多少种类型可选？"以及"在实验中,我们希望测试到哪些类型？"

实验中水平数的选择也取决于可使用的时间和成本。在实验中因子水平越多,我们就会从实验中获得更多的信息,但也需要更多的试验次数,这就意味着需要更高的试验成本和更长的时间来完成实验。

4) 步骤 4：选择一种实验设计

实验设计类型的选择取决于因子的数量、每个因子的水平数,以及我们能够承担多少次试验的成本。

在本章中,我们主要考虑全因子设计和部分因子设计。如果给出了因子和水平的数目,那么完整的分析实验将需要更多的试验次数,因此项目需投入的成本会更高,但同时也将提供更多有关研究过程的相关信息。部分因子实验将需要较少的试验次数,因此成本更低,但

随之也将提供较少的有关该过程的信息。

我们将在随后的部分中讨论如何选择一个好的实验设计。

5）步骤 5：实施实验

进行实验时，我们必须注意以下几点：① 首先检查仪表和测量设备的性能。② 检查所有计划的实验是否可行。③ 注意试验中的过程偏移。④ 避免进行计划外的更改（例如在中途更换操作员）。⑤ 留出一些时间（和备用材料）以应对意外事件。⑥ 获得相关方的支持。⑦ 保存所有原始数据。⑧ 记录所有发生的情况。⑨ 实验后将设备重置为原始状态。

6）步骤 6：DOE 数据分析

我们将使用统计方法进行数据分析。本章主要讨论如何分析统计实验设计中的实验数据。通过对实验数据的分析，我们可以获得以下结果：

（1）识别显著与非显著作用以及交互作用。并非所有因子对输出的影响都相同，当更改某个因子的水平时，如果与因不可控因子和实验误差引起的固有实验变差相比，它对响应的影响相对较小，则该因子可能是不显著的。换言之，如果一个因子对响应有显著影响，则可能是一个显著因子。有时，两个或多个因子可能存在相互作用，在这种情况下，它们对输出响应的影响关系将是复杂的。我们将在后续部分中讨论交互作用。但是，也有可能没有发现任何显著的实验因子，在这种情况下，实验是无法下定论的。因为这种情况表明我们可能错过了实验中的重要因子。DOE 数据分析可以通过使用方差分析来识别重要因子和不重要因子。

（2）对因子作用和交互作用的相对重要性进行排序。方差分析（ANOVA）可以通过给出数值得分来确定每个因子的相对重要性。

（3）建立响应与实验因子的经验数学模型。DOE 数据分析能够给出将输出 Y 与实验因子相关联的经验数学模型。数学模型的形式可以是线性或多项式，以及交互作用。DOE 数据分析还可以通过主作用图和交互作用图的形式表示实验因子与输出之间的数学关系。

（4）确定最佳因子水平设置和最佳输出性能水平。如果有一个理想的输出目标，例如，如果 Y 是农业实验中的产量，则 Y 的理想目标将是"越大越好"。通过使用上述（3）中给出的数学模型，DOE 数据分析能够确定最优的实验因子设置，从而可以实现最佳的输出结果。

7）步骤 7：结论和建议

当数据分析完成后，实验者可以得出有关该项目的实用结论。如果数据分析提供了足够的信息，我们也许可以对流程进行优化以改善其性能。有时，数据分析无法提供足够的信息，在这种情况下，我们可能需要做更多的实验。当实验分析完成后，我们必须验证结论是否正确。这些称为验证实验。

实验解读和结论可能包括用于达到实验目标的"最佳"设置。即使此"最佳"设置已包含在设计中，也应在验证实验的一部分中再次验证，以确保没有任何变化并且响应值接近其预测值。

工厂非常需要一个稳定的流程。因此，应该在"最佳"设置下运行多次实验。至少应进行三次实验。如果实际运行的实验与进行验证实验之间的间隔为几个小时，则实验人员必须小心以确保自收集原始数据以来不出现变化。

如果验证实验没有产生期望的结果，那么需要：

(1) 检查以确保自原始数据收集以来没有任何更改。

(2) 确认验证实验设置正确。

(3) 重新查看模型以验证分析中的"最佳"设置。

(4) 对于验证实验须确保具有正确的预测值。

如果在检查了这四个项目后仍未找到答案,则该模型可能无法在认为"最佳"的区域中进行有效预测。但是,我们仍然将从该实验中了解一些信息,并且应该使用从该实验中获得的信息来设计后续的实验。

12.2 因子实验

大多数工业实验涉及两个或多个实验因子。在这种情况下,因子设计是最常用的设计。通过因子设计,我们在实验中测试因子水平的所有组合。例如,我们在实验中有两个因子 A 和 B。如果 A 有 a 个水平,B 有 b 个水平,那么在实验中,我们将测试所有 ab 组合。在每种组合中,我们可能会重复几次实验,例如 n 次。然后,实验中有 n 个重复项。如果 n 为 1,则称其为单次重复。因此,对于两个因子,实验观察的总数等于 $a \times b \times n$。

例 12 - 2 曾经有一项实验:研究玻璃类型和荧光粉类型对电视显像管亮度的影响。响应变量是获得特定亮度级别所需的电流(以微安为单位)。数据如表 12 - 1 所示。在本示例中,我们可以将玻璃类型称为 A 因子,因此 A 水平的数量为 2;荧光棒类型为 B 因子,B 水平数量为 $b=3$。在此示例中,重复次数为 $n=3$。总实验观察次数为 $2 \times 3 \times 3 = 18$ 次。玻璃和荧光粉类型都是离散因子。

表 12 - 1　例 12 - 2 的数据

玻璃类型	荧光棒类型		
	1	2	3
1	280	300	290
	290	310	285
	285	295	290
2	230	260	220
	235	240	225
	240	235	230

我们想确定以下内容:

(1) 玻璃和荧光粉类型如何影响电视的亮度,这些效果(如果有)是否显著,是否存在交互作用。

(2) Y 被定义为达到一定亮度水平所需的电流,因此电流越小意味着效率越高。我们希望找到一种能提供最佳效率的玻璃-荧光粉组合。

例 12 - 4 中给出了该例的数据分析。

12.2.1　两因子阶乘实验

一般来说,两因子阶乘实验的安排如表 12-2 所示。表 12-2 中的每个"单元格"对应一个不同因子水平的组合。在 DOE 术语中,它被称为"处理"(treatment)。

表 12-2　两因子阶乘实验设计的安排

		因子 B			
		1	2	...	b
因子 A	1	$Y_{111}, Y_{112}, \cdots, Y_{11n}$	$Y_{121}, Y_{122}, \cdots, Y_{12n}$	...	
	2	$Y_{211}, Y_{212}, \cdots, Y_{21n}$	...		
	⋮	⋮			
	a				$Y_{ab1}, Y_{ab2}, \cdots, Y_{abm}$

12.2.2　数学模型

如果 A 为 X_1, B 为 X_2,那么一个可能的数学模型为

$$y = f_1(x_1) + f_2(x_2) + f_{12}(x_1, x_2) + \varepsilon \tag{12-2}$$

其中 $f_1(x_1)$ 和 $f_2(x_2)$ 分别是 A 和 B 的主作用,$f_{12}(x_1, x_2)$ 是 A 和 B 的交互作用。在许多统计学文献中,使用以下模型:

$$y_{ijk} = \mu + A_i + B_j + (AB)_{ij} + \varepsilon_{ijk} \tag{12-3}$$

其中,$i = 1, 2, \cdots, a$; $j = 1, 2, \cdots, b$; $k = 1, 2, \cdots, n$; A_i 是 A 在 i 水平的主作用; B_i 是 B 在 i 水平的主作用;$(AB)_{ij}$ 是 A 在 i 水平与 B 在 j 水平的交互作用。

12.2.3　什么是交互作用

如果没有交互作用,式(12-2)会变成:

$$y = f_1(x_1) + f_2(x_2) + \varepsilon \tag{12-4}$$

其中,$f_1(x_1)$ 是 x_1 单独的函数,$f_1(x_2)$ 是 x_2 单独的函数;我们称等式(12-4)为可加性模型。但是,如果交互作用不等于零,那么可加性模型就不成立了。让我们看下面的例子。

例 12-3　有三种不同的止痛药 A、B 和 C,每一种药都能止痛几个小时。如果同时服用两种不同的药片,止痛时间如表 12-3 所示。

每个表中的值是有效的止痛时间。例如,在表 12-3(a)中,如果你单独服用一片 A 止痛药,它可以抑制疼痛 4 小时,如果你单独服用一片 B 止痛药,它可以抑制疼痛 2 小时,如果你 A 与 B 一起服用,它可以抑制疼痛 6 小时。通过简单地绘制不同因子水平组合的响应,我们得到了如图 12-2 所示的三个交互作用图。

表 12‑3　全因子实验的交互作用

(a)

		服用 B 药物的数量	
		0	1
服用 A 药物的数量	0	0	2
	1	4	6

(b)

		服用 C 药物的数量	
		0	1
服用 A 药物的数量	0	0	3
	1	4	10

(c)

		服用 C 药物的数量	
		0	1
服用 B 药物的数量	0	0	3
	1	2	3

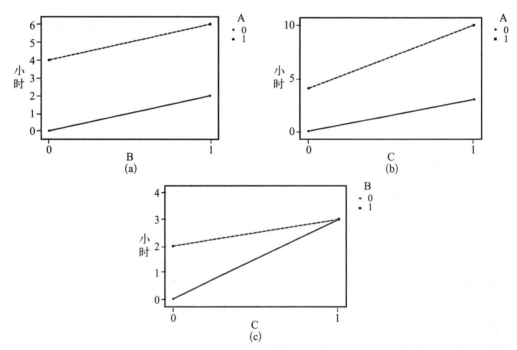

图 12‑2　(a) A 与 B、(b) A 与 C、(c) B 与 C 的交互作用图

　　显然，止痛药 A 和 B 的效果是相加的，因为同时服用 A 和 B 的效果等于分别服用 A 和 B 的效果之和。对应的交互作用图是平行的。但是对于 A 和 C 或者 B 和 C，效果不是相加的。如果同时服用 A 和 C 的效果大于单独服用的效果，我们称之为协同交互作用；如果同

时服用 B 和 C 的效果小于单独服用的效果,我们称之为反协同交互作用。在图 12-2(b) 和 12-2(c) 中,对应的交互作用图并不平行。

12.2.4 方差分析(analysis of varience, ANOVA)

对于任何一组真实的实验数据,例如表 12-2 中的数据,数据有可能会不同(如果所有数据都一样会发生什么?)。数据的一些变化可能是由于实验因子的变化造成的,也可能是由于未知原因或实验测量误差造成的。ANOVA 方法试图完成以下工作:

(1) 根据可能的来源分解实验数据的变化;其来源可能是主作用、交互作用或实验误差。

(2) 量化每个变异源的变化量。

(3) 确定哪些主作用和交互作用对数据的变化有显著影响。

方差分析(ANOVA)的第一步是平方和分解。我们定义以下公式:

$$\bar{y}_{i..} = \sum_{j=1}^{b} \sum_{k=1}^{n} y_{ijk} \qquad \text{(行平均)}$$

$$\bar{y}_{.j.} = \sum_{i=1}^{a} \sum_{k=1}^{n} y_{ijk} \qquad \text{(列平均)}$$

$$\bar{y}_{ij.} = \sum_{k=1}^{n} y_{ijk} \qquad \text{(单元平均)}$$

$$\bar{y}_{...} = \sum_{i=1}^{a} \sum_{j=1}^{b} \sum_{k=1}^{n} y_{ijk} \qquad \text{(总平均)}$$

公式可以表示为

$$
\begin{aligned}
\sum_{i=1}^{a} \sum_{j=1}^{b} \sum_{k=1}^{n} (y_{ijk} - \bar{y}_{...})^2 =& bn \sum_{i=1}^{a} (\bar{y}_{i..} - \bar{y}_{...})^2 + an \sum_{j=1}^{b} (\bar{y}_{.j.} - \bar{y}_{...})^2 \\
&+ n \sum_{i=1}^{a} \sum_{j=1}^{b} (\bar{y}_{ij.} - \bar{y}_{i..} - \bar{y}_{.j.} + \bar{y}_{...})^2 \\
&+ \sum_{i=1}^{a} \sum_{j=1}^{b} \sum_{k=1}^{n} (y_{ijk} - \bar{y}_{ij.})^2
\end{aligned}
\qquad (12-5)
$$

或简化成

$$SS_T = SS_A + SS_B + SS_{AB} + SS_R \qquad (12-6)$$

式中,SS_T 是总平方和,它是整个数据中总变差的度量;SS_A 是由于因子 A 引起的平方和,它是由因子 A 的主作用引起的总变差的度量;SS_B 是由于因子 B 引起的平方和,它是由因子 B 的主作用引起的总变差的度量;SS_{AB} 是由于 AB 引起的平方和,它是 AB 交互作用引起的总变差的度量;SS_R 是由于误差引起的平方和,它是由于误差引起的总变差的度量。

在统计符号中,与每个平方和相关的自由度如表 12-4 所示。

表 12-4　两因子的部分因子设计的自由度

效应	自由度
A	$a-1$
B	$b-1$
AB 交互(interaction)	$(a-1)(b-1)$
误差(Error)	$ab(n-1)$
总计	$abn-1$

每个平方和除以其自由度即为均方。在方差分析中,均方值用于 F 检验,以确定相应的作用在统计学上是否显著。方差分析的完整结果通常列在方差分析表中,如表 12-5 所示。

表 12-5　方差分析表

变异源	平方和	自由度	均方	F_0 值
A	SS_A	$a-1$	$MS_A = \dfrac{SS_A}{a-1}$	$F_0 = \dfrac{MS_A}{MS_E}$
B	SS_B	$b-1$	$MS_B = \dfrac{SS_B}{b-1}$	$F_0 = \dfrac{MS_B}{MS_E}$
AB	SS_{AB}	$(a-1)(b-1)$	$MS_{AB} = \dfrac{SS_{AB}}{(a-1)(b-1)}$	$F_0 = \dfrac{MS_{AB}}{MS_E}$
总计	SS_E SS_T	$ab(n-1)$ $abn-1$		

例 12-4　例 12-2 的数据分析。我们通过 MINITAB 分析了例 12-2 的数据,得到了以下结果:

Y 的方差分析,使用调整后的 SS 进行检验

变异源	DF	Seq SS	Adj SS	Adj MS	F	P
比例	1	14450.0	14450.0	14450.0	273.79	0.000
荧光粉	2	933.3	933.3	466.7	8.84	0.004
玻璃-荧光粉	2	133.3	133.3	66.7	1.26	0.318
误差	12	633.3	633.3	52.8		
Total	17	16150.0				

如何使用方差表。在例 12-4 中,有三个作用:玻璃、荧光粉和玻璃-荧光粉交互作用。在某种意义上,平方和越大,这种作用引起的变化越多,这种作用就越重要。在例 12-4 中,玻璃的平方和为 14 450.0,这是实验中最大的。但是,如果不同的作用有不同的自由度,那么结果可能会有偏差。F 值是衡量相对重要性的一个更好的指标。在本例中,玻璃的 F 比率

为 273.29;荧光粉的 F 值为 8.84;玻璃-荧光粉交互作用的 F 值为 1.26。很明显,玻璃是最重要的因子。在 DOE 中,我们通常使用 p 值来确定一个作用是否具有统计学意义。最常用的标准是将 p 值与 0.05 或 5% 进行比较,如果 p 值小于 0.05,则作用显著。在本例中,玻璃的 p 值为 0.000,荧光粉的 p 值为 0.004,两者均小于 0.05,因此玻璃和荧光粉的主作用在统计学上是显著的。但对于玻璃-荧光粉的交互作用,p 值为 0.318,大于 0.05,因此这个交互作用不显著。

从图 12 - 3 中的交互作用图可以看出,两条直线非常接近平行,因此交互作用很小。在图 12 - 4 中,我们可以清楚地看到第 2 种玻璃的电流要低得多,第 3 种荧光粉的电流最小。总的来说,为了达到尽可能低的电流(最大亮度),应使用第 2 种玻璃和第 3 种荧光粉。

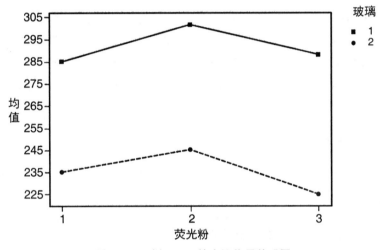

图 12 - 3　例 12 - 4 的交互作用关系图

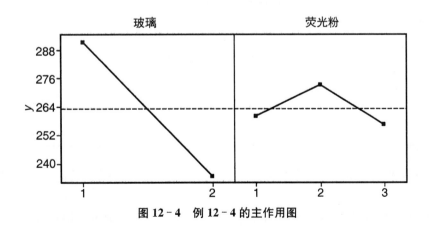

图 12 - 4　例 12 - 4 的主作用图

12.2.5　一般全因子实验

上面讨论的结果和数据分析方法可以推广到一般情况下,比如因子 A 的 a 水平、因子 B 的 b 水平、因子 C 的 c 水平等全被安排在一个因子实验中。如果进行 n 次因子实验,则总实

验次数为 $a \times b \times c \times \cdots \times n$。很明显，实验所需的试验数量将随着因子数量和水平的增加而迅速增加。在实际应用中，我们很少对两个以上的因子使用一般全因子实验；两水平的因子实验是最常用的实验方法。

12.3 二水平全因子实验

最常用的实验设计是二水平因子设计，即所有因子都有两个水平的因子实验设计。二水平因子设计最常用是因为：① 每个因子只有两个水平，因此因子实验设计运行次数最少，因此这也是最经济的实验。② 二因子实验设计是筛选实验的理想设计。③ 二因子实验设计是二水平部分因子实验的基础。它们是最灵活、最有效、最经济的实验设计。在 DOE 的实际应用中，部分因子实验是最常用的方法。

一个二水平全因子实验设计被称为"2^k"设计，k 是实验因子数，2 代表二水平。这是因为 k 因子的二水平全因子实验中，实验组数是 $2 \times 2 \cdots \times 2 = 2^k$。如果每个实验组中有 n 次重复，那么实验试验的总数是 $2^k \times n$。因为每个因子只有二水平，我们称设置低的为低水平，高的为高水平。例如，温度是一个因子，有 100℃ 和 200℃ 两个水平，那么 100℃ 是低水平，200℃ 是高水平。

12.3.1 二水平实验设计的符号

二水平实验设计的标准配置使用 +1 和 −1 符号分别表示每个因子的"高水平"和"低水平"。

例如，下面的表 12-6 描述了一个实验，其中进行了四次试验（或运行），在一次试验中，根据矩阵设置因子为 +1 或 −1，代表高或低：

表 12-6 二水平实验设计

运 行 数	$A(X_1)$	$A(X_2)$
1	−1	−1
2	+1	−1
3	−1	+1
4	+1	+1

因子设置的 +1 和 −1 称为数据编码。这有助于解释适用于任何实验模型的拟合系数。

例 12-5 在印刷电路板（PCB）上切割定位槽需要一个槽刨机。切割过程在电路板上会产生振动并导致切口位置的尺寸变化。为了确定振动的原因，进行了一项实验研究。钻头尺寸（A）和切削速度（B）是影响振动的两个因子。选取两种钻头尺寸（1/16 和 1/8 英寸）和两种速度[40 和 90 转/每分钟]，并在表 12-7 所示的每一组条件下切割四块板。响应变量为每个测试电路板上测得的振动量。

表 12－7　例 12－5 的实验布局和数据

运行数	A（钻头尺寸）	B（切削速度）	Y 震动量（四次重复，n＝4）			
			1	2	3	4
1	－1	－1	18.2	18.9	12.9	14.4
2	＋1	－1	27.2	24.0	22.4	22.5
3	－1	＋1	15.9	14.5	15.1	14.2
4	＋1	＋1	41.0	43.9	36.3	39.9

12.3.2　一般 2^k 实验设计的布局

如果实验有两个以上的因子，每增加一个因子，矩阵中就会有一个新的列。不同的实验运行次数为 $N=2^k$。例如，若 $k=4$，则 $N=2^4=16$。

表 12－8 给出了一个 2^4 因子实验的标准布局。运行编号按标准顺序排列，序列 A 的周期顺序为 －1、1、－1、1；序列 B 为 －1、－1、1、1；序列 C 为 4 个 －1 和 4 个 1，依此类推。一般来说，对于 k 因子二水平全因子实验，第一列以 －1 开始，并在所有 2^k 组中交替符号；第二列以 －1 开始重复两次，然后每 2 排交换符号，直到所有 2^k 组都被填满；第三列以 －1 开始重复 4 次，然后每 4 排交换，以此类推。总结起来，第 i 列以 －1 开始重复 2^{i-1} 次，紧接着为 ＋1 重复 2^{i-1} 次，并以此类推。

表 12－8　2^4 实验设计布局

试　验	因　　子				响应（包括重复试验）		总计（在每一排添加响应后计算）
	A	B	C	D	1　…　n		
1	－1	－1	－1	－1	(1)		
2	1	－1	－1	－1	a		
3	－1	1	－1	－1	b		
4	1	1	－1	－1	ab		
5	－1	－1	1	－1	c		
6	1	－1	1	－1	ac		
7	－1	1	1	－1	bc		
8	1	1	1	－1	abc		
9	－1	－1	－1	1	d		
10	1	－1	－1	1	ad		
11	－1	1	－1	1	bd		
12	1	1	－1	1	abd		
13	－1	－1	1	1	cd		

（续表）

试 验	因　子				响应 （包括重复试验）	总计 （在每一排添加 响应后计算）
	A	B	C	D	$1 \cdots n$	
14	1	−1	1	1		acd
15	−1	1	1	1		bcd
16	1	1	1	1		$abcd$

当 n＝1 时，叫作单次重复试验。每一次试验也可以被表 12－8 中最后一列的符号表示，而这些符号对应了每一个因子的不同水平组合；例如，在第 2 次试验中，A 因子为高水平（1），B、C、D 都是低水平（−1），所以符号表示为 a，代表了只有 A 在高水平。又例如，在第 15 次试验中，B、C、D 都是在高水平（1），所以我们用 bcd 来表示；在第 1 次试验中，所有因子都是在低水平（−1），所以我们就用（1）作为符号，而这里的（1）代表所有因子都处于低水平。在数据分析中，我们需要计算每一次试验的"总计"，它代表了那一次试验中所有重复试验的总和。我们经常使用这些符号来代表这些总和。

12.3.3　二水平全因子实验的数据分析步骤

相比于常规的全因子试验，一个 2^k 全因子实验中方差分析的数学计算、主作用图分析、交互作用图分析，以及数学模型都更简单。接下来我们将逐步介绍整个数据分析的步骤。

1. 步骤 0：准备

建立问题的分析矩阵。分析矩阵不仅包括了所有因子的列，同时也包括了因子之间交互作用的列。交互作用列是由相关因子相乘得出的列。比如说，在一个 2^2 的试验中，分析矩阵如表 12－9 所示，AB 列就是由 A 列和 B 列相乘所得

表 12－9　2^2 实验的分析矩阵

试验顺序	A	B	AB
1	−1	−1	$(-1) \times (-1) = +1$
2	+1	−1	$(+1) \times (-1) = -1$
3	−1	+1	$(-1) \times (+1) = -1$
4	+1	+1	$(+1) \times (+1) = +1$

将实验数据填进分析矩阵中。在表 12－10 中，我们使用例 12－5 的数据来生成表格。

2. 步骤 1：计算并对比数据

"列系数"的向量值乘以"总计"列的向量值形成对比。在表格 12－10 中，第二列 A 列的系数是（−1，+1，−1，+1），总计值是（(1)，a，b，ab）＝（64.4，96.1，59.7，161.1）。因此

对比 $A = -(1) + a - b + ab = -64.4 + 96.1 - 59.7 + 161.1 = 133.1$

同样的，

对比 $B = -(1) - a + b + ab = -64.4 - 96.1 + 59.7 + 161.1 = 60.3$

对比 $AB = (1) - a - b + ab = 64.4 - 96.1 - 59.7 + 161.1 = 69.7$

对比数据是后续很多计算的基础。

表 12 - 10 根据例 12 - 5 得出的矩阵分析和数据

试验顺序	效 应			响应(输出)				总 计
	A	B	AB	1	2	3	4	
1	-1	-1	$+1$	18.2	18.9	12.9	14.4	$(1) = 64.4$
2	$+1$	-1	-1	27.2	24.0	22.4	22.5	$a = 96.1$
3	-1	$+1$	-1	15.9	14.5	15.1	14.2	$b = 59.7$
4	$+1$	$+1$	1	41.0	43.9	36.3	39.9	$ab = 161.1$

3. 步骤 2：计算作用

作用包括主作用和交互相应。所有的作用都是通过下面的公式来计算得出：

$$作用 = \frac{对比}{2^{k-1} \times n} = \frac{对比}{N \times n \div 2} \qquad (12 - 7)$$

这里的 N 是指的所有试验的次数。

对于任何一个因子的主作用,例如 A 的主作用,可以计算如下：

$$A = \bar{y}_{A+} - \bar{y}_{A-} \qquad (12 - 8)$$

也就是说,是由 A 在高水平的响应减去低水平的响应。

通过公式(12 - 7),得到

$$A = \frac{对比 A}{2^{k-1} \times n} = \frac{133.1}{2^{2-1} \times 4} = 16.63$$

同样的,

$$B = \frac{对比 B}{2^{k-1} \times n} = \frac{60.3}{2^{2-1} \times 4} = 7.54$$

$$AB = \frac{对比 AB}{2^{k-1} \times n} = \frac{69.7}{2^{2-1} \times 4} = 8.71$$

4. 步骤 3：计算平方和

平方和(SS)是方差分析计算的基础。平方和的公式如下：

$$SS = \frac{对比^2}{2^k \times n} = \frac{对比^2}{N \times n} \qquad (12 - 9)$$

因此

$$SS_A = \frac{对比 A^2}{2^2 \times n} = \frac{133.1^2}{4 \times 4} = 1\,107.22$$

$$SS_B = \frac{\text{对比} B^2}{2^2 \times n} = \frac{60.3^2}{4 \times 4} = 227.25$$

$$SS_{AB} = \frac{\text{对比} AB^2}{2^2 \times n} = \frac{69.7^2}{4 \times 4} = 303.6$$

为了完成方差分析，我们还需要 SS_T 和 SS_E。在二水平的因子设计中：

$$SS_T = \sum_{i=1}^{2} \sum_{j=1}^{k} \sum_{k=1}^{n} y_{ijk}^2 - \frac{y_{\cdots}^2}{N \times n} \tag{12-10}$$

y_{ijk} 实际上是每个独立的试验结果，而 $y_{\cdots}$ 是所有独立试验结果的总和。

在例 12-5 中

$$SS_T = 18.2^2 + 18.2^2 + \cdots + 39.9^2 - \frac{(18.2 + 18.9 + \cdots + 39.9)^2}{16} = 1\,709.83$$

SS_E 可以通过下式计算得

$$SS_E = SS_T - SS_A - SS_B - SS_{AB}$$

因此，

$$\begin{aligned} SS_E &= SS_T - SS_A - SS_B - SS_{AB} = 1\,709.83 - 1\,107.22 - 227.25 - 303.6 \\ &= 71.72 \end{aligned}$$

5. **步骤 4：填写 ANOVA 表**

方差分析（ANOVA）表的计算与一般因子设计相同。MINITAB 或其他数据统计软件可以方便地计算方差分析表。在这个例子中中，通过 MINITAB 计算所得的 ANOVA 表 12-11 如下

表 12-11　例 12-5 的 ANOVA 表

Source	DF	Seq SS	Adj SS	Adj MS	F	P
A	1	1 107.23	1 107.23	1 107.23	185.25	0.000
B	1	227.26	227.26	227.26	38.02	0.000
A * B	1	303.63	303.63	303.63	50.80	0.000
误差	12	71.72	71.72	5.98		
总计	15	1 709.83				

显然，A 和 B 两个因子的主作用以及交互作用 AB 都很显著。

6. **步骤 5：绘制所有主要作用的主要作用和交互作用图**

对于任何主作用，例如主作用 A，主作用图实际上是 $\bar{y}_{A-}$ 和 $\bar{y}_{A+}$ 与 A 的水平的关系图。通过绘制 $\bar{y}_{A-B-}$，$\bar{y}_{A-B+}$，$\bar{y}_{A+B-}$ 和 $\bar{y}_{A+B+}$ 的所有组合来绘制交互作用图。对于例 12-5，主作用图和交互作用图分别为 12-5 和 12-6。

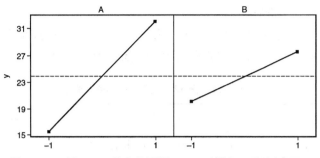

图 12 - 5　例 12 - 5 的主作用图——LS（最小二乘法）表示 y

7. 步骤 6：建立数学模型

我们可以使用数据建立回归模型。规则如下：

（1）模型中仅包含显著影响。对于示例 12 - 5，由于 A, B 和 AB 影响均是显著的，因此将它们全部包含在内。

（2）通常，我们使用 x_1 表示 A，x_2 表示 B，x_3 表示 C，依此类推，$x_1 x_2$ 表示 AB 交互，$x_1 x_3$ 表示 AC 交互，$x_1 x_2 x_3$ 表示 ABC 交互，以此类推。

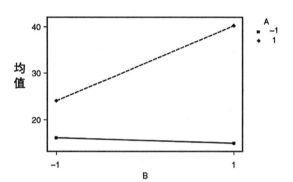

图 12 - 6　例 12 - 5 的交互作用图——LS 表示 y

我们示例的模型为

$$Y = \beta_0 + \beta_1 X_1 + \beta_2 X_2 + \beta_{12} X_1 X_2 + \text{error} \qquad (12 - 11)$$

其中，β_0 是所有响应的平均值，而其他 $\beta_i = \text{effect}/2$。例如，$\beta_1 = A/2 = 16.63/2 = 8.31$。对于例 12 - 5，

$$Y = 23.831\,8 + 8.13 x_1 + 3.77 x_2 + 4.36 x_1 x_2$$

其中，$x_1 x_2$ 为编码值。

8. 步骤 7：确定最佳设置

根据问题的目标，我们可以通过查看主作用图和交互作用图来确定因子水平的最佳设置；如果没有交互作用，则可以一次查看一个因子来确定最佳设置。如果存在交互，那么我们必须查看交互作用图。对于上述问题，由于 AB 之间的交互作用是最显著的，因此我们必须通过研究 AB 交互作用来找到最佳方法。从交互作用图来看，如果振动水平"越小越好"，则处于低水平的 A 和处于高水平的 B 将给出尽可能低的振动。

12.3.4　2^3 因子实验

3 因子 2 水平的全因子设计，即 2^3 实验设计。该设计有 8 次运行。2^3 设计从图形上表示为图 12 - 7 中所示的立方体。箭头表示因子增大的方向。设计框对角上的

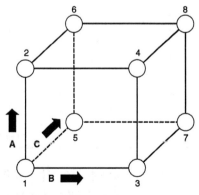

图 12 - 7　2^3 二水平、全因子设计

数字 1 至 8 参照运行的标准顺序。

例 12-6 一个 2^3 实验。为确定保压压力、增压压力和螺杆速度这三个因子对注塑过程中零件收缩的影响,开展实验。实验布局和结果如表 12-12 所示。

表 12-12　例 12-6 的实验部署及数据

实验序号	因　子			响应(零件收缩)	
	A(保压压力)	B(增压压力)	C(螺杆速度)	1	2
1	−1	−1	−1	21.9	20.3
2	1	−1	−1	15.9	16.7
3	−1	1	−1	22.3	21.5
4	1	1	−1	17.1	17.5
5	−1	−1	1	16.8	15.4
6	1	−1	1	14.0	15.0
7	−1	1	1	27.6	27.4
8	1	1	1	24.0	22.6

现在,我们将在 MINITAB 的帮助下,逐步进行数据分析。分析矩阵如表 12-13 所示。由 1 和 −1 分成的块称为分析矩阵,由 A、B 和 C 列形成的表称为设计矩阵。

表 12-13　2^3 实验分析矩阵

分析矩阵								响应变量	
I	A	B	AB	C	AC	BC	ABC	1	2
+1	−1	−1	+1	−1	+1	+1	−1	21.9	20.3
+1	+1	−1	−1	−1	−1	+1	+1	15.9	16.7
+1	−1	+1	−1	−1	+1	−1	+1	22.3	21.5
+1	+1	+1	+1	−1	−1	−1	−1	17.1	17.5
+1	−1	−1	+1	+1	−1	−1	+1	16.8	15.4
+1	+1	−1	−1	+1	+1	−1	−1	14.0	15.0
+1	−1	+1	−1	+1	−1	+1	−1	27.6	27.4
+1	+1	+1	+1	+1	+1	+1	+1	24.0	22.6

在这个问题中,有三种主要作用:A、B、C,三种两因子交互作用:AB、AC、BC,和一种三因子交互作用 ABC。通过使用 MINITAB,得到方差分析表 12-14,可见,主作用 A、B、C 显著,交互作用 BC 和 AC 也显著。

表 12 - 14 方差分析表

Source	DF	Seq SS	Adj SS	Adj MS	F	P
A	1	57.760	57.760	57.760	103.14	0.000
B	1	121.000	121.000	121.000	216.07	0.000
C	1	5.760	5.760	5.760	10.29	0.012
$A \times B$	1	1.440	1.440	1.440	2.57	0.147
$A \times C$	1	3.240	3.240	3.240	5.79	0.043
$B \times C$	1	84.640	84.640	84.640	151.14	0.000
$A \times B \times C$	1	1.960	1.960	1.960	3.50	0.098
Error	8	4.480	4.480	0.560		
Total	15	280.280				

MINITAB 可以绘制各个作用的帕累托图,这可以看出每个作用的相对重要性(见图 12 - 8)。就本例而言,最主要的作用是 B、BC 和 A(见图 12 - 9 中的主作用图和图 12 - 10 中的交互作用图)。

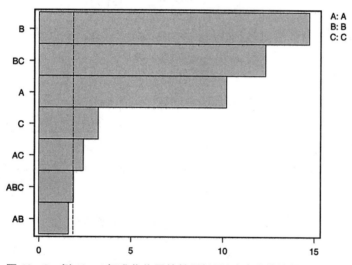

图 12 - 8 例 12 - 6 标准化作用的帕累托图(响应为收缩量,$\alpha = 0.1$)

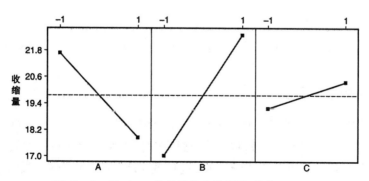

图 12 - 9 例 12 - 6 收缩量的主作用图(数据平均值)

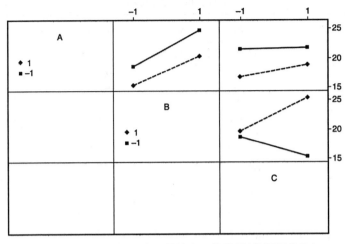

图 12‑10　例 12‑6 收缩量的交互作用图（数据平均值）

MINITAB 还可以生成立方体图（见图12‑11），这在三因子交互作用显著时非常有用。

在注塑成型过程中，零件收缩越小，变形越小，产品质量越高。由于 AC 和 BC 存在显著的交互作用，为了确保收缩最小，我们可以在交互作用图或立方体图中找到最佳设置：A 为高水平、B 为低水平、C 为高水平。

如果所有的影响都是显著的，那么这个问题的整个模型就是

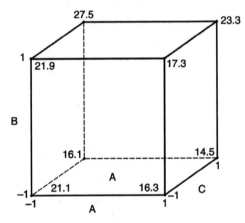

图 12‑11　例 12‑6 收缩量的立方体图（数据平均值）

$$Y = \beta_0 + \beta_1 X_1 + \beta_2 X_2 + \beta_3 X_3 + \beta_{12} X_1 X_2 + \beta_{23} X_2 X_3 + \beta_{13} X_1 X_3 + \beta_{123} X_1 X_2 X_3 \tag{12-12}$$

但是，由于 AB 和 ABC 不显著，我们只需要估计以下简化模型

$$Y = \beta_0 + \beta_1 X_1 + \beta_2 X_2 + \beta_3 X_3 + \beta_{13} X_1 X_3 + \beta_{23} X_2 X_3 + \varepsilon \tag{12-13}$$

从 MINITAB 得知，

$$Y = 19.75 - 1.90 X_1 + 2.75 X_2 + 0.60 X_3 + 0.45 X_1 X_3 + 2.30 X_2 X_3$$

12.3.5　二水平的全因子设计

如果有 k 个因子，每个因子有两个水平，一个全因子设计就有 2^k 次运行。

如表 12‑15 所示，当因子的数量为 5 个或更多时，全因子设计需要大量的实验，效率不高。针对五个或更多因子的情况，部分因子设计或 Plackett‑Burman 设计方法是更好的选择。

表 12 - 15 针对 2^k 全因子设计的实验数

因 子 数	实验次数	因 子 数	实验次数
2	4	5	32
3	8	6	64
4	16	7	128

12.4 二水平的部分因子实验

随着因子数量 k 的增加,全因子设计指定的实验次数可能很快会变得非常多。例如,当 $k=6$ 时,则为 $2^6=64$。然而,在这个六因子实验中,有六个主作用,即 A、B、C、D、E、F,有 15 个两因子交互作用:AB、AC、AD、AE、AF、BC、BD、BE、BF、CD、CE、CF、DE、DF、EF,有 20 个三因子交互作用:ABC、ABD、$\cdots$,15 个四因子交互作用;$ABCD$、$\cdots$,6 个五因子交互作用,1 个六因子交互作用。

在多年的因子设计应用中,人们发现高阶交互作用(即涉及三个或三个以上因子的交互作用)很少显著。在大多数的实验案例研究中,只有一些主作用和两因子交互作用是显著的。然而,上述 2^6 个实验,在 63 个主作用和交互作用中,42 个是高阶交互作用,只有 21 个是主作用和双因子交互作用。随着 k 的增加,在全因子设计中占大多数的作用将是高阶交互作用。由于这些作用很可能是微不足道的,所以在全因子实验中大量的信息都被浪费了。综上所述,对于全因子实验,随着因子 k 的增加,运行次数将以指数级的速度增加,这将导致极其冗长和昂贵的实验。另一方面,随着 k 的增加,在全因子实验中获得的大部分数据都被用来估计高阶交互作用,而这些交互作用很可能是微不足道的。

部分因子实验的目的就是要是大大减少实验次数,并明智地利用来自实验数据的信息。部分因子实验只运行全因子实验的一小部分;对于二水平实验,它们只使用全因子实验运行次数的 $1/2,1/4,1/8\cdots$。部分因子实验仅用于估计主作用和二阶交互作用,而不是三因子和其他高阶交互作用。

12.4.1 2^{3-1} 设计 (2^3 的二分之一)

考虑三个因子的二水平全因子设计,即 2^3 设计。假设实验者不能承担所有 $2^3=8$ 次实验的费用,但他们可以负担 4 次。如果从全因子设计中选择了四次实验,则它是 2^{3-1} 设计。

如表 12 - 16 所示,其中,2^3 设计的原始分析矩阵被分为两部分。

表 12 - 16 2^{3-1} 设计

组合处理	因 了 作 用							
	I	A	B	C	AB	AC	BC	ABC
a	$+1$	$+1$	-1	-1	-1	-1	$+1$	$+1$
b	$+1$	-1	$+1$	-1	-1	$+1$	-1	$+1$

（续表）

组合处理	因 子 作 用							
	I	A	B	C	AB	AC	BC	ABC
c	+1	−1	−1	+1	+1	−1	−1	+1
abc	+1	+1	+1	+1	+1	+1	+1	+1
ab	+1	+1	+1	−1	+1	−1	−1	−1
ac	+1	+1	−1	+1	−1	+1	−1	−1
bc	+1	−1	+1	+1	−1	−1	+1	−1
(1)	+1	−1	−1	−1	+1	+1	+1	−1

在表 12-16 中，我们简单地重新整理行，使最高的交互作用 ABC 对比系数，在前四行都是 +1，后四行都是 −1。此表中的第二列称为标识列或 I 列，因为它是一个包含所有 +1 的列。

如果我们选择前四个运行作为实验设计，这被称为具有定义关系 $I=ABC$ 的部分因子实验设计，其中，ABC 被称为生成元。

在表 12-16 中，我们可以发现，由于 ABC 的所有对比系数都是 +1，我们根本无法估计 ABC 的作用。然而，对于其他主作用和交互作用，前四次运行的 +1 和 −1 数量相等，因此我们可以计算它们的作用。同时，我们可以发现 A 和 BC 的对比系数是相同的，B 的对比系数与 AC 以及 C 和 AB 的对比系数完全相同。由于使用对比系数计算作用，因此无法区分 A 和 BC、B 和 AC 以及 C 和 AB 的作用。例如，当我们估计 A 的作用时，我们实际上是在估计 A 和 BC 的组合作用。这种主作用和交互作用的混合称为依附（aliases）或混淆（confounding）。

所有混淆关系都可以从定义关系中找到：$I=ABC$。如果我们简单地把方程两边都乘以 A，我们就得到了 $AI=AABC$。因为将相同的列相乘会得到一个 I 列，这个方程就变成了 $A=BC$。同样地，我们可以得到 $B=AC$ 和 $C=AB$，这个基于 $I=ABC$ 的二分之一部分因子实验称为混杂因子设计。

如果我们使用表 12-16 的后半部分，定义关系将是 $I=-ABC$。因为所有的 ABC 系数都等于 −1，我们可以很容易地确定 $A=-BC$、$B=-AC$ 和 $C=-AB$，因此 A 与 $-BC$ 混淆，B 与 $-AC$ 混淆，C 与 $-AB$ 混淆。

综上所述，在二分之一二水平部分因子实验的情况下，我们将完全丢失关于最高阶交互作用的信息，而部分地丢失一些关于低阶交互作用的信息。

12.4.2 如何安排一般的二分之一 2^k 部分因子设计

二分之一 2^k 部分因子设计也被称为 2^{k-1} 设计，因为它的运行次数 $N=2^{k-1}$。

本文利用定义关系进行实验安排，描述了 2^{k-1} 实验设计的安排过程，并举例说明。

第 1 步：计算 $N=2^{k-1}$ 并确定运行次数。例如 12-6，对于 $k=4$，$N=2^{k-1}=2^3=8$。

第 2 步：创建一个包含 N 次运行的表，并按标准顺序安排第一个 $k-1$ 因子。例如，对于 $k=4$，因子是 A、B、C 和 D，而第一个 $k-1=3$ 因子是 A、B 和 C，如表 12-17 所示。

表 12 - 17　2^{3-1} 设计

运行序	因　　子			
	A	B	C	$D=ABC$
1	-1	-1	-1	-1
2	$+1$	-1	-1	$+1$
3	-1	$+1$	-1	$+1$
4	$+1$	$+1$	-1	-1
5	-1	-1	$+1$	$+1$
6	$+1$	-1	$+1$	-1
7	-1	$+1$	$+1$	-1
$8=N$	$+1$	$+1$	$+1$	$+1$

我们将按照标准顺序安排前三列 A、B 和 C。

第 3 步：使用定义关系创建最后一列。在例 12 - 6 中如果我们使用 $I=ABCD$ 作为定义关系，那么对于 $D=ABC$，我们可以通过乘以每行中 A、B、C 列的系数来得到 D 列。

在第 3 步中，$I=ABCD$，我们可以推导出以下关系：$A=BCD$，$B=ACD$，$C=ABD$，$D=ABC$；$AB=CD$，$AC=BD$，$AD=BC$。

与 2^{3-1} 实验设计中的情况不同，主作用不与 2 因子交互作用混杂，而是 2 个 2 因子交互作用相互混杂。如果我们假设三因子交互作用不显著，那么可以推断主作用没有混杂。虽然 2^{3-1} 和 2^{4-1} 都是部分因子设计，但 2^{4-1} 比 2^{3-1} 混杂更少。这是因为他们的设计分辨率不同。

12.4.3　设计分辨率

设计分辨率被定义为定义关系中最短词条的长度。例如，2^{3-1} 的定义关系是 $I=ABC$，定义关系中有三个字母，所以这是一个分辨率为Ⅲ的设计。2^{4-1} 的定义关系是 $I=ABCD$，并且定义关系中有四个字母，所以它是一个分辨率为Ⅳ的设计。分辨率用来描述主作用与预估二水平、三水平和更高水平交互作用混杂（或混淆）的程度。更高分辨率的设计能降低混杂程度，但需要更多的运行组。

分辨率Ⅳ设计比分辨率Ⅲ设计"更好"，因为前者的混杂程度不如后者严重；高阶交互作用比低阶交互作用影响更小。但是，对于相同因子的数量，更高分辨率的设计将需要更多的运行组。在二水平部分因子实验中，以下三种分辨率最常用：

（1）分辨率Ⅲ设计。主作用与两因子交互作用混杂（混淆）。

（2）分辨率Ⅳ设计。没有主作用与两因子交互作用的混杂，但是两因子交互作用互相混杂。

（3）分辨率Ⅴ设计。主作用和两因子交互作用没有与其他主作用或两因子交互作用混杂，但两因子交互作用与三因子交互作用混杂。

12.4.4　1/4 部分 2^k 设计

当因子 k 数量增加时，2^{k-1} 也需要很多实验组。于是，更小部分的实验设计应运而生。1/4 部分实验设计也被称为 2^{k-2} 设计。

对于 2^{k-1} 设计，有一个定义关系，每个定义关系需要将运行次数减少一半。对于 2^{k-2} 设计，需要两个定义关系。如果一个 P 和一个 Q 代表所选的生成元，那么 $I=P$ 和 $I=Q$ 被称为设计的生成关系。另外，因为 $I=P$ 和 $I=Q$，推导出 $I=PQ$。$I=P=Q=PQ$ 称为完全定义关系。

在 2^{6-2} 设计中，有 6 个因子，比如 A、B、C、D、E 和 F。对于 2^{6-1} 的设计，生成元为 $I=ABCDEF$，这是一个分辨率为 Ⅵ 的设计。对于 2^{6-2} 的设计，如果选择 P、Q 为五个字母，例如 $P=ABCDE$、$Q=ACDEF$，那么 $PQ=BF$，因为 $I=P=Q=PQ$，在完整的定义关系中，$I=ABCDE=ACDEF=BF$，我们将只有分辨率 Ⅱ！在这种情况下，甚至主作用都是混杂的，显然这样不是很好的设计。如果我们选择 P 和 Q 为四个字母，例如 $P=ABCE$、$Q=BCDF$，然后 $PQ=ADEF$，和 $I=ABCE=BCDF=ADEF$，这是一个分辨率为 Ⅳ 的设计。显然，这也是 2^{6-2} 设计所能达到的最高分辨率。

现在，我们可以制定一个 2^{k-2} 设计分布的程序，步骤如下：

步骤 1：计算 $N=2^{k-2}$ 并决定实验组数。以 2^{6-2} 为例，$k=6$，$N=2^{k-2}=2^4=16$。

步骤 2：创建一个包含 N 次运行的表，并按标准顺序排出前 $k-2$ 个因子。例如，对于 $k=6$，因子是 A、B、C、D、E、F。前 4 个因子为 A、B、C、D。按标准顺序 A、B、C、D 排出前四列（见表 12-18）。

表 12-18　2^{6-2} 设计

运行序	因　子					
	A	B	C	D	$E=ABC$	$F=BCD$
1	-1	-1	-1	-1	-1	-1
2	1	-1	-1	-1	1	-1
3	-1	1	-1	-1	1	1
4	1	1	-1	-1	-1	1
5	-1	-1	1	-1	1	1
6	1	-1	1	-1	-1	1
7	-1	1	1	-1	-1	-1
8	1	1	1	-1	1	-1
9	-1	-1	-1	1	-1	1
10	1	-1	-1	1	1	1
11	-1	1	-1	1	1	-1
12	1	1	-1	1	-1	-1

（续表）

运行序	因　　子					
	A	B	C	D	$E=ABC$	$F=BCD$
13	-1	-1	1	1	1	-1
14	1	-1	1	1	-1	-1
15	-1	1	1	1	-1	1
16	1	1	1	1	1	1

步骤 3：用定义关系来创建最后两列。在 2^{6-2} 例子中，如果定义 $I=ABCE$ 作为定义关系，得出 $E=ABC$；以及 $I=BCDF$ 作为定义关系，得出 $F=BCD$。

例 12-7　一个部分因子实验设计。制造公司的经理关注到发货单中存在大量错误。于是进行调查以确定主要错误来源。历史记录数据是从公司数据库中检索的，其中包含客户、产品类型、装运大小和其他变量的信息。

调查组确定了与产品装运有关的四个因子，并为每个因子确定了两个水平（见表 12-19）。然后，该小组建立了 2^{4-1} 因子实验设计来分析数据，研究了最后两个季度的数据，并记录发货单错误百分比（见表 12-20）。

表 12-19　例 12-7 的因子和水平

因　　子	水　　平	
顾客类型 C	少数（-1）	大部分（$+1$）
顾客所在地 L	国外（-1）	国内（$+1$）
产品类型 T	商品产品（-1）	特殊产品（$+$）
运输尺寸	小（$+$）	大（$+$）

表 12-20　例 12-7 的实验布局和数据

因　　子				错　误　率	
C	L	T	$S=CLT$	1 季度	2 季度
-1	-1	-1	-1	14	16
1	-1	-1	1	19	17
-1	1	-1	1	6	6
1	-1	-1	-1	1.5	2.5
-1	-1	1	1	18	20
1	-1	1	-1	24	22
-1	1	1	1	15	17
1	1	1	1	21	21

对于二水平部分因子实验的数据分析，除了需要注意 N 应该是实际的运行次数之外，可以与二水平全因子实验使用相同的步骤。通过使用 MINITAB，我们得到以下结果：

错误百分比的估计影响和系数。

Term	Effect	Coef	SE Coef	T	P
Constant		15.000	0.2864	52.37	0.000
C	2.000	1.000	0.2864	3.49	0.008
L	−7.500	−3.750	0.2864	−13.09	0.000
T	9.500	4.750	0.2864	16.58	0.000
S	2.000	1.000	0.2864	3.49	0.008
C ★ L	−1.500	−0.750	0.2864	−2.62	0.031
C ★ T	2.500	1.250	0.2864	4.36	0.002
C ★ S	5.000	2.500	0.2864	8.73	0.000

错误百分比的方差分析，使用调整后的 SS 进行测试。

Source	DF	Seq SS	Adj SS	Adj MS	F	P
C	1	16.00	16.00	16.00	12.19	0.008
L	1	225.00	225.00	225.00	171.43	0.000
T	1	361.00	361.00	361.00	275.05	0.000
S	1	16.00	16.00	16.00	12.19	0.008
C ★ L	1	9.00	9.00	9.00	6.86	0.031
C ★ T	1	25.00	25.00	25.00	19.05	0.002
C ★ S	1	100.00	100.00	100.00	76.19	0.000
Error	8	10.50	10.50	1.31		
Total	15	762.50				

　　根据帕累托作用图（图 12 - 12），因素 T（产品类型）和 L（位置）以及交互作用 CS（客户和装运规模）是前三个影响因素。然而，由于 CS 和 TL 是混淆的名字，因此 CS 的交互作用也可能是 TL 的效果。通过使用一些常识，团队认为 TL（产品类型和客户位置）交互更有可能产生显著影响。

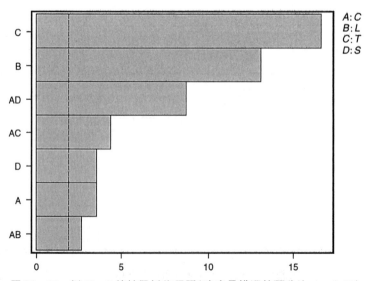

图 12 - 12　例 12 - 7 的帕累托作用图（响应是错误的百分比，$\alpha = 0.10$）

如果发现产品类型最重要,则特殊产品的发票差错会更多。商品产品的发票差错要少得多,特别是对国内客户来说,只有 5% 的发票有差错。客户所在地是第二个最重要的因素,因为外国客户的发票错误很多,即使是商品产品(图 12-13 和 12-14 分别给出了该示例的主作用图和交互作用图)。

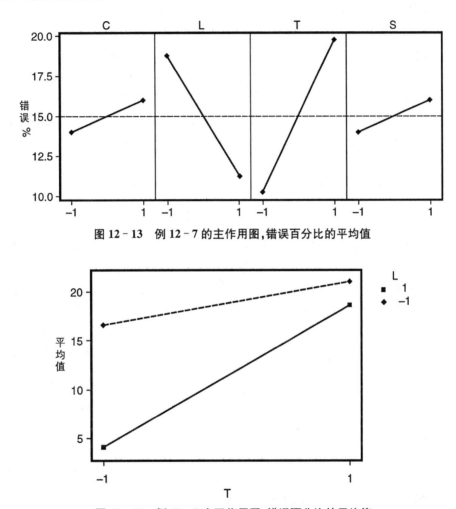

图 12-13 例 12-7 的主作用图,错误百分比的平均值

图 12-14 例 12-7 交互作用图,错误百分比的平均值

12.4.5 2^{k-p} 部分因子设计

一个 2^k 因子设计做 2^{k-p} 次试验叫作 2^k 因子试验的 $1/2^p$ 因子试验,或 2^{k-p} 部分因子试验。这些设计需要独立的 p 生成元。这些 p 生成元的选择应使设计具有尽可能高的分辨度。

(1)总结:2^{k-p} 部分因子设计是工业试验的主力军,因为它们可以同时分析多个因素,并且具有一定的效率(即需要运行很少的试验)。实验设计也很简单,因为每个因素只有两个设置。

(2)缺点:这些设计的简单性也是它们的主要缺陷。我们使用二水平因子是因为我们相信响应与因子之间的数学关系本质上是线性的。但这种情况很少发生,并且更有可能是非线性函数。不考虑高阶交互作用作为前提条件是部分实施因子设计的另一个问题，因为有时高阶交互是起作用的。在这种情况下，部分因子实验几乎不可能检测到更高阶的交互作用影响的。

12.5 三水平的全因子实验

三水平设计写作 3^k 因子设计。这意味着要考虑 k 个因子，每个因子分为三个水平。这些水平通常称为低、中和高三个水平，分别用数字表示为 0、1 和 2。也可以考虑以 -1、0、1 表示，但是可能会与二水平设计混淆，因为 0 是为中心点预留的。因此，我们将使用 0、1 和 2 的表达方式。我们提出三水平设计以对响应函数中可能的曲率建模，并处理三水平名义因子的情况。连续因子的三水平便于研究响应与每个因子之间的二次数学关系。

不幸的是，就试验次数以及成本和精力而言，三水平设计令人望而却步。

12.5.1 3^2 设计

以下是最简单的三水平设计。它有两个因子，每个因子有三个水平。图 12-15 描述了这种设计的九种组合。

诸如"20"的符号表示因子 A 处于高水平（2），因子 B 处于低水平（0）。

12.5.2 3^3 设计

该设计包括三个因子，每个因子有三个水平。它可以表示为 $3 \times 3 \times 3 = 3^3$ 设计。这样的实验模型是

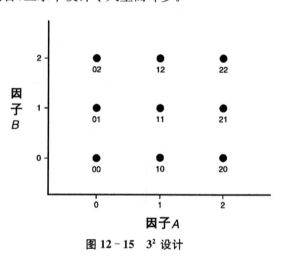

图 12-15 3^2 设计

$$Y_{ijk} = \mu + A_i + B_j + AB_{ij} + C_k + AC_{ik} + BC_{jk} + ABC_{ijk} + \varepsilon_{ijk} \qquad (12-14)$$

其中每个因子都作为名义因子而不是连续变量包含在内。在这种情况下，主作用具有 2 个自由度，两因子交互作用具有 $2^2 = 4$ 个自由度，而 k 因子交互作用具有 2^k 个自由度。该模型包含 $2+2+2+4+4+4+8 = 26$ 个自由度。请注意，如果没有"复制"（replication），则拟合是精确的，并且模型中没有误差项（ε 项）。在这种非"复制"的情况下，如果我们假设不存在三因子交互作用，则可以将这 8 个自由度用于误差估计。

在这个模型中共进行了 27 次处理，我们看到 $i = 1, 2, 3$ 对于 j 和 k 也是一样的。这些处理方法可以列在表 12-21 中，其设计如图 12-16 所示。

例 12-8 设计一个实验来评估风速和环境温度对天平精度的影响。通过在天平上加载标准砝码并记录与标准值的差来测量精度。计划进行一个 3×3 因子实验。获得的数据在表 12-21 中列出的。3^k 设计的数据分析与一般的全因子设计相同。通过使用 MINITAB，我们获得了以下结果：

偏方差分析, 使用调整后的 SS 进行测试

来源	DF	Seq SS	Adj SS	Adj MS	F	P
风速	2	0.107	0.107	0.053	0.04	0.958
温度	2	50.487	50.487	25.243	20.42	0.000
风速*温度	4	0.653	0.653	0.163	0.13	0.969
错误	18	22.253	22.253	1.236		
总计	26	73.500				

表 12 - 21　3^3 设计

因子 B	因子 C	因子 A		
		0	1	2
0	0	000	100	200
0	1	001	101	201
0	2	002	102	202
1	0	010	110	210
1	1	011	111	211
1	2	012	112	212
2	0	020	120	220
2	1	021	121	221
2	2	022	122	222

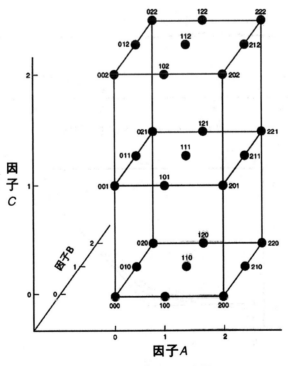

图 12 - 16　3^3 设计示意图

表 12 - 22　例 12 - 8 的实验安排与数据

实验序号	因　子		响应＝测量值－标准值		
	风速	温　度	1	2	3
1	低	低	0.4	−0.8	0.6
2	低	中	−0.7	0.5	0.3
3	低	高	2.6	3.2	2.8
4	中	低	−1.0	0.8	−0.7
5	中	中	−0.5	1.3	0.6
6	中	高	3.6	2.5	3.5
7	高	低	2.1	−1.6	−0.8
8	高	中	−1.3	0.5	1.6
9	高	高	1.5	4.3	2.6

　　从 ANOVA 表中可以明显看出，温度是唯一显著的因子。风速对测量偏差的影响很小。图 12 - 17 显示温度以非线性方式影响测量偏差。交互作用图如图 12 - 18 所示。

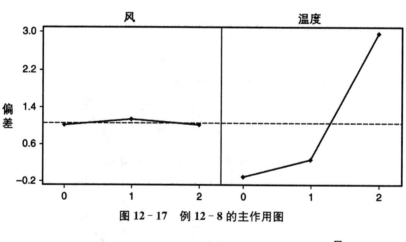

图 12 - 17　例 12 - 8 的主作用图

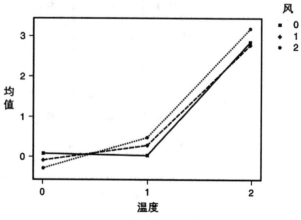

图 12 - 18　例 12 - 9 的交互作用图

12.5.3　部分因子 3^k 设计

我们可以设计 3^k 部分因子实验(Montgomery，1997)。但是，这些设计不能很好地处理因子交互作用，因为它们无法给出交互作用明确的数学表达式。因此，部分三水平因子设计主要用于处理主作用。如果我们真的想分析三水平因子设计中的交互作用，就必须要使用全因子实验。

12.6　总结

(1) DOE 中有两个主要知识点：实验设计和实验数据分析。

(2) 本章讨论了两种类型的实验设计策略：全因子和部分因子。全因子设计可以从实验中获取更多信息，但是实验规模会随着实验因子和水平的数量以指数形式成倍增加。部分因子设计将从实验中获取较少的信息，但其实验数量的增加将比全因子设计慢得多。此外，我们可以调整部分因子设计的分辨度以获得所需的信息，同时使实验维持在可控范围内。因此，部分因子设计成为 DOE 在工业应用中的"主力军"。

(3) DOE 的主要数据分析工具包括方差分析(ANOVA)、建立经验模型，以及设计主作用和交互作用图。方差分析能够识别显著的因子和交互作用，并根据它们对过程输出的影响来对每个因子作用和交互作用的相对重要性进行排序。经验模型、主作用图和交互作用图则显示了过程输出与过程因子之间的经验关系，也可用于确定最优因子水平设置和相应的最佳过程绩效水平。

第 13 章
田口正交实验

13.1　田口正交表

　　田口方法是一种全面的质量策略,它在产品/过程的设计阶段建立了稳健性。本章讨论田口方法的大量工程设计原则和田口版本的正交实验设计。田口方法的其他内容将在后续章节中讨论。

　　在田口的实验设计系统中,所有的实验布局都是由大约 18 个标准正交表导出的。正交表是正交且平衡的部分因子实验矩阵。如表 13-1 中的 L_4 表所示。

表 13-1　$L_4(2^3)$ 正交矩阵

实验序列	列		
	1	2	3
1	1	1	1
2	1	2	2
3	2	1	2
4	2	2	1

实验序列	列		
	1	2	3
1	-1	-1	-1
2	-1	1	1
3	1	-1	1
4	1	1	-1

表内的值(即 1 和 2)表示因子的两个不同水平。简单地用 -1 代替 1,用 $+1$ 代替 2,我们会发现这个 L_4 表是一个 2^{3-1} 的部分因子实验设计,定义了关系 $I = -ABC$。其中 L_4 的第 2 栏相当于 2^{3-1} 设计的 A 栏,第 1 栏相当于 2^{3-1} 设计的 B 栏,第 3 栏相当于 2^{3-1} 设计的 C 栏,其中 $C = -AB$。

在田口的每一个正交表中,都有一个或多个伴随的线性图。用线性图来说明正交表中的交互作用关系。例如,在图 13-1 中,数字 1 和 2 代表 L_4 表的第 1 列和第 2 列;数字 3 位于连接 1

```
1 ●————3————● 2
```

图 13-1 L_4 线性图

和 2 的线段上方,这意味着第 1 列和第 2 列之间的交互作用与第 3 列混淆,这与 2^{3-1} 部分因子实验设计中的 $C = -AB$ 完全一致。

对于较大的正交表,不仅有线形图,还有交互表来解释列间关系。表 13-2 和表 13-3 是 L_8 表的示例。

同样,如果我们将 L_8 数组中的 1 改为 -1,2 改为 $+1$,很明显这是一个 2^{7-4} 的部分因子实验设计,其中 L_8 的第 4 列对应于一个 2^{7-4} 的 A 列,L_8 的第 2 列对应于一个 2^{7-4} 的 B 列,L_8 的第 1 列对应于一个 2^{7-4} 的 C 列。

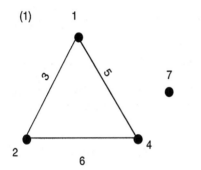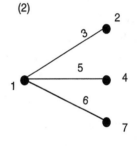

图 13-2 L_8 的线性图

表 13-2 $L_8(2^7)$ 正交表

实验编号	列						
	1	2	3	4	5	6	7
1	1	1	1	1	1	1	1
2	1	1	1	2	2	2	2
3	1	2	2	1	1	2	2
4	1	2	2	2	2	1	1
5	2	1	2	1	2	1	2
6	2	1	2	2	1	2	1
7	2	2	1	1	2	2	1
8	2	2	1	2	1	1	2

表 13 - 3 L_8 交互表

实验编号	列						
	1	2	3	4	5	6	7
1	(1)	3	2	5	4	7	6
2		(2)	1	6	7	4	5
3			(3)	7	6	5	4
4				(4)	1	2	3
5					(5)	3	2
6						(6)	1
7							(7)

同样,很容易看出,第 3 列等价于 $-BC$,第 5 列等价于 $-AC$,第 6 列等价于 $-BC$,依此类推。与线形图 13 - 2(1)一致。线形图 13 - 2(1)表明第 1 列和第 2 列的交互作用与第 3 列混杂,第 1 列和第 4 列的交互作用与第 5 列混杂,第 2 列和第 4 列之间的交互作用与第 6 列混杂。

然而,我们知道 2^{7-4} 有四个生成元,因此每个主作用都会与多个两因子交互作用混杂。所以,每个线形图只显示交互关系的一个子集。

交互表提供了有关交互关系的更多信息。例如,我们查看交互表 13 - 3 的第一行第二列中的数字,如果它是 3,这意味着列 1 和列 2 之间的交互与列 3 混杂。但我们也看到在第 5 行第 6 列,以及第 4 行第 7 列中有一个 3。因此,第 3 列也与第 5 列和第 6 列之间以及第 4 列和第 7 列之间的交互作用混杂。

在正交矩阵的表示法中,例如 $L_8(2^7)$,2 表示两个水平,8 表示正交组运行 8 次,7 表示在这个数组中最多可以容纳 7 个因子。

田口的正交矩阵还包括三水平阵列和混合水平阵列。最简单的是 L_9 数组,如表 13 - 4 所示。

表 13 - 4 $L_9(3^4)$ 表

实验编号	列			
	1	2	3	4
1	1	1	1	1
2	1	2	2	2
3	1	3	3	3
4	2	1	2	3
5	2	2	3	1
6	2	3	1	2
7	3	1	3	2
8	3	2	1	3
9	3	3	2	1

L_9 线性图 13-3 展示出列 3、列 4 都和列 1、列 2 的交互作用混杂。

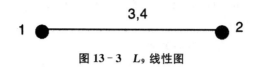

图 13-3 L_9 线性图

附录中列出了更多的正交数组。

13.2 田口实验设计

"常规"的实验设计与田口的实验设计有许多相似之处。然而,在田口实验中,只考虑了主作用和两因子交互作用,假设不存在高阶交互作用。此外,实验者被要求在进行实验之前,通过他们对问题的了解来识别哪些交互作用可能是重要的。

在这两个步骤之后,田口实验设计应确定实验因子的总自由度(degree of freedom,DOF)。自由度是预测所有要研究的作用所需的相对数据量。自由度的确定基于以下规则:

13.2.1 自由度(DOF)原则

自由度原则如下:

(1) 总平均值总是使用 1 个自由度。

(2) 对于每个因子,A,B,…,如果水平的数量是 n_A,n_B,…,则每个因子的自由度=水平数-1。例如,因子 A 的自由度=n_A-1。

(3) 对于两个因子的交互作用,例如,AB 交互作用的自由度=$(n_A-1)(n_B-1)$。

例 13-1 在一个实验中,有 1 个二水平因子 A 和 6 个三水平因子 B、C、D、E、F、G 和 1 个两因子交互作用 AB,则总自由度如下:

表 13-5 例 13-1 的自由度

因　子	自　由　度
总均值	1
A	$2-1=1$
B,C,D,E,F,G	$6\times(3-1)=12$
AB	$(2-1)(3-1)=2$
总自由度	16

13.2.2 实验设计

田口实验设计遵循下列三步流程:

(1) 步骤 1:找到总自由度(DOF)。

(2) 步骤 2:使用以下两个原则选择标准正交阵列:① 原则 1:正交阵列中的运行组≥总自由度。② 原则 2:所选正交表应能容纳实验中的因子水平组合。

(3) 步骤 3:使用以下规则为适当的列指定因子:① 原则 1:根据线性图和交互作用表

分配交互作用。② 原则 2：在实验中，当原始正交数组不能容纳全部因子水平时，使用特殊技术，如虚拟水平（dummy level）和列合并方法（column merging）。③ 原则 3：如果不能分配所有列，则保留一些列为空。

在选择正交表时，表 13 - 6 可作为参考。

例 13 - 2 在一个实验中，有 7 个因子。我们只考虑主作用。首先，我们计算自由度＝$1+7\times(2-1)=8$。因此，所选正交数组应至少有 8 次运行。通过查表 13 - 6，我们发现 L_8 数组可以容纳 7 个二水平因子。因此，我们可以使用 L_8 并将这 7 个因子分配给 L_8 的 7 列。

例 13 - 3 在实验中，有 1 个二水平因子 A 和 6 个三水平因子 B、C、D、E、F、G。首先，$DOF=1+(2-1)+6\times(3-1)=14$。

表 13 - 6 田口正交矩阵的基本信息

正交矩阵	试验次数	因子最大数量	相应水平数下对应的列数最大值			
			2	3	4	5
L_4	4	3	3			
L_8	8	7	7			
L_9	9	4		4		
L_{12}	12	11	11			
L_{16}	16	15	15			
L'_{16}	16	5			5	
L_{18}	18	8	1	7		
L_{25}	25	6				6
L_{27}	27	13		13		
L_{32}	32	31	31			
L'_{32}	32	10	1		9	
L_{36}	36	23	11	12		
L'_{36}	36	16	3	13		
L_{50}	50	12	1			11
L_{54}	54	26	1	25		
L_{64}	64	63	63			
L'_{64}	64	21			21	
L_{81}	81	40		40		

因此，我们需要使用有超过 14 次实验的矩阵。L_{16} 有 16 次实验，但是只包含二水平的列，所以它无法适用于需要 6 个三水平列的实验。L_{18} 有 1 个二水平的列和 7 个三水平的列，所以可以适用于这个例子中的所有因子。这个实验的排列方式如表 13 - 7：

表 13 - 7 L_{18}实验的排列方式

试验顺序	因子							
	A	B	C	D	E	F	G	e
1	1	1	1	1	1	1	1	1
2	1	1	2	2	2	2	2	2
3	1	1	3	3	3	3	3	3
4	1	2	1	1	2	2	3	3
5	1	2	2	2	3	3	1	1
6	1	2	3	3	1	1	2	2
7	1	3	1	2	1	3	2	3
8	1	3	2	3	2	1	3	1
9	1	3	3	1	3	2	1	2
10	2	1	1	3	3	2	2	1
11	2	1	2	1	1	3	3	2
12	2	1	3	2	2	1	1	3
13	2	2	1	2	3	1	3	2
14	2	2	2	3	1	2	1	3
15	2	2	3	1	2	3	2	1
16	2	3	1	3	2	3	1	2
17	2	3	2	1	3	1	2	3
18	2	3	3	2	1	2	3	1

第 8 列的 e 代表空白,也就是说,在第 8 列中没有被安排因子。

例 13 - 4 在一个实验中,有 9 个二水平的因子 A、B、C、D、E、F、G、H、I,而且我们知道,交互作用 AB、AC、AD、AF 的作用是明显的。首先,计算自由度 DOF=1+9(2-1)+4(2-1)(2-1)=14。

矩阵 L_{16}有 16 次实验,他可以适用于最多 15 个二水平的因子。所以,我们考虑用 L_{16}。但是首先我们需要如何处理这 4 个交互作用。通过检验 L_{16}的线性图 13 - 4,我们可以把列作如图 13 - 14 排列:

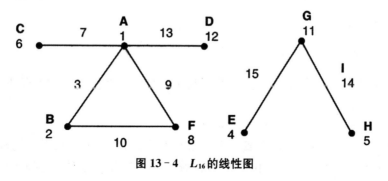

图 13 - 4 L_{16}的线性图

第 3、7、9 和 13 列被留空,这样可以避免与这几个交互作用 AB、AC、AD、AF 与其他的主作用混杂。第 10 列和第 15 列也留空。所以本次 L_{16} 实验的排列的形式就如表 13-8:

表 13-8 L_{16} 实验的排列

实验顺序	列的安排														
	A	B	AB	E	H	C	AC	F	AF	e	G	D	AD	I	E
	1	2	3	4	5	6	7	8	9	10	11	12	13	14	15
1	1	1	1	1	1	1	1	1	1	1	1	1	1	1	1
2	1	1	1	1	1	1	1	2	2	2	2	2	2	2	2
⋮	⋮	⋮	⋮	⋮	⋮	⋮	⋮	⋮	⋮	⋮	⋮	⋮	⋮	⋮	⋮

例 13-5 在一个实验中,有 6 个三水平的因子 A、B、C、D、E、F 和交互作用 AB、AC、BC。

首先,自由度 $DOF = 1 + 6(3-1) + 3(3-1)(3-1) = 25$。$L_{27}$ 有 27 次实验,而且可以适用于 13 个三水平的因子。通过检验它的线性图 13-5 我们找到如下的列的排列形式:列 3、4、6、7、8 和 11 留空,避免主作用与交互作用 AB,AC,BC 混杂。

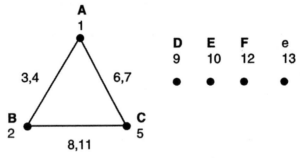

图 13-5 L_{27} 的线性图

但是,在原始的表格中使用标准的正交矩阵的话,我们在许多的案例中不能找到合适的实验设计方式。许多标准的矩阵只有二水平或者三水平的列。在矩阵中水平数应该对大多数甚至是所有的因子都是相同的。有时候,我们希望在相同的实验中有因子在不同的水平,而且我们可能会有 4 种甚至更多的水平。

在田口正交实验中,有一些特殊的技术可以被用来处理这类问题。

13.3 特殊技术

13.3.1 列合并方法

列合并方法是将几个低水平的列合并到高水平列中。在田口正交实验中,有 4 种列的合并方法:

1. 使用二水平列来生成 1 个四水平的列

我们需要 3 个二水平的列来生成一个八水平的列,因为每个二水平的列都有 1 个自由度,但是每个四水平的列有 3 个自由度,所以,需要 3 个二水平的列。这些 3 个二水平的列应该是 2 个主作用列和另外一个与他们的交互作用有关的列。

我们将在表 13-10 中的例子来介绍这个合并方式。

假设我们想要在表 13-10(a) 的 L_8 中生成一个四水平的列,我们选择主作用列,也就是 1 和 2,以及交互作用列 3,他是 1 和 2 的交互作用。这 3 列可以被合并成一个四水平的列。在新的列中就有水平 1 到 4,共 4 个水平了。下面的表 13-9 描述了如何通过合并二水平的列来生成新的列。第 3 列就是列 1 和 2 的交互作用;因为其他的重要原因,他一般会被留空。否则,第 3 列的使用就可能会导致它与新生成的四水平列的混杂。

表 13-9　列合并示例

第 1 列的水平	第 2 列的水平	第 3 列的水平
1	1	1
1	2	2
2	1	3
2	2	4

例 13-6　在实验中有两个因子 A、B,其中 A 是个 4 水平的因子,B 是一个二水平的因子。AB 交互作用可能也是显著的。同样的,我们还是要先计算自由度 $DOF = 1 + (4-1) + (2-1) + (4-1)(2-1) = 8$。$L_8$ 有 8 次实验。

表 13-10　列合并示例

(a)

实验编号	列						
	1	2	3	4	5	6	7
1	1	1	1	1	1	1	1
2	1	1	1	2	2	2	2
3	1	2	2	1	1	2	2
4	1	2	2	2	2	1	1
5	2	1	2	1	2	1	2
6	2	1	2	2	1	2	1
7	2	2	1	1	2	2	1
8	2	2	1	2	1	1	2

(b)

实验编号	列				
	新建列	4	5	6	7
1	1	1	1	1	1
2	1	2	2	2	2

（续表）

实验编号	列				
	新建列	4	5	6	7
3	2	1	1	2	2
4	2	2	2	1	1
5	3	1	2	1	2
6	3	2	1	2	1
7	4	1	2	2	1
8	4	2	1	1	2

通过观察线性图 13-6,明显的,我们可以通过合并列 1 至 3 成为一个四水平列来创建列 A。列 B 可以归于列 4。通过计算 AB 的自由度,它是 $(4-1)(2-1)=3$,所以 AB 应该使用 3 列;显然列 5 和列 6 与 AB 交互有关。另一列与 AB 交互有关是列 3 和列 4 之间的交互,因为列 3 是列 A 的一部分。通过观察 L_8 的交互表我们可以看到,列 3 和列 4 之间的交互是列 7。详细的列赋值如表 13-11。

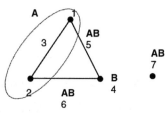

图 13-6　L_8 的线性图

表 13-11　例 13-6 的详细列赋值

实验编号	列				
	A	B	AB	AB	AB
		4	5	6	7
1	1	1	1	1	1
2	1	2	2	2	2
3	2	1	1	2	2
4	2	2	2	1	1
5	3	1	2	1	2
6	3	2	1	2	1
7	4	1	2	2	1
8	4	2	1	1	2

2. 创建一个使用二水平列的八水平列

我们需要 7 个二水平列来创建一个四水平列,因为每个二水平列含有 1 个自由度,每个八水平列有 7 个自由度,因此需要七个二水平列。这 7 个二水平列应该是三个主作用列和与它们交互作用相一致的 4 列。

假设我们通过观察以下 L_{16} 的线性图 13-7,想要通过 L_{16} 矩阵创建一个八水平列,我们

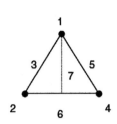
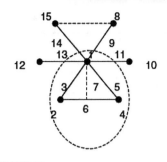

图 13 - 7　L_{16} 的线性图

可以合并三个主作用列,列 1、2、4 和他们的交互,列 3、5 和 6,以及列 7,而列 7 实际是列 1 和列 6 之间的交互,可从交互表中确认(见章附录)。表 13 - 12 说明了八水平列合并例子的列赋值(编号方案)。

表 13 - 13 说明了如何通过结合二水平列来创建新的列水平。

3. 通过使用三水平列来创建一个九水平列

我们需要 4 个三水平列来创建一个九水平列;因为每个三水平列有两个自由度,而每个九水平列有 8 个自由度。这四列应该有两个主作用列,以及这些主作用相并的两个交互列。

表 13 - 12　八水平列的列分配

实验编号	合并(1、2、4、3、5、6、7)的新列	其 他 列							
		8	9	10	11	12	13	14	15
1	1	1	1	1	1	1	1	1	1
2	1	2	2	2	2	2	2	2	2
3	2	1	1	1	1	2	2	2	2
4	2	2	2	2	2	1	1	1	1
5	3	1	1	2	2	1	1	2	2
6	3	2	2	1	1	2	2	1	1
7	4	1	1	2	2	2	2	1	1
8	4	2	2	1	1	1	1	2	2
9	5	1	2	1	2	1	2	1	2
10	5	2	1	2	1	2	1	2	1
11	6	1	2	1	2	2	1	2	1
12	6	2	1	2	1	1	2	1	2
13	7	1	2	2	1	1	2	2	1
14	7	2	1	1	2	2	1	1	2
15	8	1	2	2	1	2	1	1	2
16	8	2	1	1	2	1	2	2	1

表 13 - 13 列的水平

列 1 的水平	列 2 的水平	列 4 的水平	新列的水平
1	1	1	1
1	1	2	2
1	2	1	3
1	2	2	4
2	1	1	5
2	1	2	6
2	2	1	7
2	2	2	8

例 13 - 7 实验中有 6 个因子 A、B、C、D、E、F，其中 A 是一个九水平因子，其余为三水平因子。首先 $DOF = 1 + (9-1) + 5(3-1) = 19$。因为 L_{27} 可以容纳 13 个三水平因子和 27 种运行，我们考虑如下的 L_{27} 线性图 13 - 8：

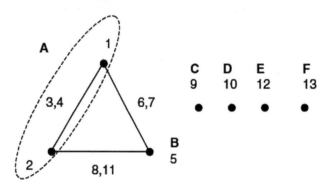

图 13 - 8 L_{27} 的线性图

对于因子，我们可以将列 1 到 4 合并到一个九水平的列中，B、C、D、E、F 可以分配给其他列，如列 5、9、12、13，如图 13 - 8 所示。L_{27} 中的列分配如表 13 - 14 所示：

表 13 - 14 L_{27} 的列分配

实验序号	列 分 配									
	A	B	e	e	e	C	D	e	E	F
	(1,2,3,4)	5	6	7	8	9	10	11	12	13
1	1	1	1	1	1	1	1	1	1	1
2	1	2	2	2	2	2	2	2	2	2
3	1	3	3	3	3	3	3	3	3	3
4	2	1	1	1	2	2	2	3	3	3
5	2	2	2	2	3	3	3	1	1	1

（续表）

实验序号	列　分　配									
	A	B	e	e	e	C	D	e	E	F
	(1,2,3,4)	5	6	7	8	9	10	11	12	13
6	2	3	3	3	1	1	1	2	2	2
7	3	1	1	1	3	3	3	2	2	2
8	3	2	2	2	1	1	1	3	3	3
9	3	3	3	3	2	2	2	1	1	1
⋮	⋮	⋮	⋮	⋮	⋮	⋮	⋮	⋮	⋮	⋮

表 13-15 说明了如何通过组合三水平列创建新的列：

表 13-15　组合三水平列创建新列示例

第 1 列水平	第 2 列水平	新的列水平
1	1	1
1	2	2
1	3	3
2	1	4
2	2	5
2	3	6
3	1	7
3	2	8
3	3	9

4. 通过使用二水平列和三水平列创建一个六水平列

在 L_{18} 和 L_{36} 矩阵中，都有两水平列和三水平列。我们可以将一个二水平的列与一个三水平的列合并，以创建一个 6 水平的列。表 13-16 说明了如何通过组合一个二水平列和一个三水平列来创建新的列：

表 13-16　创建新列示例

二水平列	三水平列	六水平列
1	1	1
1	2	2
1	3	3
2	1	4
2	2	5
2	3	6

13.3.2 dummy‑level 技术

dummy‑level 技术用于将具有 m 个水平的因子分配给具有 n 个水平的列，其中 n 大于 m。我们可以应用 dummy‑level 技术将一个二水平因子分配给一个三水平因子的正交矩阵。

例 13‑8 实验中有 1 个二水平因子 A 和 3 个三水平因子 B、C、D。它的 $DOF = 1 + (2+1) + 3(3-1) = 8$。$L_8$ 不能容纳这些因子，因为它只有二水平列。L_9 有 9 种运行，可以容纳多达 4 个三水平因子，这里，我们可以使用 dummy‑level 技术将一个二水平因子 A 分配给一个三水平列，并将其他三水平因子 B、C、D 分配给其他 3 个列，如表 13‑17 所示：

表 13‑17 例 13‑8 示例

实验序号	A	B	C	D
	1	2	3	4
1	1	1	1	1
2	1	2	2	2
3	1	3	3	3
4	2	1	2	3
5	2	2	3	1
6	2	3	1	2
7	1'	1	3	2
8	1'	2	1	3
9	1'	3	2	1

在这个数组中，1' 表示我们将水平 1 分配给第 1 列中水平 3 的位置。我们也可以分配水平 2。我们选择复制的水平因为我们想要用来获得更多信息的水平。

如果要将一个三水平的列分配到一个包含所有二水平因子的正交矩阵中，那么我们可以先将 3 个二水平的列合并成一个 4 水平的列，然后将这个三水平的列分配给这个四水平的列。

例 13‑9 在一个实验中，我们有一个三水平因子 A 和 7 个二水平因子 B、C、D、E、F、G、H，以及 BC、DE 和 FG 的交互作用。

首先，$DOF = 1 + (3-1) + 7(2-1) + 3(2-1)(2-1) = 13$。$L_{16}$ 有 16 次运行，可以容纳多达 15 个二水平因子。线性图 13‑9 似乎非常适合通过合并列 1、2 和 3（将用于 A）以及所有其他二水平因子和交互作用来容纳一个四水平因子。

然后我们可以在四水平因子列上使用 dummy‑level 技术来适应 A，如表 13‑18。

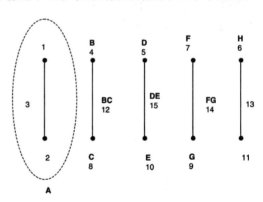

图 13‑9 L_{16} 的线性图

表 13 - 18　例 13 - 9 示例

实验序号	列 分 配												
	A	B	D	H	F	C	G	E	e	BC	e	FG	DE
	(1 - 2 - 3)	4	5	6	7	8	9	10	11	12	13	14	15
1	1	1	1	1	1	1	1	1	1	1	1	1	1
2	1	1	1	1	1	2	2	2	2	2	2	2	2
3	1	2	2	2	2	1	1	1	1	2	2	2	2
4	1	2	2	2	2	2	2	2	2	1	1	1	1
5	2	1	1	2	2	1	1	2	2	1	1	2	2
6	2	1	1	2	2	2	2	1	1	2	2	1	1
7	2	2	2	1	1	1	1	2	2	2	2	1	1
8	2	2	2	1	1	2	2	1	1	1	1	2	2
9	3	1	2	1	2	1	2	1	2	1	2	1	2
10	3	1	2	1	2	2	1	2	1	2	1	2	1
11	3	2	1	2	1	1	2	1	2	2	1	2	1
12	3	2	1	2	1	2	1	2	1	1	2	1	2
13	1′	1	2	2	1	1	2	2	1	1	2	2	1
14	1′	1	2	2	1	2	1	1	2	2	1	1	2
15	1′	2	1	1	2	1	2	2	1	2	1	1	2
16	1′	2	1	1	2	2	1	1	2	1	2	2	1

13.3.3　复合因子法

当因子数超过正交列数时,一般采用复合因子法。

例 13 - 10　有 2 个二水平因子 A 和 B,3 个三水平因子 C、D、E,允许不超过 9 次实验运行。假设我们选择了一个 L_9 矩阵,只有 4 个因子可以分配给 L_9,所以我们尝试将这 2 个二水平因子 A 和 B 分配到 1 个三水平列中。

A 和 B 有四种组合 A_1B_1、A_1B_2、A_2B_1、A_2B_2。因为每个三水平的列只有三个水平。我们只能选择三种组合,$(AB)_1 = A_1B_1$,$(AB)_2 = A_1B_2$,以及 $(AB)_3 = A_2B_1$。可以将复合因子 (AB) 分配给一个三水平列,如表 13 - 19:

表 13 - 19　三水平列示例

实验序号	列			
	AB	C	D	E
	1	2	3	4
1	$(AB)_1$	1	1	1
2	$(AB)_1$	2	2	2
3	$(AB)_1$	3	3	3
4	$(AB)_2$	1	2	3

（续表）

实验序号	列			
	AB	C	D	E
	1	2	3	4
5	$(AB)_2$	2	3	1
6	$(AB)_2$	3	1	2
7	$(AB)_3$	1	3	2
8	$(AB)_3$	2	1	3
9	$(AB)_3$	3	2	1

然而，在复合因子法中，存在部分正交性的损失。这两个复合因子不是正交的，但在实验中它们对于其他因子都是正交的。

13.4 田口实验数据分析

田口实验的数据分析与"经典"的实验设计有许多相似之处。

在田口实验数据分析中，以下三项非常重要：① 方差分析（ANOVA）；② 主作用图和交互作用图；③ 预期响应的优化和预测。

13.4.1 方差分析

在方差分析中，经典 DOE 和田口 DOE 之间实际上没有区别。首先，我们计算平方和（SS），然后计算均方（MS），其中 MS 是通过将 SS 除以自由度（DOF）来计算的。在田口 DOE 中，F 检验不像经典 DOE 那么重要。有时，每个因子的相对重要性是通过其对总平方和的贡献百分比来计算的。

对于一个正交表的每一列，假设有 k 个水平，对于每一个水平 t，第 t 个水平的总响应之和用 T_t 表示，响应的总和用 T 表示，总的运行次数为 N，重复次数为 n；则每列的平方和为式（13-1）

$$SS = \frac{k}{N \times n} \sum_{t=1}^{k} T_t^2 - \frac{T^2}{N \times n} \qquad (13-1)$$

例 13-11 卡车前挡泥板的注塑聚氨酯保险杠有太多的孔隙。因此，工程师进行了田口实验设计项目，研究了几个因子对孔隙度的影响，如表 13-20：

表 13-20 例 13-11 的因子和水平

	因 子	低 水 平	高 水 平
A	模具温度	A_1	A_2
B	化学温度	B_1	B_2
D	产 量	D_1	D_2
E	指 标	E_1	E_2
G	固化时间	G_1	G_2

还考虑了 AB 和 BD 的交互作用。

每次运行使用以表 13 - 21 L_8 正交表，并测量两次孔隙度；孔隙度值越小越好：

表 13 - 21　L_8 正交表

实验顺序	实 验 因 子							孔隙度测量值	
	A	B	AB	D	E	BD	G		
	1	2	3	4	5	6	7	1	2
1	1	1	1	1	1	1	1	26	38
2	1	1	1	2	2	2	2	16	6
3	1	2	2	1	1	2	2	3	17
4	1	2	2	2	2	1	1	18	16
5	2	1	2	1	2	1	2	0	5
6	2	1	2	2	1	2	1	0	1
7	2	2	1	1	2	2	1	4	5
8	2	2	1	2	1	1	2	5	3

然后我们可以计算

其中　$T_{A_1} = 26 + 38 + 16 + 6 + 3 + 17 + 18 + 16 = 140$,

$T_{A_2} = 0 + 5 + 0 + 1 + 4 + 5 + 5 + 3 = 23$,

$T = 26 + 38 + 16 + \cdots + 5 + 3) = 163$

$$SS_A = 2\,516.125 - 1\,660.562\,5 = 855.562\,5$$

同样的,

$$SS_B = \frac{2}{16}(T_{B_1}^2 + T_{B_2}^2) - \frac{T^2}{16} = \frac{2}{16}\big[(26 + 38 + 16 + 6 + 0 + 5 + 0 + 1)^2 +$$

$$(3 + 17 + 18 + 16 + 4 + 5 + 5 + 3)^2\big] - \frac{163^2}{16} = 27.56$$

而且,

$$SS_{AB} = 115.56$$

$$SS_D = 68.06$$

$$SS_E = 33.06$$

$$SS_{BD} = 217.56$$

$$SS_G = 175.56$$

所以,

$$SS_T = \sum_{i=1}^{N} \sum_{j=1}^{n} y_{ij}^2 - \frac{T^2}{N \times n} \tag{13 - 2}$$

其中, y_{ij} 为单个观测值,在本例中：

$$SS_T = (26^2 + 38^2 + \cdots + 5^2 + 3^2) - \frac{163^2}{16} = 1\,730.44$$

实际上,MINITAB 会给出完全相同的结果。方差分析表如下:

```
Analysis of Variance for Porosity, using Adjusted SS for Tests
Source    DF      Seq SS      Adj SS      Adj MS        F        P
A          1      855.56      855.56      855.56     28.82    0.001
B          1       27.56       27.56       27.56      0.93    0.363
AB         1      115.56      115.56      115.56      3.89    0.084
D          1       68.06       68.06       68.06      2.29    0.168
E          1       33.06       33.06       33.06      1.11    0.322
BD         1      217.56      217.56      217.56      7.33    0.027
G          1      175.56      175.56      175.56      5.91    0.041
Error      8      237.50      237.50       29.69
Total     15     1730.44
```

在田口实验分析中,贡献百分比常被用来评价各作用的相对重要性。在这个例子中,很容易得到:

$$SS_T = SS_A + SS_B + SS_{AB} + SS_D + SS_E + SS_{BD} + SS_G + SS_{error}$$

因此

$$\frac{SS_A}{SS_T} + \frac{SS_B}{SS_T} + \cdots + \frac{SS_G}{SS_T} + \frac{SS_{error}}{SS_T} = 100\%$$

$SS_A/SS_T \times 100\%$ 是主作用 A 的贡献百分比。

贡献率越高的作用对反应的影响越大。对于这个例子,我们可以得到图 13-10 中的贡献百分比。

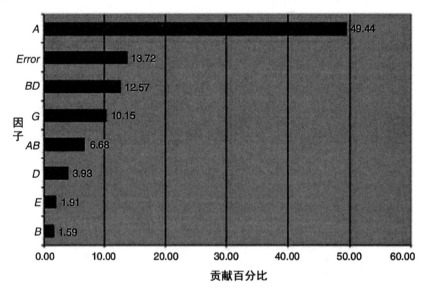

图 13-10 SS_T 的贡献百分比

显然,A 贡献最大,紧接着是 BD、G、AB 等。

例 13-12 在大豆上施了三种肥料(Park, 1996):氮(N)、磷酸(P_2O_5)和钾肥(K_2O),响应是每片大豆的平均产量(千克)。实验采用 L_9 正交矩阵。实验布局和因子数据如表 13-22:

表 13 - 22　例 13 - 12 的数据因子和实验布局

因　　子		水平/kg		
		1	2	3
A	氮肥	0.5	1.0	1.5
B	磷酸	0.3	0.6	0.9
C	钾肥	0.4	0.7	1.0

实验编号	因　　子				响应（大豆产量）
	A	B	e	C	
	1	2	3	4	
1	1	1	1	1	8
2	1	2	2	2	12
3	1	3	3	3	9
4	2	1	2	3	11
5	2	2	3	1	12
6	2	3	1	2	15
7	3	1	1	2	21
8	3	2	1	3	18
9	3	3	2	1	20

使用公式

$$SS = \frac{k}{N \times n} \sum_{t=1}^{k} T_t^2 - \frac{T^2}{N \times n}$$

以及

$$SS_T = \sum_{i=1}^{N} \sum_{j=1}^{n} y_{ij}^2 - \frac{T^2}{N \times n}$$

$$SS_A = \frac{3}{9 \times 1} (T_{A_1}^2 + T_{A_2}^2 + T_{A_3}^2) - \frac{T^2}{9 \times 1}$$

$$= \frac{3}{9} [(8 + 12 + 9)^2 + (11 + 12 + 15)^2 + (21 + 18 + 20)^2] -$$

$$\frac{1}{9} (8 + 12 + 9 + 11 + 12 + 15 + 21 + 18 + 20)^2$$

$$= 158$$

$$SS_B = \frac{3}{9 \times 1} (T_{B_1}^2 + T_{B_2}^2 + T_{B_3}^2) - \frac{T^2}{9 \times 1}$$

$$= \frac{3}{9} [(8 + 11 + 21)^2 + (12 + 12 + 18)^2 + (9 + 15 + 20)^2] -$$

$$\frac{1}{9}(8+12+9+11+12+15+21+18+20)^2$$
$$=2.667$$

同理有

$$SS_C = 18.667$$

$$SS_T = [8^2 + 12^2 + 9^2 + 11^2 + 12^2 + 15^2 + 21^2 + 18^2 + 20^2] -$$
$$\frac{1}{9}(8+12+9+11+12+15+21+18+20)^2$$
$$=180$$

使用 MINTAB，我们得到如下 ANOVA 表：

Source	DF	Seq SS	Adj SS	Adj MS	F	P
A	2	158.000	158.000	79.000	**	
B	2	2.667	2.667	1.333	**	
C	2	18.667	18.667	9.333	**	
Error	2	0.667	0.667	0.333		
Total	8	180.000				

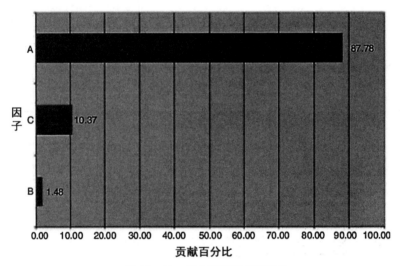

图 13-11　每个因子贡献百分比

显然，从 ANOVA 表中可知，目前为止，A 为最重要的变量，C 为第二。

13.4.2　主作用图和交互作用图

在田口实验数据分析中，主作用图和交互作用图的绘制与经典实验数据分析相同。

1. 主作用图

主作用图展现出一个因子在不同水平之间对应响应值的差异。

例 13-13　接例 13-11，对于因子 A，有两个水平：1 和 2。

对于水平 1：

$$\overline{Y}_{A_1} = \frac{26+38+16+6+3+17+18+16}{8} = 17.5$$

对于水平 2：

$$\overline{Y}_{A_2} = \frac{0+5+0+1+4+5+5+3}{8} = 2.875$$

绘制这两个响应均值与不同水平的关系图，我们得到图 13 - 12 所示的主作用图。

例 13 - 14　继续例 13 - 13，因子 A 有三个水平，并且可知

$$\overline{Y}_{A_1} = \frac{8+12+9}{3} = 9.67; \quad \overline{Y}_{A_2} = \frac{11+12+15}{3} = 12.67;$$

$$\overline{Y}_{A_3} = \frac{21+18+20}{3} = 19.67$$

通过绘制三个响应平均值与不同因子水平的关系图，我们得到了图 13 - 12 所示的主作用图。

对于例 13 - 12 中的所有因子，我们得到图 13 - 13 所示的曲线图。

2. 交互作用图

在田口实验中，由于高阶交互作用被假定为无关紧要，因此只考虑了两个因子之间的交互作用。对于两因子交互作用，通过显示所有因子水平组合中相关的两因子来绘制交互作用图。例如，在例 13 - 13 中，BD 是一个显著的交互作用。我们计算得

$$\overline{Y}_{B_1D_1} = \frac{26+38+0+5}{4} = 17.25; \quad \overline{Y}_{B_1D_2} = \frac{16+6+0+1}{4} = 5.75$$

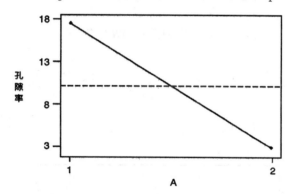

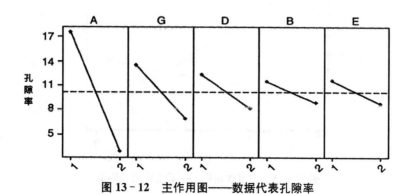

图 13 - 12　主作用图——数据代表孔隙率

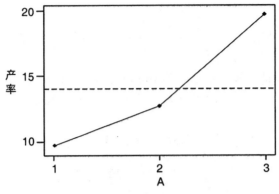

图 13 - 13 主作用图——数据代表产率

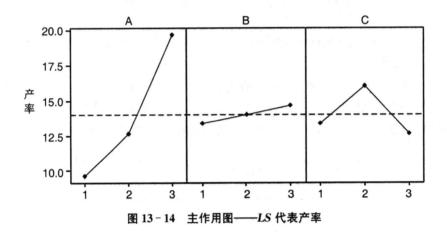

图 13 - 14 主作用图——LS 代表产率

$$\overline{Y}_{B_2D_1} = \frac{3+17+4+5}{4} = 7.25; \quad \overline{Y}_{B_2D_2} = \frac{18+16+5+3}{4} = 10.5$$

在图 13 - 15 中获取交互作用图。

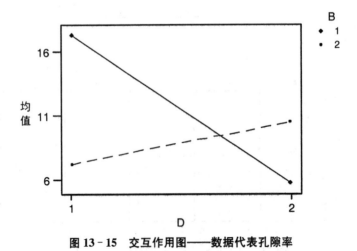

图 13 - 15 交互作用图——数据代表孔隙率

13.4.3　优化和期望响应的预测

田口实验中的优化是要找到因子之间的优化组合来实现优化的响应。最佳的响应取决于定义的"最佳"的标准。在例 13−11 和 13−13 中,孔隙率的值要求是"越低越好",所以我们想要找到因子水平组合中带来最小的孔隙率的组合。

首先,我们需要确定哪些因子是重要的。我们可以将经典 DOE 中的 F 检验应用到田口实验中,有时候我们使用那些最"顶部"的因子和交互作用的因子,这些因子作用给我们带来了累积 90% 以上的贡献率。从 F 检验中,我能可以找到因子 A,G 和交互作用 BD 是统计上显著的。(如果我们用百分率来看的话,那么 A、G、BD,error 和 AB 有最大的贡献率,累积贡献率为 92.56%。)

主作用图和 BD 的交互作用显示,A、G 应该设定为水平 2(从主作用图中可以看出)。通过 BD 的交互作用来看,B 应该设定为水平 1,D 应该为水平 2。

在这个案例中,优化后的响应预测就应该是:

$$\bar{y} = \bar{y}_{A_2} + \bar{y}_{G_2} + \bar{y}_{B_1D_2} - 2\overline{T} = 2.875 + 6.875 + 5.75 - 2 \times 10.188 = -4.873$$

其中,$\overline{T} = T/(N \times n) = 163/(8 \times 2) = 10.188$,代表了这个实验的平均响应值。

在例 13−12 和例 13−14 中,我们不能使用 F 检验,因为针对误差没有足够的自由度来进行有意义的检验。如果我们使用贡献率百分比,因子 A 和 C 的累积贡献百分比是 98.15%,从主作用图(图 13−14)中可以看出,我们决定因子 A 应该为水平 3,C 因子应该为水平 2。预估的优化后的产量是:

$$\bar{y} = \bar{y}_{A_3} + \bar{y}_{C_2} - \overline{T} = 19.67 + 16 - 14 = 21.67$$

13.5　总结

(1) 田口实验设计使用标准的正交矩阵,同时利用线性图、交互作用表和特殊的技术。田口实验只考虑主作用和提前设定好的交互作用,因为假设了更高阶的交互作用在实验中是不存在的。

(2) 田口实验的数据分析包括了:① 方差分析(ANOVA);② 主作用图和交互作用图;③ 最佳因子水平选择和最优性能水平的预测。

13.6　附录　可选的正交矩阵

$L_4(2^3)$ 正交矩阵

实验序号	列		
	1	2	3
1	1	1	1
2	1	2	2

（续表）

实验序号	列		
	1	2	3
3	2	1	2
4	2	2	1

L_4 线形图

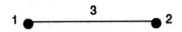

$L_8(2^7)$ 正交矩阵

实验序号	列						
	1	2	3	4	5	6	7
1	1	1	1	1	1	1	1
2	1	1	1	2	2	2	2
3	1	2	2	1	1	2	2
4	1	2	2	2	2	1	1
5	2	1	2	1	2	1	2
6	2	1	2	2	1	2	1
7	2	2	1	1	2	2	1
8	2	2	1	2	1	1	2

L_8 线性图

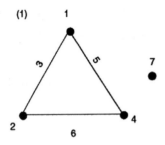
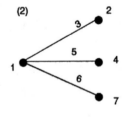

L_8 的交互表格

列	列						
	1	2	3	4	5	6	7
1	(1)	3	2	5	4	7	6
2		(2)	1	6	7	4	5

（续表）

列	列						
	1	2	3	4	5	6	7
3			(3)	7	6	5	4
4				(4)	1	2	3
5					(5)	3	2
6						(6)	1
7							(7)

$L_9(3^4)$ 正交矩阵

实验序号	列			
	1	2	3	4
1	1	1	1	1
2	1	2	2	2
3	1	3	3	3
4	2	1	2	3
5	2	2	3	1
6	2	3	1	2
7	3	1	3	2
8	3	2	1	3
9	3	3	2	1

L_9 线性图

1 ●————3,4————● 2

$L_{12}(2^{11})$ 矩阵：11 列交互矩阵

实验序号	列										
	1	2	3	4	5	6	7	8	9	10	11
1	1	1	1	1	1	1	1	1	1	1	1
2	1	1	1	1	1	2	2	2	2	2	2
3	1	1	2	2	2	1	1	1	2	2	2
4	1	2	1	2	2	1	2	2	1	1	2

（续表）

实验序号	列										
	1	2	3	4	5	6	7	8	9	10	11
5	1	2	2	1	2	2	1	2	1	2	1
6	1	2	2	2	1	2	2	1	2	1	1
7	2	1	2	2	1	1	2	2	1	2	1
8	2	1	2	1	2	2	2	1	1	1	2
9	2	1	1	2	2	2	1	2	2	1	1
10	2	2	2	1	1	1	1	2	2	1	2
11	2	2	1	2	1	2	1	1	1	2	2
12	2	2	1	1	2	1	2	1	2	2	1

$$L_{16}(2^{15})\text{矩阵}$$

实验序号	列														
	1	2	3	4	5	6	7	8	9	10	11	12	13	14	15
1	1	1	1	1	1	1	1	1	1	1	1	1	1	1	1
2	1	1	1	1	1	1	1	2	2	2	2	2	2	2	2
3	1	1	1	2	2	2	2	1	1	1	1	2	2	2	2
4	1	1	1	2	2	2	2	2	2	2	2	1	1	1	1
5	1	2	2	1	1	2	2	1	1	2	2	1	1	2	2
6	1	2	2	1	1	2	2	2	2	1	1	2	2	1	1
7	1	2	2	2	2	1	1	1	1	2	2	2	2	1	1
8	1	2	2	2	2	1	1	2	2	1	1	1	1	2	2
9	2	1	2	1	2	1	2	1	2	1	2	1	2	1	2
10	2	1	2	1	2	1	2	2	1	2	1	2	1	2	1
11	2	1	2	2	1	2	1	1	2	1	2	2	1	2	1
12	2	1	2	2	1	2	1	2	1	2	1	1	2	1	2
13	2	2	1	1	2	2	1	1	2	2	1	1	2	2	1
14	2	2	1	1	2	2	1	2	1	1	2	2	1	1	2
15	2	2	1	2	1	1	2	1	2	2	1	2	1	1	2
16	2	2	1	2	1	1	2	2	1	1	2	1	2	2	1

L_{16}线性图

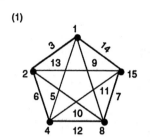

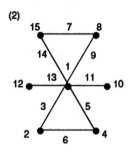

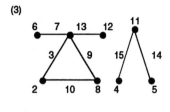

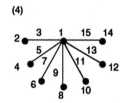

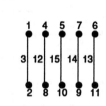

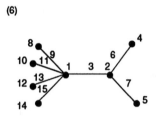

L_{16}的交互作用表

列	列														
	1	2	3	4	5	6	7	8	9	10	11	12	13	14	15
1	(1)	3	2	5	4	7	6	9	8	11	10	13	12	13	14
2		(2)	1	6	7	4	5	10	11	8	9	14	15	12	13
3			(3)	7	6	5	4	11	10	9	8	15	14	13	12
4				(4)	1	2	3	12	13	14	15	8	9	10	11
5					(5)	3	2	13	12	15	14	9	8	11	10
6						(6)	1	14	15	12	13	10	11	8	9
7							(7)	15	14	13	12	11	10	9	8
8								(8)	1	2	3	4	5	6	7
9									(9)	3	2	5	4	7	6
10										(10)	1	6	7	4	5
11											(11)	7	6	5	4
12												(12)	1	2	3
13													(13)	3	2
14														(14)	1
15															(15)

$L_{18}(2^1 3^7)$ 列表

实验序号	因　子							
	1	2	3	4	5	6	7	8
1	1	1	1	1	1	1	1	1
2	1	1	2	2	2	2	2	2
3	1	1	3	3	3	3	3	3
4	1	2	1	1	2	2	3	3
5	1	2	2	2	3	3	1	1
6	1	2	3	3	1	1	2	2
7	1	3	1	2	1	3	2	3
8	1	3	2	3	2	1	3	1
9	1	3	3	1	3	2	1	2
10	2	1	1	3	3	2	2	1
11	2	1	2	1	1	3	3	2
12	2	1	3	2	2	1	1	3
13	2	2	1	2	3	1	3	2
14	2	2	2	3	1	2	1	3
15	2	2	3	1	2	3	2	1
16	2	3	1	3	2	3	1	2
17	2	3	2	1	3	1	2	3
18	2	3	3	2	1	2	3	1

$L_{18}(2^1 3^7)$ 线性图

第1列和第2列之间的交互作用并没有与其他列混淆，但是交互作用与所有列部分混淆。

$L_{27}(3^{13})$ 列表

实验序号	列												
	1	2	3	4	5	6	7	8	9	10	11	12	13
1	1	1	1	1	1	1	1	1	1	1	1	1	1
2	1	1	1	1	2	2	2	2	2	2	2	2	2
3	1	1	1	1	3	3	3	3	3	3	3	3	3
4	1	2	2	2	1	1	1	2	2	2	3	3	3

（续表）

实验序号	列												
	1	2	3	4	5	6	7	8	9	10	11	12	13
5	1	2	2	2	2	2	2	3	3	3	1	1	1
6	1	2	2	2	3	3	3	1	1	1	2	2	2
7	1	3	3	3	1	1	1	3	3	3	2	2	2
8	1	3	3	3	2	2	2	1	1	1	3	3	3
9	1	3	3	3	3	3	3	2	2	2	1	1	1
10	2	1	2	3	1	2	3	1	2	3	1	2	3
11	2	1	2	3	2	3	1	2	3	1	2	3	1
12	2	1	2	3	3	1	2	3	1	2	3	1	2
13	2	2	3	1	1	2	3	2	3	1	3	1	2
14	2	2	3	1	2	3	1	3	1	2	1	2	3
15	2	2	3	1	3	1	2	1	2	3	2	3	1
16	2	3	1	2	1	2	3	3	1	2	2	3	1
17	2	3	1	2	2	3	1	1	2	3	3	1	2
18	2	3	1	2	3	1	2	2	3	1	1	2	3
19	3	1	3	2	1	3	2	1	3	2	1	3	2
20	3	1	3	2	2	1	3	2	1	3	2	1	3
21	3	1	3	2	3	2	1	3	2	1	3	2	1
22	3	2	1	3	1	3	2	2	1	3	3	2	1
23	3	2	1	3	2	1	3	3	2	1	1	3	2
24	3	2	1	3	3	2	1	1	3	2	2	1	3
25	3	3	2	1	1	3	2	3	2	1	2	1	3
26	3	3	2	1	2	1	3	1	3	2	3	2	1
27	3	3	2	1	3	2	1	2	1	3	1	3	2

L_{27} 线性图

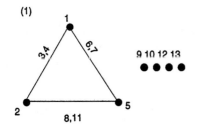

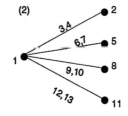

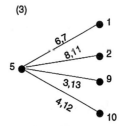

第 14 章

设计优化：田口稳健参数设计

14.1　引言

田口稳健参数设计是一种系统化的方法,它根据以统计为基础的实验设计来细化传递函数和优化设计。田口玄一博士对稳健设计的发展是一项伟大的成就(Clausing, 1994)。

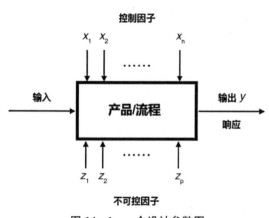

图 14 - 1　一个设计参数图

图 14 - 1 中的 P 图范例被用作田口方法的基本模型。图 14 - 1 描绘了一个通用的设计模型,其中 $y = (y_1, \cdots, y_u)$ 是表示系统性能的输出向量,或传递函数向量的左侧; $x = (x_1, \cdots, x_n)$ 是设计的设计参数(或过程变量)向量; $z = (z_1, \cdots, z_p)$ 是表示不可控因子的向量,或设计中的噪声因子。

显然,设计参数和噪声因子都会影响传递函数输出 y。在本章中,我们只研究一个特定的需求特性,例如 y。在实际情况下,我们可能需要同时处理多种需求。我们可以用响应曲面分析法(第 17 章)或设计优化:田口稳健参数设计高阶(第 15 章)来处理多种需求。以下传递函数可用于表示输出 y 与 x 和 z 之间的因果关系:

$$y = g(x_1, \cdots, x_n, z_1, \cdots, z_p) \tag{14-1}$$

在某些情况下,我们可以假设输出 y 由设计参数 x 决定,而设计参数受噪声因子 z 的影响。在这种情况下:

$$y = f(x_1, \cdots, x_n) \tag{14-2}$$

从数学上讲, $z = (z_1, \cdots, z_p)$ 是一个分布未知的随机向量。设计参数 $x = (x_1, \cdots, x_n)$ 也是一个随机向量,因为在大规模生产中,我们无法保证生产大量相同品质的产品,因此会出现零件之间的(逐件)变异。我们可以假设 $x_i \sim N(\mu_{x_i}, \sigma_{x_i}^2)$，$i=1, \cdots, n$。我们更进一步假设 $\mu_{x_i}=\mu_i$，这是设计参数 x_i 的名义值。设计参数的名义值可以由设计人员选择，我们可以定义 $\sigma_i=\sigma_{x_i}$，这是设计参数的标准偏差，也可以在容差设计阶段(以成本为代价)加以控制。因为 x 和 z 都是随机变量，所以需求 Y 当然也是随机变量。

14.2 损失函数和参数设计

14.2.1 质量损失函数

在田口方法中，质量损失函数 L 是一个基本的起点

$$L = kE(Y-T)^2 \qquad (14-3)$$

稳健设计的目标是损失函数 L 最小化。田口得出结论，性能 Y 偏离其目标值将导致质量损失。在田口参数设计中，已经假设 Y 有一个目标值，即 T。例如，电源电路的主要基本功能是为小家电提供电能，而关键的输出性能是其输出电压。如果小型电器所需的电压为 6 V，则目标值 $T=6$。

20 世纪 70 年代末，比起索尼美国公司生产的电视机，美国消费者对索尼日本公司生产的电视机更为偏爱。有研究提到其原因是质量问题。然而，两家工厂生产的电视机都使用相同的设计和公差。《朝日新闻》在调查报告中显示了两家工厂生产的电视机的颜色密度分布(见图 14-2)。在图 14-2 中，T 为目标值，$T\pm5$ 为公差限值。美国索尼公司的分布在公差范围内几乎是一致的，没有超出公差范围的单位。日本索尼公司的分布大致正常，大约 0.3% 超出了允许范围。为什么顾客更喜欢日本索尼公司？从分布上看，日本索尼公司生产的 A 级产品较多，即颜色密度在 $T\pm1$ 以内，B 级或 C 级产品比美国索尼公司少，因此，对于一个普通客户来说，日本索尼公司生产的电视机的平均档次要比美国索尼公司的好。

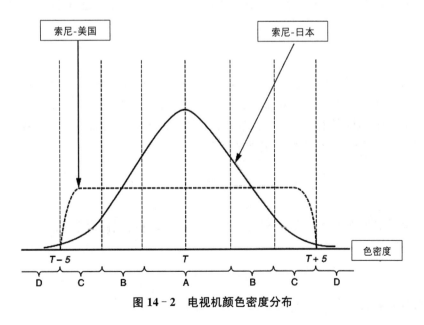

图 14-2 电视机颜色密度分布

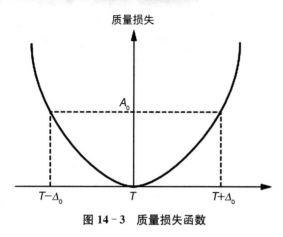

图 14-3 质量损失函数

因此，在许多情况下，关键质量特性与其目标值的任何偏差都会造成客户的不满意。偏离越多，越多不满。这正是质量损失函数的含义。

图 14-3 给出了质量损失函数的图形化视图；当性能水平 $y=T$ 时，质量损失为零。假设 $T+\Delta_0$ 和 $T-\Delta_0$ 是功能限制，也就是说，当 $y<T-\Delta_0$ 或 $y>T+\Delta_0$ 时，产品将完全不起作用，客户将要求更换。我们进一步假设更换成本为 A_0；然后，根据公式（14-3），$y=T-\Delta_0$ 或 $y=T+\Delta_0$ 时的质量损失等于 A_0：

$$A_0 = k(\Delta_0)^2 \quad k = \frac{A_0}{\Delta_0^2} \tag{14-4}$$

例 14-1 电视机颜色密度（Phadke, 1989）。假设颜色密度的功能极限为 $T\pm7$，即当颜色密度达到或超过 $T\pm7$ 时，顾客会要求更换或修理电视机。假设更换成本为 $A_0=98\$$；然后使用公式（14-4）得到 $k=98/7^2=2$。同样，根据式（14-3），$y=T+4$ 的质量损失为 $L=2\times(T+4-T)^2$，$y=T+2$ 的质量损失为 $L=2\times(2)^2=8\$$。

公式（14-3）给出的质量损失函数适用于质量特性具有有限目标值 T（通常为非零）且质量损失在目标值两侧对称的情况下适用。这类质量特性称为望目特征（即"标称最佳"）。例如电视机颜色密度（见例 14-1）。

以下质量特性需要不同类型的质量损失函数：

（1）望小质量特征。对于某些质量特性，如缺陷率百分比或微波炉辐射泄漏，理想目标值为零。这种质量特性被称为望小（即"越小越好"），包括计算机的响应时间、电子电路中的泄漏电流和汽车尾气的污染。这种情况下的质量损失函数可通过式（14-3）中的 $T=0$ 得到。

$$L = kEY^2 \tag{14-5}$$

（2）望大质量特征。对于某些质量特性，如焊接结合强度，理想的目标值是无穷大。这些是望大（即"越大越好"）的质量特性。如果 y 减小，性能水平将逐渐恶化；最坏的可能值为零。很明显，这种特性的行为是越小越好的倒数或成反比特征。因此，我们可以用式（14-5）中的 $1/Y$ 代替，得到这种情况下的质量损失函数

$$L = kE\left(\frac{1}{Y^2}\right) \tag{14-6}$$

（3）如果功能极限为 Δ_0，低于该极限，产品将失效，更换或修理成本为 A_0，则根据公式（14-6），k 可通过下式得出

$$k = A_0\Delta_0^2 \tag{14-7}$$

这三种质量特性及其损失函数如图 14-4 所示。

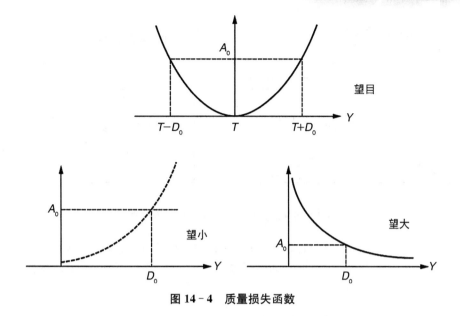

图 14 - 4　质量损失函数

质量损失的组成部分。在不丧失一般性的前提下，我们使用式(14 - 3)中的定义的望目质量损失函数来得到

$$L = kE(Y-T)^2 = k(\mu_y - T)^2 + k\,\text{Var}(Y) = k(\mu_y - T)^2 + k\sigma_y^2 \qquad (14-8)$$

其中，$\mu_y = E(Y)$，Y 是性能水平的平均值，$\text{Var}(Y)$ 是性能水平 Y 的方差。

所以我们可以看到质量损失有两个组成部分：

(1) 离差。该分量对应于均值偏离目标的水平，用 $k(\mu_y - T)^2$ 表示。

(2) 方差。表示波动的水平，用 k 的方差(Y) 表示。

14.2.2　波动的来源

根据公式(14 - 8)

$$L = kE(Y-T)^2 = k(\mu_y - T)^2 + k\,\text{Var}(Y) = k(\mu_y - T)^2 + k\sigma_y^2$$

很明显，为了减少质量损失，我们应该减少离差 $k(\mu_y - T)^2$ 和方差 $\text{Var}(Y)$。如图 14 - 5 和 14 - 6 所示。

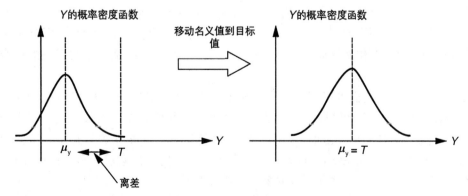

图 14 - 5　通过移动名义值到目标值来减少质量损失

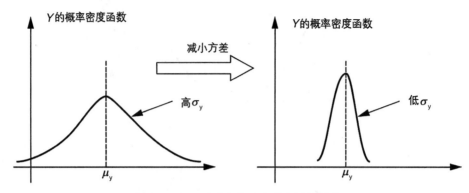

图 14-6 通过减少方差来减少质量损失

通常,将名义值 μ_y 调整到目标值 T 相对容易,因为有很多设计参数 $\boldsymbol{x}=(x_1, x_2, \cdots, x_n)$ 可以调整 μ_y。然而,减小方差 Y 则会更复杂。方差 Y(图 14-7)由设计参数 $\boldsymbol{x}=(x_1, x_2, \cdots, x_n)$ 和噪声因子 $\boldsymbol{z}=(z_1, z_2, \cdots, z_n)$ 引起。

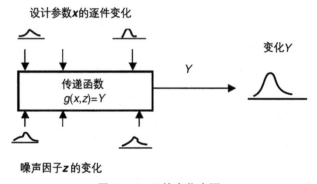

图 14-7 Y 的变化来源

总的来说,方差的来源可以总结如下三大类:

(1)外部资源(使用和环境)。例如消费者的使用、误用和滥用,环境温度与装载相关的变化,主要是由于噪声因素的变化 $\boldsymbol{z}=(z_1, z_2, \cdots, z_n)$。

(2)单件与单件之间变化(制造和供应商变化)。这是指目标值的尺寸、相关部件或材料特性变化。这种单件之间设计参数的变化表示为 $\boldsymbol{x}=(x_1, x_2, \cdots, x_n)$。

(3)劣化来源(磨损)。这是指功能特性从新产品开始降解或变质,如由于材料疲劳或老化而磨损及长期使用后的影响。这个来源可能是与时间有关的设计参数,即其中某些设计参数可能随着时间变化而性能降低 $\boldsymbol{x}=(x_1, x_2, \cdots, x_n)$,或是与时间有关的噪声因子 $\boldsymbol{z}=(z_1, z_2, \cdots, z_n)$。

在田口的方法中,我们可以在以下三个阶段通过减少质量损失来实现质量改进:

(1)系统设计。在设计过程的广义模型中系统设计与概念设计大致对应。在系统设计阶段,设计中使用的技术是确定的,系统配置、子系统结构及其相互关系是确定的。使用田口方法的稳健设计不关注系统设计阶段。然而,不同的系统设计必然会有不同的设计参数、噪声系数和传递函数,因此,系统设计必然会影响质量损失。

(2)参数设计。该阶段紧随系统设计阶段。在参数设计阶段,传递函数已经确定(在系统设计阶段），但是设计参数的标称值仍然可以调整，例如在设计小家电的电源电路时。经过系统设计，电路图已经完成。但是我们仍然可以改变电路参数的设计值，例如电阻器和晶体管的设计值。给定传递函数

$$Y = g(x_1, x_2, \cdots, x_n; z_1, z_2, \cdots, z_n)$$

我们可以通过泰勒串联估计的方式找到如下关系

$$\Delta y = \frac{\Delta g}{\Delta x_1}\Delta x_1 + \frac{\Delta g}{\Delta x_2}\Delta x_2 + \cdots + \frac{\Delta g}{\Delta x_n}\Delta x_n + \frac{\Delta g}{\Delta z_1}\Delta z_1 + \frac{\Delta g}{\Delta z_2}\Delta z_2 + \cdots + \frac{\Delta g}{\Delta z_m}\Delta z_m$$

$$(14-9)$$

以及

$$\mathrm{Var}(Y) = \sigma_y^2 \approx \left(\frac{\partial g}{\partial x_1}\right)^2 \sigma_{x_1}^2 + \left(\frac{\partial g}{\partial x_2}\right)^2 \sigma_{x_2}^2 + \cdots + \left(\frac{\partial g}{\partial x_n}\right)^2 \sigma_{x_n}^2$$

$$+ \left(\frac{\partial g}{\partial z_1}\right)^2 \sigma_{z_1}^2 \left(\frac{\partial g}{\partial z_2}\right)^2 \sigma_{z_2}^2 + \left(\frac{\partial g}{\partial z_m}\right)^2 \sigma_{z_m}^2 \qquad (14-10)$$

从等式中可以看出，我们可以通过两种方式来减少 $\mathrm{Var}(Y)$；一种是减少敏感度 $\frac{\partial g}{\partial x_i}$，其中 $i = 1, \cdots, n$，也就是对设计参数波动的敏感度；另一种是减少 $\frac{\partial g}{\partial z_j}$，其中 $j = 1, \cdots, n$，也就是对噪声因子的敏感度。

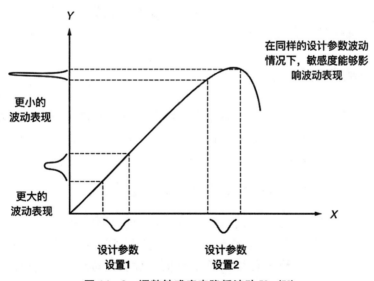

图 14 - 8　调整敏感度来降低波动 $\mathrm{Var}(Y)$

　　幸运的是，很多敏感度都是受设计参数的名义值影响的。在图 14 - 8 中，展示了参数设定是如何可能影响到 Y 的波动的。传递函数 $y = g(x, z)$ 或者敏感度，比如 $\frac{\partial g}{\partial x_i}$，是参数设置的非线性函数，因此，通过选择参数设置在低敏感度的区域，我们就可以显著性地降低

$Var(Y)$，虽然这时候我们对设计参数或者噪声因子有着相同的波动。

总的来说，参数设计的工作主要有以下：

（a）调整设计参数的名义值 $E(x_i)=\mu_i$，其中 $i=1,\cdots,n$，来降低功能表现 y 针对设计参数和噪声因子的敏感度，借此降低系统的功能表现波动 $Var(Y)$。

（b）调整设计参数的名义值设置来移动平均表现水平 μ_y，以达到它的目标值 T。

上述工作的主要目标是使得系统针对所有波动源"不敏感"，或者说"稳健"。田口参数设计也叫作稳健参数设计。

（3）容差设计（公差设计）。

容差设计通常是在参数设计之后进行。容差设计的主要工作就是针对设计参数来设定可接受的波动水平。尤其要说的是，容差设计是为了针对每一个设计参数 X_i 设置相应的一对极限值，比如 $\mu_i-\Delta i \leqslant x_i \leqslant \mu_i+\Delta i$，在通常情况下，$\Delta i=3Cp\sigma_i$，$Cp$ 代表了流程能力指数（当 $C_p=2$ 的时候，就达到了六个西格玛的容差极限）。通过选择高水平的零件，或者更加精确（也更贵）的制造方法，我们能够降低 σ_i；由公式（14-10）知道，我们也可以同时降低 $Var(Y)$。但是，这样的方式有以下的不足：① 这个方法成本很高。② 通常我们只能控制和降低设计参数 σ_i（其中 $i=1,\cdots,n$）的波动。换句话说，我们只能通过缩小设计参数容差的方式来控制单件之间的波动。我们很难有效地控制外部的波动、变化和条件的恶化。

因此，缩小容差在降低系统表现的波动方面是不足的；稳健参数设计在降低波动来提高质量水平上是重要一步。

虽然减小质量损失是田口稳健参数设计方法的目标，但是它并没有直接地在损失函数上下功夫。田口参数设计方法是田口正交矩阵实验方法和信噪比分析的整合。信噪比与损失函数相关，我们将在下一部分详细讨论。

14.3　损失函数和信号-噪声比率

在通信工程领域，信号-噪声比率（S/N）是被作为很多电路或者产品的功能特性指标的，同时它还与损失函数有关。田口玄一博士的背景是通信与电子工程，他在日本把这个相同的概念介绍到了很多早期的实验设计项目中。

14.3.1　名义值最好的质量特性（Norminal - the Best，NTB）

在通信工程中，图 14-9 是一个展示系统如何工作的典型代表。

在一个景点的通信系统中，如果给定一个输入信号，那么系统就会产生一个输出信号 y。在理想情况下，如果没有噪声输入，那么输出值 y 就会是持续稳定、没有波动的。然而，当有噪声输入的时候，输出值 y 就不会是稳定的了，它会产生波动。在一个良好的通信系统中，噪声效果应该相对于输出 y 来说有最小的影响，因此，下面的信号-噪声的比例常常被用来当作通信系统中的质量特性：

$$信号强度/噪声强度 = \mu^2/\sigma^2 \qquad (14-11)$$

这里的 $\mu=E(Y)$，$\sigma^2=Var(Y)$。

式(14-11)中的比率越大，通信的强度也就越大。

在通信工程中，信噪比实际上是(14-11)中等式比率对数的 10 倍。

$$S/N = 10\log(\mu^2/\sigma^2) \tag{14-12}$$

信噪比对数的使用是基于一个事实，那就是对数可以将倍增的乘法关系转换成一个加法关系；这样对数转换就可以把非线性和交互作用变得"缓和"了，这在数据分析中是很有利的。

在实际的状态中，μ 和 σ^2 都只能用统计方式估计出来。如果质量特性 Y 的一组观察值给定了，作为 $y_1, y_2, \cdots y_n$，那么 μ 的统计估计就可以是

图 14-9 一个典型的通信系统

$$\hat{\mu} = \bar{y} = \frac{1}{n} \sum_{i=1}^{n} y_i \tag{14-13}$$

σ^2 的统计评价指标为

$$\hat{\sigma}^2 = s^2 = \frac{1}{n-1} \sum_{i=1}^{n} (y_i - \bar{y})^2 \tag{14-14}$$

因此，输出函数 $y_1, y_2, \cdots, y_n$ 的信噪比可表示为

$$S/N = 10\log\left(\frac{\hat{\mu}^2}{\hat{\sigma}^2}\right) = 10\log\left(\frac{\bar{y}^2}{S^2}\right) = 20\log\left(\frac{\bar{y}}{S}\right) \tag{14-15}$$

与最优质量损失函数相比，可得到

$$L(Y) = k(\mu - T)^2 + k\sigma^2 \tag{14-16}$$

田口提出了优化过程的两个步骤：

(1) 调整优化参数以得到最大的信噪比；

(2) 找出其他一些对信噪比没有影响但影响平均水平的设计参数 Y，令 $E(Y)=\mu$，其称为平均值调整参数，并将其用作调整 $E(Y)$ 到目标值。

我们可以看到，通过应用这两步骤，可将 $L(Y)$ 最小化。

当时田口两步法受到了许多人的质疑和评论，博克斯(1988)就是其中一个，之后他提出了其他替代田口两步法的方法。不过，在通信工程中，这种先最大化信噪比再将平均值调整到目标值是一种常见的做法。

对于许多非通信工程系统而言，减小噪声因子的影响，并使所有因变量都具有稳健性也是非常重要的。自从田口方法被人们熟知之后，全世界范围内就开展了数百万个

田口实验。

14.3.2 望小质量特性

望小质量损失函数可表示为

$$L(Y) = kE(Y^2)$$

在实际中，$E(Y^2)$只能用统计学测量，如果给出了一组具有质量特性的测量值Y，即y_1，y_2，$\cdots$，y_n，那么$E(Y^2)$的统计评价指标为

$$MSD = \frac{1}{n} \sum_{i=1}^{n} y_i^2 \qquad (14-17)$$

其中MSD表示与目标偏差为0的均方差，此时，信噪比可定义为：

$$S/N = -10 \log\left(\frac{1}{n} \sum_{i=1}^{n} y_i^2\right) \qquad (14-18)$$

即信噪比是MSD对数的-10倍，MSD越小，信噪比越大。因此，对于望小质量损失函数而言，增大信噪比等于减小损失函数。

14.3.3 望大质量特性

望大质量损失函数可表示为

$$L(Y) = kE\left(\frac{1}{Y^2}\right)$$

如果给出了一组具有质量特性的测量值Y，即y_1，y_2，$\cdots$，y_n，那么$E(1/Y^2)$的统计评价指标为

$$MSD = \frac{1}{n} \sum_{i=1}^{n} \frac{1}{y_i^2} \qquad (14-19)$$

对应的信噪比为

$$S/N = -10\log\left(\frac{1}{n} \sum_{i=1}^{n} \frac{1}{y_i^2}\right) \qquad (14-20)$$

同样的，增大信噪比等于减小损失函数。

14.3.4 基于信噪比和正交矩阵实验的稳健参数设计

在田口的稳健参数设计方法中，会选择多个设计参数，并选择合适的正交矩阵用于实验。在每次实验运行中，将收集一些输出性能参数用于观察，如表14-1所示。

每次实验运行都会计算信噪比，如果质量特性是望大或者望小特性，那么我们将尝试着寻找寻找设计参数的水平组合，使信噪比最大，从而使质量损失最小。

表 14 - 1 田口稳健参数设计设置

实验编号	设计参数			复制			S/N η
	A	B	...	1	...	n	
1	1	1	...	y_{11}	...	y_{1n}	η_1
2	2	1	...	y_{21}	...	y_{2n}	η_2
⋮	1	2	...	⋮		⋮	⋮
	2	2	...				
	⋮	⋮					
N	2	2	...	y_{N1}	...	y_{Nn}	η_N

如果质量特性 y 是理论上最好的特性，那么将执行以下两个步骤：

（1）找到并调整重要的设计参数以最大化信噪比；

（2）找到调整设计参数的平均值，来调整对目标值的平均响应。

例 14 - 2 （Harrel 和 Cutrell，1987）汽车的密封条是用橡胶制成的，在橡胶行业，使用挤压机将生橡胶塑成所需的形状，而产量会随着橡胶流量的增加或减少，挤压机产量的变化会直接影响密封条的尺寸。因此为了找到合适的控制因子水平，对光滑橡胶挤出机进行了田口试验。表 14 - 2 给出了本次田口实验的控制因子及其水平。

在本次实验中，交互作用不是特别重要，因此用到了 L_8 的矩阵。通过设置每次实验运行的条件来测量输出，并对 30 秒内生产的产品进行称重。

表 14 - 2 例 14 - 2 的控制因素

控制因子	水平 1	水平 2
A	一致	不一致
B	一致	不一致
C	冷	热
D	当前水平	附加材料
E	低	高
F	低	高
G	正常范围	更高

为每次实验运行收集了十个样本，每个样本代表 30 秒的输出。表 14 - 3 为本研究产生的数据。在这个项目中，期望的输出既不是越小越好，也不是越大越好。如果输出的变化得到很好的控制，生产者应该确定一个适当的输出水平。因此，在表 14 - 3 中，使用 Eq 计算信噪比。

S/N 表示望目的情况：

$$S/N = \eta = 20 \log\left(\frac{\bar{y}}{S^2}\right)$$

对 S/N 进行方差分析，可以得到方差分析表：

```
Analysis of Variance for S/N, using Adjusted SS for Tests
Source     DF     Seq SS      Adj SS      Adj MS        F    P
A          1       9.129       9.129       9.129       **
B          1       5.181       5.181       5.181       **
C          1       5.324       5.324       5.324       **
D          1      39.454      39.454      39.454       **
E          1       5.357       5.357       5.357       **
F          1       6.779       6.779       6.779       **
G          1       2.328       2.328       2.328       **
Error      0       0.000       0.000       0.000
Total      7      73.552
```

通过使用第 14 章中讨论的贡献百分比计算，我们可以得到图 14 - 10，其中很明显，D 是迄今为止 S/N 最重要的因子（也见图 14 - 11）。因子 G 只有 3.17％的贡献，因此被认为是不重要的。

根据图 14 - 11 为 S/N 的主作用图，因为想要更高的 S/N，我们应该将水平 1 的 A、B、D、E 与水平 2 的 C、F 结合，这个组合应该是最大的 S/N。我们可以将这个最终因子水平组合表示为 $A_1 B_1 C_2 D_1 E_1 F_2$。

在最优因子水平组合下的预测信噪比可以用第 13 章中描述的方法计算：

$$S/N = \bar{A}_1 + \bar{B}_1 + \bar{C}_2 + \bar{D}_1 + \bar{E}_1 + \bar{F}_2 - 5\bar{T}$$
$$= 34.84 + 34.57 + 34.59 + 35.99 + 34.55 + 34.69 - 5 \times 33.77$$
$$= 40.38$$

$\bar{T}$ 是平均信噪比，$\bar{A}_1$ 是 A 在水平 1 时对应的平均 S/N，依此类推。

$$\bar{T} = \frac{37.48 + 32.17 + 38.27 + 31.43 + 34.26 + 34.38 + 33.94 + 28.22}{8} = 33.77$$

$$\bar{A}_1 = \frac{37.48 + 32.17 + 38.27 + 31.43}{4} = 34.84$$

$$\bar{B}_1 = \frac{37.48 + 32.17 + 34.26 + 34.38}{4} = 34.57$$

$$\bar{C}_2 = 34.59, \quad \bar{D}_1 = 35.99, \quad \bar{E}_1 = 34.55, \quad \bar{F}_2 = 34.69$$

我们还需要确定适当的产品输出水平；也就是说，我们需要确定合适的 $E(Y)$。本项目对原始输出数据（10 次重复的 y 的数据）进行方差分析，得到方差分析表如下

表 14 – 3 例 14 – 2 的实验设计与步骤

实验序号	控制因子							每 30 秒输出										信噪比 S/N
	A	B	C	D	E	F	G	1	2	3	4	5	6	7	8	9	10	
1	1	1	1	1	1	1	1	268.4	262.9	268.0	262.2	265.1	259.1	261.5	267.4	264.7	270.2	37.48
2	1	1	1	2	2	2	2	302.9	295.3	298.6	302.7	314.4	305.5	295.2	286.3	302.0	299.2	32.17
3	1	2	2	1	1	2	2	332.7	336.5	332.8	342.3	332.2	334.6	334.8	335.5	338.2	326.8	38.27
4	1	2	2	2	2	1	1	221.7	215.9	219.7	221.2	221.5	230.1	228.3	228.3	214.6	213.2	31.43
5	2	1	2	1	2	1	2	316.6	326.5	320.4	327.0	311.4	310.8	314.4	319.3	310.0	314.5	34.26
6	2	1	2	2	1	2	1	211.3	222.0	218.2	218.6	218.6	216.5	214.8	217.4	210.8	223.9	34.38
7	2	2	1	1	2	2	1	210.7	210.0	211.6	211.7	210.1	206.5	203.4	207.2	208.0	219.3	33.94
8	2	2	1	2	1	1	2	287.5	299.2	310.6	289.9	290.0	294.5	294.2	297.4	293.7	325.6	28.22

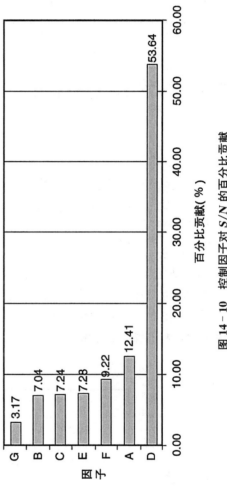

图 14 – 10 控制因子对 S/N 的百分比贡献

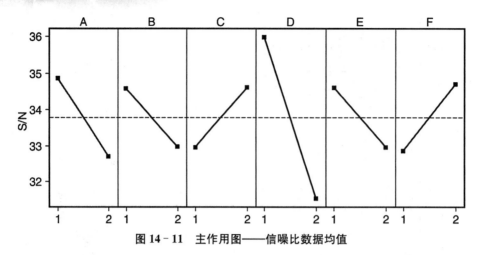

图 14-11 主作用图——信噪比数据均值

输出/3方差分析，使用调整后的SS测试

```
Analysis of Variance for Output/3, using Adjusted SS for Tests
Source    DF    Seq SS    Adj SS    Adj MS       F       P
A          1      7770      7770      7770    190.71   0.000
B          1      1554      1554      1554     38.15   0.000
C          1       366       366       366      8.99   0.004
D          1      9990      9990      9990    245.23   0.000
E          1      5521      5521      5521    135.52   0.000
F          1      1984      1984      1984     48.70   0.000
G          1    141742    141742    141742   3479.20   0.000
Error     72      2933      2933        41
Total     79    171861
```

这个方差分析表表明，因子 G 是迄今为止影响输出的最显著因子。由于因子 G 对信噪比的影响不显著，但对输出本身的影响却非常显著，因此它是均值调整因子的理想选择。G 的主作用图（见图 14-12）表明，将 G 转移到更高的水平将增加输出。由于增加 G 会增加输出，但不会影响信噪比，较高的生产水平必然会提高吞吐量，因此 G 的最佳设置应为 2 水平。

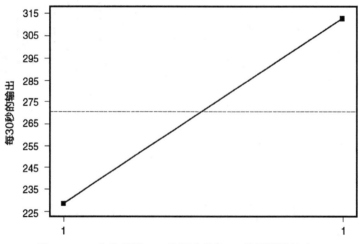

图 14-12 主作用图——数据表示每 30 秒周期的输出 G

14.4 噪声因子和内外表

在上一章节和例 14 - 2 中,通过计算来自一组复制的输出响应观测值的样本方差 s^2 来估计 S/N 的"变异"部分。重复观测值的这种变异不能充分反映实际噪声因子对产品的全部影响。如前所述,在产品使用过程中,许多噪声因子会与产品相互作用并影响其性能。要想在市场上取得成功,产品必须能够承受噪声因子的影响并在其影响下表现良好。噪声因子有四种常见的方法:

(1) 忽略噪声因子。显然,这种"什么也不做"的方法对产品的成功没有帮助。

(2) 控制或消除噪声因子。这种方法的例子包括容差设计和标准化(控制逐段变异)和人工控制环境(控制外部噪声)的工厂或车间。这是一种昂贵的方法,不适用于许多消费品。(例如,如何保护汽车免受环境影响?)

(3) 补偿噪声因子的影响。这种方法的例子包括反馈控制和自适应控制(都是补偿过程的干扰)和选择性装配(补偿分段变异)。

(4) 最小化噪声的影响(田口稳健参数设计)。该方法将噪声因子人为地引入到早期设计阶段,目的是选择一组最佳设计参数,使产品不仅在受控环境下的小规模原型生产中,而且在大规模生产和实际的不良用户环境中都能表现良好。

显然,方法 4 是一种积极主动且成本低廉的方法。在产品设计阶段进行良好的稳健参数设计是非常必要的。如果我们能够实现一个稳健的产品设计,我们要么可以避免对方法 2 和 3 的尝试,或者,至少使它们更易于实现,成本更低。

在早期设计阶段,许多设计和开发活动都是在受控环境的实验室中进行的,或者以计算机模型的形式进行;实际的噪声因子很少。在参数设计中,我们必须人为地引入、创建或模拟噪声因子。最好选择足够数量的噪声因子来模拟产品在实际使用中会遇到什么。"人为"的噪声因子可通过以下三个变化源的检查表确定:① 外部变异(使用和环境);② 单件之间的变异(制造和供应商的变异);③ 劣化变异。

识别出噪声因子后,对噪声因子进行稳健性分配参数设计实验,其范例说明如图 14 - 13 所示。

实际分配的控制因子和噪声因子实验布局和数据采集遵循内外表模板见表 14 - 4。

控制因子被分配给一个称为内表的正交矩阵,其中每个实验运行对应于一个唯一的控制因子水平组合。在每个内表实验运行中,我们可以根据分配给噪声因子的另一个正交表

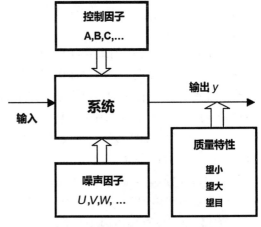

图 14 - 13 田口稳健参数设计流程

(称为外表)的布局来改变噪声因子。外表中的每个运行对应于一个独特的噪声因子水平组合。例如,如果外表有 N_2 次运行,那么对于每个内表实验运行,我们将获得 N_2 的实验观测值,其中每个观测值对应不同的噪声因子水平组合。例如,在表 14 - 4 的第一次内表运行

中，我们得到了 $y_{11}, y_{12}, \cdots, y_{1N_2}$，其中每个观测值对应相同的控制因子水平组合，但不同的噪声因子水平组合，因此 $y_{11}, y_{12}, \cdots, y_{1N_2}$ 之间的变异显然是由噪声因子引起的。内表每次运行的信噪比将被计算；显然，较高的信噪比表示对噪声因子影响的敏感性较低。因此，基于这种实验研究的最优设计参数选择将有更好的机会在实际应用中具有稳健性。

在许多稳健的参数设计项目中，由于构建实际硬件原型的成本很高，因此使用计算机仿真模型代替实际测试。在这些项目中，设计参数在计算机模型中变化，输出响应由计算机模拟。在这种情况下，S/N 按第 14.3 章节将不起作用，因为一组复制的输出响应观测值的变化 s^2 始终为零。因此，计算机模拟稳健性参数设计必须引入噪声因子。

表 14 - 4　田口内-外矩阵布局

内 矩 阵						外					
						实 验 号				噪声因子	
						1	2	⋯	N_2		
						1	1		2	U	
实验号	控制因子					1	2		2	⋯	S/N
	A	B	C	⋯	F	1	2		1	W	η
1	1	1	1	⋯	1	y_{11}	y_{12}		y_{1N_2}		η_1
2	2	2	2	⋯	2	y_{21}	y_{22}		Y_{2N_2}		η_2
⋮	⋮	⋮	⋮		⋮	⋮	⋮	⋮	⋮		⋮
N_1	N_1	N_1	N_1		N_1	y_{N11}	y_{N12}		y_{N1N2}		η_{N1}

在稳健参数设计中引入足够数量的噪声因子，以保证未来性能对多种噪声因素的稳健性。然而，如果我们使用内/外矩阵方法，我们引入的噪声因子越多，外部阵列就越大，N_2 也就越大。在表 14 - 4 中，很明显，输出响应观测值 y_{ij} 的总数等于 $N_1 \times N_2$；当 N_2 增加时，$N_1 \times N_2$ 将过高。

为了减少实验运行的次数，田口博士提出了引入噪声因子的"复合噪声因子"策略。田口说，为了估计信噪比所指示的稳健性，我们不需要运行所有外部阵列指定的噪声组合。如果产品设计对少数极端或"最差"噪声因素水平组合是稳健的，那么它可能对所有"次要"或良性噪声因素水平组合都是稳健的。复合噪声系数意味着找到两种极端的噪声因子组合：① N_1 负极限条件；② N_2 正极限条件。或者形成三组合：① N_1 负极限条件；② N_2 标准条件；③ N_3 正极限条件。

例如，在电源电路设计中，如果输出响应是输出电压，那么我们需要找到一个使输出电压降低的极端噪声因子组合，即 N_1，以及另一组使输出电压变高的噪声因子组合，即 N_2。

例 14 - 3　复合噪声因子(Phadke, 1989)。图 14 - 14 所示为温度控制电路的电路图，其中 R_T 为热敏电阻阻抗，与温度成反比。R_1、R_2、R_3 和 R_T 实际上形成了一个惠斯通桥。当温度降低而 R_T 升高时，在 R_T 增加到 $R_{T,ON}$ 值后，惠斯通电桥失去平衡，将触发放大器激活加热器。加热器打开一段时间后，温度升高，R_T 降低；当 R_T 降低到 R_{Toff} 值后，放大器将关闭加热器，如此循环。

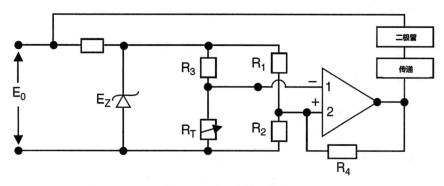

图 14 - 14 温度控制电路

在稳健参数设计实验中，$R_{T,on}$ 是输出响应 y，电路设计参数 R_1、R_2、R_4、E_0 和 E_z 的变化是噪声因子。下表给出了噪声因子水平：

因 子	水 平		
	1	2	3
R_1	低于标准值 2%	标准值	高于标准值 2%
R_2	低于标准值 2%	标准值	高于标准值 2%
R_4	低于标准值 2%	标准值	高于标准值 2%
E_0	低于标准值 2%	标准值	高于标准值 2%
E_z	低于标准值 2%	标准值	高于标准值 2%

通过标准电路分析，$R_{T,on}$ 可用以下简单数学方程表示：

$$R_{T,on} = \frac{R_3 R_2 (E_Z R_4 + E_0 R_1)}{R_1 (E_Z R_2 + E_Z R_4 - E_0 R_2)}$$

如果我们试图为噪声因子设计一个外矩阵，我们可能必须使用 L_{18} 阵列来容纳 5 个三水平因子，这代价将非常昂贵。所以我们倾向使用复合噪声因子。从这个方程中，很容易（通过计算 $R_{T,on}$ 对 R_1、R_2 的偏导数等方法）来确定 $R_{T,on}$ 在 R_1 降低、R_2 增大、R_4 减小、E_0 增大或 R_z 减小时是否增加，反之亦然。因此，R_1 低水平，R_2 高水平，R_4 低水平，E_0 高水平，R_z 低水平的是一个极端的噪声水平组合，它会使 $R_{T,on}$ 处于较高值。另一方面，高水平的 R_1、低水平的 R_2、高水平的 R_4、低水平的 E_0 和高水平的 R_z 是另一种极端的噪声水平组合，它会使 $R_{T,on}$ 处于较低值。总之，我们可以使用以下三种复合噪声因子：

$$N_1 - (R_1)_1, (R_2)_3, (R_4)_1, (E_0)_3, (E_Z)_1$$
$$N_2 - (R_1)_2, (R_2)_2, (R_4)_2, (E_0)_2, (E_Z)_2$$
$$N_3 - (R_1)_3, (R_2)_1, (R_4)_3, (E_0)_1, (E_Z)_3$$

其中 $(R_1)_1$ 表示 R_1 处于水平 1；$(R_2)_3$ 表示 R_2 处于水平 3；依此类推。通过使用这种复合噪声因子，内矩阵每一组都将在 N_1、N_2 和 N_3 指定的复合噪声条件下获得三个输出响应观测值。

14.5 望小特性的参数设计

对于望小特性，田口参数设计的步骤如下：

（1）选择合适的输出质量特性作为优化目标。

（2）选择控制因素及其水平，确定其可能的交互作用。

（3）选择噪声因子及其水平；如果有多个噪声因子，则使用复合噪声因子形成两个或三个复合噪声组合。

（4）选择适当的内部和外部矩阵；将控制因子指定给内部矩阵，将噪声因子指定给外矩阵。

（5）做实验。

（6）根据信噪比进行统计分析，以确定最佳控制因子水平。有时进行控制因子—噪声因子交互作用的研究是有帮助的。

（7）基于最优控制因子水平组合预测最优性能水平，并进行实验验证。

例 14-4 展示了这些步骤：

例 14-4 金属污染废水净化方法的优化（Barrado 等人，1996）。含有金属离子的废水由于其毒性和不可生物降解的性质而非常有害。建议使用具有适当 pH 值的水合氧化铁 [$Fe(II)$] 去除这些有害金属离子。本项目的目标是尽可能多地去除废水中的金属离子。输出质量特性是总剩余（金属）浓度 [TRC；单位为毫克每升（mg/L）]，这是一个望小的质量特性。确定了以下四个控制因素：

控 制 因 子	水平1	水平2	水平3
$F - Fe(II)/$（溶液中的总金属）	2	7	15
$T -$温度/℃	25	50	75
$H -$温度/℃	1	2	3
$P -$ pH	8	10	12

废水成分的变化被认为是噪声因素。在本次田口参数设计项目中，采用人工引入高锰酸钾模拟噪声因子如下：

噪声因子	水平1	水平2	水平3
$N - KMnO_4$ 浓度/(mol/L)	3.75×10^{-3}	3.75×10^{-2}	7.5×10^{-2}

假设控制因子之间不存在交互作用，选择 L_9 正交表作为内矩阵。实验数据如下

试验 no.	控制因子及水平				不同噪声因子水平下的输出（TrC, Mg/L）						S/N 比率 η
	T	P	F	H	N_1		N_2		N_3		
					Rep.1	Rep.2	Rep.1	Rep.2	Rep.1	Rep.2	
1	1	1	1	1	2.24	0.59	5.29	1.75	155.04	166.27	−39.35
2	1	2	2	2	1.75	5.07	1.05	0.41	0.38	0.48	−7.05
3	1	3	3	3	5.32	0.65	0.40	1.07	0.51	0.36	−7.05
4	2	1	2	3	0.37	0.32	0.34	0.68	4.31	0.65	−5.19
5	2	2	3	1	7.20	0.49	0.48	0.44	0.80	0.88	−9.54
6	2	3	1	2	39.17	27.05	46.54	25.77	138.08	165.61	−39.34
7	3	1	3	2	0.57	1.26	0.61	0.70	0.91	1.42	0.28
8	3	2	1	3	3.88	7.85	22.74	36.33	92.83	120.33	−36.20
9	3	3	2	1	15.42	25.52	35.27	48.61	67.56	72.73	−33.79

信噪比计算公式如下

$$S/N = -10\log\left(\frac{1}{n}\sum_{i=1}^{n}y_i^2\right)$$

利用 MINITAB，我们可以得到下表 14-5 中各控制因子的贡献率。显然，控制因子 F ［Fe(Ⅱ)/（溶液中总金属量）］是影响 S/N 的最重要因素，占总 S/N 的 74.91%；控制因子 H（老化时间）和 P（pH）也很重要（贡献率超过 10%）。控制因子 T 的影响可以忽略不计。

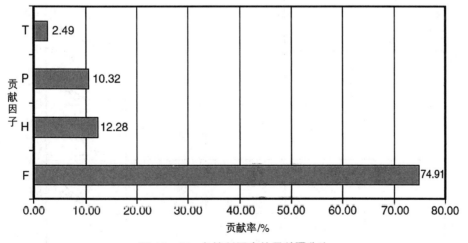

图 14-15　各控制因素的贡献百分比

分析 S/N，使用调整后的 SS 进行测试

Source	DF	Seq SS	Adj SS	Adj MS	F	P
T	2	56.60	56.60	28.30	**	
P	2	234.80	234.80	117.40	**	
F	2	1704.78	1704.78	852.39	**	
H	2	279.46	279.46	139.73	**	
Error	0	0.00	0.00	0.00		
Total	8	2275.64				

信噪比的主要影响图如下(见图 14 - 16)，表明水平 1 的 P、水平 3 的 F、水平 2 的 H 将使信噪比最大化。由于 T 对信噪比的影响可以忽略不计，所以它可以设置在任何级别。综上所述，最佳因子水平组合为 $P_1 F_3 H_2$。

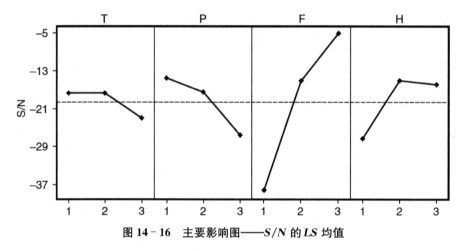

图 14 - 16　主要影响图——S/N 的 LS 均值

我们也可以使用原始输出(TRC，mg/L)数据绘制控制因素与噪声因子之间的交互作用图。使用 MINITAB，我们得到了图 14 - 17 中的交互图。

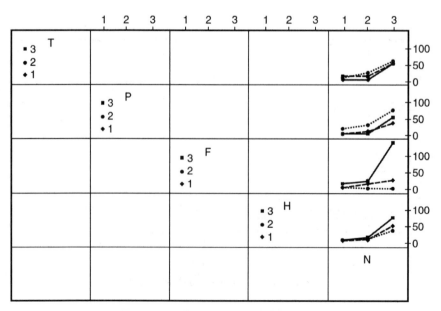

图 14 - 17　交互图——TRC 的 LS 均值

很明显,控制因子 F、H 和 P 与噪声因子 N 之间存在显著的交互作用。实际上,这些交互作用可用于提高对噪声因子的稳健性;例如,对于因子 F 的水平 1,TRC[总剩余(金属)浓度]将随着噪声因子 N 的增加而大幅增加,但对于因子 F 的水平 3,TRC 为几乎不会随噪声系数 N 的变化而变化,这表明尽管存在噪声因素,因子 F 的水平 3 仍能有效去除金属离子。我们还可以看到 P 的水平 1 和 H 的水平 2 具有合理的稳健性。

最优控制因子水平下的预测信噪比为

$$\overline{T} = \frac{-39.35 - 7.05 - 7.05 - 5.19 - 9.54 - 39.34 + 0.28 - 36.20 - 33.79}{9}$$

$$= -19.69$$

$$\overline{F}_3 = \frac{-7.05 - 9.54 + 0.28}{3} = -5.44$$

$$\overline{H}_2 = \frac{-7.05 - 39.34 + 0.28}{3} = -15.37$$

$$\overline{P}_1 = \frac{-39.35 - 5.19 + 0.28}{3} = -14.75$$

$$S/N = \overline{F}_3 + \overline{P}_1 + \overline{H}_2 - 2\overline{T} = -5.44 - 14.75 - 15.37 - 2(-19.69) = 3.82$$

14.6 NTB——名义值最佳的参数设计

对于望小的特性要求,田口参数设计的步骤如下:

(1) 选择合适的输出质量特性作为优化对象。

(2) 选择控制因子和他们的水平,识别出他们可能的交互作用。

(3) 选择噪声因子和他们的水平;如果有很多噪声因子,使用复合噪声因子策略来行程 2 种或者 3 种噪声组合。

(4) 选择合适的内矩阵和外矩阵,将控制因子放到合适的内矩阵中,噪声因子放到外矩阵中。

(5) 开展试验。

(6) 进行统计分析和两步优化过程:

ⓐ 选择控制因子水平来最大化 S/N。

ⓑ 选择并调整因子来调整均值达到目标值。

(7) 基于优化的控制因子水平组合预测优化的输出绩效水平,开展确认试验来验证结果。

例 14-5 展示了这些步骤。

例 14-5 针对注塑成型融化聚合物生产稳定性的参数设计(Khoshooee 和 Coates,1998)。注塑成型工艺由三个互相有重复的子流程组成:聚合物融化过程、注塑以及固化过程。在聚合物融化的过程中,固态的聚合物颗粒融化,然后在温度一定的腔体内被往复螺旋杆吸走。注塑发射的重量(被注塑的聚合物的量)是聚合物融化生产过程的重要质量特性指标。为了达到理想的质量水平,注塑重量在每次注塑之间应该有最小的偏差。我们识别出了以下控制因子和它们的水平：

	控制因子	水平 1	水平 2	水平 3
BP	后置压力，均值	40	100	160
SS	螺旋速度，转/分钟	50	150	250
SMT	设定的融化温度，℃	210	240	270
DD	减压距离，mm	2	3	4
DV	减压速度，mm/s	1	2	3

注塑撞击水平在实验中被当作噪声因子来使用。注塑撞击力的两个水平被当作噪声因子来使用，分别是 20 和 25 mm，也就是 N_1 和 N_2。在每一个噪声水平下，都做了四次注塑重量的重复试验。

我们使用 L_{18} 矩阵来作为控制因子的内矩阵模板。使用 L_{18} 的第 2 到 6 列来放置五个控制因子，其他列都留空。试验的排列和实验数据都在下表中列了出来：

试验顺序	控制因子					在噪声因子下的注塑发射重量								$\bar{y}$	S/N 信噪比率 η
						N_1				N_2					
	SMT	BP	SS	DD	DV	R_1	R_2	R_3	R_4	R_1	R_2	R_3	R_4		
1	1	1	1	1	1	5.89	5.88	5.91	5.90	7.38	7.37	7.59	7.41	6.67	18.12
2	1	2	2	2	2	6.26	6.10	6.31	6.24	7.86	7.64	7.79	7.80	7.00	18.52
3	1	3	3	3	3	6.50	6.40	6.46	6.50	8.02	8.08	8.09	8.07	7.27	18.57
4	2	1	1	2	2	6.04	6.04	6.05	6.08	7.74	7.73	7.68	7.80	6.89	17.67
5	2	2	2	3	3	6.35	6.41	6.37	6.42	8.09	8.09	8.03	8.08	7.23	18.09
6	2	3	3	1	1	6.73	6.55	6.56	6.75	8.15	8.15	8.16	8.18	7.40	19.20
7	3	1	2	1	3	6.46	6.44	6.36	6.37	8.00	8.00	8.00	8.01	7.20	18.53
8	3	2	3	2	1	6.79	6.83	6.81	6.80	8.09	8.12	8.10	8.10	7.45	20.64
9	3	3	1	3	2	6.63	6.63	6.61	6.61	8.06	8.10	8.01	8.10	7.34	19.54
10	1	1	3	3	2	6.21	6.01	6.21	6.15	7.93	7.88	7.86	7.93	7.02	17.46
11	1	2	1	1	3	6.06	6.06	6.03	6.00	7.54	7.50	7.57	7.49	6.78	18.61
12	1	3	2	2	1	6.29	6.36	6.34	6.34	7.95	7.90	7.93	7.91	7.13	18.47
13	2	1	2	3	1	6.23	6.24	6.22	6.23	8.01	8.01	8.06	7.99	7.12	17.45
14	2	2	3	1	2	6.51	6.49	6.46	6.50	8.13	8.14	8.14	8.11	7.31	18.42
15	2	3	1	2	3	6.38	6.35	6.37	6.34	8.07	8.05	8.06	8.06	7.21	17.99
16	3	1	3	2	3	6.64	6.62	6.65	6.66	8.05	8.04	8.04	8.05	7.34	19.82
17	3	2	1	3	1	6.31	6.39	6.37	6.37	8.01	8.04	8.03	8.03	7.19	18.14
18	3	3	2	1	2	6.57	6.62	6.55	6.62	8.07	8.07	8.07	8.06	7.33	19.35

在这个表格中，S/N 以依靠下面的公式来计算的：

$$S/N = 10 \log \left(\frac{\bar{y}^2}{S^2} \right)$$

使用 MINITAB，针对信噪比的 ANOVA 列表如下：

```
Analysis of Variance for S/N, using Adjusted SS for Tests
Source    DF    Seq SS    Adj SS    Adj MS      F      P
SMT       2     5.1007    5.1007    2.5503    7.89   0.016
BP        2     1.5696    1.5696    0.7848    2.43   0.158
SS        2     1.6876    1.6876    0.8438    2.61   0.142
DD        2     1.3670    1.3670    0.6835    2.12   0.191
DV        2     0.0949    0.0949    0.0475    0.15   0.866
Error     7     2.2614    2.2614    0.3231
Total     17    12.0812
```

控制因子对 S/N 的贡献率在图 14-18 中展示了出来。

现在我们很清楚 SMT 是对影响 S/N 最大最重要的控制因子；SS、BP、DD 也有比较显著的贡献率。图 14-19 显示了 S/N 的主作用图。

很明显，SMT 的水平 3、BP 的水平 2、SS 的水平 3 和 DD 的水平 2 在最大化信噪比 S/N 的选择中是最佳选择组合：$(SMT)_3(BP)_3(SS)_3(DD)_2$。

我们可以使用 MINITAB 计算发射重量的均值 $y\text{-bar}$ 作为 DOE 分析中的响应，然后得出以下的 ANOVA 表格：

```
Analysis of Variance for y-bar, using Adjusted SS for Tests
Source    DF     Seq SS      Adj SS      Adj MS       F      P
SMT       2      0.346259    0.346259    0.173130   124.61  0.000
BP        2      0.168626    0.168626    0.084313    60.69  0.000
SS        2      0.244219    0.244219    0.122110    87.89  0.000
DD        2      0.020491    0.020491    0.010245     7.37  0.019
DV        2      0.001519    0.001519    0.000760     0.55  0.602
Error     7      0.009725    0.009725    0.001389
Total     17     0.790840
```

很明显，SMT、BP、SS 是影响发射重量均值的重要变量。我们也可以获得针对发射重量均值的主作用图（见图 14-20）。所以，设置 SMT、BP、SS 在水平 3 不仅可以提升信噪比 S/N，也可以提升发射重量，这也同时提升了产率。因此，我们选择 SMT、BP、SS 在水平 3，DD 在水平 2 作为我们优化的因子水平。

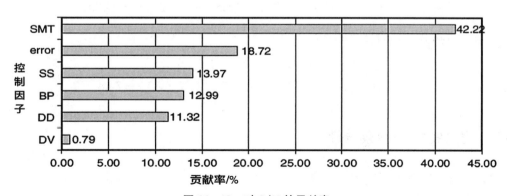

图 14-18 对 S/N 的贡献率

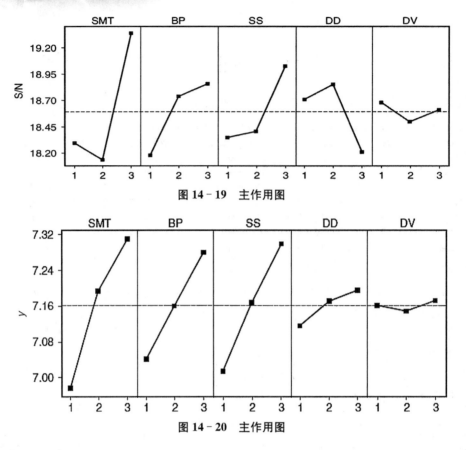

图 14-19　主作用图

图 14-20　主作用图

许多关于田口实验法的书中提出了分析 y 的灵敏度以代替分析 y 的平均值，灵敏度分析公式如下所示

$$灵敏度(\text{sensitivity}) = S = 10 \log\left(\frac{T_i^2}{n}\right)$$

其中 T_i 表示输出观察值的总和，即 y_i 在内矩阵每次运行时的值。灵敏度分析和 y 的均值分析都会得到相同的结论，信噪比预测的最优因素水平组合为：

$$S/N = \overline{SMT_3} + \overline{BP_3} + \overline{SS_3} + \overline{DD_2} - 3\overline{T}$$
$$= 19.34 + 18.85 + 19.02 + 18.85 - 3 \times 18.59 = 20.29$$

在最优水平因子组合中预测均值 y 的权重：

$$\bar{y} = \bar{y}_{SMT_3} + \bar{y}_{BP_3} + \bar{y}_{SS_3} + \bar{y}_{DD_2} - 3\,\bar{y}$$
$$= 7.31 + 7.28 + 7.30 + 7.30 + 7.17 - 3 \times 7.16 = 7.58$$

14.7　望大特性的参数设计

田口参数设计的望大特性如下所示：

（1）选择合适的输出质量特性进行优化。

（2）选择控制因子及其对应的水平，分析它们之间的交互作用。

（3）选择噪声因子及其对应的水平，如果存在多个噪声因子，使用复合噪声因子形成两到三个复合噪声因子组合。

（4）选择合适的内矩阵和外矩阵，将控制因子放入内矩阵，并将噪声因子放入外矩阵中。

（5）进行实验。

（6）根据信噪比进行统计分析，它能帮助我们分析控制因子和噪声因子之间的交互作用。

（7）根据最优控制因子的水平组合来预测最优的输出性能因子，并进行实验验证。

例 14-6 展示了这些步骤。

例 14-6 最大化尼龙管的弹性连接拉力。这个田口参数设计实验是关于在汽车发动机应用领域中，寻找将弹性连接器装配到尼龙管上的最佳工艺参数。即意味着连接强度要足够大，所衡量的质量特性就是拉力，这属于望大特性。

本实验中的四个控制因子为

	控制因子	水平 1	水平 2	水平 3
A	干扰	低	中	高
B	连接器壁厚	薄	中	厚
C	插入深度	浅	中	深
D	连接器中的黏合剂百分比	浅	中	高

实验中的 3 个噪声因子如下所示

	噪声因子	水平 1	水平 2
U	时间/h	24	120
V	温度/℉	72	150
W	相对湿度/%	25	75

N_1 将时间和温度设置为低水平，将湿度设置为高水平，即 U 和 V 为水平 1，W 为水平 2，这个噪声因子将削弱连接强度。

N_2 将时间和温度设置为高水平，将湿度设置为低水平，即 U 和 V 为水平 2，W 为水平 1，这个噪声因子将加强连接强度。

使用 L_9 矩阵作为内矩阵，分别基于两个复合噪声因子，在内矩阵中测量每一个连接力。下面列出了实验布局和实验数据表：

实验序号	控制因子				在复合噪声级测量的拉脱力		$\bar{y}$	S/N 信噪比 η
	A	B	C	D	N_1	N_2		
1	1	1	1	1	9.5	20.0	14.75	21.68
2	1	2	2	2	16.2	24.2	20.20	25.59

（续表）

实验序号	控制因子				在复合噪声级测量的拉脱力		$\bar{y}$	S/N 信噪比 η
	A	B	C	D	N_1	N_2		
3	1	3	3	3	6.7	23.3	20.00	25.66
4	2	1	2	3	17.4	23.2	20.30	25.88
5	2	2	3	1	18.6	27.5	23.05	26.76
6	2	3	1	2	16.3	22.5	19.40	25.42
7	3	1	3	2	19.1	24.3	21.70	26.54
8	3	2	1	3	15.6	23.2	19.40	25.25
9	3	3	2	1	19.9	22.6	21.25	26.49

其中的信噪比的计算公式采用的是望大质量特性公式：

$$S/N = -10\log\left(\frac{1}{n}\sum_{i=1}^{n}\frac{1}{y_i^2}\right)$$

利用 MINITAB,我们可以得到如下所示的信噪比方差分析表,还能计算出控制因子对信噪比的影响的百分比(图 14-21):

```
Analysis of Variance for S/N, using Adjusted SS for Tests
Source  DF    Seq SS      Adj SS      Adj MS      F    P
A       2     6.1128      6.1128      3.0564      **
B       2     2.7057      2.7057      1.3528      **
C       2     8.4751      8.4751      4.2376      **
D       2     1.2080      1.2080      0.6040      **
Error   0     0.0000      0.0000      0.0000
Total   8     18.5016
```

显然,C 是对信噪比影响最大的因素;A 和 B 对信噪比也有显著的影响。

从信噪比的主作用图(见图 14-22)可以看出,C 和 A 应该设置为水平 3,B 应该设置为水平 2。

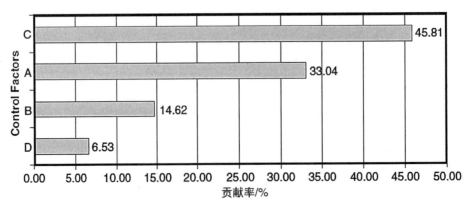

图 14-21　控制因子对 S/N 的影响率

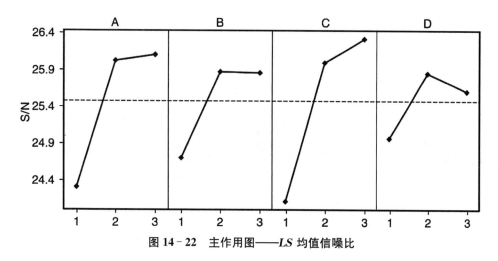

图 14 - 22　主作用图——LS 均值信噪比

上述因子水平组合下的预测信噪比为

$$S/N = A_3 + C_3 + B_2 - 2T = 26.10 + 26.32 + 25.87 - 2 \times 25.48 = 27.33$$

预测的平均拉脱力为

$$A_3 + C_3 + B_2 - 2T = 20.78 + 21.58 + 20.88 - 2 \times 20.0 = 23.24$$

第 15 章

设计优化：田口稳健参数设计高阶

15.1 引言

第 14 章中讨论的参数设计也称为静态参数设计；这里"静态"的意思是"固定的目标"。在第 14 章所讨论的所有静态参数设计研究中，目标是减少产品在一个固定的"性能目标"周围的可变性，这种可变性是由噪声因素引起的，例如环境条件、退化和零件之间的变化。这些性能目标包括零、无穷大或一个固定的名义值。在田口的术语中，这称为非动态或静态参数设计。

20 世纪 80 年代以后，田口(1993,1994)对稳健参数设计增加了一些新的关注点：

(1) 测量什么。田口博士认为在传递函数的细化和优化研究中，选择合适的特征作为系统性能度量，也就是 y，是非常重要的。他定义了四类质量度量：

(a) 下游质量。下游质量(也称为客户质量)是客户注意到的质量要求类型，如噪声、振动、缺陷率和平均失效时间。客户质量在阶段 1 和阶段 2 中使用 DFSS 方法论的 QFD 来获得。

(b) 中游质量。中游质量(也称为规定质量)要求通常是产品的一些关键设计特性，例如尺寸和强度。

(c) 上游质量。上游质量(也称为稳健质量)是我们在第 13 章中讨论的静态信噪比；它是对给定要求的稳定性的度量。在 DFSS 算法中，通常在过程映射中同时执行中游和上游质量。

(d) 原始质量。原始质量(也称为功能质量)与单个产品、一类产品或技术分支的一般功能有关。这种质量体现在 DFSS 算法的物理结构中。

田口博士指出，在稳健参数设计研究中，作为性能测量，下游质量是最差的选择。最佳选择是动态信噪比，它与输入输出关系有关；这被称为"理想函数"，在第 6 章中已经介绍。理想函数是指产品或产品族的一般函数，通常是指与设计有关的能量传递。这类函数是在 DFSS 算法中使用之字形方法推导出来的。系统性能特性的第二个最佳选择是上游质量(稳健质量)。中游质量虽然也是可以接受的，但不是首选。

(2) 交互作用。在 DFSS 项目的稳健参数设计研究中，如果选择基于理想函数的动态信噪比作为性能特征,则控制因子(设计参数)之间的交互作用就是设计输出不一致和不可重现的表现,因此,它会产生有害影响,并表现了设计概念的缺陷。但同时,控制因子-噪声因子的交互作用可以用来增强对噪声因子影响的稳健性。

(3)正交表。田口博士认为 L_{12}、L_{18} 和 L_{36} 是首选的正交表,因为所有列之间的主作用交互作用是均匀混杂的,因此在随后的信噪比研究中,交互作用作用可以被视为噪声的一部分。这是为了追求一个附加的传递函数(第 6 章)。

(4)稳健技术的开发。田口博士和许多日本工业界认为,稳健参数设计应该进入产品开发周期的第 0 阶段(见第 1 和 5 章)——新技术开发阶段,通过引入噪声因子和在新技术启动阶段建立稳健的一般函数,从而减少下游产品开发周期的停顿,显著缩短产品开发周期时间。对许多人来说,这四点并没有得到很好地理解。在本章中,我们将解释和说明以下概念和方法:

(a)一般函数、功能质量和理想函数,以执行第 5 和 6 章中介绍的概念;

(b)设计中的能量传递和其他传递;

(c)动态特性与动态信噪比;

(d)功能质量,稳健质量,规定质量和客户质量;

(e)交互作用和稳健性;

(f)信号因子、噪声因子、控制因子和动态稳健参数设计布局和数据分析(第 6 章);

(g)稳健技术的开发。

这些概念和方法单靠统计学是无法解释的,它们与工程设计的知识库密切相关。Phal 和 Beitz(1988)、Nam·Suh 的公理设计原则(1990)和 TRIZ(阿奇舒勒,1988)的著作对理解这些概念和方法非常有帮助。在下一节中,我们将回顾工程设计领域的一些工作,并解释田口博士的新关注点中的许多概念。

15.2 设计综合与技术系统

15.2.1 静态与动态设计视图

"静态"一词的意思是"很少或根本没有运动或变化";而"动态"一词的意思是"有活力、起作用和可操作性"。产品的动态视图意味着我们将产品视为一个过程。根据第 2 章的定义,过程是"以确定的方式发生或进行,并导致某种结果的连续、有规律的行动或一系列行动;它是一个连续的操作或一系列的操作",或是"输入、动作和输出的组合"。我们很容易理解的是,有些产品可以是一个过程,比如电视机,在这个过程中,用户的意图、控制和电能都是输入的是,而电视提供的功能,如图像和声音,则是输出。但是一些简单的产品呢,比如杯子或铅笔,它们也一样处理吗?事实上,它们也是的,因为所有为人类消费而设计的产品在使用时不可避免地涉及人与人之间的交互。因此,我们也可以将整个产品使用范围视为一个过程。从过程的角度看待产品对于将质量构建到产品中非常有帮助,因为质量水平是用户的感知,它建立在产品使用过程的总体体验之上。

过程有三个基本方面:输入、输出和转换。当我们把一个产品作为一个过程来对待时,它也会有这些基本方面。Phal 和 Beitz(1988)讨论的技术系统模型是将产品视为过程的一个很好的例子。

15.2.2 技术系统模型、功能和转换

设计应被视为通过输入和输出与环境相连的技术系统（Phal 和 Beitz，1998；Hubka，1980）。一个设计可以分为很多子系统。技术系统的目的是为用户执行功能。如第 6 章所述，传递功能的过程涉及能量、材料和信号的传输和转换的技术过程。例如，电视机利用多种形式的能量转换和信号转换（电能转换为光学图像、电能转换为声能、大量信号处理、转换等）来实现其功能，如显示图像和播放声音。

能量可以通过多种方式转换。比如电动机把电能转换成机械能和热能，内燃机把化学能转换成机械能和热能等。

材料也可以通过多种方式转换。它可以混合、分离、染色、涂装、运输或重塑。原材料变成了半成品。机械零件有特定的形状、表面光洁度等，信息或数据信号也可以被转换。信号被接收、准备、比较或与其他信号组合，进行传输、改变、显示、记录等。

总的来说，技术系统可以用图 15-1 中的框图和第 6 章强调的合成工艺来表示。

图 15-1　技术系统：能量、材料和信号的转换

在特定的技术设计中，一种类型的转换（能量、材料或信号）可能优于其他类型，这取决于设计系统。在这种情况下，所涉及的转换被视为主要的转换。例如，在使用汽车时，能量转换是主要的转换。

在技术开发中，主要的转换通常伴随着另外一种类型的转换，并且经常所有转换都起作用。如果没有伴随着能量的转换，物质或信号无论多么小都不可能发生变化。能量的转化通常与物质的转化有关。在控制和调节能量和材料的转换过程的形式中，信号变换也非常常见。信号的变换都与能量的变换有关，但不一定与物质变换有关。

技术系统旨在提供功能。技术系统提供功能是为了完成系统的主要目标，换句话说，系统是应该为用户完成任务。系统还会提供辅助功能或附属功能，这些功能间接地促进了主要功能。

在 DFSS 环境中，技术系统被设计来满足传递"之字形"流程派生出的功能需求。技术系统提供高级别的功能来实现客户要求的属性。同时该系统还提供物理结构中的低级别功能。

Phal 和 Beitz（1988）使用图 15-2 所示的符号和标示，在框图中对物理和过程结构进行建模，以便在"之字形"流程中获得数学映射中的一些可视化转换。

例 15-1　拉伸试验机（Phal 和 Beitz，1988）　拉伸试验机是测量材料抗拉强度的测量装置。一种材料，如钢丝、绳索或石头的抗拉强度是指其承受载荷而不断裂的能力。在拉伸强度试验中，将一块试样加载并固定在试验机的夹具上；然后在试样上施加机械力，力逐渐增大，直到试样"断裂"或"失效"；测量并记录"断裂点处的力"（抗拉强度）和试样的变形。图 15-3 是使用图 15-2 中定义符号的拉伸试验机的粗略功能图，它给出了一个很好的设计层次结构以及三种转换在每个层次上的作用。

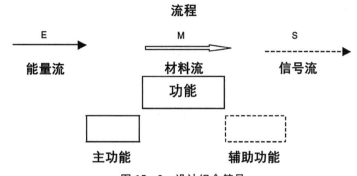

图 15-2 设计组合符号

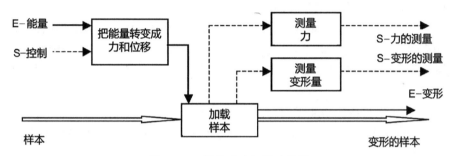

图 15-3 拉伸试验机的功能图

图 15-4 给出了拉伸试验机更详细的框图。

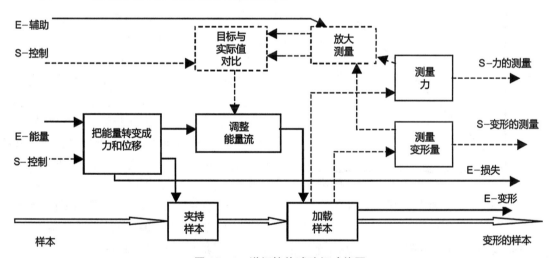

图 15-4 详细拉伸试验机功能图

显然，在每个框图模块中，可能会有几个转换同时发生，但是通常有一种主要的转换类型，它可以是三种转换类型中的任何一种。当变换的主要方式是能量或材料时，信号变换往往伴随着控制因了(设计参数)的形式。这些功能是伴随着转换过程来实现的。

以下检查清单有助于识别、认识和设计技术系统中的不同转换模式。

(1) 能量转化：① 改变能量(例如，电能转化为机械能)；② 改变能量组成(例如，放大扭矩)；③ 将能量与信号连接(例如，接通电能)；④ 传输能量(例如，传递电能)；⑤ 储能(如储存动能)。

（2）材料转化：① 改变物质（如液化气体）；② 改变材料尺寸（如轧制金属板）；③ 将物质与能量连接起来（如运动部件）；④ 将物质与信号相连/断开（如断流）；⑤ 连接不同类型的材料（如混合或分离材料）；⑥ 传输材料（如开采煤炭）；⑦ 存储材料（如在筒仓中储存粮食）。

（3）信号变换：① 改变信号（如将模拟信号转换为数字信号、将纸张信号转换为电子信号）；② 改变信号幅度（如增加信号的振幅）；③ 将信号与能量连接（如放大测量）；④ 将信号与物质连接（如标记材料）；⑤ 转换信号（如过滤或转换信号）；⑥ 传输信号（如传输数据）；⑦ 存储信号（如数据库）。

15.2.3 设计和理想函数

根据上一节的讨论，我们有以下结论：

（1）技术系统旨在传递功能需求，在物理结构的层次中有高层次和低层次需求。

（2）在技术设计中，功能需求是通过转换过程来实现的，包括能量、材料和信号的转换。例如，电风扇的主要功能是"吹气"，这个功能主要是通过能量转换来实现的，从电能转换到机械能。

（3）为了完成任何技术功能需求，通常有一种主要类型的转换，但是通常伴随着其他转换。例如，能量变换是实现电风扇主要功能的主要变换类型，但信号变换也起着作用，其形式是"控制风机运行"。

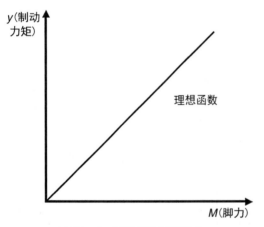

图 15 - 5　制动器的理想函数

田口的理想函数与技术系统的转换过程密切相关。在田口博士最近的工作（Taguchi，1994）中，理想函数被描述为与能量转换有关的、设计出来的理想输入-输出关系（即假定设计参数固定且无噪声因子），并且这种关系与产品的功能有关。田口用下面的例子来说明理想函数的概念。在他的描述中，刹车的作用是停车。停车的过程本质上是一个能量转换的过程。就汽车制动器而言，理想的功能是脚力输入的能量与输出的能量成比例地作为制动力矩（Taguchi，1993）。如图 15 - 5 所示。

田口博士进一步指出，如果一个制动器能够"完美地"按照这种"理想的"线性关系工作，也就是说，在存在各种噪声因子（如温度和湿度）的情况下具有重复性和稳健性，那么它就是一个"理想"的制动器。

然而，在实际情况下，由于噪声因子的影响，对于许多制动器，实际关系将类似于图 15 - 6(a) 中所示的关系，在不同制动器的实际应用中存在许多变化。如果制动系统对各种噪声因子具有稳健性，那么实际关系将类似于图 15 - 6(b) 所示，变化较小，其实际关系非常接近理想关系。田口博士认为，实现这种具有高度稳健性的理想关系应该是任何稳健参数设计研究的目标。

如果我们仔细研究这一汽车制动的问题，我们可以发现"停车或减速"是设计框图中的一个能量转换过程，即制动卡钳移动，将制动片压向转子。这时是制动片和制动盘之间的摩

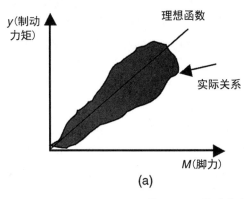
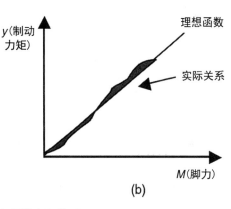

图 15-6　脚力和制动力矩之间的实际关系。

(a) 不稳健；(b) 稳健

擦力将（汽车行驶时的）机械能转化为热能和其他能量，同时，（制动片和制动盘上）损失了一些材料。在今天的汽车中，移动制动片的力量并不是来自脚的力量，脚力实际上是一种信号。脚力实际上控制着能量转换的级别，从而使汽车停止或减速。因此，在汽车制动实例中，以最大的稳健性优化理想函数的真正意义如下：

（1）为了确保高级别功能（停车或减速）的主要转换过程（在汽车制动情况下，这是一个能量转换过程）能够在不同的转换幅度下稳健地执行。

（2）为了确保制动系统在该转换过程中具有良好的可控性，可以通过追求信号（脚力）与转换量（通过制动力矩测量）之间的理想线性关系来说明具有高度的稳健性。

总之，"在不同变换量下的稳健性"和"可控状态下的稳健性"是例15-1的真正关注点。

让我们再看几个理想函数的例子。

例 15-2　理想函数示例。

1）半导体氧化流程

（1）主要功能：氧化一片薄的材料。

（2）主要转化：材料的转化（使用化学作用来改变材料）。

（3）理想函数。

（4）分析。时间是一个信号；流程运行的时间越长，材料转化发生的就越多。理想函数的稳健性是以下两个稳健性的指标：① 转化的不同水平：随着不同的时间设置，不同程度的氧化就会产生。② 可控性：如果氧化厚度和时间呈一条很直的线性关系，那么氧化过程代表了很好的可控性。

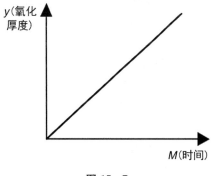

图 15-7

2）运行放大器的设计

（1）主要功能：在电压中产生增大。

（2）主要转化：能量转化。

（3）定义理想函数。

（4）分析：运行放大器的工作方式是，它从电源处吸取电量，然后生成能显示输入信号

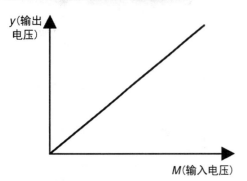

图 15－8　运行放大器的设计

的输出信号,如图 15－8 所示。因此,输入信号就是一个"控制因子"。理想函数的稳健性就是以下因子的稳健性指标:① 转化的不同水平。随着变化的输入,就会产生变化的输出。② 可控性。输出与输入呈线性直线。

3）测量流程

（1）主要功能：测量。

（2）主要转化：可能是三种类型的任意一种：能量、材料或信号,这取决于需要测量什么以及测量的机制。

（3）定义理想函数。

（4）分析：理想的测量系统应该能够给出与真值完全精确的一样的测量值。比如说,如果一个测量对象的真值是重 1 g,那么一个理想的测量方法应该显示 1 g。当我们使用以上显示的理想函数作为测量系统的标杆时,如果我们用一些不同的标准重量来对标这个测量工具,那么这些标准重量就是"控制因子"了,如图15－9所示。理想函数的稳健性就是以下因子的稳健性指标:① 转化的不同水平。② 可控性。

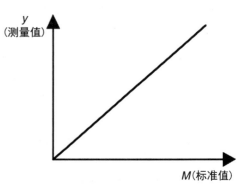

图 15－9　测量流程

4）注塑流程

（1）主要功能：把零件做成模具的形状。

（2）主要转化：材料的转化。

（3）定义理想函数。

（4）分析。注塑成型过程将聚合物转化为成形的零件,所以主要的转化显然就是材料的转化。模具就是成形的"控制因子"。理想函数中的线性关系就显示了上面描述的关系,也就是说当模具变化的时候,比如变得更大了,那么材料转化的比例也相应地变化了。这个线性也同样代表了可控性,如图 15－10 所示。

所有的这些例子都显示了如下的理想函数的共同特点:

（1）理想函数与所研究的技术系统主要功能的主要转化有直接关系。有时候,我们不能直接测量出这个转化关系,但理想函数中测量的内容是与这个转化直接相关的。比如说,在例 15－2

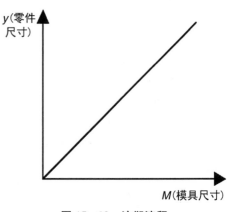

图 15－10　注塑流程

中的第二个案例中,运行放大器很明显是一个能量转化的过程,我们测量的输出就是输出电压,这虽然不是能量,但是很明显,输入电压和输出电压的关系就是这个能量转化的直接表现。

（2）如果系统在产出他的理想函数的时候是稳健的,也就是说,如果实际的输入-输出

关系与理想函数非常接近,而且在噪声因子的影响下波动也很小[比如在图 15-6(b)中展示的]那么它就意味:

（a）虽然有噪声因子存在,但是转化流程在不同转化水平下是可重复的、稳健的。比如说,对于一个能量转化,过程在高、低、中能量水平下都是稳健的。

（b）转化过程的可控性也是稳健的。如果我们改变信号,那么即使是在有噪声因子存在的情况下,转化过程的响应也有着高度的精确性和可重复性的变化。

那么,如何识别和定义理想函数呢? 在一个技术系统中,我们可以按照下面一步步地指引来识别并且定义理想函数:

（1）识别出系统的主要功能。如果难以识别,那就像图 15-3 和 15-4 那样画出实际的功能图,也许可以有所帮助。

（2）识别出主要功能背后主要的转化类型。同样的,如果不好识别的话,那就画出功能图来试试。

（3）识别出主要转化的"控制信号"。通常来说,在一个人为控制的技术系统中,很难找到转化系统是不可控的情况。

（4）识别可测量的输入和输出,其中输入应该是控制信号自己或者直接的替代因子,而输出应该与转化的程度直接相关。有时候我们需要安装额外的测量设备来测量这些输入和输出。

（5）识别出输入和输出因子的理想线性关系。

很显然,对于任何一个产品或者技术系统,在产出理想函数的过程中实现稳健性是我们非常想要的结果,所示田口博士开发了一套系统化的方法来实现这个目标,也就是动态化的稳健参数设计方法,我们接下来会介绍这个方法。

15.3 动态参数的设计特征

15.3.1 信号响应系统和理想函数

动态特性设计也称为信号响应设计。图 15-11 给出信号响应设计的框图。

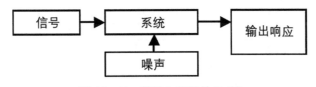

图 15-11 带输入信号的 P-图

由于通信和测量系统能用信号响应系统很好地表示,因此田口博士开始使用这种信号响应系统来提升质量。对于测量系统,信号是测量样本,输出响应是样品的测量值。对于一个好的测量系统而言,需具备以下条件:

（1）对于相同的样本,不管是哪个样本进行测量,还是采样的不同次数的测量,测量都必须是可重复的。

（2）对于两个不同的因子,实际特征中的细微差别也都应被测量系统检测到,也就是我们希望测量系统具有高灵敏度。

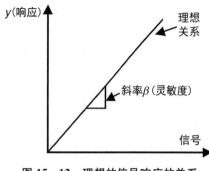

图 15-12 理想的信号响应的关系

（3）测量系统必须易于校准，特征的真实值和测量值之间呈线性关系是理想关系。

信号与输出响应之间的理想关系（如功能需求）如图 15-12 所示。

在后来的应用中，信号响应系统被当作许多技术系统的范例。我们在上一节讨论过，在大多数情况下，理想的信号响应关系是理想函数。动态特性的稳健参数设计实际上是针对理想函数质量的稳健参数设计。

动态特性的稳健性参数设计是通过使用以下内-外矩阵进行布局，如表 15-1 所示。在布局中，我们可以看到控制因子被分配到内矩阵，信号因子和噪声因子被分配到外矩阵。

信号因子是作为实验因素中的"输入信号"。在表 15-1 的矩阵中，我们用 M 表示信号因子。在实验中，存在信号因子的若干水平，比如选择 k 个水平。我们将这些水平表示为 $M_1, M_2, \cdots, M_k$。在信号因子的每一个水平分别分配几个噪声因子组合，如 N_1、N_2，如表 15-1 所示。因此，对于每一次内矩阵的运行，信号因子将变化 k 次，在每个信号因子水平上，将尝试与几种噪声因子组合，在每个信噪因子的组合下，将测量每个功能需求（FR）的输出，即 y_{ij}。

表 15-1　动态参数设计的内外矩阵布局

内矩阵						外矩阵								
						1	2	$\cdots$			N_2	试验编号		
试验编号	控制因子						M_1		$\cdots$		M_k	信号因子		$S/N(\eta)$
	A	B	C	$\cdots$	F	N_1	N_2		$\cdots$	N_2	N_1	$\cdots$	噪声因子	
1	1	1	1		1	y_{11}	y_{12}	y_{13}	$\cdots$		y_{1N_2}	输出响应	y	η_1
2	2	1	2		1	y_{21}	y_{22}	y_{22}	$\cdots$		y_{2N_2}			η_2
$\vdots$	$\vdots$	$\vdots$	$\vdots$		$\vdots$	$\vdots$	$\vdots$	$\vdots$		$\vdots$		$\vdots$		$\vdots$
				$\cdots$										
N_1	2	2	1		2	y_{N_11}	y_{N_12}	y_{N_13}	$\cdots$		$y_{N_1N_2}$			η_{N_1}

因为我们希望看到随着信号因子的增大，响应也会随着增大，所以一个典型的完整内矩阵运行的输出响应（如 FR 向量）数据就类似于图 15-13 中的散点图。

田口博士提出使用以下公式来使信噪比动态化

$$S/N = 10\log\left(\frac{\beta_1^2}{\hat{\sigma}^2}\right) = 10\log\left(\frac{\beta_1^2}{MSE}\right) \tag{15-1}$$

其中，β_1 是斜率的线性回归系数，MSE 是线性回归的均方差。

作为衡量信号响应系统稳健性的指标，信噪比越大，系统的稳健性越好。具体来说，假

设信号因子有 k 个水平，噪声因子有 m 个水平，对于每一次内矩阵的运行，在表 15 - 2 中给出的相应信噪组合下，将获得以下 FR 观测值：

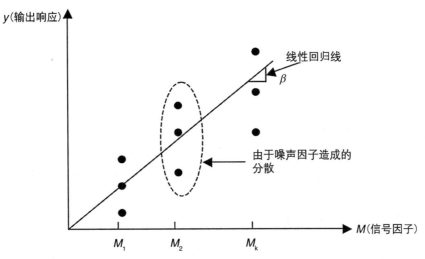

图 15 - 13　一个完整的内矩阵运行的典型散点图

表 15 - 2　每个内矩阵运行的完整数据集

噪声因子水平	信号因子水平			
	M_1	M_2	$\cdots$	M_k
N_1	y_{11}	y_{12}	$\cdots$	y_{1k}
N_2	y_{21}	y_{22}	$\cdots$	y_{2k}
$\vdots$	$\vdots$	$\vdots$		$\vdots$
N_m	y_{m1}	y_{m2}	$\cdots$	y_{mk}

用标准程序拟合一个线性回归方程，我们得到

$$y = \beta_0 + \beta_1 M + \varepsilon \quad 其中，\mathrm{Var}(\varepsilon) = \sigma^2 \tag{15-2}$$

其中

$$\hat{\beta}_1 = \frac{\sum\limits_{j=1}^{k}\sum\limits_{i=1}^{m} M_j(y_{ij} - \bar{y}_{...})}{m\sum\limits_{j=1}^{k}(M_j - \bar{M})^2} \tag{15-3}$$

$$\hat{\beta}_0 = \bar{y}_{...} - \hat{\beta}_1\,\bar{M} \tag{15-4}$$

$$\hat{\sigma}^2 = MSE = \frac{1}{mk-2}\sum\limits_{j=1}^{k}\sum\limits_{i=1}^{m}(y_{ij} - \hat{\beta}_0 - \hat{\beta}_1 M_j)^2 \tag{15-5}$$

有时我们想拟合一条经过原点的回归线，假设 $\beta_0 = 0$，这种情况发生在我们需要 $y = 0$，$M = 0$（无信号，无响应）的时候，此时回归方程为

$$y = \hat{\beta}_1 M + \varepsilon \qquad (15-6)$$

$$\hat{\beta}_1 = \frac{\sum\limits_{j=1}^{k} \sum\limits_{i=1}^{m} M_j y_{ij}}{m \sum\limits_{j=1}^{k} M_j^2} \qquad (15-7)$$

$$\hat{\sigma}^2 = MSE = \frac{1}{mk-1} \sum\limits_{j=1}^{k} \sum\limits_{i=1}^{m} (y_{ij} - \hat{\beta}_1 M_j)^2 \qquad (15-8)$$

所有这些计算都可以通过 MINITAB 等标准统计软件轻松执行。

显然，信噪比 S/N 与 MSE 成反比，与 β_1 成正比。MSE 是线性回归的均方差。对于一个完美的线性回归拟合，线性回归线周围不存在散射，MSE 将等于零，信噪比 S/N 是无穷大，这就是理想的 S/N。

图 15-14 显示了信号响应系统中影响 S/N 的因素，从图 15-14(a) 和 15-14(b) 可以明显看出，S/N 与变化成反比，因为大的变化会增加 MSE，从而降低 S/N。对于图 15-14(c)，由于 S/N 是根据线性模型假设来评估的，所以信号和响应之间的非线性关系，即使是完美的非线性关系，使用线性拟合也会产生残差。因此，S/N 随着 MSE 增大而减小[也就是说对于非线性关系来说，S/N 和 MSE 成反比，如图 15-14(c) 所示]。实际上，田口的动态信噪比可以抵消非线性。下一节将讨论这一准则的合理性。

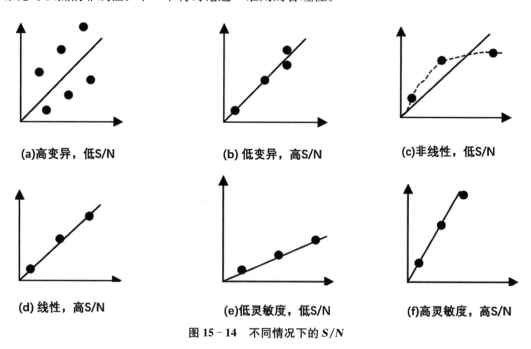

(a)高变异，低S/N   (b) 低变异，高S/N   (c)非线性，低S/N

(d) 线性，高S/N   (e)低灵敏度，低S/N   (f)高灵敏度，高S/N

图 15-14 不同情况下的 S/N

对于图 15-14 的 e 和 f，从式 (15-1) 可以明显地看出，灵敏度 b 越高，S/N 越高。对于某些应用，较高的灵敏度意味着"信号"可以更有效地调整主要变换的水平，这也是我们更希望看到的。例如，对于一个测量系统，较高的灵敏度和较低的变异表明该测量系统具有高分辨率和高重复性、高再现性和低测量误差；所以我们非常乐见。对于有些其他的应用，则会有一个目标灵敏度值。

15.3.2　两步优化程序与示例

田口动态稳健参数设计提出了以下需要做的准备和两步优化步骤。

第 0 步（准备）：使用表 15-1 中描述的布局方式进行实验并收集数据。对于每一次内表的运行，计算灵敏度 β 和 S/N。

第 1 步：使用动态 S/N 作为响应，运行完整的田口 DOE 数据分析，找出使 S/N 最大化的控制因子组合。

第 2 步：使用灵敏度 β 作为响应，进行另一个田口 DOE 数据分析，找到不影响 S/N 的灵敏度调节因子，并使用它们来调优 β 到目标值。

我们将使用以下示例来说明这个两步优化的过程。

例 15-3　改进应变计（变形测量仪器）　应变是物体因受到外力而产生的变形量。更具体地说，应变 e 被定义为长度的微小变化。在大多数应用中，测得的应变值很小。因此，应变常表示为微观应变 μe，即 $e \times 10^{-6}$。应变可通过应变计测量，应变计是一种电阻随应变量大小成比例变化的仪器；这种电阻变化通常小到只能在微欧姆（$\mu\Omega$）量级上。因此，应变计的关键要求是测量高精度、高重复性、高再现性的小电阻。输出信号是以毫伏（MV）为单位的电压，它应与电阻变化成正比。

在本实验中，信号因子 M 为电阻变化，功能要求 y 为输出电压。信号因子分为 3 个水平，选择如下：$M_1 = 10\ \mu\Omega, M_2 = 100\ \mu\Omega, M_3 = 1\ 000\ \mu\Omega$。

某些噪声因子，如环境温度，可能会影响测量过程。实验中使用了两水平的复合噪声因子 N_1 和 N_2 选取了 9 个控制因子，均为应变计的设计参数，其水平见下表 15-3。

表 15-3

	控制因子	水平 1	水平 2	水平 3
A	箔合金类型	类型 1	类型 2	
B	箔片厚度	5	10	15
C	样品材料类型	6 尼龙	6/6 尼龙	6/6 尼龙＋玻璃
D	粘接方法	方法 1	方法 2	方法 3
E	外部网格线宽	45/60	40/55	35/40
F	内部网格线宽	35	25	
G	镀层厚度	9	3	
H	端环尺寸	50	70	80
I	样品厚度	10	25	40

我们使用 L_{18} 正交表来安排控制因子。所有的控制因子、噪声因子和信号因子均分配到表 15-3 所述的内外表中。

表 15－4　例 15－3 的实验布局和实验数据

实验序号	内表控制因子								外表噪声因子						β	$S/N\,(\eta)$
									M_1		M_2		M_3			
	A	B	C	D	E	FG	H	I	N_1	N_2	N_1	N_2	N_1	N_2		
1	1	1	1	1	1	1	1	1	10.0	10.0	249.0	258.0	2 602.0	2 608.0	2.60	−12.97
2	1	1	2	2	2	2	2	2	9.0	9.0	249.0	256.0	2 490.0	2 501.0	2.50	−12.93
3	1	1	3	3	3	3	3	3	8.0	9.0	241.0	243.0	2 420.0	2 450.0	2.43	−15.10
4	1	2	1	1	2	2	3	3	10.0	11.0	260.0	259.0	2 710.0	2 751.0	2.73	−16.77
5	1	2	2	2	3	3	1	1	11.0	12.0	280.0	291.0	2 996.0	3 011.0	3.00	−14.59
6	1	2	3	3	1	1	2	2	9.0	10.0	260.0	265.0	2 793.0	2 800.0	2.79	−15.23
7	1	3	1	2	1	3	2	3	9.0	9.0	229.0	231.0	2 400.0	2 456.0	2.43	−19.04
8	1	3	2	3	2	1	3	1	8.0	9.0	272.0	276.0	2 702.0	2 738.0	2.72	−15.67
9	1	3	3	1	3	2	1	2	9.0	9.0	270.0	275.0	2 761.0	2 799.0	2.78	−15.90
10	2	1	1	3	3	2	2	1	10.0	11.0	267.0	279.0	2 809.0	2 903.0	2.85	−21.27
11	2	1	2	1	1	3	3	2	16.0	16.0	240.0	251.0	2 616.0	2 699.0	2.66	−21.10
12	2	1	3	2	2	1	1	3	8.0	9.0	241.0	248.0	2 406.0	2 499.0	2.45	−22.07
13	2	2	1	2	3	1	3	2	16.0	17.0	291.0	301.0	3 002.0	3 100.0	3.05	−20.66
14	2	2	2	3	1	2	1	3	12.0	13.0	259.0	272.0	2 622.0	2 699.0	2.66	−19.89
15	2	2	3	1	2	3	2	1	10.0	11.0	250.0	261.0	2 699.0	2 702.0	2.70	−14.51
16	2	3	1	3	2	3	1	2	10.0	10.0	298.0	299.0	3 010.0	3 052.0	3.03	−15.91
17	2	3	2	1	3	1	2	3	11.0	12.0	190.0	198.0	2 094.0	2 100.0	2.10	−15.14
18	2	3	3	2	1	2	3	1	13.0	14.0	241.0	258.0	2 582.0	2 632.0	2.61	−17.61

在确定 F 和 G 因子时，采用复合因子法。复合因子 FG 的定义如下：

$$(FG)_1 = F_1 G_1, \quad (FG)_2 = F_2 G_1, \quad (FG)_3 = F_2 G_2$$

因为应变计是一个测量系统，所以需要零信号-零输出，我们将使用线性方程 (15－6)：$y = \hat{\beta}_1 M + \varepsilon$。用方程 (15－7) 和 (15－8) 计算灵敏度和信噪比。例如，对于第一次运行

$$\hat{\beta}_1 = \frac{10 \times 10.0 + 10 \times 10.0 + 100 \times 249.0 + 100 \times 258.0 + 1\,000 \times 2\,602.0 + 1\,000 \times 2\,608.0}{2(10^2 + 100^2 + 1\,000^2)}$$

$$= 2.60$$

从 MINITAB 中，通过拟合第一行数据与 M 值，很容易得到

```
y = 2.60 M
Analysis of Variance
Source            DF         SS          MS          F          P
Regression        1     13700163    13700163   102203.58     0.000
Residual Error    5          670         134
Total             6     13700833
```

所以

$$S/N = \eta_1 = 10 \log\left(\frac{\beta_1^2}{\text{MSE}}\right) = 10 \log\left(\frac{2.60^2}{134}\right) = -12.97$$

同样，我们可以计算表 15 - 3 中其他行的灵敏度和信噪比。

通过田口两步优化程序，我们首先使用 MINITAB 对信噪比进行方差分析：

```
Analysis of Variance for S/N, using Adjusted SS for Tests
Source      DF     Seq SS     Adj SS     Adj MS       F        P
A            1      49.87      49.87      49.87     1.84    0.308
B            2       3.23       3.23       1.61     0.06    0.944
C            2       5.16       5.16       2.58     0.10    0.913
D            2       9.43       9.43       4.72     0.17    0.852
E            2       5.38       5.38       2.69     0.10    0.910
FG           2       1.45       1.45       0.73     0.03    0.974
H            2       6.59       6.59       3.30     0.12    0.892
I            2      10.85      10.85       5.42     0.20    0.833
Error        2      54.30      54.30      27.15
Total       17     146.26
```

通过计算各控制因子的贡献百分比，得到图 15 - 15。

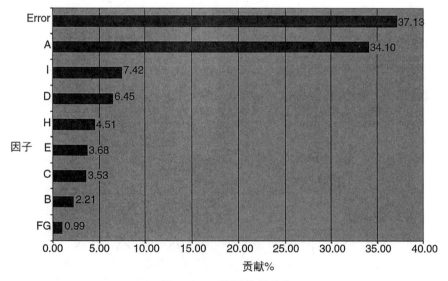

图 15 - 15　因子的贡献比

很明显，B 和 FG 对信噪比的贡献很小，而其他因子的主效图如图 15 - 16 所示。

显然，从最大化信噪比的角度来看，最好的控制因子为 $A_1 C_2 D_1 E_2 H_2 I_1$。用 MINITAB 计算不同控制因子水平的平均信噪比如下所示

Least Squares Means(最小平方均值)for S/N

A	Mean(均值)	SE Mean(均方差)
1	−15.36	1.737
2	−18.68	1.737
C		
1	−17.77	2.127
2	−16.55	2.127
3	−16.74	2.127
D		
1	−16.07	2.127
2	−17.82	2.127
3	−17.18	2.127
E		
1	−17.64	2.127
2	−16.31	2.127
3	−17.11	2.127
H		
1	−16.89	2.127
2	−16.35	2.127
3	−17.82	2.127
I		
1	−16.10	2.127
2	−16.96	2.127
3	−18.00	2.127

平均信噪比为

$$\overline{S/N} = -17.020$$

最佳设置 $A_1C_2D_1E_2H_2I_1$ 的预测信噪比为

$$\frac{S}{N} = \overline{A_1} + \overline{C_2} + \overline{D} + \overline{E_2} + \overline{H_2} + \overline{I_1} - 5\overline{T}$$

$$= -15.36 - 16.55 - 16.07 - 16.31 - 16.35 - 16.1 - 5 \times (-17.02) = -11.64$$

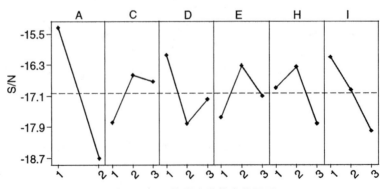

图 15 - 16 信噪比均值主作用图

然后分析控制因素对灵敏度 β 的影响，得到图 15-17 中的主作用图。

灵敏度的控制因子水平平均值为

Least Squares Means(最小平方均值)for beta

A	Mean(均值)	SE Mean(均方差)
1	2.664	0.045 89
2	2.679	0.045 89
B		
1	2.582	0.056 21
2	2.822	0.056 21
3	2.612	0.056 21
C		
1	2.782	0.056 21
2	2.607	0.056 21
3	2.627	0.056 21
D		
1	2.595	0.056 21
2	2.673	0.056 21
3	2.747	0.056 21
E		
1	2.625	0.056 21
2	2.688	0.056 21
3	2.702	0.056 21
FG		
1	2.618	0.056 21
2	2.688	0.056 21
3	2.708	0.056 21
H		
1	2.753	0.056 21
2	2.562	0.056 21
3	2.700	0.056 21
I		
1	2.747	0.056 21
2	2.802	0.056 21
3	2.467	0.056 21

β 的均值是 2.671 9。

可以看出，因子 B 对灵敏度有显著影响，但对信噪比影响很小，由于灵敏度越高，分辨率越高，所以选用 B_2 来提高灵敏度。最终控制因子水平选择为 $A_1 B_2 C_2 D_1 E_1 H_2 I_1$。预测的 $\hat{\beta}$ 为

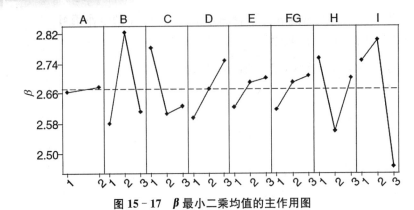

图 15-17 β 最小二乘均值的主作用图

$$\hat{\beta} = \overline{A_1} + \overline{B_2} + \overline{C_2} + \overline{D_1} + \overline{E_2} + \overline{H_2} + \overline{I_1} - 6\overline{T}$$
$$= 2.66 + 2.82 + 2.61 + 2.60 + 2.69 + 2.56 + 2.75 - 6 \times (2.67) = 2.76$$

例 15-4 汽车密封条参数设计(Pack et al, 1995) 密封条是汽车门板周围的橡胶条。对密封条系统有两个常用的技术要求：关门力和风噪。关门力是关门所需的力的大小。如果密封条太软，那么关门就很容易，但车门的密封性就不好了，所以风噪就会很大。如果密封条太硬，就需要很大的力来关上门，但这时候门有很好的密封性。为了同时改善关闭力和风噪，研究小组已经做了很多努力，比如旨在提高关闭力的研究可能会导致设计变更，从而使车门密封恶化，而另外的旨在改善风噪的研究将导致另一种设计变更，从而导致需要更大的关门力。

在田口参数设计研究中，研究小组在开始实验之前花了大量时间讨论正确的理想函数。最后，研究小组得出了图 15-18 所示的理想函数和图 15-19 所示的测试夹具。我们确定密封条的基本功能是"密封门、不漏水"，当我们关上门时，我们期望密封条能够密封。"密封条的密封性"可以由图 15-19 所示的气压计来测量。

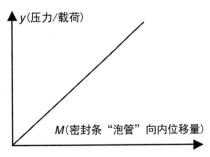

图 15-18 密封条例子的理想函数

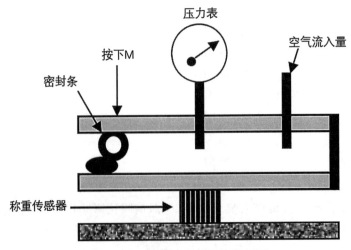

图 15-19 密封条的试验夹具示例

我们预计向下的位移量 M 越大,密封就越紧,气压计读数就越高,图 15 - 19 中载荷传感器上的载荷读数就越高;该载荷也是关门力的一个指标。在本实验中,功能要求 y 为气压/载荷比;显然,该比率越高,密封条系统利用弹性来密封门的效率就越高。

这个实验中的信号因子 M 是密封条"泡管"的向下位移量;设 $M_1 = 0.05$、$M_2 = 0.25$、$M_3 = 0.45$。

噪声因子如下: $N_1 =$ 潮湿条件, $N_2 =$ 干燥条件, $Q_1 =$ 低风速, $Q_2 =$ 中风速, $Q_3 =$ 高风速。6 个控制因子如下表所示:

表 15 - 5　6 个控制因素

	控制因子	水平 1	水平 2	水平 3	水平 4	水平 5	水平 6
A	材料	普通海绵（低水平）	普通海绵（中水平）	普通海绵（高水平）	厚海绵（高水平）	厚海绵（中水平）	厚海绵（高水平）
B	涂层	无	类型 1	类型 2			
C	转角形状	小半径	大半径	平的			
D	排气	无	大排气	小排气			
E	泡管形状	圆形	正方形	三角形			
F	附件	胶带	卡箍	卡扣			

表 15 - 6 中的 L_{18} 矩阵用于分配控制因子。

表 15 - 7 给出了外矩阵和压力/负载比实验数据。在本实验中,我们使用以下线性回归模型(零信号,零输出):

$$y = \hat{\beta}_1 M + \varepsilon$$

对于每个内矩阵运行的实验,我们使用相同的公式来计算灵敏度 $\hat{\beta}_1$ 和 S/N 作为示例(15 - 3):

$$\hat{\beta}_1 = \frac{\sum_{j=1}^{k} \sum_{i=1}^{m} M_j y_{ij}}{m \sum_{j=1}^{k} M_j^2}, \quad \hat{\sigma}^2 = MSE = \frac{1}{mk-1} \sum_{j=1}^{k} \sum_{i=1}^{m} (y_{ij} - \hat{\beta}_1 M_j)^2$$

$$S/N = 10 \log\left(\frac{\beta_1^2}{\hat{\sigma}^2}\right) = 10 \log\left(\frac{\beta_1^2}{MSE}\right)$$

表 15 - 8 给出了每个内矩阵运行的灵敏度和信噪比。

表 15 - 6　灵敏度与 S/N

实验序号	控 制 因 子						灵敏度 β	S/N η
	A	B	C	D	E	F		
1	1	1	1	1	1	1	17.25	11.72
2	1	2	2	2	2	2	10.61	19.47

实验 序号	控 制 因 子						灵敏度 β	S/N η
	A	B	C	D	E	F		
3	1	3	3	3	3	3	17.09	10.85
4	2	1	1	2	2	3	33.37	10.65
5	2	2	2	3	3	1	9.32	19.00
6	2	3	3	1	1	2	9.31	22.50
7	3	1	2	1	3	3	10.99	14.20
8	3	2	3	2	1	1	40.68	15.21
9	3	3	1	3	2	2	11.84	7.92
10	4	1	3	3	2	1	17.57	17.45
11	4	2	1	1	3	2	28.89	13.38
12	4	3	2	2	1	3	18.71	18.65
13	5	1	2	3	1	2	34.78	23.01
14	5	2	3	1	2	3	4.20	11.89
15	5	3	1	2	3	1	17.39	20.89
16	6	1	3	2	3	2	12.18	13.55
17	6	2	1	3	1	3	13.58	11.40
18	6	3	2	1	2	1	10.47	15.05

表 15-7　内矩阵

试验 序号	控 制 因 子					
	A	B	C	D	E	F
1	1	1	1	1	1	1
2	1	2	2	2	2	2
3	1	3	3	3	3	3
4	2	1	1	2	2	3
5	2	2	2	3	3	1
6	2	3	3	1	1	2
7	3	1	2	1	3	3
8	3	2	3	2	1	1

（续表）

试验序号	控 制 因 子					
	A	B	C	D	E	F
9	3	3	1	3	2	2
10	4	1	3	3	2	1
11	4	2	1	1	3	2
12	4	3	2	2	1	3
13	5	1	2	3	1	2
14	5	2	3	1	2	3
15	5	3	1	2	3	1
16	6	1	3	2	3	2
17	6	2	1	3	1	3
18	6	3	2	1	2	1

我们再次遵循两步优化步骤。首先，利用 MINITAB 对序列号进行方差分析。方差分析表如下：

```
                 分析S/N的偏差，使用调整后的SS进行测试
Source     DF      Seq SS      Adj SS      Adj MS        F       P
A           5       89.06       89.06       17.81     0.74   0.662
B           2        3.80        3.80        1.90     0.08   0.927
C           2       95.83       95.83       47.92     1.98   0.336
D           2        9.04        9.04        4.52     0.19   0.843
E           2       32.12       32.12       16.06     0.66   0.601
F           2       54.56       54.56       27.28     1.13   0.470
Error       2       48.41       48.41       24.21
Total      17      332.82
```

图 15-20 中给出了各因素对信噪比的贡献百分比。显然，因素 C、A、F、E 是影响信噪比的重要因素。下面的小型数据和图 15-21 中的主作用图表明，$A_5C_2E_1F_1$ 的信噪比最高：

```
Least Squares Means for S/N
A      Mean      SE Mean
1     14.01       2.841
2     17.38       2.841
3     12.44       2.841
4     16.49       2.841
5     18.60       2.841
6     13.48       2.841
```

表 15 - 8 密封条试验的压力/负荷比数据

L₁₈	M₁ Q₁ N₁	M₁ Q₁ N₂	M₁ Q₂ N₁	M₁ Q₂ N₂	M₁ Q₃ N₁	M₁ Q₃ N₂	M₂ Q₁ N₁	M₂ Q₁ N₂	M₂ Q₂ N₁	M₂ Q₂ N₂	M₂ Q₃ N₁	M₂ Q₃ N₂	M₃ Q₁ N₁	M₃ Q₁ N₂	M₃ Q₂ N₁	M₃ Q₂ N₂	M₃ Q₃ N₁	M₃ Q₃ N₂
1	1.78	9.15	1.78	9.86	2.37	12.68	2.52	3.63	4.72	6.65	6.29	8.16	4.40	5.84	6.48	8.63	6.25	9.64
2	0.0	0.0	0.00	0.00	0.00	0.00	3.62	4.59	3.62	4.59	3.82	4.59	3.38	4.72	3.38	4.72	3.38	4.72
3	4.11	7.52	3.38	10.9	3.62	10.34	7.07	7.43	6.34	10.31	6.88	11.75	4.14	4.26	4.53	5.91	4.92	6.73
4	4.67	5.04	4.67	9.24	5.61	9.24	10.68	26.53	11.17	28.57	11.65	29.59	6.65	9.74	7.25	10.49	7.25	10.86
5	0.00	0.44	1.36	0.44	2.17	0.88	2.65	0.96	4.13	1.35	3.54	4.43	3.58	2.85	3.93	4.07	4.29	4.61
6	1.69	0.00	1.41	0.00	1.69	0.74	2.08	1.15	2.34	1.91	2.73	2.67	4.74	3.42	4.74	3.85	4.90	3.85
7	2.33	3.60	2.62	4.40	3.21	5.20	2.62	4.25	3.42	4.69	3.30	4.83	3.52	4.81	3.52	4.68	3.44	4.50
8	2.47	10.75	3.57	9.81	3.02	9.35	6.60	11.72	6.60	12.68	8.00	12.92	8.35	25.27	8.13	28.69	8.46	30.62
9	0.00	2.27	0.00	3.79	0.00	3.79	0.00	10.36	0.00	11.71	0.00	13.51	0.00	5.79	0.00	6.84	1.34	9.47
10	1.02	0.00	1.28	0.00	2.30	0.24	4.35	0.00	6.72	0.00	7.51	0.00	6.22	8.77	8.11	9.47	8.38	11.23
11	1.68	3.20	1.68	2.49	1.68	3.55	6.06	20.15	8.13	21.17	8.29	21.17	5.96	13.06	6.54	12.84	6.69	14.22
12	0.00	3.70	0.00	3.70	0.00	3.70	1.37	2.56	3.66	6.25	5.26	5.97	4.61	9.78	6.66	10.37	8.70	11.74
13	1.28	4.19	1.26	4.63	1.26	4.33	9.38	12.16	9.81	13.14	9.29	13.83	12.51	13.95	13.77	15.00	14.53	14.91
14	0.00	0.00	0.00	0.00	0.00	0.00	0.00	0.00	0.00	0.00	0.12	0.00	0.69	3.25	1.43	3.77	1.80	4.29
15	0.00	0.00	0.74	0.00	1.23	0.00	2.79	5.00	4.18	4.29	3.76	7.86	4.58	8.11	7.20	10.07	6.46	10.07
16	0.00	0.00	0.00	0.00	0.00	0.00	0.40	1.17	1.11	3.16	2.11	4.09	1.10	9.42	2.90	9.80	3.31	10.79
17	4.98	3.55	6.16	4.48	5.64	4.78	6.82	3.07	7.64	6.39	8.47	6.65	3.28	1.81	5.52	3.39	6.38	4.07
18	0.00	1.94	0.00	2.90	0.00	3.23	1.21	4.84	2.52	5.46	4.03	6.40	2.99	3.38	3.12	4.96	3.03	5.75

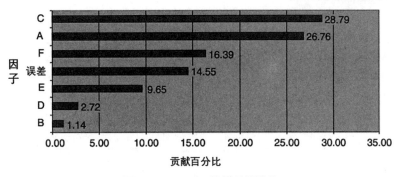

图 15 - 20 S/N 的贡献百分比

B	Mean	SE Mean
1	15.10	2.009
2	15.06	2.009
3	16.05	2.009
C		
1	12.66	2.009
2	18.31	2.009
3	15.24	2.009
D		
1	14.87	2.009
2	16.40	2.009
3	14.94	2.009
E		
1	17.08	2.009
2	13.81	2.009
3	15.31	2.009
F		
1	16.63	2.009
2	16.64	2.009
3	12.94	2.009

Mean of S/N = 15.402

灵敏度 β 的主作用如图 15 - 22 所示，MINITAB 分析结果如下

Least Squares Means for Beta

A	Mean	SE Mean
1	15.02	12.098
2	17.33	12.098
3	21.17	12.098
4	21.72	12.098
5	18.79	12.098
6	12.08	12.098

B		
1	21.04	8.554
2	17.88	8.554
3	14.14	8.554
C		
1	20.40	8.554
2	15.81	8.554
3	16.84	8.554
D		
1	13.54	8.554
2	22.16	8.554
3	17.36	8.554
E		
1	22.40	8.554
2	14.68	8.554
3	15.98	8.554

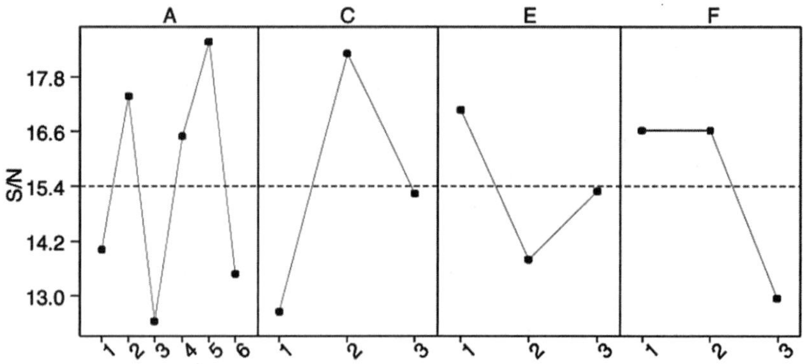

图 15-21 主作用图——S/N 的数据均值

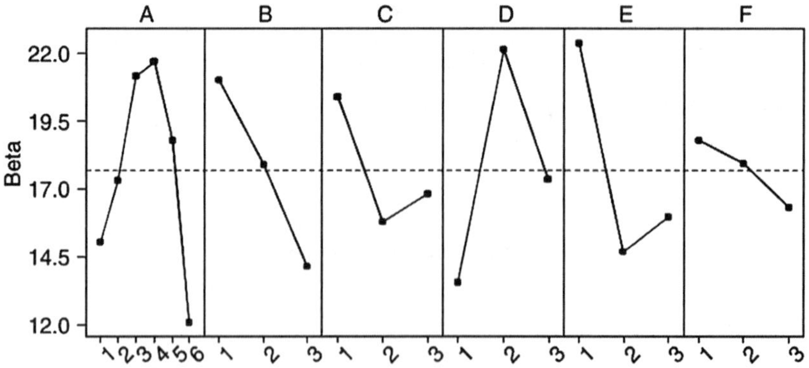

图 15-22 主作用图——β 的最小二乘均值

```
F        Mean      SE Mean
1        18.80      8.554
2        17.94      8.554
3        16.32      8.554
Mean of Beta = 17.685
```

在我们的案例中,较高的灵敏度意味着当密封条的位移量 M 增加时,压力/负载比也会增加,这表明通过压力表测量的密封能力在单位负载力的作用下增加。因此,在关门力只降低很小的情况,密封效率也会显著提升。所以,灵敏度越高,密封效果越好,而且由于 B_1D_2 显著地增加了 b,我们选择 $A_5B_1C_2D_2E_1F_1$ 作为最终的控制因子组合。

预测的 S/N 为

$$S/N = \overline{A_5} + \overline{B_1} + \overline{C_2} + \overline{D_2} + \overline{E_1} + \overline{F_1} - 5\overline{T}$$
$$= 18.6 + 15.1 + 18.31 + 16.4 + 17.08 + 16.63 - 5 \times 15.4 = 25.12$$

预测的 β_1 为

$$\hat{\beta}_1 = \overline{A_5} + \overline{B_1} + \overline{C_2} + \overline{D_2} + \overline{E_1} + \overline{F_1} - 5\overline{T}$$
$$= 18.79 + 21.04 + 15.81 + 22.16 + 22.4 + 18.8 - 5 \times 17.69 = 30.55$$

然后我们通过实验验证了最优解的正确性,得到 $S/N = 20.90$,灵敏度 $= 32.90$,相比于原方案,$S/N = 14.38$,灵敏度 $= 17.74$,我们所选择的最优解决方案显著地提升了设计结果。

15.3.3 双信号因子

在许多动态信号响应系统中,只有一个信号因子。但是,在某些情况下,信号因子可能不止一个。如前所述,信号因子通常是影响变换幅度的"信号"。也有如图 15-23 所示的一些情况,两个信号一起工作来控制转换的幅度。如图 15-23 所示。

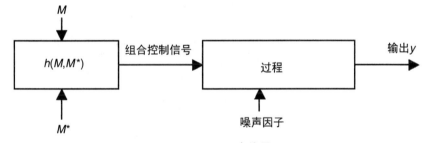

图 15-23 两个信号

组合起来的信号是两个单独信号的函数:

$$组合信号 = h(M, M^*) \tag{15-9}$$

$h(M, M^*)$ 最常见的两种类型是:

(1) $h(M, M^*) = MM^*$；

(2) $h(M, M^*) = MM^*$ 或者 $h(M, M^*) = M^*/M$。

我们将使用下面的例子来说明如何找到正确的 $h(M, M^*)$,计算灵敏度和信噪比 S/N。

例 15-5 暖宝宝的化学配方(Taguchi 等人,2000 年)。一次性暖宝宝是一种有化学性质的口袋,可以放在运动服或户外服装中。暖宝宝内的化学物质会缓慢反应并产生热量,使得穿着者在户外保持温暖。暖宝宝 y 的功能要求(FR)是产生热量,它有两个信号:

(1) 产热时间。它有 4 个水平:$M_1 = 6, M_2 = 12, M_3 = 18, M_4 = 24$(小时)。

(2) $M^* =$ 配料量。它有 3 个水平:$M_1^* = 70\%, M_2^* = 100\%, M_3^* = 130\%$ 标准量。

显然，时间越长，产生的热量就越多；化学制品越多，产生的热量也就越多；在这个例子中，$h(M, M^*) = MM^*$ 是一个不错的选择。表 15-9 给出了内表运行的完整输出数据集。

表 15-9　完成暖宝宝实验的内矩阵运行数据

M^*	噪声因子	M			
		$M_1=6$	$M_2=12$	$M_3=18$	$M_4=24$
M_1^*	N_1	93.82	160.44	199.06	221.76
70%	N_2	104.16	199.92	263.34	305.76
M_2^*	N_1	105.00	183.6	219.6	232.80
100%	N_2	142.80	264.0	351.0	400.80
M_3^*	N_1	152.10	277.68	341.64	358.80
130%	N_2	165.36	322.92	435.24	483.60

利用 $h(m, M^*) = MM^*$ 表中所示的系数，我们可以将表 15-9 转换为具有组合信号因子 MM^* 的数据集，如表 15-10 所示。

表 15-10　组合信号因子 MM^*

$MM^* =$	4.2	6	7.8	8.4	12	12.6	15.6	16.8	18	23.4	24	31.2
N_1	93.82	105.00	152.10	160.44	183.6	199.06	277.68	221.76	219.6	341.64	232.80	358.80
N_2	104.16	142.80	165.36	199.92	264.0	263.34	322.92	305.76	351.0	435.24	400.80	483.60

利用等式(15-6)到(15-8)和 MINITAB，我们发现回归方程是

$$\text{热量} = 14.6\, MM^*$$

$$MSE = 3\,788$$

因此

$$\frac{S}{N} = 10\log\left(\frac{15.6^2}{3\,788}\right) = -11.86$$

15.4　功能质量和动态信噪比

在对理想函数、动态信噪比和动态特性（需求）的稳健参数设计的详细描述之后，我们准备讨论高阶的田口方法中的许多深入性问题。

15.4.1　为什么在参数设计中优先考虑功能质量？

功能质量是用理想函数来表示的。理想函数直接关系到系统主要的转换过程，无论是能量转换、材料转换还是信号转换，主要的转换都是系统主要功能中最重要的转换。在产品

或流程的设计阶段,最重要的目标是确保产品能够正确、一致地提供其主要功能。因此,功能质量是设计阶段最重要的质量问题。

如果我们在参数设计阶段关注客户质量,例如故障率和噪声,我们可能会对设计不良产生的症状反应过度,而忽视设计的基本问题。我们可以对一种症状做出反应,例如振动,并进行一些设计更改来"改善"该症状,但会使设计的其他方面恶化。下一次,我们可能不得不对另一个症状作出反应,这样可能会陷入一个返工和不断否认的恶性循环。

如果我们定义了一个好的理想函数,并使用动态信噪比 S/N 作为稳健性测度,再加上噪声因子和设计参数的合理选择,我们可能达到一举多得的效果。这是因为:

(1) 更高的动态 S/N 信噪比意味着系统有着良好的理想函数,波动比较小。这样的话,系统的高阶功能中主要的转换过程能够持续的在不同的转换水平都有效实现,而且有着良好的可控性,这也就保证了系统的高阶功能可以持续有效的输出。

(2) 稳健参数设计的目标是使得系统能够持续地按照它的主要功能来工作,并且能应对噪声因子。如果实现了稳健性,就能在下游减少很多潜在的"症状"。因为在前期过多的关注症状实际上与关注噪声因子是一样的,它会使得工作低效、非常耗时,而且会进入恶性循环。

(3) 总的来说,关注在功能质量和使用动态的 S/N 信噪比会保证真实的质量水平,并且节省了产品开发的时间。

在许多应用中,高灵敏度是理想的特性。如果要求设定灵敏度目标,也就是说希望灵敏度既不过高也不过低,那么我们可采用两步优化方法对目标灵敏度进行调整。

15.4.2　为什么我们使用线性的理想函数和动态的信噪比 S/N?

动态的信噪比 S/N 是由线性的理想函数获得的,从图 15 - 10 中可以看出,使用动态的信噪比 S/N 作为稳健性的量度能够清晰地识别出: ① 震动;② 非线性;③ 低灵敏度。

震动不是我们想要的,这很好理解。我们已经花了合适的篇幅来讨论了震动,但是为什么非线性也不是我们期望的呢? 从公理设计的角度来看,非线性是复杂性的一种形式。公理 2 的设计原则说到,如果有很多个设计概念,而且它们都能够产生想要的功能,那么最好用最少的复杂度来实现这个功能。稳健参数设计与使用动态的 S/N 作为标杆是等同的,识别出非线性的特点能够帮助我们选择一个更好的设计。线性是一个适当的特性,对于信号因子来说,我们也更希望是线性的效果。

同时,如果我们在产品开发的较早阶段进行稳健参数设计,我们也许可以在较小的实验规模甚至是电脑上模拟实验。如果很多非线性的效果在信号-响应的关系中被发现了,这会使得实验变得更加庞大复杂,整个信号-响应关系会变得更加不可控、不可预测。

15.4.3　为什么控制因子交互作用需要避免?

田口博士指出,我们不希望看到控制因子之间的交互作用。在一项动态稳健参数设计研究中,田口博士建议使用 L_{12}、L_{18} 和 L_{36},因为在这些数组中,所有列之间的交互作用将均匀混淆。田口博士将这些交互作用视为噪声。这一说法招致了统计学家的许多批评。

然而,如果我们从公理设计的角度来研究这个问题,我们就会意识到交互又是一种复杂的形式。有交互的系统肯定比没有交互的系统更复杂。换句话说,交互肯定不是我们的设计选择。由于田口博士在控制因子和信噪比之间只使用了一个"可加性模型"，也就是仅基于线性理想函数的信噪比，对于具有严重非线性和不可加性的控制因子级组合，其信噪比必然很低，因此在参数设计中不应被选用。

需要再次强调的是，稳健参数设计相当于以动态信噪比为基准选择一个好的设计，发现不可加性将有助于选择一个复杂度较低的更好的设计。

15.5 稳健技术的开发

稳健的技术开发意味着在新开发的通用技术或处于婴儿期的新技术中建立稳健性。这种新的通用技术的例子包括新的存储芯片、新的电子网络技术和新材料。新技术通常是在理想条件下，小批量、小规模地在研究实验室开发的。在开发出一种通用的新技术后，产品开发人员将尝试将其集成到新产品中。但在这个集成过程中，通常会出现很多小问题；在实验室中运行良好的新技术在集成后可能不会很好地工作，其性能也可能不稳定，达不到人们的期望。通常需要多次尝试和试错才能"使其正常工作"。

稳健的技术开发是一种战略，旨在简化和加快新技术与产品和生产的整合。稳健技术开发提出在新技术尚处于研究实验室阶段时，对新技术进行稳健的参数设计，这种稳健设计必须是一种注重改善其主要功能的动态设计。必须仔细选择理想函数，以便在高阶函数的主要转换过程中建立稳健性。

在常规的实验室环境中，几乎没有噪声因子。稳健的技术开发研究将人为地将许多噪声因子带入环境中。设计和再设计会在新技术中应用，直到功能性能对噪声因素达到稳健性。

如果一项新技术在实验室里被"测试"出许多潜在的噪声因素，它在未来产品和生产中的成功将大大提高。

第 16 章

容差设计

16.1 引言

在 DFSS 算法中,容差设计的目的是进行更精细的设计优化,从而在参数优化和传递函数细节设计之后进一步实现六西格玛设计能力。在此步骤中,DFSS 团队决定设计参数和工艺变量的允许偏差,收严容差和提高要求仅在不能满足功能需求时提出。但在一些情况下,容差也可以放宽。这是 DFSS 算法 ICOV 过程(第 5 章)的优化阶段(O)中步骤 11 的目标。在容差设计中,目的是基于功能需求的总体使得容差能够变化,针对不同变化源对整体的相对影响,以及在物理和过程结构中确定的零件、组件或过程分配容差以及权衡成本效益。

容差设计可以基于经验传递函数或测试。无论哪种情况,该步骤的输入都是双向的:DFSS 团队应充分了解① 产品和工艺要求;② 使用 QFD 转换成的产品和工艺规范。

DFSS 算法的切入点是,首先出于成本考虑使用尽可能宽的容差,然后通过适当的设计参数(DPs)组合来优化设计和工艺。然后,有必要识别通过参数设计优化方法不能满足的客户相关的功能需求(FRs)。为了达到六西格玛 FR 目标,通常需要收严容差并升级材料或其他参数。

DFSS 原理和工具(例如 QFD)的系统应用可以识别客户敏感的需求,并开发这些特征的目标值以满足客户期望。这些特性必须追溯到最低级别的映射,并制定适当的目标和范围。

根据定义,容差是与指定值或标称值的允许偏差。容差在设计过程的不同阶段具有不同的含义。图 16-1 说明了不同设计映射下的设计容差。

对于产品或服务,客户通常具有显性或隐性的需求以及可接受的容忍范围,它们称为客户容忍度。在下一阶段,客户需求和容差将映射到功能需求和容差设计中。为了使功能需求满足功能容差,设计参数必须设置为正确的标称值,并且其波动必须在设计参数的容差之内。对于设计开发,最后一个阶段是开发出制造过程变量的设定值和容差。

例 16-1 电源电路。电源电路的高级功能需求是为小型电器提供电源。输出电压是一项客户需求。尽管很少有客户愿意去测量输出电压,但是输出电压的过度偏差会影响小型电器的功能需求。偏差越大,更多的客户就会注意到设备的性能衰退。客户容忍度通常被定义为使50%的客户不满意的容忍度极限。例如,电源电路的标称值可能是6 V或$T = 6$,但是如果我们假设当实际输出电压$y < 5.5$ V或$y > 6.5$ V时,将有50%的客户不满意,那么客户的容差为6±0.5 V。电源电路由许多组件组成,例如电阻器、晶体管和电容器。设置这些组件参数的标称值是参数设计的任务,而设置这些参数的容差极限是开发阶段容差设计的任务。例如,如果某个电阻的标称值为1 000,则该电阻的容差可能为其标称值的±10%或±1%。这些称为组件规格。然后,制造电阻器的公司将为材料、工艺变量设置标称值和容差。这个例子描述了图16-1所示的容差开发过程。

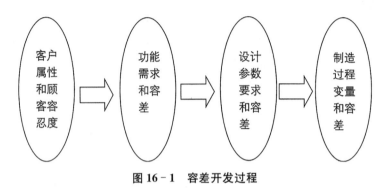

图16-1　容差开发过程

例16-2　(1)汽车车身面板的尺寸和容差。诸如门和引擎盖之类的车身面板具有许多功能需求,例如保护客户、乘客舱、发动机舱并提供时尚外观。车身面板的许多设计要求是尺寸要求。

客户属性和容忍度。客户需求通常用非常模糊的术语表达,例如"汽车应该看起来很酷,车身面板应该很好地组合在一起。"然而,即使车身面板尺寸只有轻微的变化,也很容易使顾客不满意。例如,如果车门的尺寸仅偏离几毫米,则车门将难以打开或关闭,或者会出现较大的缝隙,肯定会使客户感到非常不快。

(2)功能需求(FR)容差。在分析了客户需求和"车身面板的工作原理"之后,我们可以逐步得出车身面板的功能容差。例如,对于门板,车门应易于打开和关闭并"看起来不错且适合";并且门与门框之间的间隙应足够小,以使门密封良好,从而在行驶时将风噪声降至最低。通过分析所有这些要求,我们可以得出最终的容差,即所有实际车身面板尺寸变化应在设计尺寸的±2 mm之内。

(3)设计参数(DP)容差。汽车车身板是通过将许多小的钣金板焊接在一起而制成的。小型钣金面板是通过冲压工艺制造的。在此示例中,开发设计参数容差就是在其子系统一小钣金面板上设置容差。

(4)过程变量(PV)容差。车身面板制造过程中的过程变量包括模具要求、夹具要求和冲压要求。开发过程变量容差就是根据这些要求设置的容差。

例16-3　(1)汽车面漆。汽车面漆具有许多功能,例如保护金属免受腐蚀和生锈并提供颜色。

(2)客户属性和容忍度。客户对油漆表面的要求通常不明确,例如"均匀、清新的外观""不褪色""无缺陷"和"长时间不生锈"。然而,客户也会比较不同品牌和制造商的汽车的油漆面。例如,如果客户的汽车油漆褪色时间早于其他竞争对手的汽车,就会引起客户的不满意。

（3）功能需求容差。汽车油漆表面的油漆有很多层。各涂层具有不同的功能，某些层的主要功能是防锈，而其他层的功能可能主要是"提供"颜色或"保护"。汽车油漆表面处理功能需求有多个类别，如厚度要求、均匀性要求和外观要求。

（4）设计参数容差。涂料"配方"是每层涂料的油漆材料规格，是设计参数容差之一。

（5）过程变量容差。在此示例中，有许多过程变量，需要确定其容差。首先将油漆喷涂在车身上，这其中就有许多过程变量，如通过油漆应用设备和油漆应用模式的油漆流速。每层油漆后，油漆车体将进入"油漆烤箱"，因为需要热量来"固化"油漆。固化是一种用以"束缚"油漆分子的化学反应。过程变量包括烤箱区温度设定和容差。

在容差开发过程中，FR 容差开发是第一步。它将模棱两可的、主要由客户语言表达的容差转化为清晰的、定量的功能容差。此步骤涉及使用之字形方法的功能分析、客户属性分析、竞争对手对标等方法。第 2 阶段 QFD 无疑是将客户需求转化为功能规范的重要工具。

但是，容差设计中的大多数工作涉及设计参数容差和过程变量容差的确定，因为功能容差已经确定。所以，大多数行业的容差设计实际上就等同于设计参数容差和过程变量容差的确定。

如果产品复杂，具有极其耦合的物理和工艺结构，容差设计就是一个多阶段过程。确定功能容差后，首先确定系统和子系统容差，然后根据系统和子系统容差确定组件容差。最后，根据组件容差确定过程变量容差。图 16-2 说明了容差设计的每个具体阶段。

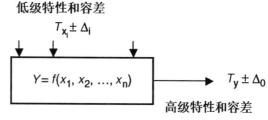

图 16-2　容差设计的典型阶段

在图 16-2 中，"高级需求和容差"是在第一阶段得出的。例如，与 DP 的要求和容差相比，FRs 及其容差处于"高水平"，系统的要求和容差与组件的要求和容差相比处于"较高水平"。$Y=f(x_1, x_2, \cdots, x_n)$ 是较高和较低级别参数之间的传递函数关系。在容差设计的典型阶段，主要任务是，鉴于 y 的目标要求及其容差（比如 $T_y \pm \Delta_0$），如何为 x_i 值分配容差。容差设计有三个主要目的：① 管理波动；② 令人满意地实现功能需求；③ 将设计生命周期成本控制在较低水平。

从经济的角度来看，功能需求应满足最小波动。从之前对客户容差的讨论中，客户容差被定义为"如果超过客户的限制，那么 50% 的客户会不高兴的容差限制"。对于每个客户，容忍度因人而异；非常挑剔的客户不会容忍任何偏离其理想状态的要求。如果设计要求处于客户容差的边界，则表示有 50% 的客户对设计不满意。最小化功能波动将最大限度地提高客户满意度，并且会降低返工、保修成本和售后服务成本。另一方面，也非常希望将设计参数容差和过程变量容差设置更宽松。因为显然，宽松的设计参数和过程变量将使制造更加容易和便宜。田口的参数设计试图引入噪声因子而最大限度地减少需求波动；噪声因子还包括零件之间的变化。因此，一个非常成功的参数设计可以"放松"一些容差。但是，如果参数设计不足以限制 FR 波动，那么容差设计就非常重要。

在容差设计中，成本是一个重要因素。如果设计参数或过程变量相对容易且易于控制，则需要更严格的容差；否则，更宽松的容差也是可取的。因此，对于容差设计的每个阶段，目标是通过经济地在设计参数和过程变量上设置适当的容差来有效地确保较低的功能波动。

图 16-2 中描述的情况在大多数容差设计情况下适用。同时，有些相关主题的知识在特殊情况下也能起一定作用。例如，设计参数都与尺寸相关的情况，如车身尺寸或机械零件尺寸，此领域的全套知识，称为几何尺寸和容差(GD&T)，其中关于容差设计的基本理念与其他容差设计的理念基本相同，但是，许多特殊方法和术语差异本质上只是维度不同。

本章将讨论图 16-1 和图 16-2 中所示的容差设计范式下的主要容差设计方法。但不包括特殊主题容差设计方面，如 GD&T。

容差设计方法有两类：传统的容差设计方法和田口容差设计方法。传统的容差设计方法包括最坏情况容差分析、统计容差分析和基于成本的容差分析。田口容差设计方法包括客户容差与生产者容差之间的关系，以及容差设计实验。所有这些方法将在后续各节中讨论。

16.2　最坏情况容差

最坏情况容差是一种与最坏情况相悖的容差设计方法。具体地说，假设较高级别要求 y 与较低级别特性之间的传递函数为

$$y = f(x_1, x_2, \cdots, x_i, \cdots, x_n) \tag{16-1}$$

进一步假设 y 的目标值为 T，y 的容差限制为 Δ_0，一般如果 $T - \Delta_0 \leqslant y \leqslant T + \Delta_0$，表示 y 满足规格。有时容差限制是不对称的，如 $T - \Delta_0' \leqslant y \leqslant T + \Delta_0$，表示 y 满足规格，其中 Δ_0' 表示左容差限制，而 Δ_0 表示右容差限制。

对于每个 x_i，$i = 1, \cdots, n$，目标值是 T_i，容差限制为 Δ_i，如果满足 $T_i - \Delta_i \leqslant x_i \leqslant T_i + \Delta_i$，则表示 x_i 在规范内。有时 x_i 的容差限制也是不对称的，如果满足 $T_i - \Delta_i' \leqslant x_i \leqslant T_i + \Delta_i$，则表示 x_i 在规范内。

最坏情况容差设计规则可以通过以下公式表示：

$$T - \Delta_0' = \min_{x_i \in (T_i - \Delta_i, \, T_i + \Delta_i) \forall i} f(x_1, x_2, \cdots, x_i, \cdots, x_n) \tag{16-2}$$

和

$$T + \Delta_0 = \max_{x_i \in (T_i - \Delta_i, \, T_i + \Delta_i) \forall i} f(x_1, x_2, \cdots, x_i, \cdots, x_n) \tag{16-3}$$

其中 $\forall i$ 表示所有的 i。

例 16-4　装配容差堆叠。10 块金属板堆在一起，如图 16-3 所示。

堆叠块数的总厚度 $y = x_1 + x_2 + \cdots + x_i + \cdots x_{10}$。如果 x_i 的目标值为 T_i，容差限制为 Δ_i，$i = 1, \cdots, n$，则 y 的目标值为 T，y 的容差限制为 Δ_0，假设 $T = T_1 + T_2 + \cdots + T_{10}$，然后，根据方程(16-2)和(16-3)，高水平容差和低级容差之间的关系是

$$T + \Delta_0 = \max(x_1 + x_2 + \cdots + x_i + \cdots + x_{10})$$
$$= T_1 + T_2 + \cdots + T_{10} + \Delta_1 + \Delta_2 + \cdots + \Delta_i + \cdots + \Delta_{10}$$
$$T - \Delta_0 = \min(x_1 + x_2 + \cdots + x_i + \cdots + x_{10})$$
$$= T_1 + T_2 + \cdots + T_{10} - \Delta_1 - \Delta_2 - \cdots - \Delta_i - \cdots - \Delta_{10}$$

显然

$$\Delta_0 = \Delta_1 + \Delta_2 + \cdots + \Delta_i + \cdots + \Delta_{10}$$

具体来说,如果对于每块金属板 i,标称厚度 $T_i = 0.1$ 英尺,容差限制 $\Delta_i = 0.002$ 英尺,$i = 1 \cdots n$,则金属板堆总容差限制 $\Delta_0 = 0.02$ 英尺。

16.2.1 容差分析和容差分配

在例 $16-4$ 中,根据方程 $(16-2)$ 和 $(16-3)$,通过给定的容差规则,比如最坏情况的容差,来指定低级特性的容差 Δ_i,就能得出高级特性的容差 Δ_0。通过低级特性的容差得出高级特性的容差限制的方法称为容差分析。另一方面,如果从高级要求的容差限制,分配出低级特性容差限制称为容差分配。

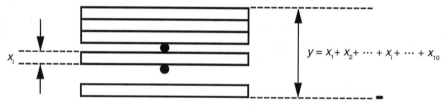

图 $16-3$ 装配容差堆叠

在例 $16-4$ 中,假设堆叠厚度要求的容差为 $\Delta_0 = 0.01$。如果我们使用最坏情况容差规则,每块板的容差 $\Delta_i = 0.002$,要求太宽松了。由于 $\Delta_0 = \Delta_1 + \Delta_2 + \cdots + \Delta_i + \cdots + \Delta_{10}$,我们可以给每个 Δ_i 乘以 0.5,则 $\Delta_i = 0.001$,$i = 1 \cdots 10$,得到 $\Delta_0 = 0.01$。这是容差分配的示例。为每个旧的低级容差限制乘上一个常量因子称为比例缩放。

例 $16-5$ 装配间隙。图 $16-4$ 显示了 A、B 和 C 的装配体关系,我们假设 A 的目标值和容差限制为 2.000 ± 0.001 英尺,B 的目标值和容差限制为 $1.000 \pm 0.000\,1$ 英尺。

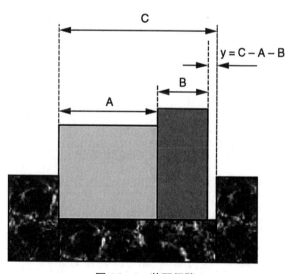

图 $16-4$ 装配间隙

假设间隙 $y = C - A - B$ 必须在 0.001 和 0.006 英尺之间,请我们设计 C 的目标尺寸和容差限制,即 T_c、Δ'_C 和 Δ_C。根据方程 $(16-2)$ 和 $(16-3)$,可得

$$T - \Delta'_0 = 0.001 = \mathrm{Min}(C - A - B) = T_C - \Delta'_C - 2.001 - 1.001$$

$$T + \Delta_0 = 0.006 = \mathrm{Max}(C - B - A) = T_C + \Delta_C - 1.999 - 0.999$$

于是

$$T_C - \Delta'_C = 3.003$$

$$T_C + \Delta_C = 3.004$$

如果 C 是对称容差限制，则 $T_C = 3.0035$、$\Delta_C' = \Delta_C = 0.0005$。

在例 16-4 和例 16-5 中，所有传递函数 $y = f(x_1, x_2, \cdots, x_i, \cdots, x_n)$ 都是线性的。而下述例 16-6 描述了传递函数为非线性的情况。

例 16-6 *RL* 电路。一个 100(V)，f(Hz)的电源通过电阻为 R 和感应系数为 L 的电路后得到电流 y(A)

$$y = \frac{100}{\sqrt{R^2 + (2\pi f L)^2}}$$

假设 $f = 50$ Hz，电阻的标称值为 $T_R = 9.5\ \Omega$，电流容差 $\Delta_R = 1.0\ \Omega$，电感器的标称值 $TL = 0.01$ H，电流容差 $\Delta_L = 0.006$ H。

如果客户对电路的容差为 $y = 10.0 \pm 1.0$ A，我们想确定设计参数容差是否足够。从方程(16-2)和(16-3)：

$$
\begin{aligned}
\mathrm{Max}(y) &= \mathrm{Max}\left(\frac{100}{\sqrt{R^2 + (2\pi f L)^2}}\right) \\
&= \frac{100}{\sqrt{(9.5 + 1.0)^2 + [2 \times 3.1416 \times 50 \times (0.01 + 0.006)]^2}} = 11.64 \\
\mathrm{Min}(y) &= \mathrm{Min}\left(\frac{100}{\sqrt{R^2 + (2\pi f L)^2}}\right) \\
&= \frac{100}{\sqrt{(9.5 - 1.0)^2 + [2 \times 3.1416 \times 50 \times (0.01 - 0.006)]^2}} = 8.59 \\
E(y) &= E\left(\frac{100}{\sqrt{R^2 + (2\pi f L)^2}}\right) \\
&= \frac{100}{\sqrt{(9.5)^2 + (2 \times 3.1416 \times 50 \times 0.01)^2}} = 9.99
\end{aligned}
$$

显然，从最坏情况的容差的角度来看，设计参数容差不足以确保客户容差。

16.2.2 非线性最坏情况的容差分析

如果传递函数方程 $y = f(x_1, x_2, \cdots, x_i, \cdots, x_n)$ 是非线性的，则容差分析较为困难。从泰勒扩展公式(第 6 章)，可得

$$\Delta y \cong \frac{\partial f}{\partial x_1}\Delta x_1 + \frac{\partial f}{\partial x_2}\Delta x_2 + \cdots + \frac{\partial f}{\partial x_i}\Delta x_i + \cdots + \frac{\partial f}{\partial x_n}\Delta x_n \tag{16-4}$$

根据 Chase 和 Greenwood(1988 年)，非线性情况下最糟糕的容差限制是

$$\Delta_0 \cong \left|\frac{\partial f}{\partial x_1}\right|\Delta_1 + \left|\frac{\partial f}{\partial x_2}\right|\Delta_2 + \cdots + \left|\frac{\partial f}{\partial x_i}\right|\Delta_i + \cdots + \left|\frac{\partial f}{\partial x_n}\right|\Delta_n \tag{16-5}$$

例 16 - 6 中

$$\left|\frac{\partial f}{\partial R}\right| = \frac{100R}{(R^2 + (2\pi fL)^2)^{3/2}}, \quad \left|\frac{\partial f}{\partial L}\right| = \frac{100(2\pi f)^2 L}{(R^2 + (2\pi fL)^2)^{3/2}}$$

当 $R = 9.5$，$L = 0.01$，并且

$$\left|\frac{\partial f}{\partial R}\right| = 0.948, \quad \left|\frac{\partial f}{\partial L}\right| = 98.53$$

即

$$\Delta_0 \cong \left|\frac{\partial f}{\partial R}\right| \Delta_R + \left|\frac{\partial f}{\partial L}\right| \Delta_L = 0.948 \times 1.0 + 98.53 \times 0.006 = 1.54$$

这与例 16 - 6 中的实际计算非常接近。如果我们想要将 Δ_0 减至 1.0，我们可以将 Δ_R 和 Δ_L 乘以一个系数 $p = 1.0/1.54 = 0.65$，可得

$$\Delta_R = 0.65 \times 1.0 = 0.65, \quad \Delta_L = 0.006 \times 0.65 = 0.004$$

在复杂、难以推导的传递函数中，通过式（16 - 4）和式（16 - 5）的推导和假设步骤之后，数值估计可能会比较有用。我们可能还需要修正这些方程，以适应各给定参数的不同 Δ 值。

16.3　统计容差

即使在极端情况下，最坏情况容差设计，也可确保在所有低级特性组合中，满足高级容差限制要求。但是，这种方法将创建非常严格的低级特性的容差，而严格的容差限制通常意味着高昂的制造成本。另一方面，这些低级特性（如零件尺寸和零部件参数）通常是随机变量。所有低级特性同时等于极值（同时非常低或非常高）的概率非常小。因此，最坏情况下容差设计方法往往会过度设计容差；所以，只有在高级要求不合格造成的质量成本非常高，并且低级特性保持严格容差的成本较低时，才使用最坏情况容差设计。

统计容差设计方法将高级要求和低级特性都视为随机变量。统计容差设计的目标是确保高级要求以非常高的概率满足其规格。

低级特性通常假定为独立的随机变量。此假设非常有效，因为低级特性（如零件尺寸和零件参数值）通常源自不同的、不相关的制造过程。正态分布是低级特性最常用的概率分布模型。如果是现有的制造过程生成，产生的零件尺寸或零部件参数等低级特性，则可以使用历史统计过程控制数据来估计其均值和标准偏差。

在本章中，我们假设每个低级特性 x_i 是一个正态分布随机变量，满足 $x_i \sim N(\mu_i, \sigma_i^2)$，$i = 1, \cdots, n$。我们也假设高级别的要求 y 也是一个正态分布变量，满足 $y \sim N(\mu, \sigma^2)$。

16.3.1　容差、方差和过程能力

回想过程能力 C_p 的定义，我们在第 2 章中讨论过（其中 $USL =$ 规格上限、$LSL =$ 下限）：

$$C_p = \frac{USL - LSL}{6\sigma}$$

如果过程在中心位，或者换句话说，如果目标值等于特征的均值［例如，x_i，$T_i = E(x_i)$，并且规格限制是对称的，$\Delta_i = \Delta_i'$］，那么很明显：

$$C_p = \frac{USL - LSL}{6\sigma_i} = \frac{USL - T_i}{3\sigma_i} = \frac{T_i - LSL}{3\sigma_i} = \frac{\Delta_i}{3\sigma_i}$$

可得

$$\Delta_i = 3C_p\sigma_i \tag{16-6}$$

对于每个低级特性，x_i，$i = 1 \cdots n$。

同样，对于高级要求 y

$$\Delta_0 = 3C_p\sigma \tag{16-7}$$

如果达到六西格玛质量要求，则 $C_p = 2$。

16.3.2 线性统计容差

如果高级要求和低级参数或变量 x_1，x_2，$\cdots$，x_i，$\cdots$，x_n 之间的传递函数是线性的

$$y = f(x_1, x_2, \cdots, x_i, \cdots, x_n) = a_1x_1 + a_2x_2 + \cdots + a_ix_i + \cdots + a_nx_n \tag{16-8}$$

可得以下关系：

$$\text{Var}(y) = \sigma^2 = a_1^2\sigma_1^2 + a_2^2\sigma_2^2 + \cdots + a_i^2\sigma_i^2 + \cdots + a_n^2\sigma_n^2 \tag{16-9}$$

方程(16-9)给出了高级要求方差与低级参数方差之间的关系。方程(16-6)和(16-8)提供高级特性和低级特性的容差、方差和过程能力之间的关系。从方程(16-6)到(16-9)，我们可以得出以下步骤的线性统计容差设计过程：

第1步：识别高级要求 y 和低级参数或变量之间的精确传递函数（第6章）；即，识别方程(16-8)。

第2步：对于每个低级特性 x_i，$i = 1, \cdots, n$，识别它的 σ_i，C_p 和 Δ_i。如果是由现有流程生产的，则可以通过分析采样或历史过程控制数据得出。否则，应从现有最佳实践知识库中初始分配其 σ_i、C_p 和 Δ_i。

第3步：使用公式(16-9)计算 y 的方差 σ^2。

第4步：从公式(16-7)，可以得出，$C_p = \Delta_0/3\sigma$。使用此方程计算高级要求的当前 C_p 水平；如果满足此要求，则完成。如果没有，转到步骤5。

第5步：选择理想的 C_p 水平；例如，如果要求六西格玛水平，则 $C_p = 2$。
计算要求的高级方差：

$$\sigma_{\text{req}}^2 = \left(\frac{\Delta_0}{3C_p}\right)^2 \tag{16-10}$$

为了实现高级别方差的要求，我们需要"缩小"低级方差。如果使用比例缩放，我们可以使用以下公式查找缩放因子 p：

$$\sigma_{\text{req}}^2 = p^2 \sum_{i=1}^{n} a_i^2 \sigma_i^2 \qquad (16-11)$$

即

$$p = \frac{\sigma_{\text{req}}}{\sqrt{\sum\limits_{i=1}^{n} a_i^2 \sigma_i^2}} \qquad (16-12)$$

然后,较低级别的方差和容差可以由下式确定:

$$\sigma_{i\text{new}} = p\sigma_i \qquad (16-13)$$

$$\Delta_i = 3C_p \sigma_{i\text{new}} \qquad (16-14)$$

例 16-7　重新审视装配容差堆栈。回到例 16-4,其中 10 个金属板堆叠在一起(见图 16-5)。

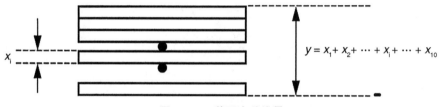

$$y = x_1 + x_2 + \cdots + x_i + \cdots + x_{10}$$

图 16-5　装配容差堆叠

金属块堆叠高度 $y = x_1 + x_2 + \cdots + x_i + \cdots + x_{10}$。显然,这是一个线性函数,因此可以使用线性统计容差设计方法。

在此示例中,我们假设目标要求 y,$T = 1.0$ 英寸、$\Delta_0 = 0.02$,并且还要求堆叠高度的过程波动 $C_p = 2$。对于每块金属板,假定高度 x_i 是正态分布,并且 $T_i = 0.1$ 英寸,$\Delta_i = 0.002$,b 并且金属板制造过程 $C_p = 1.33$。

首先

$$\sigma_i = \frac{\Delta_i}{3C_p} = \frac{0.002}{3 \times 1.33} = 0.000\,5$$

则

$$\begin{aligned}
\text{Var}(y) = \sigma^2 &= a_1^2 \sigma_1^2 + a_2^2 \sigma_2^2 + \cdots + a_i^2 \sigma_i^2 + \cdots + a_n^2 \sigma_n^2 \\
&= \sum_{i=1}^{10} \sigma_i^2 = 10 \times 0.000\,5^2 = 0.000\,002\,5
\end{aligned}$$

$$\sigma = 0.001\,58$$

对于 y

$$C_p = \frac{\Delta_0}{3\sigma} = \frac{0.02}{3 \times 0.001\,58} = 4.21$$

这是一个非常高的 C_p 值。即使我们将 Δ_0 减为 0.01,C_p 仍将为 2.105。质量水平超过

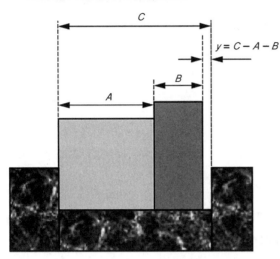

图 16-6 装配间隙

六西格玛。此计算表明,最坏情况容差设计会造成容差过度设计。

例 16-8 重新审视装配间隙示例。我们重新讨论例 16-5,并假设图 16-6 中 A 的目标值和容差限制为 2 ± 0.001 英寸,B 的为 1 ± 0.001,$C_p=1.33$。

假设间隙 $y=C-A-B$ 应介于 0.001 和 0.005 英寸之间,请我们为 C 设计目标尺寸和容差限制,即 T_c、Δ'_C 和 Δ_C,以使得间隙要求符合 $C_p=2.00$。

间隙中心点 $E(y)$ 为 $(0.001+0.005)/2=0.003$。由于 $E(y)=E(C)-E(A)-E(B)$,因此 $0.0025=T_c-2.0-1.0$,$T_c=3.003$。然后

$$\sigma_A=\frac{\Delta_A}{3C_p}=\frac{0.001}{3\times1.33}=0.00025$$

同样,$\sigma_B=0.00025$。y 的方差为 $\sigma^2=\sigma_A^2+\sigma_B^2+\sigma_C^2=2\times0.00025^2+\sigma_C^2$。对于 y,如果 $C_p=2$,则间隙要求的标准偏差为

$$\sigma=\frac{\Delta_0}{3C_p}=\frac{0.002}{3\times2}=0.00033333$$

由于 $\sigma^2=0.0003333^2$ 小于当前 $\sigma_A^2+\sigma_B^2=2\times0.00025^2$,因此除非更改 A 和 B 的容差,否则将没有可行的 σ_C 和 Δ_C。只有改变这些容差,才可以找到 C 的可行容差。如果我们假设 $\sigma_A=\sigma_B=\sigma_C$,那么:

$$\sigma^2=\sigma_A^2+\sigma_B^2+\sigma_C^2=3\sigma_A^2=0.00033333^2$$

$$\sigma_A=\sqrt{\frac{0.00033333^2}{3}}=0.0001924$$

如果 A、B 和 C 的 C_p 值仍为 1.333,则

$$\Delta_A=\Delta_B=\Delta_C=3C_p\sigma_A=3\times1.333\times0.0001924=0.00077$$

16.3.3 非线性统计容差

如果高级要求 y 和低级特性 $x_1,x_2,\cdots,x_i,\cdots,x_n$ 之间的传递函数方程不是线性函数,则

$$y=f(x_1,x_2,\cdots,x_i,\cdots,x_n) \tag{16-15}$$

不是线性函数,那么,我们有以下近似关系:

$$\mathrm{Var}(y)=\sigma^2 \cong \left(\frac{\partial f}{\partial x_1}\right)^2\sigma_1^2+\left(\frac{\partial f}{\partial x_2}\right)^2\sigma_2^2+\cdots+\left(\frac{\partial f}{\partial x_i}\right)^2\sigma_i^2+\left(\frac{\partial f}{\partial x_n}\right)^2\sigma_n^2 \quad (16-16)$$

式(16-16)给出了高级要求方差与低级特性方差之间的近似关系。式(16-6)和(16-7)仍然可以提供高级和低级特性的容差、方差和过程能力之间的关系。

传递函数 $y=f(x_1,x_2,\cdots,x_i,\cdots,x_n)$ 很少是闭合方程。在设计阶段,计算机仿真模型常用于产品/流程设计,例如用于机械设计的 FEA 模型和用于电路模拟器的电子设计。许多计算机模拟模型可以提供敏感度,实质上就是 Δ_y/Δ_{x_i}。 这些敏感度可以用来扮演部分衍生工具的角色,如 ∂_f/Δ_{x_i}。

在这里,我们可以为非线性统计容差设计制定以下流程:

第 1 步:确定高级要求与低级特性之间的精确传递函数;也就是说,确认公式(16-15)。如果没有以封闭形式给出方程,我们可以使用计算机模拟模型,或者使用 DOE 研究得出的经验模型。

第 2 步:对于每个低级特性(参数),$x_1,x_2,\cdots,x_i,\cdots,x_n$,确认其 σ_i、C_p 和 Δ_i。 如果 x_i 是由现有流程产生的,则可以通过查看历史的过程控制数据来完成。否则,从可用的最佳实践知识库中初始分配其 σ_i、C_p 和 Δ_i。

第 3 步:计算 y 的方差 σ^2;使用式(16-16),灵敏度可用于替代部分衍生物。

第 4 步:从方程(16-9),很明显

$$C_p=\Delta_0/3\sigma$$

使用此方程计算高级要求的当前 C_p;如果此 C_p 满足要求,则完成。如果没有,请转到步骤 5。

第 5 步:选择理想的 C_p 水平;例如,如果需要六西格玛级别,则 $C_p=2$。

使用这个公式来计算现在在高级需求下的 C_p;如果 C_p 满足需求,那么停止。如果不满足,回到第 5 步。

第 6 步:选择期望的 C_p 水平。比如说,如果需要六西格玛水平,那么 $C_p=2$。

用下列公式来计算高级的方差:

$$\sigma_{\mathrm{req}}^2=\left(\frac{\Delta_0}{3C_p}\right)^2$$

为了达到高级方差的需求,我们需要把低级方差"缩小"。如果使用比例缩放,我们可以使用下面的方程来找到比例系数 p:

$$\sigma_{\mathrm{req}}^2=p^2\sum_{i=1}^n\left(\frac{\partial f}{\partial x_i}\right)^2\sigma_i^2 \quad (16-17)$$

所以,

$$p=\frac{\sigma_{\mathrm{req}}}{\sqrt{\sum_{i=1}^n\left(\frac{\partial f}{\partial x_i}\right)^2\sigma_i^2}} \quad (16-18)$$

那么，低水平的方差和容差可以由以下的公式得出：

$$\sigma_{i\,\text{new}} = p\sigma_i \qquad\qquad (16-19)$$

$$\Delta_i = 3C_p\sigma_{i\,\text{new}} \qquad\qquad (16-20)$$

例 16-9 重温 RL 电路的案例。回想一下例 16-6，100 V，f(Hz)的电能通过电阻 R 和电感 L 串联的电流，会生成 y 安培的电流：

$$y = \frac{100}{\sqrt{R^2 + (2\pi f L)^2}}$$

假设 $f=50$ 赫兹，电阻器 T_R 的名义值是 $T_R=9.5\,\Omega$，现在的容差 $\Delta_R=1.0\,\Omega$，电感器的名义值是 $T_L=0.01$ H，现在的容差 $\Delta_L=0.006$ H。假设对 R 和 L 来说 $C_p=1.33$。

客户对电流的容差要求是 $y=10.0\pm1.0$ A，我们想要将这个需求的满足水平达到 $C_p=2.0$。所以，针对这个电流 y 的标准偏差就是

$$\sigma_{\text{req}} = \frac{\Delta_0}{3C_p} = \frac{1.0}{3\times2.0} = 0.166\,7$$

实际的电路电流方差可以被估算为

$$\sigma^2 \cong \left(\frac{\partial f}{\partial R}\right)^2 \sigma_R^2 + \left(\frac{\partial f}{\partial L}\right)^2 \sigma_L^2$$

其中，

$$\sigma_R = \frac{\Delta_R}{3C_p} = \frac{1.0}{3\times1.333} = 0.25$$

$$\sigma_L = \frac{\Delta L}{3C_p} = \frac{0.006}{3\times1.333} = 0.001\,5$$

$$\left(\frac{\partial f}{\partial R}\right)^2 = \frac{(100R)^2}{(R^2+(2\pi f L)^2)^3}, \quad \left(\frac{\partial f}{\partial L}\right)^2 = \frac{(100(2\pi f)^2 L)^2}{(R^2+(2\pi f L)^2)^3}$$

这里的 $R=9.5$，$L=0.01$，而且

$$\left(\frac{\partial f}{\partial R}\right)^2 = 0.899, \quad \left(\frac{\partial f}{\partial L}\right)^2 = 9\,708.2$$

所以，

$$\sigma^2 \cong \left(\frac{\partial f}{\partial R}\right)^2 \sigma_R^2 + \left(\frac{\partial f}{\partial L}\right)^2 \sigma_L^2 = 0.899\times0.25^2 + 9\,708.2\times0.001\,5^2 = 0.078$$

$$\sigma = \sqrt{0.078} = 0.279$$

因为 $\sigma > \sigma_{\text{req}}$，所以电路电流不能满足 $C_p=2$ 的客户需求。我们可以使用缩放比例 p：

$$p = \frac{\sigma_{req}}{\sigma} = \frac{0.166\ 7}{0.279} = 0.597$$

因此，R 和 L 的新的容差极限就是：

$$\Delta_R = 3C_p p \sigma_R = 3 \times 1.333 \times 0.597 \times 0.25 = 0.597\ \Omega$$

$$\Delta_L = 3C_p p \sigma_L = 3 \times 1.333 \times 0.597 \times 0.001\ 5 = 0.003\ 58\ H$$

16.4　以成本为基础的容差优化

容差设计的目的是为设计参数设定容差限制。针对每一个设计变量 X_i，$i = 1, \cdots, n$，容差极限通常以 $T_i - \Delta_i \leqslant X_i \leqslant T_i + \Delta_i$ 的形式呈现，其中 $\Delta_i = 3C_p \sigma_i$。本质上，容差限制规定了 σ_i^2 的量级。高级要求 y 的方差是 $\mathrm{Var}(y) = \sigma^2$，符合下面描述的关系：

$$\mathrm{Var}(y) = \sigma^2 \cong \left(\frac{\partial f}{\partial x_i}\right)^2 \sigma_1^2 + \left(\frac{\partial f}{\partial x_2}\right)^2 \sigma_2^2 + \cdots + \left(\frac{\partial f}{\partial x_i}\right)^2 \sigma_i^2 + \cdots + \cdots + \left(\frac{\partial f}{\partial x_n}\right)^2 \sigma_n^2$$

针对非线性的关系

$$y = f(x_1, x_2, \cdots, x_i, \cdots, x_n)$$

就有

$$\mathrm{Var}(y) = \sigma^2 = a_1^2 \sigma_1^2 + a_2^2 \sigma_2^2 + \cdots + a_i^2 \sigma_i^2 + \cdots + a_n^2 \sigma_n^2$$

针对线性的传递函数 $y = a_1 x_1 + a_2 x_2 + \cdots + a_i x_i + \cdots + a_n x_n$。

很明显的，方差 $\mathrm{Var}(y) = \sigma^2$ 的减少可以通过减少 σ_i^2（其中 $i = 1, \cdots, n$）来实现。但是，σ_i^2 值的减少会影响成本。针对不同的低级特性，也就是针对不同的 x_i，方差降低的成本可能会不同。但是基于减少 $\mathrm{Var}(y)$ 来降低每一个方差 σ_i^2 的影响，取决于敏感度 $\left|\dfrac{\partial f}{\partial x_i}\right|$ 程度。敏感程度越大，σ_i^2 降低带来的 σ^2 的影响就越大。因此，我们更希望收紧那些高敏感度和低容差成本的参数。基于成本的容差设计优化的目的是要找到一种对成本（偏差降低成本＋质量损失）影响最小的优化策略。

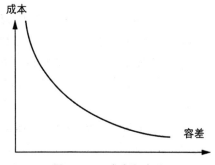

图 16 – 7　成本和容差

容差降低的成本通常符合图 16 – 7 中描述的非线性曲线。

此前已经有多个基于成本的容差设计优化方面的研究（Chase，1988）。在这一章，我们将讨论基于 Yang(1994) 提出的基于成本的容差设计优化方式。在这个方式中，容差设计问题被按照下面的优化问题方程描述出来：

最小化：
$$TC = \sum_{i=1}^{n} C_i(\sigma_i) + k\sigma^2$$

目标：
$$\sigma^2 \leqslant \sigma_{\text{req}}^2 \tag{16-21}$$

其中 σ_{req}^2 是 y 的要求容差，$C_i(\sigma_i)$ 是 x_i 的容差控制成本，它应该是一个 σ_i 的递减函数。$k\sigma^2$ 是由于波动引起的田口质量损失，TC 代表总成本。

最小化：
$$\sum_{i=1}^{n} C_i(\sigma_i) + k \sum_{i=1}^{n} \left(\frac{\partial f}{\partial x_i}\right)^2 \sigma_i^2$$

目标：
$$\sum_{i=1}^{n} \left(\frac{\partial f}{\partial x_i}\right)^2 \sigma_i^2 \leqslant \sigma_{\text{req}}^2 \tag{16-22}$$

对于式(16-22)，可通过使用 Karush-Kuhn-Tucker 条件(KKT 条件)得出最佳容差，如下所示：

$$\frac{dC_i(\sigma_i)}{d\sigma_i} + 2(k+\lambda)\left(\frac{\partial f}{\partial x_i}\right)^2 \sigma_i = 0$$

$$\lambda \geqslant 0; \quad \lambda(\sigma_{\text{req}}^2 - \sigma^2) = 0; \quad \sigma^2 \leqslant \sigma_{\text{req}}^2 \tag{16-23}$$

其中 λ 是拉格朗日乘数。通过求解 KKT 条件，可以得到所有 x_i 的最优容差，$i = 1, \cdots, n$：

$$\Delta_i = \frac{3C_p}{2(k+\lambda)} \frac{\left|\dfrac{dC_i(\sigma_i)}{d\sigma_i}\right|}{\left(\dfrac{\partial f}{\partial x_i}\right)^2} = \frac{3C_p}{2(k+\lambda)} \frac{\delta C_i}{(\delta f)_i^2} \sigma_i \tag{16-24}$$

δC_i 是单位容差降低成本(x_i 容差的每单位变化)，(δf_i) 是需求 y 对于 x_i 中的每个单位变化的增量变化。很难直接使用式(16-24)来求解最佳容差，因为拉格朗日乘数 λ 很难得到。然而，在等式(16-24)中，$3C_p / 2(k+\lambda)$ 对于所有的 x_i 数值都是相同的，并且我们可以使用 $P_i = \delta C_i / (\delta f)_i^2$ 作为最优容差缩减的比例系数和容差加强优先指数。低级特征 x_i 具有较小的 P_i 指数，表明去控制 x_i 的容差更为合适。由于 x_i 的单位容差控制成本相对较小，且对需求变化的敏感性相对较高，因此 x_i 可变性的降低将导致 Y 更大程度的降低，且容差降低成本相对较低。通过这个讨论，我们可以开发以下基于成本的容差优化设计步骤：

第 1 步：确定高级需求 y 和低级特征之间的精确传递函数；也就是说，识别容差设计方程 $y = f(x_1, x_2, \cdots, x_i, \cdots, x_n)$。如果方程不是以封闭形式给出的，我们可以使用计算机模拟模型，或从 DOE 研究中得出的经验模型。

第 2 步：对于每个低级特征 x_i，$i = 1, \cdots, n$，标识它的 σ_i，C_p 和 Δ_i。如果 x_i 是根据现有的流程生产的，可以通过分析历史过程控制数据来完成。否则，根据现有的最佳实践知识库对其 σ_i，C_p 和 Δ_i 进行初始分配。

第 3 步：用式(16-16)计算 σ^2，y 的方差；灵敏度可以用来代替偏导数。

第 4 步：从式(16-7)可以清楚地看出，$C_p = \Delta_0 / 3\sigma$。使用该方程计算高级特征的当前 C_p。如果此 C_p 满足要求，停止。如果没有，请转至步骤 5。

第 5 步：选择理想的 C_p 水平。例如，如果需要六西格玛水平，那么 $C_p = 2$。通过以下方法计算所需的高级方差：

$$\sigma_{\text{req}}^2 = \left(\frac{\Delta_0}{3C_p}\right)^2$$

对于每一个 x_i，计算

$$p_i = \frac{\delta C_i}{(\delta f)_i^2} \tag{16-25}$$

为了达到高级方差要求，我们需要缩小低级方差：

$$\sigma_{\text{req}}^2 = p^2 \sum_{i=1}^n p_i^2 \left(\frac{\partial f}{\partial x_i}\right)^2 \sigma_i^2 \tag{16-26}$$

所以

$$p = \frac{\sigma_{\text{req}}}{p_i^2 \left(\frac{\partial f}{\partial x_i}\right)^2 \sigma_i^2 \sum_{i=1}^n} \tag{16-27}$$

那么低级方差和容差可以由以下决定

$$\Delta_i = 3C_p p p_i \sigma_i \tag{16-28}$$

例 16-10　重温 RL 电路。在示例 16-9 中，通过电阻 R 与电感 L 串联的 $100-V\ f-$ Hz 电源将产生 y 安培的电流：

$$y = \frac{100}{\sqrt{R^2 + (2\pi f L)^2}}$$

假设 $f = 50\ \text{Hz}$，电阻器的标称值 $T_R = 9.5\ \Omega$，容差 $\Delta_R = 1.0\ \Omega$，电感器的标称值 $T_L = 0.01\ \text{H}$，以及容差 $\Delta_L = 0.006\ \text{H}$。假设 R 和 L 的 $C_p = 1.33$。最后，假设容差 Δ_R 可减少 $0.5\ \Omega$，额外成本为 0.15 美元，L 可减少 0.003 小时，额外成本为 20 美分。

客户对电路电流的容差为 $y = 10.0 \pm 1.0\ \text{A}$，我们希望用 $C_p = 2.0$ 来满足这一要求。所以对当前 y 要求的标准偏差为

$$\sigma_{\text{req}} = \frac{\Delta_0}{3C_p} = \frac{1.0}{3 \times 2.0} = 0.166\ 7$$

电路电流的实际变化约为

$$\sigma^2 \cong \left(\frac{\partial f}{\partial R}\right)^2 \sigma_R^2 + \left(\frac{\partial f}{\partial L}\right)^2 \sigma_L^2$$

当

$$\sigma_R = \frac{\Delta R}{3C_p} = \frac{1.0}{3 \times 1.333} = 0.25$$

$$\sigma_L = \frac{\Delta L}{3C_p} = \frac{0.006}{3 \times 1.333} = 0.001\,5$$

$$\left(\frac{\partial f}{\partial R}\right)^2 = \frac{(100R)^2}{(R^2 + (2\pi fL)^2)^3}, \quad \left(\frac{\partial f}{\partial L}\right)^2 = \frac{(100(2\pi f)^2 L)^2}{(R^2 + (2\pi fL)^2)^3}$$

当 $R = 9.5, L = 0.01$ 和

$$\left(\frac{\partial f}{\partial R}\right)^2 = 0.899, \quad \left(\frac{\partial f}{\partial L}\right)^2 = 9\,708.2$$

所以

$$\sigma^2 \cong \left(\frac{\partial f}{\partial R}\right)^2 \sigma_R^2 + \left(\frac{\partial f}{\partial L}\right)^2 \sigma_L^2 = 0.899 \times 0.25^2 + 9\,708.2 \times 0.001\,5^2 = 0.078$$

$$\sigma = \sqrt{0.078} = 0.279$$

由于 $\sigma > \sigma_{\text{req}}$，在 $C_p = 2$ 时，电流电路将不能满足客户的要求。我们可以计算

$$p_R = \frac{\delta C_R}{(\delta f)_R^2} = \frac{0.15}{0.474} = 0.316$$

$$p_L = \frac{\delta C_L}{(\partial f)_L^2} = \frac{0.20}{0.295} = 0.678$$

因为：

$$(\delta f)_R \cong \left|\frac{\partial f}{\partial R}\right| \delta R = 0.948 \times 0.5 = 0.474\,\text{A}$$

$$(\delta f)_L \cong \left|\frac{\partial f}{\delta L}\right| \delta L = 0.985\,3 \times 0.003 = 0.295\,\text{A}$$

因此，降低 R 比降低 L 更具成本优势。

$$p = \frac{\sigma_{\text{req}}}{\sqrt{\sum_{i=1}^{n} p_i^2 \left(\frac{\partial f}{\partial x_i}\right)^2 \sigma_i^2}} = \frac{0.166\,7}{\sqrt{0.316^2 \times 0.899 \times 0.25^2 + 0.678^2 \times 9\,708.2 \times 0.001\,5^2}} = 1.332$$

所以，新的 R 和 L 的容差为

$$\Delta_R = 3C_p p p_R \sigma_R = 3 \times 1.333 \times 1.332 \times 0.316 \times 0.25 = 0.42\,\Omega$$

$$\Delta_L = 3C_p p p_L \sigma_L = 3 \times 1.333 \times 1.332 \times 0.678 \times 0.001\,5 = 0.005\,4\,\text{H}$$

16.5 田口损失函数与安全容差设计

田口博士开发了一种独特的方法来进行容差设计和容差分析。他的容差设计方法包括基于成本的容差设计和分配。成本中最重要的考虑因素是由于需求偏离理想需求水平而造

成的质量损失。

16.5.1 客户容差和生产者容差

望目需求。质量损失可以用我们在第 14 章详细讨论过的田口质量损失函数。图 16 - 8 显示了"望目"情况下质量损失函数的二次曲线。

质量损失函数可以表示为：

$$L(y) = \frac{A_0}{\Delta_0^2}(y - T)^2 \tag{16-29}$$

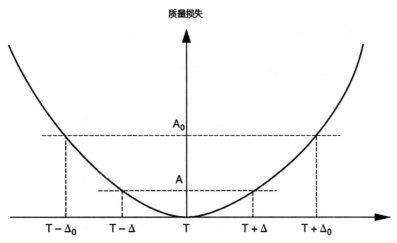

图 16 - 8　质量损失函数，顾客公差与生产者公差

式中，Δ_0 为顾客公差极限，A_0 为当要求水平 y 在顾客容差极限边界时顾客所产生的质量损失成本。田口解释说，如果设计能以较低的成本在交付给客户之前进行完善，也就是 $A < A_0$，那么生产者容差 Δ，就是内部鉴定过程的容差限，它应该设置得比客户容忍容度限制更窄的水平。田口提出，应根据质量损失函数确定具体的生产者容差限 Δ。具体来说，他认为对于生产者容差而言，质量损失应与内部维修成本持平。因此，当 $y = T + \Delta$ 或者 $y = T - \Delta$，根据式(16 - 29)，质量损失为：

$$L(y) = \frac{A_0}{\Delta_0^2}\Delta^2$$

然后，设 $L(y) = A$，我们得到：

$$A = \frac{A_0}{\Delta_0^2}\Delta^2$$

因此，生成者容差限制 Δ 可通过下式计算：

$$\Delta = \sqrt{\frac{A}{A_0}}\,\Delta_0 = \frac{\Delta_0}{\sqrt{\frac{A_0}{A}}} = \frac{\Delta_0}{\phi} \tag{16-30}$$

其中，

$$\phi = \sqrt{\frac{A_0}{A}} = \sqrt{\frac{\overline{超出功能限制的损失}}{\overline{工厂内超出工厂标准的损失}}} \qquad (16-31)$$

ϕ 被称为安全系数。

例 16-11 电视机的颜色密度。回顾 14-1 的例子，假设客户对颜色密度 y 的容差极限 Δ_0 等于 7，如果颜色密度 y 大于 $T+7$ 或小于 $T-7$，50％的客户将会不满意，并要求更换他们的电视机。而换货成本 A_0 是 98 美元。但是，如果电视机是在工厂内修理的，修理费用将是 10 美元，生产者容差 Δ 应为：

$$\Delta = \sqrt{\frac{A}{A_0}}\Delta_0 = \sqrt{\frac{10}{98}}\Delta_0 = \frac{\Delta_0}{\sqrt{98/10}} = \frac{\Delta_0}{3.13} = \frac{7}{3.13} = 2.24$$

也就是说，生产者容差 Δ 应该是 2.24，安全系数 ϕ 应该为 3.13。

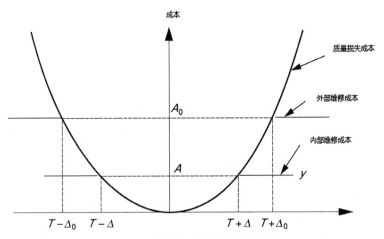

图 16-9　质量损失成本与维修成本

关于安全系数和更严格的生产者容差的论证。从图 16-9，我们可以看到，如果一个公司没有任何售后客服，客户由于产品质量差而产生的成本会遵循二次曲线。如果公司不能控制设计要求的波动，对于客户的成本将会很高。显然，这对客户和公司都很不利。事实上，公司的损失可能比质量损失的成本还要大，因为顾客的不满、不好的声誉、不好的宣传对公司的伤害比对顾客的伤害还要大。例如，一个著名连锁餐厅发生一起食物中毒事件，客户将损失医疗费用，几天或几周的误工费，等等，但连锁餐厅的损失成本将是受到负面宣传、诉讼、消费者信心的丧失和销售量下跌，这远比客户的损失要高得多。

将客户容差限控制在 Δ_0 并且增加售后服务，公司可以将最大客户损失降低到外部维修成本 A_0 以下。如果公司能设定更严格的生产者容差限制 Δ，且实行"预防性维修"成本为 A，那么对客户的最大损失将减少到内部维修成本 A。

望小需求。 对于"越小越好"的要求，质量损失函数为：

$$L(y) = \frac{A_0}{\Delta_0^2}y^2$$

如果内部维修成本在生产者承受的范围内为 A，则使维修成本等于质量损失，那么

$$A = \frac{A_0}{\Delta_0^2} \Delta^2$$

因此

$$\Delta = \frac{\Delta_0}{\sqrt{\dfrac{A_0}{A}}} = \frac{\Delta_0}{\Phi} \tag{16-32}$$

例 16-12　肉类中的细菌计数。显然，一份肉中的细菌数 y 越少越好。假设如果一个肉包中的细菌计数超过 8 000，那么吃肉的人就会生病。假设平均医疗费用和损失的工资等于 500 美元。如果确定肉类超过肉类包装工厂内的限制，则将废弃该肉类，成本为 3.00 美元。我们可以建议将细菌计数 Δ 的内部检查限制为

$$\Delta = \frac{\Delta_0}{\sqrt{\dfrac{A_0}{A}}} = \frac{8\ 000}{\sqrt{\dfrac{500}{3}}} = 620$$

换句话说，肉类包装工厂将检查肉类包装，如果包装含有超过 620 个细菌计数，肉将被丢弃。安全系数为 12.9。

望大需求。对于"越大越好"的要求，质量损失函数为

$$L(y) = A_0 \Delta_0^2 \frac{1}{y^2}$$

如果内部维修成本为 A，生产商容差为 Δ，则使维修成本等于质量损失，我们得到

$$A = A0 \Delta_0^2 \frac{1}{\Delta^2}$$

因此

$$\Delta = \sqrt{\frac{A_0}{A}} \Delta_0 = \Phi \Delta_0 \tag{16-33}$$

例 16-13　电缆强度。假设有一根缆绳被用来悬挂一个设备，这个设备可以产生 5 000 千克力（kgf）的拉力给电缆。如果电缆断裂和设备脱落，成本将是 30 万美元。线缆的强度与横截面成正比等于 150 kgf/mm²。假设电缆的成本与横截面是成比例的等于 60 美元/mm²。

设面积为 x，于是 $A = 60x$，$\Delta = 150x$，使用公式（16-33），我们得到

$$150x = \sqrt{\frac{300\ 000}{60x}} 5\ 000$$

那么 $(150x)^2 60x = 5\ 000^2 \times 300\ 000$。我们可以求解 $x = 177$。所以这个线缆成本 $A = 60x = 10\ 620$ 美元，线缆强度 $D = 150\Delta = 150x = 150 \times 177 = 26\ 550$。安全系数为

$$\Phi = \sqrt{\frac{300\ 000}{10\ 620}} = 5.31$$

16.5.2 测定特性从低水平到高水平的容差

给定高级需求 y 和低级需求 y 的传递函数特征 x_1，x_2，$\cdots$，x_i，$\cdots$，x_n，我们有

$$y = f(x_1, x_2, \cdots, x_i, \cdots, x_n)$$

田口容差设计也有它自己的方法来测定低级容差。如果上方展示的传递函数是线性的，或者可以找到敏感性，那么对于每个低级特性 x_i，$i = 1, \cdots, n$，我们有

$$y - T \approx \frac{\partial f}{\partial x_i}(x_i - T_i) \cong a_i(x_i - T_i) \tag{16-34}$$

那么田口损失函数近似等于

$$L(y) = \frac{A_0}{\Delta_0^2}(y - T)^2 \approx \frac{A_0}{\Delta_0^2}[a_i(x_i - T_i)]^2 \tag{16-35}$$

假设当一个低级特性超出容差界限 Δ_i，更换它的成本是 A_i，那么等同于公式(16-35)中的质量损失为 A_i，可以得到：

$$A_i = \frac{A_0}{\Delta_0^2}[a_i \Delta_i]^2 \tag{16-36}$$

$$\Delta_i = \sqrt{\frac{A_1}{A_0}}\frac{\Delta_0}{|a_i|} \tag{16-37}$$

例 16-14 电源电路。输出电压的规格一个电源电路的电压为 9 ± 1.5 V。如果电源电路超出规格说明，更换成本为 2 美元。电阻器的电阻影响其输出电压，阻力每 1％ 的变化会导致输出电压变化 0.2 V。如果更换电阻器的成本是 15 美分，电阻器的容差限制是多少（百分比）？通过利用式(16-37)，我们可以得到

$$\Delta_i = \sqrt{\frac{A}{A_0}}\frac{\Delta_0}{|a_i|} = \sqrt{\frac{0.15}{2}}\frac{1.5}{0.2} = 2.05$$

所以电阻器的容差限制应设定在 $\pm2\%$ 左右。

16.5.3 多个参数的容差分配

给定传递函数 $y = f(x_1, x_2, \cdots, x_i, \cdots, x_n)$，如果针对所有低级特性 x_1，x_2，$\cdots$，x_i，$\cdots$，x_n 想用田口方法来设计容差界限，针对所有参数我们可以使用公式(16-37)

$$\Delta_1 = \sqrt{\frac{A_1}{A_0}}\frac{\Delta_0}{|a_1|}; \quad \Delta_2 = \sqrt{\frac{A_2}{A_0}}\frac{\Delta_0}{|a_2|}, \quad \cdots, \quad \Delta_n = \sqrt{\frac{A_n}{A_0}}\frac{\Delta_0}{|\alpha_n|}$$

因此，由 x_1，x_2，x_3，$\cdots$，x_n 波动引起的输出 y 范围的平方是

$$\Delta^2 = (\alpha_1\Delta_1)^2 + (\alpha_2\Delta_2)^2 + \cdots + (\alpha_n\Delta_n)^2$$

$$= \left(\sqrt{\frac{A_1}{A_0}}\Delta_0\right)^2 + \left(\sqrt{\frac{A_2}{A_0}}\Delta_0\right)^2 + \cdots + \left(\sqrt{\frac{A_n}{A_0}}\Delta_0\right)^2$$

$$= \frac{A_1 + A_2 + \cdots + A_k}{A_0}\Delta_0 \qquad (16-38)$$

或

$$\Delta = \sqrt{\sum_{i=1}^{n} A_n\Delta_0} \qquad (16-39)$$

在公式中，X_1，X_2，$\cdots$，X_i，$\cdots$ X_n 是构成系统的 N 个组件。(16-38)和(16-39)式中，A_0 代表使系统满足规范要求的更改成本，$A_1 + A_2 + \cdots + A_n$ 代表购买这 n 个部件的总成本，那么我们有以下三种情况：

情况 1：$A_1 + A_2 + \cdots + A_n \ll A_0$。这意味着组件总成本远小于系统更改成本。这种只有在系统超标就一定要报废的情况下才执行下去。从公式(16-39)可以看出，实际装配容差 Δ 远远小于客户容忍容差 Δ_0。例如，如果

$$A_1 + A_2 + \cdots + A_n = 1/4\ A_0$$

也就是说，组件总成本是系统更换成本的四分之一，然后按公式(16-39)计算

$$\Delta = \sqrt{\frac{1}{4}}\Delta_0 = \frac{1}{2}\Delta_0$$

也就是说，生产者的容忍度应该是顾客容忍度的一半。

情况 2：$A_1 + A_2 + \cdots + A_n \gg A_0$。这意味着组件的总成本远大于系统更改的成本，如果系统更改代价小，就会执行更改。从式(16-39)可以清楚地看出，实际装配容差 Δ 远远大于客户容忍容差 Δ_0。

情况 3：$A_1 + A_2 + \cdots + A_n \approx A_0$。这意味着组件的总成本约等于系统更改的成本。这种情况不常出现。从式(16-39)可以清楚地看出，实际装配容差 Δ 等于客户容忍容差 Δ_0。

我们可以清楚地看到，传统的容差设计与田口的容差设计有着根本的哲学差异。传统的容差设计为低级别特征 $x_1, x_2, \cdots, x_i, \cdots, x_n$ 指定容差 $\Delta_1, \Delta_2, \cdots, \Delta_n$，使得 y 的实际容差 Δ 与客户期望容差 Δ_0 相等。而田口容差设计为低级别特征 $x_1, x_2, \cdots, x_i, \cdots, x_n$ 指定的容差 $\Delta_1, \Delta_2, \cdots, \Delta_n$ 可能会使 y 的实际容差 Δ 比客户期望容差 Δ_0 相比较小（如果高级别纠错费用比低级别大很多），或者更大（如果高级别纠错费用非常小）。

16.6　田口容差设计实验

假设一个系统的高级别需求 y 与一组低级别特征相关，如 $x_1, x_2, \cdots, x_i, \cdots, x_n$，传

递函数未知：

$$y = f(x_1, x_2, \cdots, x_i, \cdots, x_n)$$

第 16.5 节中讨论的容差设计方法不能直接应用。在这种情况下，田口（1986）提出使用容差设计实验，来确定低级别特征波动的影响，或因素 $x_1, x_2, \cdots, x_i, \cdots, x_n$ 对高级别要求的影响。实验数据分析能够根据低级别因素的影响和成本来调整它们的容差优先级。

容差实验设计是在参数实验设计后进行的，当控制因子达到标称水平时，即 $x_1, x_2, \cdots, x_i, \cdots, x_n$ 的目标值已经被确定。在容差实验设计中，田口（1986）建议实验因子水平按以下规则设置：

(1) 二水平因子：① 第一水平＝目标值 $T_i - \sigma_i$；② 第二水平＝目标值 $T_i + \sigma_i$。

(2) 三水平因子：① 第一水平＝$T_i - \sqrt{\dfrac{3}{2}} \sigma_i$；② 第二水平＝$T_i$；③ 第三水平＝$T_i + \sqrt{\dfrac{3}{2}} \sigma_i$。

通过使用这些设置，对于二水平因子，两个水平位于波动范围的 15％和 85％点。对于三水平因子，三个水平分别位于 10％、50％和 90％点。显然，这些水平被设定在变化范围的"合理"端。

容差设计是一个规则的正交设计实验，在这个实验中，每组实验都需要规则采集功能需求 y 值。根据方程式

$$\mathrm{Var}(Y) = \sigma^2 \approx \sum_{i=1}^{n} \left(\frac{\delta y}{\delta x_i} \right)^2 \bar{\sigma}_i^2 \qquad (16-40)$$

如果设定 $\delta x_i \approx \sigma_i$，得到

$$\mathrm{Var}(Y) = \sigma^2 \approx \sum_{i=1}^{n} (\delta y)_i^2 \qquad (16-41)$$

方程（16-41）实际上表明，DOE 中的均方总和 MS_T 是 $\mathrm{Var}(Y)$ 的一个良好的统计估计量。各因子对总平方和 SS_T 的贡献百分比可用于确定减少容差工作的优先级。如果一个因子对 SS_T 有很大的贡献，并且降低容差的代价也很低，那么该因子是减少变异的候选因子。我们将通过下面的例子来说明田口容差设计实验。

例 16-15　过程变量的容差设计实验。复合材料通过热成型工艺加工而成，材料的拉伸强度是其关键特性。有四个工艺变量：A—烘烤温度、B—烘烤时间、C—纤维添加量、D—搅拌速度。

参数设计后，这些过程变量的标称值已经确定：A—300°F；B—30 min；C—15％；D—300 r/min。这些过程变量无法精确控制；历史数据表明，这些变量的长期标准偏差为 σ_A—10°F；σ_B—1.8 min；σ_C—1.6％和 σ_D—12 转/分。使用下列水平：① 第一水平＝$T_i - \sqrt{\dfrac{3}{2}} \sigma_i$；② 第二水平＝$T_i$；③ 第三水平＝$T_i + \sqrt{\dfrac{3}{2}} \sigma_i$。

得到

因 子	水平 1	水平 2	水平 3
A,℉	288	300	312
B,min	27.8	30	32.2
C,%	13	15	17
D,r/min	285.4	300	314.6

使用了 L_9 矩阵,实验排列和拉伸强度的数据如下表所示。

实验顺序	因 子				拉伸强度
	A	B	C	D	
1	1	1	1	1	243
2	1	2	2	2	295
3	1	3	3	3	285
4	2	1	2	3	161
5	2	2	3	1	301
6	2	3	1	2	260
7	3	1	3	2	309
8	3	2	1	3	274
9	3	3	2	1	198

我们使用 MINITAB 来获取了下面的 ANOVA 数据表:

```
Analysis of Variance for Strength, using Adjusted SS for Tests
Source  DF    Seq SS   Adj SS   Adj MS    F   P
A        2    1716.2   1716.2    858.1   **
B        2    4630.9   4630.9   2315.4   **
C        2    9681.6   9681.6   4840.8   **
D        2    4011.6   4011.6   2005.8   **
Error    0       0.0      0.0      0.0
Total    8   20040.2
```

$$\hat{\sigma}^2 = MST = \frac{SST}{8} = 2\,505; \quad \hat{\sigma} = \sqrt{2\,505} = 50.0 \text{ 。}$$

每一个因子的贡献率在图 16-10 中被计算出来。很明显,因子 C 和 B 对方差的贡献率最高。如果我们能够降低 C 和 B 50% 的标准差,那么 y 的新方差就可以计算出来:

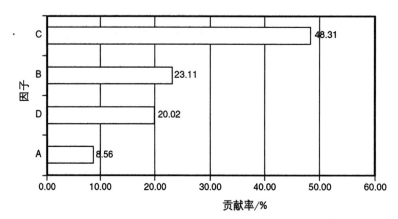

图 16－10 对方差的贡献率

$$\hat{\sigma}_{\text{new}}^2 = 2\,505\left(0.085\,6 + 0.231\,1 \times \left(\frac{1}{2}\right)^2 + 0.483\,1 \times \left(\frac{1}{2}\right)^2 + 0.200\,2\right)$$

$$= 1\,163.2$$

$$\hat{\sigma}_{\text{new}} = \sqrt{1\,163.2} = 34.1$$

第 17 章

响应曲面分析法(RSM)

17.1 引言

响应曲面分析法是一种特殊的 DOE 技术,可用于细化和优化 DFSS 项目的传递函数(第 6 章)。该方法可用于 DFSS 的优化(O)阶段。响应曲面分析法(RSM)是统计和优化方法的结合,可用于设计的建模和优化。它在产品和工艺的设计与改进中有许多应用。同样,与前几章的处理类似,以 P 图为典型范例来进行 RSM 的说明,如图 17 - 1 所示。

17.1.1 RSM 在设计改进与优化中的作用

对于许多新产品设计开发,在开始阶段我们对设计的理解是不够的。我们能够列出输出响应,或关键要求 y_1, y_2, $\cdots$, y_n,还可以列出许多因素或变量,x_1, x_2, $\cdots$, x_n。然而,y_1, y_2, $\cdots$, y_n 与 x_1, x_2, $\cdots$, x_n 之间确切的传递函数还不清楚。所以图 17 - 1 所示的 P 图几乎就像一个黑匣子。

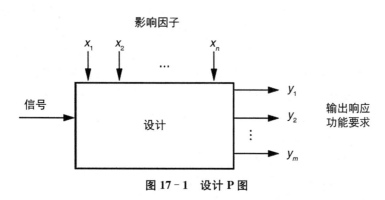

图 17 - 1 设计 P 图

找到输出要求和设计参数之间精确的传递函数是至关重要的,也就是说,要使 P 图(图 17 - 1)成为"透明匣子",以便为变量找到最佳设置,从而确保设计达到最佳性能。当变量 x_1, x_2, $\cdots$, x_n 个数较多时,寻找变量与输出响应之间的精确传递函数是困难的,并且工作量大。所以最好从筛选实验着手。通常选择低分辨率的部分因子二水平实验(见第 13 章)。

筛选实验的目的是找出重要变量的集合。

例 17-1 筛选实验在一个粉末涂料应用过程的技术开发项目中，有几个重要的输出响应，或关键要求：

y_1——漆膜厚度，在物体上涂上一层给定厚度的油漆；

y_2——漆膜均匀性，确保待涂漆物体上的漆膜非常均匀；

y_3——转化效率，实际应用于被喷涂对象的油漆比例。总有一部分油漆没有到达物体或从物体上脱落，当然，100%的转化效率是理想的目标；

y_4——外观，这是一个评审项，用来衡量油漆表面的美观度。

许多因子可能会影响这些输出响应：

x_1——喷漆器电压——这个变量很重要，因为需要静电来"保持"油漆吸附在物体上；

x_2——喷漆器到物体的距离；

x_3——喷漆器间距；

x_4——喷漆器成型气压；

x_5——喷漆器流量；

x_6——油漆粉流速；

x_7——喷嘴类型；

x_8——喷涂模式重叠；

x_9——传送速度；

x_{10}——喷涂应用的程数——此变量指对象被喷涂的次数；

x_{11}——振荡速度；

x_{12}——喷漆器类型。

在这些因素中，x_7 为喷嘴类型；x_8 为喷涂模式重叠；x_{10} 为油漆应用程序的程数；x_{11} 为振荡速度（仅两种速度）；x_{12} 喷漆器类型，为离散变量；其他为连续变量。显然，存在多变量和四个输出响应，对所有的传递函数进行详细研究是不可行的。筛选实验采用 2^{15-11}_{III}（L_{16} 排列）的部分因子实验，以 y_1、y_2、y_3、y_4 作为响应。因为只需要 16 次试验，这个筛选试验完全可行。图 17-2 显示了部分主作用图，图中响应是 y_3（转化效率）。主作用图显示，振荡、距离和重叠是不显著的变量。程数和喷嘴类型是次重要变量，因为它们是离散变量，每个变量只有两种选择。由于转化效率越高越好，而这两个变量的第二个水平有更高的转化效率，因此可以在以后的研究中将这两个变量"固定"为第二水平。从图 17-2 可以看出，电压、流速和传送速度是非常显著的连续型变量，我们将在接下来的研究中进一步研究它们。

因此，在筛选实验中，我们把众多变量缩减到三个显著变量。

综上所述，筛选实验可以完成以下任务：

（1）为进一步调查排除不显著的变量；

（2）确定一些离散变量的最佳设置；

（3）为进一步调查识别少量重要的变量。

在识别了少数重要变量之后，我们就有了一个"缩小后的"问题。通常我们通过后续试验来仔细学习这些重要变量。然而，这些后续试验中，不建议选择二水平部分因子实验设计。特别是当这些参数是连续的变量时，二水平因子试验并不能找到最佳的变量设置，或者最优解。当最优解可能在试验区域之外时（见图 17-3a），二水平因子试验只能在试验范围

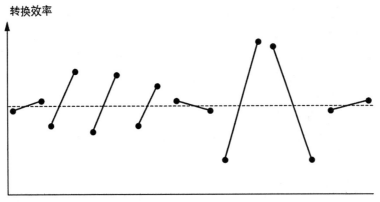

图 17-2　筛选试验中的一个主作用图

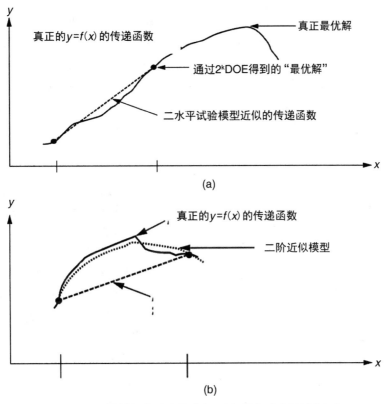

图 17-3　最优解在试验区域内（a）和不在试验区域内（b）

内定义"一个更优解"，即使最优解在试验区域内（见图 17-3b），如果 y 和 x_1，x_2，…，x_n 真正的转换关系是非线性的，二水平因子模型仍不能找到最优解。

响应曲面分析法（RSM）就是设计用来在筛选实验后找到"缩小后问题"的最优解，其中输出响应（可能多个）应与筛选后那部分重要的连续参数相关。

17.1.2　曲面响应法的策略

现在我们来一步步讲解响应曲面分析法：

第0步：筛选实验。筛选实验之后的那小部分重要连续变量才能被识别出来做下一步研究。

第1步：确认最优解是否处于当下的研究区域之中,响应曲面分析法第1步会先确认现有试验区域下是否包含最优解,如果有,则进入第3步,否则,进入第2步;

第2步：寻找包含最优解的区域。曲面响应法会使用一种搜索方法来将区域向最优解推进,如果这个区域被识别到,进入第3步;

第3步：设计并进行响应曲面试验,收集更多数据建立非线性经验模型,通常为二阶模型。RSM将扩大现有的实验设计规模,增加更多的试验点和更多的数据,拟合出一个非线性的经验模型;

第4步：识别最优解。应用优化方法来识别最优解。

17.2　搜索并识别包含最优解的区域

筛选实验通常是二水平部分因子实验。在筛选实验的最后,我们将识别出少量重要的连续变量,在响应曲面分析法(RSM)的初始阶段,我们通常使用这一小部分重要的连续变量,增加中心点进行二水平部分因子实验。添加几个中心点的目的是对"弯曲"或非线性进行统计测试。因为RSM假设当前试验区域远离最优区域,输出响应与变量趋于线性相关;如果试验区域包含最优解,则输出响应(需求)趋于与变量非线性相关。因此,对带中心点的二水平因子实验弯曲的统计测试就是RSM中最优区域的测试。

17.2.1　带中心点的 2^k 或 2^{k-p} 因子实验设计

通常在二水平全因子或部分因子实验设计中,+1表示高水平,-1表示低水平。对于一个连续变量,如果我们选择一个正好在这两个水平之间的中点的值,我们可以称之为中心点,并将其表示为0。例如,如果变量 a 表示温度,高水平为300℃,定义为 $A = +1$,低水平为200℃,定义 $A = -1$,则中间水平为250℃,定义 $A = 0$。2^k 或 2^{k-p} 因子实验设计的中心点是各个变量的中间水平。

图17-4解释了 2^2 因子实验设计中心点的概念。

在图17-4中,四个"角点"是 2^2 因子实验设计的标准设计点。我们也可以称之为因子组合点。在这种情况下,中心点是对应于 $A = 0$ 和 $B = 0$ 的点。在响应曲面设计中,可能有多个中心点。

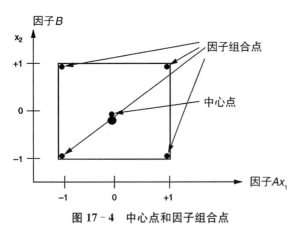

图17-4　中心点和因子组合点

17.2.2　弯曲检验

当我们进行带中心点的 2^k 或 2^{k-p} 试验时,可以使用假设检验程序(Montgomery,1997)来检验拟合回归模型中是否存在显著的弯曲。

带有中心点的 2^k 或 2^{k-p} 试验,拟合回归模型如下:

$$y = \beta_0 + \sum_{j=1}^{k} \beta_j x_j + \sum_{i<j} \beta_{ij} x_i x_j + \sum_{j=1}^{k} \beta_{jj} x_j^2 + \varepsilon \tag{17-1}$$

其中 $\sum_{j=1}^{k} \beta_{jj} x_j^2$ 对应"弯曲"。弯曲的统计假设检验如下：

$$H_0 : \sum_{j=1}^{k} \beta_{jj} = 0 \text{（没有弯曲作用）}$$

$$H_1 : \sum_{j=1}^{k} \beta_{jj} \neq 0 \text{（弯曲作用显著）}$$

为此假设检验建立了 F 检验程序。在此 F 检验过程中，计算单自由度的弯曲平方和（$SS_{\text{curvature}}$）：

$$SS_{\text{curvature}} = \frac{n_F n_C (\bar{y}_F - \bar{y}_C)^2}{n_F + n_C} \tag{17-2}$$

其中，$\bar{y}_F=$ 因子组合点的平均输出响应；$\bar{y}_C=$ 中心点的平均输出响应；$n_F=$ 因子数量；$n_C=$ 中心点数量。

如果没有弯曲，则 $\bar{y}_F$ 应该非常接近 $\bar{y}_C$。如果存在明显的弯曲，则 $\bar{y}_F$ 和 $\bar{y}_C$ 之间将存在明显偏差，如果 $\bar{y}_F$ 和 $\bar{y}_C$ 之间存在较大偏差，偏差越大，则 $SS_{\text{curvature}}$ 就越大，弯曲作用就越显著。F 检验统计量是 $SS_{\text{curvature}}$ 与 MSE 的比率：

$$F_0 = \frac{SS_{\text{curvature}}}{MSE} \tag{17-3}$$

如果 $F_0 > F_{\alpha, 1ne}$，则 H_0 将被拒绝，说明产生了明显的弯曲作用，其中 n_e 是 MSE 的自由度。

例 17-2 弯曲检验。化学工程师正在研究某过程的产量。有两个变量，$A=$ 温度，$B=$ 压力，试验布局和产量数据如图 17-5 所示。有五个中心点和四个设计组合点，因此 $n_C=5, n_F=4$：

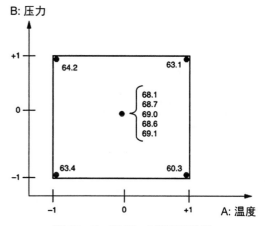

图 17-5　例 17-2 的产量数据

$$\bar{y}_F = \frac{64.1 + 63.1 + 63.4 + 60.3}{4} = 62.7,$$

$$\bar{y}_C = \frac{68.1 + 68.7 + 69.0 + 68.6 + 69.1}{5} = 68.7$$

因此

$$SS_{\text{curvature}} = \frac{n_F n_C (\bar{y}_F - \bar{y}_C)^2}{n_F + n_C} = \frac{4 \times 5 \times (62.7 - 68.7)^2}{4 + 5} = 78.7$$

使用 MINITAB 对弯曲进行 F 检验，显然在这种情况下弯曲非常大：

产量方差分析（编码单位）

资源	DF	Seq SS	Adj SS	Adj MS	F	P
主要效果	2	7.6500	7.6500	3.8250	24.68	0.006
相互作用	1	1.0000	1.0000	1.0000	6.45	0.064
曲率	1	78.6722	78.6722	78.6722	507.56	0.000
残留误差	4	0.6200	0.6200	0.1550		
总误差	4	0.6200	0.6200	0.1550		
总计	8	87.9422				

在响应曲面分析法中，如果弯曲检验表明存在显著的弯曲作用，我们可以得出结论，在当前试验区域内很有可能存在局部最优解。

17.2.3 用最速上升法来搜索最适区域

当弯曲检验表明在试验回归模型中没有明显的弯曲作用时，在当前试验区域中不太可能找到最佳解。于是接下来我们需要找到最适区域的位置。有许多用于搜索最适区域的优化搜索方法。对于 RSM，最速上升法或梯度下降法都是搜索最适区域的好方法。

最速上升法假设输出要求 y 的最优值是"越大，越好"。如果 y 是"越小，越好"，那么我们可以简单地沿相反方向使用该方法，即最速下降法。

最速上升法从建立 y 和 x_1, x_2, $\cdots$, x_k 之间的线性模型开始，如下所示

$$y = \beta_0 + \beta_1 x_1 + \beta_2 x_2 + \cdots + \beta_k x_k \tag{17-4}$$

通过执行 2^k 或 2^{k-p} 全因子实验并随后拟合试验数据，可以轻松建立此线性模型。最速上升方法是线性搜索法，即沿着 y 的改进方向搜索的方法。线性搜索方法具有两个基本要素：① 搜索方向；② 搜索步长。

在最速上升法中，最速上升是指向 y 的增加率最大的方向搜索。在数学上，此方向由梯度指定。另一方面，最陡的下降方向是由负梯度指定，其中 y 是"望小"。对于线性模型（公式 17-4）梯度很简单

$$\frac{\nabla_y}{\nabla_x} = (\beta_1, \beta_2, \cdots, \beta_k)^{\mathrm{T}} \tag{17-5}$$

其中 T 表示转置。

步长是指"每一步跨的距离"，一般由试验者决定。通常，我们使用以下公式来表示步长：

$$x_i^{\text{new}} = x_i^{\text{old}} + p \frac{\beta_i}{\sqrt{\sum_{i=1}^{k} \beta_k^2}} \tag{17-6}$$

对于 $i = 1, \cdots, k$，其中 x_i^{old} 是 x_i 的当前值，x_i^{new} 是指一个搜索步骤后 x_i 的值，p 是步长。如果 $p = 1$，则称为单位步长，这是步长的常用选择。

在每个搜索步骤之后，我们将获得 x_1, x_2, $\cdots$, x_k 的一组新值，然后进行新测试以获得新的输出响应值 y。如果搜索方向正确，则 y 的新值应比上一步更好（望大的话就是更大）。经过多个步骤后，每步 y 的改善可能会非常低；那么应该通过运行另一个带中心点的因子试

验来找到新的搜索方向。图 17－6 展示了搜索的过程。对于每个新的带中心点的因子试验,都将检验弯曲。如果没有明显的弯曲,将通过梯度找新的搜索方向。如果存在明显的弯曲作用,则可能在当前试验区域内找到最佳解,并且该问题进入优化阶段。

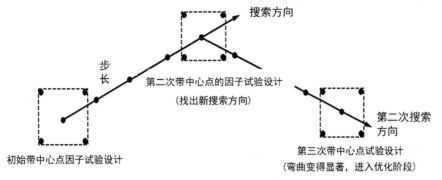

图 17－6　RSM 中最速搜索的顺序

例 17－3　最速上升法。经过筛选试验,可以得出结论,化学过程的转化率(y,以百分比为单位)主要受温度(X_1,以摄氏度为单位)和反应时间(X_2,以分钟为单位)的影响。使用表 17－1 所示的布局和数据进行了带中心点的因子实验。

表 17－1　例 17－3 的实验布局和数据

编码变量		自然变量		y
x_1	x_2	x_1(温度/℃)	x_2(反应时间/min)	
-1	-1	170	150	32.79
$+1$	-1	230	150	24.07
-1	$+1$	170	250	48.94
$+1$	$+1$	230	250	52.49
0	0	200	200	38.89
0	0	200	200	48.29
0	0	200	200	29.68
0	0	200	200	46.50
0	0	200	200	44.15

在表 17－1 中,编码变量是归一化变量,其中高水平为＋1,低水平为－1,中心为 0。自然变量与原始变量单位一致。我们可以使用以下公式将编码变量 x_i, $i=1, \cdots, k$ 转换为自然变量 X_i, $i=1, \cdots, h$:

$$x_i = \frac{X_i - (X_{\text{low}} + X_{\text{high}})/2}{(X_{\text{high}} - X_{\text{low}})/2} \tag{17-7}$$

和

$$X_i = \frac{X_{\text{low}} + X_{\text{high}}}{2} + x_i \frac{X_{\text{high}} - X_{\text{low}}}{2} \qquad (17-8)$$

其中 X_{low} 和 X_{high} 分别对应于 X_i 的低水平和高水平设置。

使用 MINIAB，我们能得到以下例子 17-3 的回归方程：

$$\hat{y} = 39.57 - 1.293 x_1 + 11.14 x_2$$

因此，梯度方向是

$$\frac{\nabla_y}{\nabla_x} = \binom{\beta_1}{\beta_2} = \binom{-1.293}{11.14}$$

根据公式(17-6)并设置 $\rho = 1$，得到

$$x_1^{\text{new}} = x_1^{\text{old}} + \rho \frac{\beta_1}{\sqrt{\sum_{i=1}^{k} \beta_k^2}} = 0 + 1 \frac{-1.293}{\sqrt{(-1.293)^2 + 11.14^2}} = -0.115$$

$$x_2^{\text{new}} = x_2^{\text{old}} + \rho \frac{\beta_2}{\sqrt{\sum_{i=1}^{k} \beta_k^2}} = 0 + 1 \frac{11.14}{\sqrt{(-1.293)^2 + 11.14^2}} = -0.993$$

对于自然变量有

$$
\begin{aligned}
X_1^{\text{new}} &= \frac{X_{\text{low}} + X_{\text{high}}}{2} + x_1^{\text{new}} \frac{X_{\text{high}} - X_{\text{low}}}{2} \\
&= \frac{170 + 230}{2} - 0.115 \frac{230 - 170}{2} = 196.5℃
\end{aligned}
$$

$$
\begin{aligned}
X_2^{\text{new}} &= \frac{X_{\text{low}} + X_{\text{high}}}{2} + x_2^{\text{new}} \frac{X_{\text{high}} - X_{\text{low}}}{2} \\
&= \frac{150 + 250}{2} + 0.993 \frac{250 - 150}{2} = 249.6 \ \text{min}
\end{aligned}
$$

因此，我们将在新的试验点 $(X_1, X_2) = (196.5, 249.6)$ 下进行新的试验，我们期望产量 y 得到提高。在此之后，我们执行另一次搜索步骤，搜索过程将按照图 17-6 中概述的策略继续。

17.3 响应曲面分析实验设计

在响应曲面分析法中，当弯曲检验的结果显示出显著的弯曲作用时，这表明 y 和 $x_1, x_2, \cdots,$ x_k 之间的实际传递函数是非线性的，代表最优解，至少是局部最优解，有很高的可能性在该区域内。

在大多数工业应用中，二阶经验模型足以作为实际传递函数的近似模型。从数值上讲，二阶模型的最优解很容易找到。然而，带中心点的 2^k 或 2^{k-p} 因子实验设计并不能完美地将

试验数据拟合到二阶模型中。

当 k 很小时,比如 $k=2$ 或 $k=3$,可以使用 3^k 或 3^{k-p} 实验设计来生成实验数据拟合二阶模型。然而,当 k 较大时,3^k 或 3^{k-p} 的运行次数将过多。

响应曲面实验设计布局可以用来生成足够的实验数据来拟合二阶模型。与 3^k 和 3^{k-p} 设计相比,当变量 k 较大时,响应面设计使用的运行次数明显更少。最常用的响应面设计有中心复合设计、Box - Behnken 设计和 D -最优设计。

17.3.1　中心复合设计

中心复合设计(CCD)包含一个嵌入的全因子或部分因子实验设计,中心点由一组轴向点进行扩展,从而可以估计二阶作用。如果每个因子从设计空间中心点到因子组合点的距离为 ± 1 个单位,那么设计空间中心到星点的距离为 $\pm \alpha$,且 $|\alpha|>1$。精确值取决于设计所需的特性和所涉及的因子数量。图 17 - 7 显示了两因子的中心复合设计的情况。

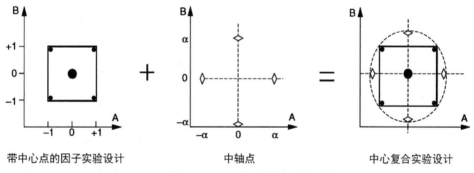

带中心点的因子实验设计　　　　中轴点　　　　中心复合实验设计

图 17 - 7　两因子中心复合实验设计

表 17 - 2 给出了两个因素下 CCD 实验布局,我们可以看到在中心复合设计中有三种类型的设计点:因子组合点、中心点和轴向点。因子组合点数 n_F 取决于选择何种 2^k 因子或 2^{k-p} 部分因子实验设计。中心点 n_C 的数量取决于我们对响应面模型预测误差的要求;通常中心点越多,预测误差就越小。轴点数 n_A 始终等于 $2k$。

表 17 - 2　双因子中心复合设计试验布局

点的类型	实验点	因　　子		响　　应
		$A：x_1$	$B：x_2$	
析因设计点	1	-1	-1	
	2	1	-1	
	$\vdots$	-1	1	
	n_F	1	1	
中心点	1	0	0	
	2	0	0	
	$\vdots$	$\vdots$	$\vdots$	
	n_C	0	0	

（续表）

点的类型	实验点	因 子		响 应
		$A：x_1$	$B：x_2$	
中轴点	1	$-\alpha$	0	
	2	α	0	
	⋮	0	$-\alpha$	
	n_A	0	α	

α 的值将取决于我们是否希望 RSM 设计具有旋转性。具有可旋转性的设计也称为可旋转设计。在可旋转设计中，y 预测值的方差或 y 的预测方差是一个点到设计中心的距离的函数，而不是从该点到中心的轴或方向的函数。预测方差是预测误差的度量。在研究开始之前，可能对包含最优解的区域知之甚少或一无所知。因此，实验设计矩阵不应偏向任何方向。在可旋转实验设计中，与预测值方差相关联的等高线为同心圆，如图 17-8 所示。

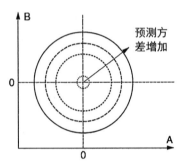

图 17-8　可旋转实验设计预测方差等高线

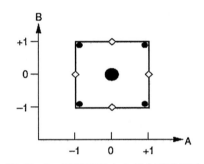

图 17-9　两因子面中心复合实验设计

图 17-8 表明，在可旋转设计中，中心点的预测方差最小。随着距中心点距离的增加，预测方差均匀增大。

为了获得旋转性，α 值取决于中心复合实验设计因子部分的实验运行次数，特别是

$$\alpha = (n_F)^{1/4} \tag{17-9}$$

表 17-3 给出了 2 到 6 个因子旋转中心复合实验设计的因子组合点和 α 值的适当选择标准。

然而，旋转中心复合实验设计的一个可能的问题是，每个因子都有五个水平，即（$-\alpha$，-1，0，$+1$，$+\alpha$）。对于某些工业应用，很难将每个因子设置为太多水平。如果设 $\alpha = 1$，则相应的设计称为面中心复合设计，其中每个因素只有三个层次。图 17-9 显示了一个双因子面中心复合设计的草图。显然，这种设计是不可旋转的。

17.3.2　Box-Behnken 设计

Box-Behnken 设计是一种独立的二次设计，因为它不包含嵌入因子或部分因子实验设计。在本实验设计中，处理组合分别位于设计空间边缘的中点和中心。这些设计是可旋转的（或几乎可旋转的），每个因子都需要三个水平。图 17-10 给出了三因素的 Box-Behnken 设计的实验布局示意图。

表 17 - 3 CCD 设计组合点和 α 值参考值

因子数量	因子组合部分	α 的值
2	2^2	$2^{2/4}=1.414$
3	2^3	$2^{3/4}=1.682$
4	2^4	$2^{4/4}=2.000$
5	2^{5-1}	$2^{4/4}=2.000$
5	2^5	$2^{5/4}=2.378$
6	2^{6-1}	$2^{5/4}=2.378$
6	2^6	$2^{6/4}=2.828$

$k=3$ 因子和 $k=4$ 因子的 Box - Behnken 设计矩阵列于表 17 - 4 和 17 - 5 中。

Box - Behnken 设计的优点包括:① 每个因子只使用三水平;② Box - Behnken 是一种接近可旋转的设计;③ $k=3$ 或 4 时需要的实验运行次数比中央复合实验设计要少;但是当 $k \geqslant 5$ 时,这个优势就消失了。

17.3.3 D-优化实验设计

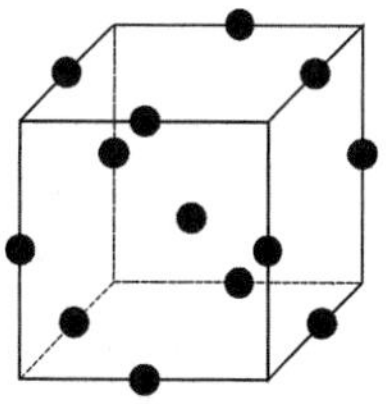

D-优化实验设计是最流行的计算机生成实验设计。计算机生成的实验设计是基于特定最优性标准的实验设计。一种流行的标准是D-最优性,它寻求信息矩阵 $\boldsymbol{X}^T\boldsymbol{X}$ 的 $|\boldsymbol{X}^T\boldsymbol{X}|$ 最大化。这个准则能够使指定模型参数估计的广义方差最小化。因此 D-优化设计就是寻找一种对模型参数的总体预测误差最小的试验设计。

图 17 - 10
三因子 Box - Behnken
实验设计

表 17 - 4 三因子 Box - Behnken 设计矩阵

x_1	x_2	x_3
-1	-1	0
-1	1	0
1	-1	0
1	1	0
-1	0	-1
-1	0	1
1	0	-1
1	0	1
0	-1	-1
0	-1	1
0	1	-1

（续表）

x_1	x_2	x_3
0	1	1
0	0	0
⋮	⋮	⋮
0	0	0

计算机生成的实验设计，比如 D-优化设计，比传统的响应面设计如中心复合实验设计和 Box-Behnken 实验设计具有一些优势。一个主要的优点是在选择响应面模型类型和实验运行次数方面有更大的灵活性。例如，对于一个三因子响应面分析实验，以下二阶模型是中心复合设计（CCD）和 Box-Behnken 设计的标准模型：

$$y = \beta_0 + \beta_1 x_1 + \beta_2 x_2 + \beta_3 x_3 + \beta_{11} x_1^2 + \beta_{22} x_2^2 + \beta_{33} x_3^2 + \beta_{12} x_1 x_2 + \beta_{13} x_1 x_3 + \beta_{233} x_{23} + \varepsilon$$

表 17-5　四因子 Box-Behnken 设计矩阵

x_1	x_2	x_3	x_4
−1	−1	0	0
−1	1	0	0
1	−1	0	0
1	1	0	0
−1	0	−1	0
−1	0	1	0
1	0	−1	0
1	0	1	0
−1	0	0	−1
−1	0	0	1
1	0	0	−1
1	0	0	1
0	−1	−1	0
0	−1	1	0
0	1	−1	0
0	1	1	0
0	−1	0	−1
0	−1	0	1
0	1	0	−1
0	1	0	1
0	0	−1	−1

x_1	x_2	x_3	x_4
0	0	-1	1
0	0	1	-1
0	0	1	1
0	0	0	0
0	0	0	0

　　如果我们使用中央复合设计,则根据表 17-3,需要进行 23 因子实验设计（8 个运行）,再加上 6 个轴向点和多个中心点（至少要有 1 个中心点；通常首选几个中心点）,实验需要运行 15 组或更多。如果实际情况只能进行 14 次试验,则中央复合设计将无法完成工作。对于 D-优化设计,用户可以选择自己的模型。例如,如果术语 $\beta_{33}x_{23}$,$\beta_{13}x_1x_{31}$ 和 $\beta_{23}x_2x_3$ 不相关,则用户可以指定模型：

$$y = \beta_0 + \beta_1 x_1 + \beta_2 x_2 + \beta_3 x_3 + \beta_{11} x_1^2 + \beta_{22} x_2^2 + \beta_{12} x_1 x_2$$

　　作为实验中的模型。D-优化设计是模型指定的；也就是说,它被设计为适合给定的模型,并且当模型变得更简单时,试验所需的运行次数也可以减少。在上述情况下,D-优化模型可以设计少于 14 个试验数的实验。

　　给定实验的运行总数和指定的模型,计算机算法会从一组候选运行方案集中选择最佳的设置。该候选运行方案集通常由在实验中可能使用的各种因子水平组合组成。

　　换句话说,候选集是处理方法的集合,D-优化算法从中选择并将其包括在实验设计中。计算机算法通常使用步进和交换过程来选择处理运行组。

　　例 17-4　使用 Design-Expert 软件进行 D-优化设计。DesignExpert 是 Stat-Ease 生产的软件程序,能够进行 D-优化响应面设计。在此示例中,我们将使用以下模型设计三因子 D-优化实验设计：

$$y = \beta_0 + \beta_1 x_1 + \beta_2 x_2 + \beta_3 x_3 + \beta_{11} x_1^2 + \beta_{22} x_2^2 + \beta_{12} x_1 x_2$$

将设计一个 14 轮实验。Design-Expert 将生成以下 D-优化设计方案：

x_1	x_2	x_3
1	1	0
1	0	1
1	-1	-1
-1	1	1
0	-1	1
-1	-1	-1
0	0	-1
-1	1	-1

（续表）

x_1	x_2	x_3
−1	0	0
0.5	−0.5	0
1	1	0
1	−1	−1
−1	−1	−1
0	−1	1

17.4　单响应的响应曲面实验数据分析

在响应曲面分析方法中，通过弯曲检验找到最适区域后，我们将设计一个响应曲面分析实验，以获得二阶实验模型。

如果有 k 个变量，则标准的二阶模型具有以下形式

$$y = \beta_0 + \sum_{i=1}^{k} \beta_i x_i + \sum_{i=1}^{k} \beta_{ii} x_i^2 + \sum_{i<j} \beta_{ij} x_i x_j + \varepsilon \qquad (17-10)$$

如果存在 n 组实验观测值，则(17-10)的矩阵为

$$\boldsymbol{y} = \boldsymbol{X}\boldsymbol{\beta} + \varepsilon \qquad (17-11)$$

其中 $\boldsymbol{y}^{\mathrm{T}} = (y_1, y_2, \cdots, y_n)$，$\boldsymbol{X}$ 是"信息矩阵"，其元素由自变量的幂和叉积组成，而 ε 是表示模型拟合误差的随机向量。

使用最小二乘法（LS）进行多元线性回归，β 的 LS 估计量如下

$$\hat{\boldsymbol{\beta}} = (\boldsymbol{X}^{\mathrm{T}}\boldsymbol{X})^{-1}\boldsymbol{X}^{\mathrm{T}}\mathrm{y} \qquad (17-12)$$

其中 $E(\hat{\boldsymbol{\beta}} - \boldsymbol{\beta}) = 0$，而且 $\mathrm{Var}(\hat{\boldsymbol{\beta}}) = (\boldsymbol{X}^{\mathrm{T}}\boldsymbol{X})^{-1}\sigma^2$。

例 17-5　化学过程响应曲面分析实验。在化学过程中，有两个重要变量：X_1，温度（℃）和 X_2，反应时间（分钟）。进行响应曲面分析实验以找到最佳温度和反应时间，以最大程度提高收率（y）。使用了中央复合设计后，我们得到以下实验数据，其中 $\alpha = 1.414$：

变量编码		自然变量		产量 y
x_1	x_2	X_1（温度，℃）	X_2（反应时间，分钟）	
−1	−1	170	300	64.33
+1	−1	230	300	51.78
−1	+1	170	400	77.30
+1	+1	230	400	45.37

（续表）

变量编码		自然变量		产量 y
x_1	x_2	X_1（温度，℃）	X_2（反应时间，分钟）	
0	0	200	350	62.08
0	0	200	350	79.36
0	0	200	350	75.29
0	0	200	350	73.81
0	0	200	350	69.45
−1.414	0	157.58	350	72.58
+1.414	0	242.42	350	37.42
0	−1.414	200	279.3	54.63
0	+1.414	200	420.7	54.18

在此数据集中

$$\boldsymbol{y} = \begin{bmatrix} 64.33 \\ 51.78 \\ 77.30 \\ 45.37 \\ 62.08 \\ 79.36 \\ 75.29 \\ 73.81 \\ 69.45 \\ 72.58 \\ 37.42 \\ 54.63 \\ 54.18 \end{bmatrix} \quad \boldsymbol{X} = \begin{bmatrix} & x_1 & x_2 & x_1^2 & x_2^2 & x_1 x_2 \\ 1 & -1 & -1 & 1 & 1 & 1 \\ 1 & 1 & -1 & 1 & 1 & -1 \\ 1 & -1 & 1 & 1 & 1 & -1 \\ 1 & 1 & 1 & 1 & 1 & 1 \\ 1 & 0 & 0 & 0 & 0 & 0 \\ 1 & 0 & 0 & 0 & 0 & 0 \\ 1 & 0 & 0 & 0 & 0 & 0 \\ 1 & 0 & 0 & 0 & 0 & 0 \\ 1 & 0 & 0 & 0 & 0 & 0 \\ 1 & -1.414 & 0 & 2 & 0 & 0 \\ 1 & 1.414 & 0 & 2 & 0 & 0 \\ 1 & 0 & -1.414 & 0 & 2 & 0 \\ 1 & 0 & 1.414 & 0 & 2 & 0 \end{bmatrix}$$

所以

$$\hat{\boldsymbol{\beta}} = (\boldsymbol{X}^{\mathrm{T}}\boldsymbol{X})^{-1}\boldsymbol{X}^{\mathrm{T}}\boldsymbol{y} = (72.0, -11.78, 0.74, -7.27, -7.55, -4.85)$$

因此，拟合的二阶模型是

$$\hat{y} = 72.0 - 11.78x_1 + 0.74x_2 - 7.25x_1^2 - 7.55x_2^2 - 4.85x_1 x_2$$

17.4.1　在二阶模型中寻找最优解

拟合的二阶模型可以用以下矩阵形式表示：

$$\hat{y} = \hat{\beta}_0 + \sum_{i=1}^{k} \hat{\beta}_i x_i + \sum_{i=1}^{k} \hat{\beta}_{ii} x_i^2 + \sum_{i<j} \hat{\beta}_{ij} x_i x_j = \hat{\boldsymbol{\beta}}_0 + \boldsymbol{x}'\boldsymbol{b} + \boldsymbol{x}'\boldsymbol{Bx} \qquad (17-13)$$

其中

$$\boldsymbol{x} = \begin{bmatrix} x_1 \\ x_2 \\ \vdots \\ x_k \end{bmatrix}, \quad \boldsymbol{b} = \begin{bmatrix} \hat{\beta}_1 \\ \hat{\beta}_2 \\ \vdots \\ \hat{\beta}_k \end{bmatrix}, \quad \boldsymbol{B} = \begin{bmatrix} \hat{\beta}_{11} & \hat{\beta}_{12}/2 & \cdots & \hat{\beta}_{11}/2 \\ \hat{\beta}_{12}/2 & \hat{\beta}_{22} & \cdots & \hat{\beta}_{2k}/2 \\ \vdots & \ddots & \vdots & \vdots \\ \hat{\beta}_{1k} & \cdots & \cdots & \hat{\beta}_{kk} \end{bmatrix}$$

使方程(17-13)中的预测响应最大或最小的最佳解决方案应该是方程(17-13)的平稳点；也就是说，它应该是所有偏导数都等于零的点 $\boldsymbol{x}'_0 = (x_{10}, x_{20}, \cdots, x_{k0})$：

$$\frac{\partial \hat{y}}{\partial_x} = \begin{bmatrix} \dfrac{\partial \hat{y}}{\partial x_1} \\ \dfrac{\partial \hat{y}}{\partial x_2} \\ \vdots \\ \dfrac{\partial \hat{y}}{\partial x_k} \end{bmatrix} = \frac{\partial}{\partial x}(\hat{\beta}_0 + \boldsymbol{x}'\boldsymbol{b} + \boldsymbol{x}'\boldsymbol{Bx}) = b + 2\boldsymbol{Bx} = \boldsymbol{0} \qquad (17-14)$$

通过求解方程(17-14)，平稳点是

$$x_0 = -\frac{1}{2}\boldsymbol{B}^{-1}\boldsymbol{b} \qquad (17-15)$$

基于 $\boldsymbol{B}$ 矩阵的特征值，平稳点可以是预测响应的最大、最小或拐点（Myers 和 Montgomery，1995）。假设 $\lambda_1, \lambda_2, \ldots, \lambda_k$ 是 $\boldsymbol{B}$ 的特征值：

(1) 如果 $\lambda_1, \lambda_2, \ldots, \lambda_k$ 均为正，则 x_0 为最小值。

(2) 如果 $\lambda_1, \lambda_2, \ldots, \lambda_k$ 均为负，则 x_0 为最大值。

(3) 如果 $\lambda_1, \lambda_2, \ldots, \lambda_k$ 有正有负，则 x_0 为拐点。

在拐点的情况下，可以用从典型相关分析中发展出的一种搜索方法来找到最适区域（Myers 和 Montgomery，1995）。

例 17-6 寻找化学反应过程的最佳解决方案（例 17-4）。

$$\hat{y} = 72.0 - 11.78x_1 + 0.74x_2 - 7.25x_1^2 - 7.55x_2^2 - 4.85x_1x_2$$

$$= 72.0 + (x_1, x_2)\begin{pmatrix} -11.78 \\ 0.74 \end{pmatrix} = (x_1, x_2)\begin{bmatrix} -7.25 & -2.425 \\ -2.425 & -7.55 \end{bmatrix}\begin{bmatrix} x_1 \\ x_2 \end{bmatrix}$$

因此，平稳点

$$\boldsymbol{x}_0 = -\frac{1}{2}\boldsymbol{B}^{-1}\boldsymbol{b} = -\frac{1}{2}\boldsymbol{B}^{-1}\boldsymbol{b}$$

$$= -\frac{1}{2}\begin{bmatrix} -7.25 & -2.425 \\ -2.425 & -7.55 \end{bmatrix}^{-1}\begin{pmatrix} -11.78 \\ 0.74 \end{pmatrix} = \begin{pmatrix} -0.669 \\ -0.030 \end{pmatrix}$$

因为 $\textbf{\textit{B}}$ 的特征值是 $\lambda_1 = -9.83$ 和 $\lambda_2 = 4.97$，所以 $x_1 = -0.669$ 和 $x_2 = -0.03$ 是使产量最大化的最大解。最佳产量

$$y_0 = 72.0 - 11.78(-0.669) + 0.74(-0.03) - 7.25(-0.669)^2 -$$
$$7.55(-0.03)^2 - 4.85(-0.669) \times (-0.03) = 76.50$$

将编码温度和反应时间转化为自然变量，可以达到最佳温度和反应时间。

$$X_1 = \frac{X_{\text{low}} + X_{\text{high}}}{2} + x_1 \frac{X_{\text{high}} - X_{\text{low}}}{2} = \frac{170 + 230}{2} +$$
$$(-0.669) \frac{230 - 170}{2} = 180.0\text{℃}$$

$$X_2 = \frac{X_{\text{low}} + X_{\text{high}}}{2} + x_2 \frac{X_{\text{high}} - X_{\text{low}}}{2} = \frac{300 + 400}{2} +$$
$$(-0.03) \frac{400 - 300}{2} = 348.5 \text{ min}$$

许多统计软件程序（例如 MINITAB）可以有效地处理响应曲面分析实验数据。例 17-6 中从 MINITAB 中选择的计算机打印输出如下：

响应面分析回归：产量与温度、反应时间的关系。使用编码单位进行分析。

估计的回归系数　　　　　　　　　**系数的标准误差**

项	系数	SE Coef	T	P
常数	72.00	2.580	27.902	0.000
温度	-11.78	2.040	-5.772	0.001
反应	0.74	2.040	0.363	0.727
温度*温度	-7.25	2.188	-3.314	0.013
反应*反应	-7.55	2.188	-3.450	0.011
温度*反应	-4.85	2.885	-1.679	0.137

S = 5.77　　R-Sq = 89.0%　R-Sq(adj) = 81.1%

产量方差分析

资源	DF	Seq SS	Adj SS	Adj MS	F	P
回归	5	1881.73	1881.73	376.35	11.30	0.003
线性的	2	1113.67	1113.67	556.84	16.73	0.002
平方	2	674.17	674.17	337.08	10.13	0.009
相互作用	1	93.90	93.90	93.90	2.82	0.137
残留误差	7	233.04	233.04	33.29		
失拟误差	3	59.86	59.86	19.95	0.46	0.725
纯误差	4	173.18	173.18	43.29		
总计	12	2114.77				

响应优化后，得出的方案：① 温度 = −0.668 65；② 反应时间 = −0.029 64；③ 预测的反应结果；④ 产率 = 76.504 9，满意度 = 0.608 42。

MINITAB 还可以提供响应曲面的图形化图表和等值线图，如图 17-11 和 17-12 所示。

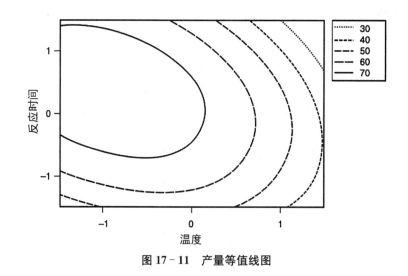

图 17－11　产量等值线图

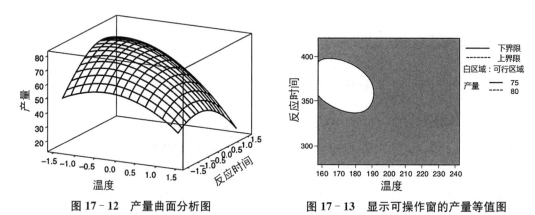

图 17－12　产量曲面分析图　　　　图 17－13　显示可操作窗的产量等值图

　　最佳产量 y 为 76.5。在许多工业应用中，人们对获取可操作的窗口（可以实现最低要求的过程变量区域）更感兴趣。在图 17－13 所示的 MINITAB 输出中，白色区域表示温度和反应时间区域的可操作窗，在该窗口内将实现 75% 或更高的产量。

17.5　多种响应的响应曲面实验数据分析

　　在许多实际的设计改进和优化问题中，都会涉及多个输出响应。比如在例 17－1 中，有四种输出响应，或者说四种针对粉末涂料涂装工艺的关键要求：y_1-漆膜厚度；y_2-漆膜均匀性；y_3-传递效率；y_4-外观。我们希望找到一组过程变量，以确保所有四个输出要求都能达到令人满意的性能。在数学上，这类问题称为多目标优化。每个输出需求可能有不同的优化标准。在响应曲面分析法中，有三种优化准则：

　　（1）望大：越大越好。在例 17－1 中，外观 y_4 和传递效率 y_3 属于这一类。

　　（2）望小：越小越好。在例 17－1 中，如果使用方差或标准差作为均匀性的度量，那么漆膜均匀性 y_2 就属于此类。

　　（3）望目：标称值是最好的。在例 17－1 中，漆膜厚度 y_1 就属于这种类型，因为油漆过多或过少都是不好的。

在某些情况下，输出要求必须满足给定的上限和(或)下限。因此，对于输出需求 y，有一个上限 U 和一个下限 L，只要 $L \leqslant y \leqslant U$，输出需求就是可接受的。我们称这种情况为约束。

在响应曲面分析法中，有三种方法可以处理多个响应(需求)：① 数学规划法；② 满意度函数法；③ 图解优化法。

无论我们使用哪种方法，我们都将首先拟合一个模型来拟合每个输出需求 y_i 和变量 $x_1, x_2, \cdots, x_k$ 之间的传递函数：

$$y_1 = f_1(x_1, x_2, \cdots, x_k)$$

$$y_2 = f_2(x_1, x_2, \cdots, x_k)$$

$$\vdots$$

$$y_p = f_p(x_1, x_2, \cdots, x_k)$$

例 17 - 7 多响应曲面分析。Derringer 和 Suich(1980)提出了以下在轮胎胎面胶开发过程中产生的多要求的实验。可控因子为 x_1 水合二氧化硅水平；x_2 硅烷偶联剂水平；x_3 硫含量。需要优化的四个要求及其期望范围是：

(1) y_1：磨损指数，其中 y_1 要求大于 120，且"望大"；

(2) y_2：200%模量，y_2 应大于 1 000，且"望大"；

(3) y_3：断裂伸长率，要求 $400 \leqslant y_3 \leqslant 600$，标称值 $y_3 = 500$；

(4) y_4：硬度，要求 $60 \leqslant y_4 \leqslant 75$，标称值 $y_4 = 67.5$。

以下实验采用中心复合实验设计，实验布局及实验数据见表 17 - 6。

表 17 - 6 例 17 - 7 的实验布局和数据

实验序号	x_1	x_2	x_3	y_1	y_2	y_3	y_4
1	−1	−1	−1	102	900	470	67.5
2	1	−1	−1	120	860	410	65.0
3	−1	1	−1	117	800	570	77.5
4	1	1	−1	198	2 294	240	74.5
5	−1	−1	1	103	490	640	62.5
6	1	−1	1	132	1 289	270	67.0
7	−1	1	1	132	1 270	410	78.0
8	1	1	1	139	1 090	380	70.0
9	−1.63	0	0	102	770	590	76.0
10	1.63	0	0	154	1 690	260	70.0
11	0	−1.63	0	96	700	520	63.0

（续表）

实验序号	x_1	x_2	x_3	y_1	y_2	y_3	y_4
12	0	1.63	0	163	1 540	380	75.0
13	0	0	−1.63	116	2 184	520	65.0
14	0	0	1.63	153	1 784	290	71.0
15	0	0	0	133	1 300	380	70.0
16	0	0	0	133	1 300	380	68.5
17	0	0	0	140	1 145	430	68.0
18	0	0	0	142	1 090	430	68.0
19	0	0	0	145	1 260	390	69.0
20	0	0	0	142	1 344	390	70.0

使用(17-4)[式(17-12)]中讨论的响应曲面建模技术，我们得到以下拟合传递函数

$$\hat{y}_1 = 139.12 + 16.49x_1 + 17.88x_2 + 2.21x_3 - 4.01x_1^2 - 3.45x_2^2 - 1.57x_3^2 + 5.12x_1x_2 - 7.88x_1x_3 - 7.13x_2x_3$$

$$\hat{y}_2 = 1\,261.13 + 268.15x_1 + 246.5x_2 - 102.63x_3 - 83.5x_1^2 - 124.82x_2^2 + 199.2x_3^2 + 69.3x_1x_2 - 104.38x_1x_3 - 94.13x_2x_3$$

$$\hat{y}_3 = 417.5 - 99.67x_1 - 31.4x_2 - 27.42x_3$$

$$\hat{y}_4 = 68.91 - 1.41x_1 + 4.32x_2 + 0.21x_3 + 1.565x_1^2 + 0.058x_2^2 - 0.32x_3^2 - 1.62x_1x_2 + 0.25x_1x_3 - 0.12x_2x_3$$

与单一需求情况类似，数据分析的下一步是寻找最佳解决方案。由于存在多个需求，并且每个需求的最优性准则可能不同，因此多需求情况下的优化步骤将更加复杂。如前所述，有三种方法可以处理多响应优化；我们将逐一讨论它们。

17.5.1 满意度函数法

满意度函数法是多响应面优化中最常用的方法之一。假设有 p 个输出要求。将每个传递函数 $y_i(x) = f_i(x_1, x_2, \cdots, x_k)$，$i = 1, \cdots, p$ 代入满意度函数 $d_i = d_i(y_i) = d_i[y_i(x)]$，并赋予 0 到 1 之间的值，从而求出 y_i。当 $d_i(y_i) = 0$，对应的 y_i 表示"最不满意值"，当 $d_i(y_i) = 1$，对应的 y_i 表示"最满意值"，其中 $d_i(y_i)$ 是个人对需求 y_i 的满意值。所有个体满意值 D 的几何平均值用于表示整个多响应问题的总体满意值：

$$D = (d_1(y_1)d_2(y_2)\cdots d_p(y_p))^{1/p} \qquad (17-16)$$

显然，更高的总体满意值 D 说明所有响应（需求）的总体满意度更高。

对于每个个体满意度函数 $d_i(y_i)$，定义取决于特定 y_i 的最优性准则。个人满意度函数

有四种类型：

望大。在这种情况下，y_i 的最大化是最理想的结果，$d_i(y_i)$ 定义如下：

$$d_1(y_1) = 0 \quad y_i \leqslant L_i$$
$$d_1(y_1) = \left(\frac{y_1 - L_i}{U_i - L_i}\right)^{wi} \quad L_i \leqslant y_i \leqslant U_i$$
$$d_1(y_1) = 1 \quad y_i \geqslant U_i$$

其中 L_i 是 y_i 的下限，U_i 是 y_i 的上限，w_i 是 y_i 的权重或重要性因子。相对于其他权重因子，w_i 越高，$d_i(y_i)$ 在总体期望度 D 中的作用越重要。

下图显示了这种情况下 $d_i(y_i)$ 函数的形状；显然，对于不同的权重值 w_i，函数曲线的形状将有所不同：

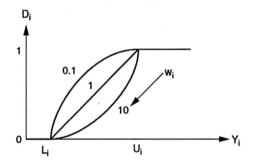

望小。在这种情况下，将 y_i 最小化是最理想的结果。函数 $d_i(y_i)$ 定义如下：

$$d_1(y_1) = 1 \quad y_i \leqslant L_i$$
$$d_1(y_1) = \left(\frac{U_i - y_i}{U_i - L_i}\right)^{wi} \quad L_i \leqslant y_i \leqslant U_i$$
$$d_1(y_1) = 0 \quad y_i \geqslant U_i$$

其中 L_i 是 y_i 的下限，U_i 是 y_i 的上限，w_i 是 y_i 的权重或重要性因子。下图显示了这种情况下 $d_i(y_i)$ 的形状：

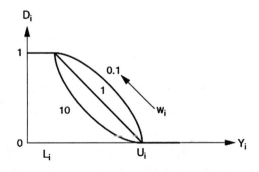

望目在这种情况下，y_i 有一个目标值 T_i；最理想的结果是 $y_i = T_i$。函数 $d_i(y_i)$ 定义如下：

$$d_i(y_i) = 0 \qquad\qquad y_i \leqslant L_i$$

$$d_i(y_i) = \left(\frac{y_i - L_i}{T_i - L_i}\right)^{w1i} \qquad L_i \leqslant y_i \leqslant T_i$$

$$d_i(y_i) = \left(\frac{y_i - U_i}{T_i - U_i}\right)^{w2i} \qquad T_i \leqslant y_i \leqslant U_i$$

$$d_i(y_i) = 0 \qquad\qquad y_i \geqslant U_i$$

其中 L_i 是 y_i 的下限，U_i 是 y_i 的上限，w_i 是 y_i 的权重或重要性因子。下图显示了这种情况下 $d_i(y_i)$ 的形状：

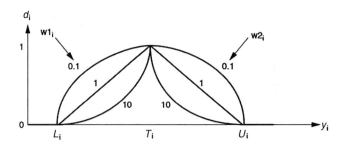

约束。在这种情况下，只要求 y_i 在 $L_i \leqslant y_i \leqslant U_i$ 的约束范围内。函数 $d_i(y_i)$ 定义如下：

$$d_1(y_1) = 0 \quad y_i \leqslant L_i$$
$$d_1(y_1) = 1 \quad L_i \leqslant y_i \leqslant U_i$$
$$d_1(y_1) = 0 \quad y_i \geqslant U_i$$

其中 L_i 是 y_i 的下限，U_i 是 y_i 的上限。期望函数的形状如下：

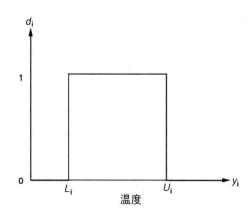

温度

许多统计软件，例如 MINITAB 和 Design-Expert，都可以使用满意度函数有效地分析多响应面分析实验数据。使用这些软件包时，我们需要执行以下步骤：

(1) 为每个响应（需求）定义单独的满意度函数。

(2) 在变量 $x_1, x_2, \cdots, x_k$ 的限制下，将总体满意度 D 最大化。

例 17-8 例 17-7 的满意度函数方法。对于从示例 17-7 获得的实验数据，我们定义了以下四个响应的满意度函数：

$d_1(y_1)$：我们使用望大的满意度函数，其中 $L_1 = 120$，$U_1 = 170$（因为 170 大于试验中所

有 y_1 数据），权重＝1。

$d_2(y_2)$：我们使用望大的满意度函数，其中 $L_2＝1\,000$，$U_2＝2\,300$（因为 2 300 大于试验中所有 y_2 数据），权重＝1。

$d_3(y_3)$：我们使用望目的满意度函数，其中 $L_3＝400$，$U_3＝600$，$T_3＝500$ 和权重＝1。

$d_4(y_4)$：我们使用望目的满意度函数，其中 $L_4＝60$，$U_4＝75$，$T_4＝67.5$ 和权重＝1。

选定的 MINITAB 计算输出如下所示：

全局解决方案是：$x_1＝-0.170\,43$；$x_2＝0.335\,50$；$x_3＝-1.358\,50$。

预测的结果是：

（1）$y_1＝137.04$，满意度＝$0.340\,88$；

（2）$y_2＝1\,804.84$，满意度＝$0.619\,11$；

（3）$y_3＝449.09$，满意度＝$0.490\,87$；

（4）$y_4＝69.99$，满意度＝$0.668\,42$；

（5）综合满意度＝$0.512\,98$。

总体满意度函数 D 的二维等值线图和三维响应面图如下所示：

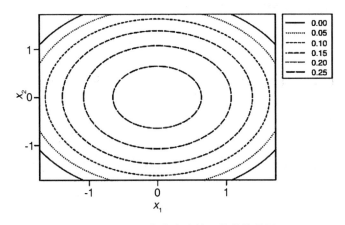

图 17 - 14　总体满意度的二维等值线图

固定值 x_3：-1.36

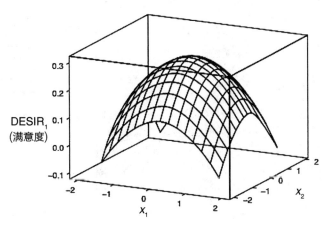

图 17 - 15　总体满意度的三维响应曲面图

固定值 x_3：-1.36

17.5.2 数学规划方法

在数学规划方法中，仅选择一个输出响应（要求）作为主要目标，并且该响应将被最大化或最小化。其他响应将被视为约束。具体来说，数学规划方法可以表示为

最大化响应： $y_0 = f_0(x_1, x_2, \cdots, x_k)$

约束条件：
$$L_1 \leqslant y_1 = f_1(x_1, x_2, \cdots, x_k) \leqslant U_1$$
$$L_2 \leqslant y_2 = f_2(x_1, x_2, \cdots, x_k) \leqslant U_2 \quad\quad (17-17)$$
$$\vdots$$
$$L_k \leqslant y_1 = f_k(x_1, x_2, \cdots, x_k) \leqslant U_k$$

实际上，由于 4 种类型的满意度都有一定约束，因此可以将数学规划的案例视为满意度函数的特例。

如果给定了每个响应变量的上限和下限，那么图形优化方法可以使用统计软件的图形功能（例如 MINITAB 和 Design-Expert）来绘制可操作窗。例如，在例 17-7 和 17-8 中讨论的多重响应问题中，如果我们将以下 y_1, y_2, y_3, y_4 "可接受的性能水平"定义为

$$y_1 \geqslant 130$$
$$y_2 \geqslant 1\,700$$
$$450 \leqslant y_3 \leqslant 550 \quad\quad (17-18)$$
$$65 \leqslant y_4 \leqslant 70$$

然后 MINITAB 可以为变量 x_1 和 x_2 绘制图 17-14 所示的可操作窗，只要处在白色区域内，就可以满足等式（17-18）定义的所有可接受的性能。

下图 17-16 为 y_1, y_2, y_3, y_4 的重叠等值线图。

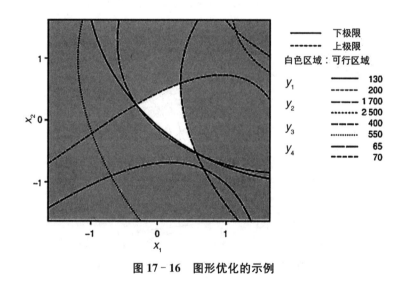

图 17-16　图形优化的示例

第 18 章

设计验证

18.1　引言

设计验证是验证优化后的产品和工艺是否符合客户驱动规范的过程。在产品开发中，它包括 18.1.1 至 18.1.3 中概述的三个主要任务。

18.1.1　产品设计验证

我们需要从以下几个方面对产品设计进行验证：

（1）功能验证。验证了产品能否够满足其所有功能需求。例如，对于电视机，功能验证将验证电视机是否可以接收电视信号、创建美观的电视图像或产生良好的音效。对于管道，功能验证将验证管道能否在给定时间内以设计的容积输送液体，管道能否承受流体压力等。

（2）运行环境要求验证。验证了产品能否在不同的环境条件下发挥其功能，如高温和低温、冲击和振动、湿度、风、盐和灰尘等环境。

（3）可靠性验证。这将验证产品能否在较长的使用期内执行其功能。许多产品都是为长期使用而设计的；例如，人们期望一辆汽车至少能保持 7 年的良好状态。该验证应包括使用寿命验证和功能退化验证。

（4）使用要求验证。验证了产品是否能够在各种使用条件下（有时甚至是滥用条件下）交付其功能。例如，复印机制造商会测试复印机是否仍能为较小尺寸的纸张、或过厚过薄的纸张制作良好的复印件。

（5）安全要求验证。验证产品是否满足安全要求。例如，玩具制造商必须验证他们生产的玩具对儿童没有危害。再例如，一座桥应该经过验证，以确保它能承受过多的风、浪、应力和疲劳，从而使过桥的人没有发生事故的风险。

（6）接口和兼容性验证。如果一个产品或设备必须与其他产品或设备一起工作，那么我们需要验证它们能否很好地协同工作（即，兼容的）。

（7）维修性需求确认。这将验证必要的维护工作是否能够方便地被执行，例如保养"刷新"产品的程度、对标保养的平均时间、平均纠正性维修时间、平均预防性维护时间等。

并非所有产品都需要执行所有这些验证。对于不同的产品,验证活动的验证要求和相对重要性会有很大的不同,应进行验证需求分析,编制验证项目清单。

18.1.2 制造工艺验证

本任务的目的是验证制造过程能否生产出满足设计意图且具有足够工艺能力的产品。制造工艺验证至少包括以下活动:

(1) 产品规格验证。其目的是验证制造过程能否生产出满足设计意图的产品。例如,在一个新的发动机工厂中,我们需要验证制造工艺是否能够提供指定功率的发动机。

(2) 过程能力验证。目的是验证制造过程能否用令人满意的过程能力去生产产品。例如,在一家汽车装配厂的每一次车型转换中,我们都需要验证车身装配工艺是否能够生产出具有指定尺寸规格且低波动的"白车身"。

18.1.3 生产验证

这项任务的目标是确认最终的批量生产能够以低成本、高产量和六西格玛质量交付出好的产品。生产验证至少包括以下活动:

(1) 过程能力验证。验证了在大规模生产中是否仍能达到令人满意的工艺能力。

(2) 生产能力验证。目的是验证大规模生产过程能够生产出足够数量和生产效率的产品,并且具有令人满意的低频率停机和中断。

(3) 生产成本验证。目的是验证大规模生产是否能以足够低的成本生产产品。

第 18.1.4 至 18.1.6 节概述了产品设计验证、制造工艺验证和生产验证的逐步验证步骤。

18.1.4 产品设计验证的分步验证程序

在一个好的产品开发策略中,产品设计验证实际上早在设计的最后阶段之前就开始了,因为只在最后阶段验证设计会导致许多潜在的问题,例如昂贵的重新设计和长时间的上市延迟。在设计的早期阶段,可以使用计算机原型仿真、早期原型(称为 alpha 原型)等进行概念验证。这里我们给出了一个典型的逐步设计验证程序:

步骤 0:早期验证。这一步将从概念生成阶段开始,并扩展到整个设计阶段;将使用计算机仿真原型和 alpha 原型。计算机仿真原型可用于功能性能验证和安全需求验证。田口稳健设计方法可用于计算机仿真原型、alpha 原型。它能够模拟噪声影响,参与运行环境要求验证、使用要求验证和可靠性要求验证,因为在田口参数设计项目中,操作变化、使用变化、环境变化和退化影响可以被建模为噪声因子。对于一个创造性的设计来说,早期的验证活动尤其重要,因为新概念以前没有经过测试。

步骤 1:进行设计评审和设计需求分析。

步骤 2:构建一个或多个类似产品的原型(也称为 beta 原型)。

步骤 3:对原型进行设计验证测试。这是设计验证中的一个重要步骤。测试需要仔细设计,并涵盖产品设计验证的所有方面,如功能性验证和可靠性需求验证。对于复杂的产品,这些测试可以分为组件测试、子系统测试和系统测试。

步骤 4:评估和验证原型性能。此步骤的目的是分析设计验证测试的结果,并对原型的性能进行对标评估。如果原型显示出令人满意的性能,则转到步骤 6。否则,转到步骤 5。

步骤 5：解决性能问题，并为测试构建更多的原型。此步骤是"构建测试修复"周期中的"构建"和"修复"。在理想的情况下，我们不会走到这一步，然而，很多时候我们不得不这样做。早期阶段的活动，如稳健的参数设计、更多的前期计算机模拟验证和 alpha 原型验证，将有助于减少"构建-测试-修复"的周期。完成此步骤后，转到步骤 3 进行更多测试。

步骤 6：签署设计。

18.1.5 制造工艺验证的分步验证程序

本程序进行制造能力的确认。它涵盖了制造设备的安装和量产条件下生产的预生产原型的制造和评估。进行制造工艺验证以验证该工艺生产的产品是否符合设计意图。由客户和生产商组成的联合团队对最终产品的功能评估将提供额外的验证，证明设计目标已经实现。

与产品设计验证类似，过程验证中的早期验证活动将有助于减少过程开发中的停顿。

我们给出了一个典型的分步制造验证步骤：

步骤 0：早期验证。这一步应该从制造工艺设计阶段开始。实施面向制造/面向装配的设计，以及并行工程是很有用的。

步骤 1：进行过程验证需求分析。此步骤包括编制在大规模生产条件下制造过程执行其功能的要求清单。此需求清单是设计过程验证测试的基础。

步骤 2：完成室内设备安装，并完成操作人员的培训。

步骤 3：进行工艺验证测试。

步骤 4：改进流程。

步骤 5：转到产品启动。

18.1.6 生产验证的分步验证程序

生产验证包括产品启动、产能提升和批量生产的最终确认。良好的生产验证应确保功能、成本和六西格玛质量目标。实施稳健的流程、预先启动计划和充分的员工培训是确保顺利启动和提高生产速度的重要因素。

以下是典型的分步制造验证程序：

步骤 0：早期验证。早期的生产验证活动很有帮助。例如，利用计算机模拟对生产流程和瓶颈点进行预测和分析，将有助于改进生产设施的设计。变化模拟建模是用于模拟低层参数变化对系统变化的影响的方法。它可以用来模拟装配过程，预测装配过程的能力并分析装配的主要贡献因素的变化。

步骤 1：制定生产启动支持计划。这一步包括开发：

(1) 制造工程和维护启动支持计划和支持团队

(2) 产品工程支持计划和支持团队。

(3) 启动产能提升策略

(4) 启动关注点/工程变更计划

步骤 2：制定市场推广计划。

步骤 3：制定产品售后服务支持计划。

步骤 4：实施投产计划。

步骤 5：进行批量生产确认和工艺能力评价。

步骤 6：以比竞争对手更快的速度持续改进产品和工艺。

在随后的章节中，我们将讨论设计验证中的一些重要问题，如验证测试设计、原型构建、早期验证活动和过程能力评估。

18.2　设计分析和试验

设计验证的基本目标是确认所有设计要求，如功能性要求、运行环境要求和可靠性要求（见第 18.1.1）。确认方法可分为两类：设计分析和测试。设计分析包括使用分析方法，如数学原型、计算机原型或概念原型（如 FMEA）来验证设计需求的某些方面。对于许多产品开发，测试都是指"硬件测试"，其中物理原型或实际产品将纳入精心设计的测试中。对于软件开发，意味着有计划地对软件的测试版本或最终版本进行严格的测试。对于服务过程，测试可能意味着试用市场测试。设计分析通常在产品/过程开发周期的早期阶段进行。测试在开发周期的后期进行。与测试相比，设计分析通常更容易、更便宜、执行更快，但它可能无法对设计要求给出充分的确认。对于某些设计要求，测试可能会给出充分的确认，但通常执行起来比较困难，而且成本更高、耗时也更长。设计分析和测试也是相关的。如果设计分析对设计需求非常有效，那么对该需求的最终确认测试可能会减少测试样本的数量，改为更便宜的测试，或者干脆取消。例如，在汽车碰撞安全性分析项目中，如果做好计算机辅助碰撞仿真分析，可以减少实际的假人碰撞试验次数。另一方面，如果设计分析揭示了设计中的一些潜在弱点，我们也可以进行更多与设计相关的测试，以确保在重新设计中解决潜在弱点。设计确认活动的策划在很大程度上取决于设计要求。图 18 - 1 说明了设计需求、设计分析和测试之间的关系。

步骤 1：进行设计评审和设计需求分析。

步骤 2：构建一个或多个类似产品的原型（也称为 beta 原型）。

步骤 3：对原型进行设计验证测试。这是设计验证中的一个重要步骤。测试需要仔细设计，并涵盖产品设计验证的所有方面，如功能性验证和可靠性需求验证。对于复杂的产品，这些测试可以分为组件测试、子系统测试和系统测试。

步骤 4：评估和验证原型性能。此步骤的目的是分析设计验证测试的结果，并对原型性能进行基准测试。如果原型显示出令人满意的性能，则转到步骤 6。否则，转到步骤 5。

步骤 5：解决性能问题，并为测试构建更多的原型。此步骤是"构建测试修复"周期中的"构建"和"修复"。在理想的情况下，我们不会走到这一步。然而，很多时候我们不得不这样做。早期阶段的活动，如稳健的参数设计、更多的前期计算机模拟验证和 alpha 原型验证，将有助于减少构建测试修复的周期。完成此步骤后，转到步骤 3 进行更多测试。

步骤 6：签署设计。

另一方面，如果设计分析揭示了设计中一些潜在的弱点，我们也可以进行更多的与设计相关的测试，以确保在重新设计中解决潜在的弱点。设计验证活动的计划在很大程度上依赖于设计需求。图 18 - 1 说明了设计需求、设计分析和测试之间的关系。

从图 18 - 1 可以很清楚地看出，编制一个好的设计需求列表是设计验证的起点。设计分析是验证的第一关；通常它只能部分确认设计要求。测试是验证的第二关。有时候，验证

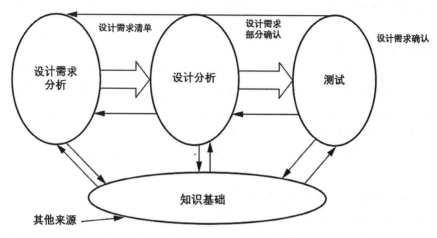

图 18-1 设计验证流程图

过程也可以倒退;设计分析或测试可能表明当前的设计不能满足设计要求,因此我们必须重新设计或调整该设计要求。在验证过程中,先前的结果和其他知识来源也非常重要,没必要全盘重来。过去类似产品的测试结果、公共领域的相关知识、政府出版物、大学研究成果都可以作为知识库的一部分。在设计需求的知识库上有更多相关的信息,就会减少对该需求的设计分析和测试。例如,如果一个汽车保险杠使用相同的钢材料,只是形状与上一个车型的设计略有不同,那么许多过去的设计分析和测试结果可以用来验证当前的设计。

在本节中,我们将从设计需求分析开始,讨论验证过程的所有主要方面,这是一个遵从设计需求清单的信息收集过程(Grady,1998)。

18.2.1 设计要求分析

设计要求分析的目的是编制一份全面的设计要求清单。这个清单应该是完整、准确和具体的。对于清单中的每一项,还应该提供一个重要性指数。例如,在汽车或飞机设计中,任何与安全相关的设计要求都应该给予非常高的重要性等级。设计要求的检查表在下面的段落中给出。

1) 功能性要求

(1) 定义:这些是所有功能性目标值和规范的集合。

(2) 在何处收集数据:在概念设计阶段和详细设计阶段,这些数据应从设计、开发团队和工程部门获得。

(3) 细节水平:细节越多越好。对于主要功能性要求,具体数值的目标值和规范是非常必要的。在复杂产品中,可能存在功能性能要求的层次结构,例如系统、子系统和组件的要求和规范。

(4) 分项优先级指数:这是必要的。分项优先级索引是对功能性能要求的相对重要性进行评级。例如,电机的"功率输出"要求应该具有高优先级指标,因为这是一个非常基本的主要功能要求。

(5) 以前的验证结果和知识库:我们需要确认、并检索所有相关信息。我们需要确定以前的验证结果和知识库中的相关数据中有多少信息可以直接或间接地用于我们的验证过程；以及确定为了验证这些要求，我们需要在新的设计分析和新的测试中获得哪些额外信息。

2）运行环境要求验证

（1）定义：这是一个当产品提供其预期的功能时，操作和环境概况的集合，如高温和低温、冲击和振动、湿度、风、盐和灰尘。这还包括功能性能要求以及在这些运行和环境概况下的其他目标值和规范。例如，电池可能需在高/低温度，或高/低湿度下工作；我们需要知道这些温度和湿度的详细规格范围，在这些条件下，需要什么电压水平、电池寿命等。

（2）在何处收集数据：信息来源包括以前的经验、竞争对手当前的能力、知识库和客户调查。

（3）需要的细节水平：细节越多越好。

（4）项目优先级指数：这是必要的。

（5）以前的验证结果和知识库：我们需要确认、并检索所有相关信息。我们需要确定以前的验证结果和知识库中的相关数据中有多少信息可以直接和（或）间接地用于我们的验证过程，以及在新的设计分析和测试中需要获得哪些额外信息来验证这些要求。

3）可靠性要求验证

（1）定义：这是使用寿命、功能性能下降水平和操作故障方面的要求集合。使用寿命是指产品正常工作的预期寿命。功能性能下降水平是在给定的使用周期后可接受的性能水平。例如，一辆新车的续航里程可能很高，而一辆几年前的车的续航里程可能比较低；一辆旧车可接受的续航里程通常比一辆新车低一些。操作故障是系统中的"bug"；软件行业的可靠性通常只与这个度量有关。

（2）在何处收集数据：信息来源包括以前的经验、竞争对手当前的能力、知识库和客户调查。

（3）需要的细节水平：细节越多越好。

（4）项目优先级指数：这是必要的。

（5）以前的验证结果和知识库：我们需要确认、并检索所有相关信息。我们需要确定以前的验证结果和知识库中的相关数据中有多少信息可以直接和（或）间接地用于我们的验证过程，以及在新的设计分析和测试中需要获得哪些额外信息来验证这些要求。

4）使用需求验证

（1）定义：这是产品交付其预期功能时的使用概况的集合，例如"消费者如何滥用产品"。

（2）在何处收集数据：来源包括以前的经验、竞争对手目前的能力、知识库和客户。

（3）需要的细节水平：细节越多越好。

（4）项目优先级指数：这是必需的。

（5）以前的验证结果和知识库：我们需要确认、并检索所有相关信息。我们需要确定以前的验证结果和知识库中的相关数据中有多少信息可以直接和（或）间接地用于我们的验证过程，以及在新的设计分析和测试中需要获得哪些额外信息来验证这些要求。

5）安全需求验证

（1）定义：与产品、结构和使用过程有关的安全要求的集合。

（2）在何处收集数据：资料来源包括政府法规和标准、公司内部标准、以往经验、竞争对手目前的能力、知识库和客户调查。

(3) 需要的细节水平：细节越多越好。

(4) 项目优先级指数：这是必需的。

(5) 以前的验证结果和知识库：我们需要确认、并检索所有相关信息。我们需要确定以前的验证结果和知识库中的相关数据中有多少信息可以直接和(或)间接地用于我们的验证过程，以及在新的设计分析和测试中需要获得哪些额外信息来验证这些要求。

6) 接口和兼容性

(1) 定义：这是关于当产品必须与其他产品或设备一起工作时,接口和兼容性的要求的集合。

(2) 在何处收集数据：在概念设计阶段和详细设计阶段,这些数据应从设计和开发团队和工程部门获得。如果其他产品或设备由另一家或多家公司提供,我们可能需要从他们那里得到这些要求。以前的经验、竞争对手目前的能力、知识库、客户调查和其他来源也可能有帮助。

(3) 需要的细节水平：细节越多越好。

(4) 项目优先级指数：这是必需的。

(5) 以前的验证结果和知识库：我们需要确认、并检索所有相关信息。我们需要确定以前的验证结果和知识库中的相关数据中有多少信息可以直接和(或)间接地用于我们的验证过程,以及在新的设计分析和测试中需要获得哪些额外信息来验证这些要求。

7) 可维修性需求验证

(1) 定义：这是维修要求的集合。

(2) 在何处收集数据：资料来源包括以前的经验、竞争对手目前的能力、知识库和客户调查。

(3) 需要的细节水平：细节越多越好。

(4) 项目优先级指数：这是必需的。

(5) 以前的验证结果和知识库：我们需要确认、并检索所有相关信息。我们需要确定以前的验证结果和知识库中的相关数据中有多少信息可以直接和(或)间接地用于我们的验证过程,以及在新的设计分析和测试中需要获得哪些额外信息来验证这些要求。

在设计要求分析中,应尽可能早及详细地编制设计要求清单,及尽可能多地利用知识库。所以可在产品开发周期中更早地启动设计验证过程,高效地制定和执行一个审慎的设计分析和测试计划,从而缩短产品开发周期。然而,在许多实际情况下,特别是在创造性设计中,可能需要多次迭代"需求-分析-测试"来建立所有可行的设计需求。在这种情况下,目标是在每次迭代中"获得尽可能多的信息",从而减短需求-分析-测试周期。

18.2.2 设计分析

设计分析(O'Conner,2001)是一组分析方法的集合,可用于设计要求分析,设计变更建议以及验证或部分验证设计要求。

设计分析方法有很多种。我们可以将设计分析方法大致分为几个类别：设计评估和评审方法、数学原型和计算机仿真原型。

1) 设计评估和评审方法

这些方法的例子包括 QFD、FMEA 和正式的设计评审。所有这些方法都提供了明确定义的程序和模板。他们可以系统地指导团队成员详细研究当前的设计，以确定其优缺点。与其他设计分析方法相比，这些方法更具有系统性、综合性和主观性。它们很少能提供"可靠"的验证。

2）数学模型

设计分析中最常用的数学模型包括：

（1）基于机理的数学模型，如机械应力、强度应变数学模型；电压、电流、电阻等的数学模型；逻辑数学模型；财务数学模型；三维几何位置的数学模型等。

（2）数学和统计软件，如 Mathematica、Microsoft Excel、优化软件和 MINITAB。

这些方法可用于建模和分析简单到中等复杂的设计。对于某些应用程序，这可以提供相当好的验证功能。例如，一个数学模型可以预测电流、电压、电阻和其他参数之间的关系。然而，它很少对运行环境要求、可靠性要求（没有测试或计算机模拟数据，只有数学对可靠性验证的话没有很大作用）和其他要求提供良好的验证。

3）计算机仿真原型

有越来越多的计算机仿真原型可供选择和使用。计算机仿真原型分为基于机理的仿真原型和蒙特卡罗仿真原型两类。

基于机理的仿真原型。基于机理的仿真原型通常是为特定应用领域设计的商用计算机软件包，如机电工程和电子工程。计算机软件包遵循既定的科学原理或规律，为特定的应用程序类建立关系原型。我们将简要介绍一些最常用的基于机理的计算机仿真原型。

（1）机械仿真原型。使用计算机辅助设计（CAD）软件可以创建和分析机械部件和系统设计。分析功能包括几何尺寸和公差（GD&T）、三维视图和动画。CAD 软件通常是计算机辅助工程（CAE）分析（如应力和振动分析）的起点。有限元分析（FEA）是一种可以研究关键机械关系的计算机技术，如设计中的力、变形、材料属性、尺寸和结构强度之间的关系。在有限元分析中，原始的连续三维几何图形被细分为许多小单元，称为有限元网格。力学关系的精确微分方程是用一个大范围的线性方程组来估算的。有限元分析方法可以分析结构静态或动态负载状态下的应力、应变、振动响应、热流和流体情况。利用有限元方法研究流体的方法称为计算流体力学（CFD）。CFD 可用于分析气流、液流等特性，如分析航空航天设计、汽车发动机设计、通风系统等类型的设计。

（2）电气和电子。电气设计自动化（EDA）是基于电气工程中的机理原型，如欧姆定律和逻辑电路原型，来分析电气和电子电路的软件。EDA 软件把元件参数、输入电信号（如功率、波形和电压）以及电路图输入到程序中。该程序可以进行多种分析，如电路性能评估、灵敏度分析和容差分析。电磁作用可以利用基于麦克斯韦定律的有限元分析软件进行分析。

（3）其他。还有许多不同机制的计算机仿真可应用到其他领域，如化学工程、金融和经济。

（a）蒙特卡罗模拟原型。蒙特卡罗模拟是一种模拟大量随机事件的技术。例如，银行分行的随机交易事件；随机数目的客户将在随机时间到达进入办公室；每个客户将随机进行一种随机金额的交易，如存款、取款或贷款。蒙特卡罗模拟原型就可以模拟此类事件。蒙特卡罗模拟首先生成大量遵循预先指定的概率分布的随机数。例如，客户到达银行分行的时间可以假设为一个泊松分布，其中的关键参数平均间隔时间可以由分析员设置或由以往数据估计。对概率原型中的交易量均值、方差、平均交易时间、系统交互关系等参数进行设置后,蒙特卡罗模拟可以生成一个虚拟客户到达虚拟银行进行交易过程的大样本数据。然后,仿真原型可以以图表和直方图的形式提供关键的统计信息。在银行案例中,这些关键绩效指标可以包括客户等待时间、职员空闲时间百分比和每日交易量。

蒙特卡罗模拟在分析服务流程、工厂流程、银行、医院和其他系统中的随机事件时非常有用。蒙特卡罗模拟可以与流程图、价值流图和过程管理集成,以分析和对标各种各样的流程。它可用于公差分析,也称为变量模拟建模或变量模拟分析。在这个应用程序中,会生成大量的随机数,这些随机数模拟大量的低级参数,例如部件尺寸。通过给出高、低级特征之间的关系方程,变量仿真原型可以提供高级特征变量的直方图分布。例如,变量仿真原型可以产生大量随机的部件尺寸;如果给定部件尺寸与系统尺寸之间的数学关系,变量仿真建模可以生成大量的"组合的系统尺寸",并给出系统尺寸分布的直方图。因此,可以用于对系统过程能力进行估计。蒙特卡罗仿真原型还可以与一些基于机理的仿真算法相结合来分析科学和工程系统。

(b) 其他方法的计算机仿真原型。计算机仿真原型可以与许多其他分析方法相结合,如实验设计(DOE)、田口方法和响应曲面法(RSMs)。这些集成可以为设计分析提供强大的工具,以验证大量的设计要求。

例如,使用田口方法和计算机仿真原型,可以改变设计参数和评估功能性能。噪声因子可以用计算机原型参数的变量来近似。在许多实际情况下,这些噪声因子包括运行环境变量和分段变量,甚至一些可靠性相关的变量也可以近似为计算机原型参数的变量。因此,这些"田口分析项目"可以部分服务于设计要求验证的目的。

18.2.3 测试验证

测试验证是设计过程的一个重要部分(O'Connor,2001)。进行验证试验,以确定设计是否满足设计要求。测试验证有很多方面,我们将详细讨论它们。

(1) 测试验证目标。所有的验证测试都是为了验证一些设计要求,比如功能表现需求和可靠性要求。我们可以将测试验证大致分为以下几类。

(2) 功能测试。功能测试的目的是验证要求的功能表现。对于许多产品,功能测试至少可以部分地通过设计分析方法进行。例如,电源电路的一个重要功能性能要求是"提供给定电压的电源"。由于计算机仿真原型可以非常准确地预测电路的行为,计算机仿真结果可以涵盖大部分功能测试。在这种情况下,通过计算机仿真,通常一小部分的硬件测试就足以验证功能的表现。

(3) 可靠性测试。可靠性试验的目的是验证可靠性要求。

可靠性测试方法包括寿命测试和老化测试。寿命测试的设计是"测试直到失效",以便可以估计失效的时间。老化测试监控系统性能随时间的下降,以便可以估计老化率。

对于可靠的产品,估计可靠性是困难的。例如,如果一台电视机的设计寿命是8年,那么没有人会想用8年来验证这个可靠性要求。因此,加速可靠性试验是首选的,典型的如增加"应力"或"失效因素"以诱发快速失效。通常,有一些近似的数学模型可以将加速的"失效时间"转化为实际(实时)失效时间。

可靠性测试中使用的"应力"与导致失效的机制有关。对于产品开发情况,对于机械类产品,失效原因往往是应力、疲劳、缓慢退化、振动、温度、磨损、腐蚀和材料失效。对于电气或电子产品,存在电应力,例如电流、电压、电源应力和引线连接故障。对于软件产品来说,失效的原因大多是设计缺陷,或"漏洞",因此,可靠性测试中的"应力"类型应根据失效机理进行慎重选择。

高加速寿命试验(HALT)是一种非常流行的可靠性试验。在高加速寿命试验状态下,将应用一个更为放大的应力水平,即远高于操作环境的应力水平,从而大大加快失效过程。另一方面,将建立一个非常详细的故障监测机制,以便记录和分析故障的原因和过程从而进行设计改进。

设计分析可以提供有限的可靠性需求验证信息。然而,许多失效机制是未知的,难以建模。真实的硬件或原型测试在可靠性需求验证中非常重要。

安全和法规相关测试。此类试验的目的是验证设计是否满足安全要求和政府规定。通常,政府会提供非常严格的要求和规定来指导这类测试。

变化测试。这种类型的测试验证系统是否能够在不同的使用条件、环境条件和其他类型的变化中提供稳健的功能性能。适合这类测试的田口测试方法在第 12 到 14 章已经被非常详细地叙述。

接口和兼容性测试。此类测试的目的是验证产品或设备是否能与其他系统良好地工作。特殊设计的原型或实际产品将用于验证这些要求。

验证测试策略。验证测试策略涉及如何将整个验证测试任务细分为可管理的子任务。理想情况下,如果大部分子任务可以并行执行,那么设计验证的周期时间可以大大缩短。

系统、子系统和组件测试。如果产品可以细分为几个子系统,然后每个子系统又可以进一步划分为多个组件。我们可能想要在系统的不同级别进行许多小测试。例如,我们可以同时进行许多小型、廉价的组件测试。这些测试可用于在组件级别解决问题。当一个子系统中的所有组件都被验证后,我们就可以进行子系统测试,最后我们将进行系统验证测试。

在这种方法中,我们必须注意到"并不是所有的组件都是平等的"。使用新技术或新设计的组件应该更被仔细地测试,反之亦然。我们可能不必测试知识库中已知的组件。

材料测试。有时,如果材料是组件或系统中唯一重要的未知因素,则进行非常聚焦的测试更为合适,例如测试新材料。这种方法不仅可以节省时间和金钱,而且可以丰富我们的知识库。

新技术测试。如果我们的产品中有新技术,对它们进行广泛的设计分析和验证测试是非常重要的。田口实验和可靠性测试在新技术测试中非常有用。

验证活动计划。设计验证的基本目标是确保我们的新产品符合所有的设计要求。主要的设计验证工具是设计分析和验证测试。在这种类型的测试中选择工具有很多种可能性。对于一个好的设计验证,最好实现以下目标:

(1) 所有设计要求都得到充分验证。

(2) 设计验证的总成本较低。

(3) 设计验证周期短。

每项验证活动的成本和周期时间肯定取决于以下因素:

(1) 设计分析与测试;测试通常更昂贵。

(2) 原型制作;这可能很昂贵。

(3) 测试类型。

（4）测试持续时间。

（5）测试样本量。

（6）确定不同测试、并行测试或一个测试针对其他测试的优先级。

因此，应仔细设计整个设计验证活动，以达到最佳的效果、成本和周期。

QFD 模板是规划设计验证活动的一个非常有用的工具。我们将用下面的例子来说明如何使用 QFD 模板来规划验证活动。

例 18‐1 设计验证的 QFD 规划。新产品有许多设计要求（见表 18‐1）。它有若干功能性能要求、若干可靠性要求、若干政府要求的安全要求、若干运行环境要求、使用要求等要求。产品开发团队决定将验证活动分为两个阶段：设计分析和验证测试。在设计分析阶段，团队决定进行三个有限元分析项目，三个田口参数设计项目，一个公差分析的变量虚拟仿真项目。在验证测试阶段，团队决定在原型上进行两次功能测试、两次可靠性测试和一次小的田口实验。

表 18‐1 设计验证计划矩阵

设计要求		验证活动									
		验证分析					验证测试				
		FEA 有限元分析项目		田口参数设计项目			容差仿真	功能性测试		可靠性测试		田口实验
		1	2	1	2	3	1	1	2	1	2	1
功能需求	1	3	0	3	0	0	1	9				3
	2	3	3	0	3	0	1		9			3
	⋮	0	1	0	0	3	0	9	9			3
可靠性要求	1	1	0	3	1	3	1	0	0	9		3
	2	0	1	3	1	3	0	0	0	9		3
	3	3	0	1	3	3	0	0	0		9	3
	⋮											
安全要求	1	9	0	0	0	0	0	0	0	3	3	3
	2	3	3	3	0	0	0	0	0	9	9	3
	3	3	0	1	0	0	0	0	0	9	9	3
	⋮											
操作环境	1	0	0	3	3	3	0	3	3	1	1	9
	2	0	0	3	3	1	0	3	3	3	3	9
	3	0	0	3	3	1	0	3	3	3	3	9
	⋮											
用法要求	1	0	0	3	3	0	0	3	3	1	1	9
	2	0	0	3	3	0	0	3	3	1	1	9
	3	0	0	0	3	3	0	3	3	1	1	9
	⋮											

（续表）

设计要求		验证活动									
		验证分析						验证测试			
		FEA 有限元分析项目		田口参数设计项目			容差仿真	功能性测试		可靠性测试		田口实验
		1	2	1	2	3	1	1	2	1	2	1
其他	1	0	0	1	3	0	3	1	1	0	0	3
	2	0	0	1	3	0	3	1	1	0	0	3
	⋮											

表 18-1 是一个 QFD 模板，它将每个验证活动与设计要求联系起来。在表中，行表示设计要求的不同项；例如，第一行表示"功能需求 1"。每列表示一个设计验证项目；例如，第一列表示"FEA 原型项目 1"，最后一列表示"田口实验"。在本表中，我们使用 QFD 中常用的"相关性指数"，9 表示非常相关。在表 18-1 中，这意味着相应的设计验证活动能够充分验证该设计要求。例如，FEA 项目 1 可以完全验证安全要求 1。类似地，3 表示"部分相关"，1 表示"很少相关"，0 表示"无相关性"。在这个类似 QFD 的模板中，如果我们将每行中的所有条目相加，得到一个大于 9 的数字，或如果至少有一个条目是 9，那么相应的设计需求就已经被完全验证了，因为 9 意味着"强验证"。在另一个极端情况下，如果一行中的条目之和很小，那么相应的设计要求就不会被验证。因此，这个 QFD 规划工具可以用来检查我们的验证活动是否能够完全验证所有的设计要求。

设计验证活动，无论是设计分析活动还是验证测试，都必须在原型上进行。有许多种类的原型具有截然不同的特性。原型构建、选择和使用在设计验证中也非常重要。

18.3 原型

原型是产品的试验原型。Ulrich 和 Eppinger(2000)将原型定义为"沿着一个或多个感兴趣维度的产品的近似值"。在这种情况下，原型可以是图纸、计算机原型、塑料原型或在试验工厂制造的全功能原型。

18.3.1 原型类型

Ulrich 和 Eppinger 还进一步将原型定义为分析型或物理型。分析原型以数学或计算的形式表示产品。产品的许多方面都可以分析。例如，有限元原型可以用来分析机械零件的应力、变形和其他参数。蒙特卡罗模拟原型可以用来模拟门诊的服务流程、等待时间和病人处理率。物理原型是由替代材料或用产品设计的实际材料制成的"真实外观相似"的原型。例如，汽车歧管的原型可以由"易于成形"的塑料制成，而不是实际的歧管材料铝。在这种情况下，我们感兴趣的只是它的几何方面，而不是它的耐热性和强度方面。

原型也可以是聚焦的或全面的(Ulrich 和 Eppinger，2000)。聚焦原型只表示产品功能或属性的一部分或子集。一个完整的原型代表了大部分的产品功能和属性；一些原型代表了产品所有的功能和属性。

目前多数的分析原型都是聚焦的原型,至少在目前的技术水平上是这样,因为不可能建立一个能体现所有产品功能和属性的完美原型。例如,有限元原型仅代表产品特性的机械方面;它不能代表腐蚀等化学特性。物理原型可以非常全面;预生产原型具有所有必需的产品功能和属性。物理原型也可以非常聚焦;塑料原型可能只能表示零件的几何方面,而不能表示材料特性或功能。

四种最常用的物理原型是实验原型、alpha 原型、beta 原型和预生产原型:

(1)实验原型。这些都是非常聚焦的物理原型,通过设计和制造用于测试或分析定义良好的函数和属性子集。例如,建立了一个汽车歧管的塑料原型,使工程团队能够研究歧管功能的几何方面。

(2)alpha 原型。它们用于产品功能性能验证。实验室制造的实验样机或概念车原型就是这样一个例子。通常,alpha 原型可以交付产品的所有预期功能。Alpha 原型中使用的材料和组件与实际生产中使用的类似。然而,它们是在原型过程中制造的,而不是通过基于大规模生产的制造过程。

(3)beta 原型。用于分析可靠性需求验证、使用需求验证、产品规范验证等。它们也可用于测试和"调试"制造过程。beta 原型中的零件通常由实际的生产过程制造或由预期的零件供应商提供。但它们很少在预期的大规模生产设施中生产。例如,汽车门板 beta 原型可以由与装配厂相同的机器制造,但它是由选定的验证工程师和技术人员组制造的,而不是由小时工制造的。

(4)试生产原型。这些都是第一批由量产过程生产的产品,但此时量产过程并没有满负荷运转。这些原型通常用于验证生产过程能力,以及测试和调试大规模生产过程。

图 18-2 说明了原型类型和分类。

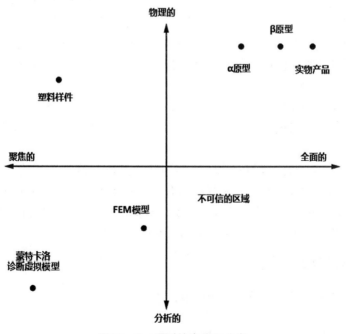

图 18-2 原型的类型和分类

18.3.2　原型的有用性

在产品开发中，原型可以有很多用途。它们可以用于设计分析、验证测试和调试、接口和兼容性测试，也可以用于通信和演示目的。以下是原型的主要应用：

设计分析。这一目的主要可以通过分析原型来实现。对于具有分析性和针对性的原型，例如临床的蒙特卡罗模拟原型或机械部件的有限元原型，将分析选定产品功能性能的子集或产品的某些非常特定的特性。如果不能达到预期的性能目标，将进行设计更改以提高性能。

验证测试和调试。通常，物理原型可以更好地实现这一目的，因为实际性能是由物理产品提供的。为了进行可靠性寿命试验和确认，必须使用物理样机。物理原型的真正价值在于，只有通过物理原型测试才能发现一些意外的故障、错误和其他缺陷。

接口和兼容性测试。原型通常用于确保组件和子系统能够很好地组装。另外，我们可能希望测试不同的子系统作为一个系统组装在一起后是否能够正常工作。

交流和演示。原型，特别是实物原型，可以极大地增强交流和演示的能力。"一图抵千字"；同样的道理，"一件实物抵得上一千幅图。"

18.3.3　原型设计原理

Ulrich 和 Eppinger 认为，一些"原型设计原则"对于指导产品开发过程中原型的使用非常有用。

（1）分析原型通常比物理原型更灵活。在数学原型或计算机原型中调整"设计参数"并计算新的输出值通常要容易得多。通常建立一个物理原型需要更长的时间，并且在它建成后，很难改变设计参数。

（2）需要物理原型来检测意外现象。分析原型只能在分析原型所基于的假设、数学原型和机制范围内显示"属性"；它永远不能揭示不属于它的假设和机制的现象。例如，一个基于随机过程原型和给定概率分布的临床蒙特卡洛模拟原型；它永远不能代表现实中医生与病人的互动。不管计算机模拟原型有多好，实际的物理原型的测试经常会发现一些意想不到的错误。

（3）原型可以减少昂贵的迭代风险。分析原型可以方便地进行分析，并且可以模拟和改进设计。物理原型可以被测试，可以发现一些意想不到的结果。及时消除设计劣势，必然会缩短产品开发周期。

然而，构建原型也需要时间和金钱，原型构建与测试应该基于风险和开发成本进行规划。通常情况下，对于廉价、低失败成本或具有已知技术的产品，应该在原型设计上花费较少的精力。对于昂贵的产品，具有很高的失败成本或具有新的或未知的技术，应该在原型设计上花费更多的精力。图 18-3 说明了影响原型构建决策的经济因素。

18.3.4　原型活动管理

原型活动管理包括做出以下类型的决策：

（1）应该构建多少原型？

（2）应该构建多少分析原型和多少物理原型？

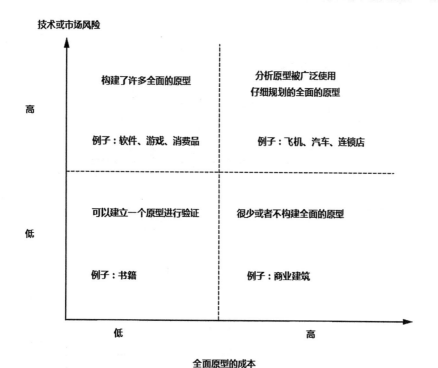

图 18-3 影响模型构建的经济因素

（3）何时应该构建每个原型？

（4）我们应该在每个原型上做什么，比如测试（如果是，哪个测试）或演示？

显然，原型活动管理与我们在 18.2 节中讨论的总体设计验证活动计划密切相关。因此，原型设计活动和设计验证活动应该一起计划。换言之，原型的确定应该由设计-验证驱动。例如，如果我们使用有限元仿真作为设计分析的第一步，那么相关的原型必须是一个有限元原型。如果验证测试是为了"验证与其他部件的装配"，那么一个由廉价塑料制成的"外观相似"的原型可能就足够了。如果另一个设计验证活动是可靠性测试，那么可能需要几个实际的物理原型，而要构建的原型的数量将取决于可靠性测试需求。

设计需求验证的充分性、成本和周期时间是规划决策中最重要的因素。设计需求验证充分性是对所有设计需求是否充分验证的一种度量。如我们在例 18-1 介绍的，QFD 模板可用于促进这方面的规划活动。

许多快速原型技术（Ulrich 和 Eppinger，2000）可以在很短的时间内构建原型。这些技术可以帮助减少周期时间。

18.4 工艺和生产验证

产品设计验证和工艺/生产验证之间有许多相似之处。在制造过程的设计开发阶段，验证任务与产品设计任务几乎相同。然而，在任何大规模生产中，缺陷和变化都是在制造过程中产生的。对于一个好的生产过程，将缺陷和变异保持在较低水平是非常重要的。变异水平由过程能力来衡量。过程能力的概念在第二章被广泛讨论。过程能力验证是最重要和最独特的工艺/生产验证活动之一,本节将对此进行讨论。第 18.1 节已经讨论了整个工艺/生产验证周期的分步程序。

18.4.1　过程能力验证流程图

图 18‑4 举例说明了过程能力验证的流程图。可以作为一个循序渐进的路线图,我们将讨论一些重要步骤。

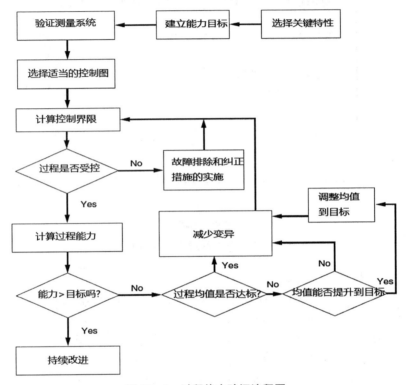

图 18‑4　过程能力验证流程图

（1）选择关键特性。这些关键特性要么是对客户非常重要的关键产品特性,例如高精度零件的关键尺寸,要么是决定产品质量的关键工艺特性,例如在汽车涂料应用-固化过程中,烤箱温度是决定油漆漆面质量的关键工艺变量。对于每个关键特性,我们需要确定其目标值和功能规格界限。对于双侧规格界限,有规格上限（USL）和规格下限（LSL）。

（2）建立能力目标。如果我们努力追求六西格玛质量,过程能力的目标将是 $C_p=2$ 或 $C_{pk}=2$。

（3）验证测量系统。关键特性由仪表、传感器、仪器等测量。测量误差远小于关键特性的变异水平是非常理想的。在理想情况下,测量误差应不超过关键特性变异水平的 10%。在大多数实际情况下,这个要求是 30%。测量系统评估在许多书中都有讨论。

（4）选择适当的控制图。许多控制图可用于不同类型的特性。对于连续变量,$\bar{x}$ - R 图是最常用的控制图。Montgomery(2000)广泛讨论了控制图。

（5）失控和不稳定。"失控"表示过程不稳定。在统计过程控制中,首要任务是识别和消除过程不稳定性。在实现过程稳定性之前,不能对过程能力进行基准测试。我们简要讨论了第 18.4.2 章节中的过程不稳定性。因为这在新工艺验证中非常常见。

(6)计算过程能力。当过程达到稳定后,我们可以计算过程能力并将其与我们的目标进行比较。计算过程能力的一个重要问题是短期能力和长期能力的区别。对于一个没有大量数据的新过程,这种区别通常是不清楚的。我们将在第 18.4.3 章节讨论短期和长期能力。

(7)故障排除和减少变异。如果一个过程不是稳定的或变异过大,我们需要排除故障并减少变异。实际上,在许多情况下,不稳定情况下显示的数据模式可用于故障排除。许多统计方法可以为这些任务提供帮助,例如多变量图(Perez · Wilson,2002)和多元统计分析(Yang,1996;Jiang 等人,2003)。

18.4.2　过程的不稳定性

过程的不稳定性阻碍了过程能力的基准测试。过程能力是一种预测性指标,用来衡量过程在持续生产优质产品方面的可靠性。例如,$C_p = 2$ 表示六西格玛质量,或每百万单位 3.4 个缺陷。显然,这种质量声明的一个先决条件应该是过程是可预测的。当一个过程失去控制,或者显示一些非随机模式时,我们称这个过程不稳定。例如,图 18-5(a)显示了一个非随机模式,尽管所有的点都在控制范围内。很多人会问一个问题:"接下来会发生什么?"显然,不稳定意味着不可预测。(如果有几个人声称他们的公司有六西格玛质量,以控制图作为证据,你相信他们吗?)

具体地说,从统计过程控制的角度来看,如果控制图显示以下任何一种模式,则可以将过程判断为"失控"或不稳定:

(1)一个或多个点超出控制界限。

(2)连续三个点中有两个点超出 2σ 警戒线,但仍在控制限值内。

(3)连续五个点中有四个点超出 1σ 界限。

(4)八个连续的点运行在中心线一侧。

多年来,人们开发了许多规则来检测控制范围内的非随机模式。Grard 和 Leavenworth (1980)认为,如果控制图中的点出现以下任一顺序,则可能出现非随机变异:

(1)连续 7 个或 7 个以上的点在中线的同一侧。

(2)连续 11 个点中至少 10 个点在中心线的同一侧。

(3)14 个连续点中有 12 个及以上点处于中心线同一侧。

(4)17 个连续点中有 14 个及以上点处于中心线同一侧。

只有在实现了统计过程控制后,才能得到一个良好、可信的过程能力估计。

然而,过程不稳定性可能为新过程故障排除提供有价值的线索。不幸的是,过程不稳定通常是新过程启动时经常发生的事情,而不是例外,因为新过程中通常有许多"漏洞"。在消除所有这些漏洞之前,这个过程是不稳定的。

然而,稳定性中显示的特殊情况可以作为发现这些缺陷的线索。例如,在金属切削中,增加或减少的情况可能是由机床逐渐过热或磨损引起的。对于循环模式,它们的频率可以提供线索来找出问题来自何处。在模式识别方法中,许多研究(Western Electric,1956)已经定义出了几种典型失控模式(例如,趋势、循环模式、混合模式)以及每一特定情况的可能

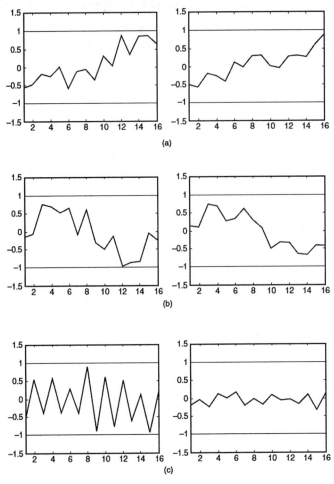

图 18-5　过程不稳定性的选定模式

(a) 向上趋势；(b) 向下趋势；(c) 系统趋势

原因。当一个过程表现出其中任何一种非随机模式时，这些模式可以为过程改进提供有价值的信息。因此，一旦识别出任何非随机模式，过程诊断的范围就可以大大缩小到那一部分可能的根本原因。

　　许多其他技术，如多变量图（Perez-Wilson，2002）和多元统计分析（Yang，1996），可以非常有效地解决早期流程初始阶段的问题。

18.4.3　短期和长期过程能力

　　在生产过程能力验证过程中，另一个重要问题是我们需要区分长期和短期的过程能力。在本章的剩余部分中，我们只讨论连续性能特征。在统计过程控制中，变量控制图，如 $\overline{X}$-R 图，$\overline{X}$-S 图，将用于这种情况。其他类型的性能特征和控制图的短期和长期能力已由 Bothe（1997）深入讨论。

　　一组典型的变量 SPC（统计过程控制）样本数据将如表 18-2 所示，其中 n 为子组大小，K 为样本数。

表 18 - 2　SPC 中典型的变量数据

样本量	X_1	X_2	...	X_n
1	X_{12}	X_{12}		X_{1n}
2	X_{21}	X_{22}		X_{2n}
3	$\vdots$	$\vdots$		$\vdots$
K	X_{k1}	X_{k2}	...	X_{kn}

如果使用 $\overline{X} - R$ 图,对于每个样本 $I, i = 1, 2, 3, \cdots, K$,我们得到

$$\overline{X}_i = \frac{1}{n} \sum_{j=1}^{n} x_{ij} \,(\text{第 } i \text{ 样本 } \overline{X}) \tag{18-1}$$

$$\overline{\overline{X}} = \frac{1}{K} \sum_{i=1}^{K} \overline{X}_i \,(\text{总平均}) \tag{18-2}$$

$$R_i = \text{Max}(x_{i1}, \cdots, x_{in}) - \text{Min}(x_{i1}, \cdots, x_{in}) \,(\text{第 } i \text{ 样本的范围}) \tag{18-3}$$

$$\overline{R} = \frac{1}{K} \sum_{i=1}^{K} R_i \,(\text{平均范围}) \tag{18-4}$$

如果使用 $\overline{X} - S$ 图,于是:

$$S_i = \sqrt{\frac{1}{n-1} \sum_{j=1}^{n} (x_{ij} - \overline{X}_i)^2} \,(\text{第 } i \text{ 样本的标准差}) \tag{18-5}$$

$$\overline{S} = \frac{1}{K} \sum_{i=1}^{K} S_i \,(\text{平均标准差}) \tag{18-6}$$

在估算 C_p 或 C_{pk} 时,我们通常使用以下公式;首先我们估计过程标准差(sigma):

$$\hat{\sigma} = \frac{\overline{R}}{d_2} \tag{18-7}$$

或

$$\hat{\sigma} = \frac{\overline{s}}{c_4} \tag{18-8}$$

其中 d_2 和 c_4 是常数系数,取决于样本量。然后我们将计算过程能力指数的估计值:

然而,公式(18-7)和(18-8)计算的 $\hat{\sigma}$(西格玛)只是一个短期过程标准偏差,因为它是根据子组内的变化计算的。所以实际上

$$\hat{\sigma} = \hat{\sigma}_{\text{ST}} \tag{18-9}$$

其中 $\hat{\sigma}_{\text{ST}}$ 代表短期标准差。

在生产验证过程中,使用 $\hat{\sigma}_{\text{ST}}$ 来估计西格玛水平和过程能力会导致对过程能力的严重高估。

图 18-6 说明了当一个过程在漂移或移动时，长期标准差范围远大于短期标准差范围。使用短期西格玛 $\hat{\sigma}_{ST}$ 将大大高估我们的过程能力。

建议使用长期西格玛 $\hat{\sigma}_{LT}$ 来估算长期过程能力，其中

$$\hat{\sigma}_{LT} = \sqrt{\frac{1}{Kn} \sum_{i=1}^{K} \sum_{j=1}^{n} (x_{ij} - \overline{X})^2} \text{（合并数据的标准差）} \quad (18-10)$$

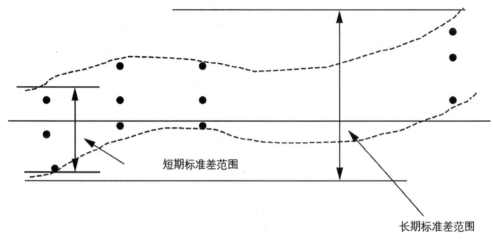

图 18-6　短期和长期标准差

长期能力指数可以通过如下计算：

$$\hat{C}_p = \frac{USL - LSL}{6\hat{\sigma}_{LT}} \quad (18-11)$$

$$\hat{C}_{pk} = \text{Min}\left[\frac{USL - \overline{X}}{3\hat{\sigma}_{LT}}, \frac{\overline{X} - LSL}{3\hat{\sigma}_{LT}}\right] \quad (18-12)$$

例 18-2　短期和长期过程能力。质量特性的规格为 $(-10, 10)$，目标值为 0。收集了 15 个 SPC 数据样本，如下所示：

样本序号	X_1	X_2	X_3	X_4	X_5
1	1	3	3	4	1
2	1	4	3	0	3
3	0	4	0	3	2
4	1	1	0	2	1
5	−3	0	−3	0	−4
6	−7	2	0	0	2
7	−3	−1	−1	0	−2
8	0	−2	−3	−3	−2

（续表）

样本序号	X_1	X_2	X_3	X_4	X_5
9	2	0	−1	−3	−1
10	0	2	−1	−1	2
11	−3	−2	−1	−1	2
12	−8	2	0	−4	−1
13	−6	−3	0	0	−8
14	−3	−5	5	0	5
15	−1	−1	−1	−2	−1

使用 MINITAB，我们获得

$$\overline{X} = -0.386\,7 ; \quad \hat{\sigma}_{ST} = \frac{4.933}{2.326} = 2.12$$

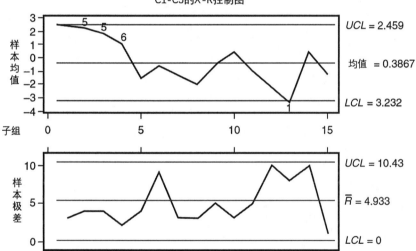

C1-C5的$\overline{X}$-R控制图

短期能力是

$$\hat{C}_p = \frac{USL - LSL}{6\,\hat{\sigma}_{ST}} = \frac{20}{6 \times 2.12} = 1.57 \quad (4.71\ \text{西格玛水平})$$

$$\hat{C}_{pk} = \text{Min}\left(\frac{USL - \overline{X}}{3\,\hat{\sigma}_{ST}}, \frac{\overline{X} - LSL}{3\,\hat{\sigma}_{ST}}\right) = \text{Min}\left(\frac{10 + 0.386\,7}{3 \times 2.12}, \frac{10 - 0.386\,7}{3 \times 2.12}\right)$$

$$= 1.151 (1.53\ \text{西格玛水平})$$

但是，如果我们使用长期西格玛 $\hat{\sigma}_{LT}$

$$\hat{\sigma}_{LT} = \sqrt{\frac{1}{K_n} \sum_{i=1}^{K} \sum_{j=f}^{n} (x_{ij} - \overline{X})^2} = 2.725\,72$$

长期能力是

$$\hat{C}_p = \frac{\text{USL} - \text{LSL}}{6\,\hat{\sigma}_{\text{LT}}} = \frac{20}{6 \times 2.726} = 1.22 \quad (3.67\ \text{西格玛水平})$$

$$\hat{C}_{pk} = \text{Min}\left(\frac{\text{USL} - \overline{X}}{3\,\hat{\sigma}_{\text{LT}}},\ \frac{\overline{X} - \text{LSL}}{3\,\hat{\sigma}_{\text{LT}}}\right) = \text{Min}\left(\frac{10 + 0.386\,7}{3 \times 2.726},\ \frac{10 - 0.386\,7}{3 \times 2.726}\right)$$

$$= 1.18(3.54\ \text{西格玛水平})$$

显然，长期过程能力低于短期过程能力。

参考文献

【1】 Abbatiello N. Development of design for service strategy [D]. Kingston: University of Rhode Island, 1995.

【2】 Alexander C. Notes on the synthesis of form [D]. Cambridg: Harvard University Press, Mass,1964.

【3】 Altshuller G S. Creativity as exact science[M]. New York: Gordon & Breach,1998.

【4】 Altshuller G S. On the theory of solving inventive problems[J]. Design Methods and Theories, 24, 2: 1216 - 1222.

【5】 Anjard R P. Process mapping: a valuable tool for construction management and other professionals [J]. MCB University Press, 1998, 16(3/4): 79 - 81.

【6】 Arciszewsky T. ARIZ 77: an Innovative design method[J]. Design Methods and Theories, 1988, 22(2): 796 - 820.

【7】 Arimoto S T, Ohashi M I, Miyakawa S. Development of machining productivity evaluation method (MEM)[C]// Annals of The International Academy for Production Engineering, 42(1): 119 - 122.

【8】 Ashby W R. Some peculiarities of complex systems[J]. Cybernetic Medicine, 1973, 9: 1 - 7.

【9】 Barrado E, Vega M, Pardo R, et al. Optimization of a purification method for metal-conditioning wastewater by use of taguchi experimental design[J]. Water Research, 1996,30(10): 2309 - 2314.

【10】 Boothroyd G. Product design for manufacture and assembly [J]. Computer-Aided Design, 2014, 26(7): 505 - 520.

【11】 Bothe D R. Measuring process capabilities[M]. New York: McGraw-Hill, 1997.

【12】 Box G E P, Bisgaard S, Fung C A. An explanation and critique of taguchi's contributions to quality engineering[J]. Quality and Reliability Engineering International, 1988, 4: 123 - 131.

【13】 Brejcha M F. Automatic transmission[M]. 2d ed. Upper Saddle River: Prentice Hall, 1982.

【14】 Bremer M. Value stream mapping[J]. Smoke Signals, 2002, 1: 8.

【15】 Bussey L E. The economic analysis of industrial projects[J]. Engineering and Process Economics, 1979, 4(1): 64 - 65.

【16】 Carnap R. Two essays on entropy[D]. Berkeley: University of California Press, 1977.

【17】 Caulkin S. Chaos Inc[J]. Across the board, 1995: 32 - 36.

【18】 Cha J Z, Mayne R W. Optimization with discrete variables via recursive quadratic programming: part 2—algorithm and results[J]. Journal of Mechanical Design, 1989, 111(1): 130 - 136.

【19】 Chase K W, Greenwood W H. Design issues in mechanical tolerance analysis[J]. Manufacturing Review, 1(1): 50 - 59.

【20】 Clausing D P, Ragsdell K M. The efficient design and development of medium and light machinery employing state-of-the-art technology [C]//International Symposium on Design and Synthesis, 1984: 11 - 13.

【21】 Clausing D P. Total quality development: a step by step guide to world-class concurrent engineering [M]. New York: ASME Press, 1994.

【22】 Cohen L. Quality function deployment and application perspective from digital equipment corporation [J]. National Productivity Review, 1988, 7(3): 197 - 208.

【23】 Cohen L. Quality function deployment: how to make QFD work for you[M]. Mass: Addison-Wesley, 1995.

【24】 Deming E. Out of crisis[D]. Cambridge: Massachusetts Institute of Technology, 1982.

【25】 Derringer G, Suich R. Simultaneous optimization of several response variables[J]. Journal of Quality Technology, 1980, 12: 214 - 219.

【26】 Dewhurst P, Blum C. Supporting analyses for the economic assessment of die casting in product design [C]//Annuals of The International Academy for Production Engineering, 1989, 28, 1: 161.

【27】 Dixon J R. Design engineering: inventiveness, analysis, and decision making [M]. New York: McGraw-Hill, 1966.

【28】 Dorf R C, Bishop R H. Modern control systems[M]. 9th ed. Upper Saddle River: Prentice Hall.

【29】 Dovoino I. Forecasting additional functions in technical systems[C]// Proceedings of ICED-93, 1993, 1: 247 - 277.

【30】 El-Haik B. Vulnerability reduction techniques in engineering design [D]. Mich: Wayne State University.

【31】 El-Haik B, Yang K. The components of complexity in engineering design[J]. IIE Transactions, 1999, 31(10): 925 - 934.

【32】 El-Haik B, Yang K. An integer programming formulations for the concept selection problem with an axiomatic perspective (part I): crisp formulation [C]//Proceedings of the First International Conference on Axiomatic Design, 2000: 56 - 61.

【33】 El-Haik B, Yang K. An integer programming formulations for the concept selection problem with an axiomatic perspective: fuzzy formulation[C]//Proceedings of the First International Conference on Axiomatic Design, 2000: 62 - 69.

【34】 Foo G, Clancy J P, Kinney L E, et al. Design for material logistics[J]. AT&T Technical Journal, 1990, 69(3): 61 - 67.

【35】 Fowlkes W Y, Creveling C M. Engineering methods for robust product design[M]. Mass: Addison-Wesley, 1995.

【36】 Fuglseth A, Gronhaug K. IT-enabled redesign of complex and dynamic business processes: the case of bank credit evaluation[J]. OMEGA International Journal of Management Science, 1997, 25: 93 - 106.

【37】 Gardner S, Sheldon D F. Maintainability as an issue for design [J]. Journal of Engineering Design, 1995, 6(2): 75 - 89.

【38】 Garvin D A. Managing quality: the strategic and competitive edge[M]. New York: Free Press, 1998.

【39】 Gershenson J, Ishii K. Life cycle serviceability design [J]. Medical Design, 1995, 117(B): 42 - 47.

【40】 Grady J O. System validation and verification[M]. Boca Raton: CRC Press, 1998.

【41】 Grant E L, Leavenworth R S. Statistical quality control[M]. 5th ed, New York: McGraw-Hill, 1980.

【42】 Handerson R, Clark K B. Architectural innovation: the reconfiguration of existing product technologies and the failure of established firms [J]. Administrative Science Quarterly, 1990, 35(1): 9 - 30.

【43】 Harry M J. The vision of 6-sigma: a roadmap for breakthrough[M]. Phoenix: Sigma Publishing Company,1994.

【44】 Harry M J. Six sigma: a breakthrough strategy for profitability[J]. Quality Progress, 1998: 60 - 64.

【45】 Harry M, Schroeder R. Six sigma: the breakthrough management strategy revolutionizing the world's top corporations[M]. New York: Doubleday, 2000.

【46】 Hartley R V. Transmission of information[J]. The Bell Systems Technical Journal, 1928, 7: 535 - 563.

【47】 Hauser J R, Clausing D. The house of quality[J]. Harvard Business Review, 1988, 66(3): 63 - 73.

【48】 Hintersteiner J D, Nain A S. Integrating software into systems: an axiomatic design approach[C]// The Third International Conference on Engineering Design and Automation, Vancouver,1998: 1 - 4.

【49】 Hintersteiner J D. A Fractal representation for systems [C]// The International Academy for Production Engineering,1999: 425 - 434

【50】 Hornbeck R W. Numerical methods[J]. Quantum Publishers, 1975: 16 - 23.

【51】 Huang G Q. Design for X: concurrent engineering imperatives[J]. Materials and Design, 1996, 17 (3): 176 - 177.

【52】 Penny R K. Principles of engineering design[J]. Postgraduate Medical Journal, 1970, 46(536): 344 - 349.

【53】 Hubka V, Eder W. Theory of technical systems[J]. Journal of Engineering Design, 1994, 5(2): 117 - 128.

【54】 Hwan M. Robust Technology Development. An explanation with examples[C]// Second Annual Total Product Development Symposium, 1996: 6 - 8.

【55】 Jangf K Y, Yang K, Kang C. Application of artificial neural network to identify non-random variation patterns on the run chart in automotive assembly process[J]. International Journal of Production Research, 2003, 41(6): 1239 - 1254.

【56】 Johnson R A, Wichern D W. Applied multivariate statistical analysis[M]. Upper Saddle River: Prentice Hal,1982.

【57】 Kacker R N. Off-line quality control, parameter design, and the taguchi method[J]. Journal of Quality Technology, 1985, 17: 176 - 188.

【58】 Kapur K C. An approach for the development for specifications for quality improvement [J]. Quality Engineering, 1988, 1(1): 63 - 77.

【59】 Kapur K. Quality engineering and tolerance design[J]. Tools and Techniques, 1993: 287 - 306.

【60】 Kapur K C, Lamberson L R. Reliability in engineering design[M]. New York: Wiley, 1977.

【61】 Keller G. Sap R/3 Business blueprint: understanding the business process reference model[M]. Upper Saddle River: Prentice Hall, 1999.

【62】 Khoshooee N, Coates P. Application of the taguchi method for consistent polymer melt production in injection moulding[C]//Proceedings of the Institution of Mechanical Engineers, 1998, 212: 611 - 620.

【63】 Kim S J, Suh N P, Kim S G. Design of software system based on axiomatic design[C]//Annals of the The International Academy for Production Engineering, 1991, 40(1): 165 - 170.

【64】 Knight W A. Design for manufacture analysis: early estimates of tool costs for sintered parts[C]// Annals of The International Academy for Production Engineering, 1991, 40(1): 131.

【65】 Ku H H. Notes on the use of propagation of error formulas[C]// Journal of Research of the National Bureau of Standards: C. Engineering and Instrumentation, 1996, 70(4): 263 - 273.

【66】 Kusiak A, Szczerbicki E. Transformation from conceptual to embodiment design [J]. IIE Transactions, 1993, 25(4): 6 - 12

【67】 Lee T S. The system architecture concept in axiomatic design theory: hypotheses generation and case-study validation[D] Cambridge: Department of Mechanical Engineering, 1999.

【68】 Magrab E B. Integrated product and process design and development[M]. Boca Raton: CRC Press, 1997.

【69】 Mann D. Hands on systematic innovation[M]. Belgium: CREAX Press, 2002.

【70】 Maskell B H. Performance measurement for world class manufacturing[M]. Cambridge: Productivity Press, 1991.

【71】 Matousek R. Engineering design: a systematic approach[M]. London: Lackie & Son, 1957.

【72】 Miles B L. Design for assembly: a key element within design for manufacture [J]. Journal of Automobile Engineering, 1989, 203: 29 - 38.

【73】 Miles L D. Techniques of value analysis and engineering[M]. New York: McGraw-Hill, 1961.

【74】 Montgomery D. Design and analysis of experiments[M]. New York: Wiley, 1997.

【75】 Montgomery D C. Introduction to statistical quality control[M]. New York: Wiley, 2000.

【76】 Mostow J. Toward better models of the design process[J]. The AI Magazine, 1985: 44 - 57.

【77】 Mughal H, Osborne R. Design for profit[J]. World Class Design to Manufacture, 1995, 2(5): 160 - 226.

【78】 Myers J D. Solar applications in industry and commerce[M]. Upper Saddle River: Prentice Hall, 1984.

【79】 Myers R H, Montgomery D C. Response surface technology[M]. New York: Wiley, 1995.

【80】 Navichandra D. Design for environmentality[C]//Proceedings of ASME Conference on Design Theory and Methodology, New York, 1991: 273 - 281.

【81】 Norlund M, Tate D, Suh N P. Growth of axiomatic design through industrial practice [C]// The International Academy for Production Engineering Workshop on Design and Implementation of Intelligent Manufacturing Systems, 1996: 77 - 84.

【82】 O'Connor P T. Test engineering[M]. New York: Wiley, 2001.

【83】 O'Grady P, Oh J. A Review of approaches to design for assembly[J]. Concurrent Engineering, 1991, 1: 5 - 11.

【84】 Oakland J S. Total quality management: The route to improving performance [M]. 2d ed. , Oxford: Butterworth-Heineman, 1994.

【85】 Papalambros P Y, Wilde D J. Principles of optimal design[M]. Cambridge: Cambridge University Press, 1988.

【86】 Park R J. Value engineering[M]. Boca Raton: CRC Press, 1992.

【87】 Park S. Robust design and analysis for quality engineering[M]. London: Chapman & Hall, 1996.

【88】 Pech H. Designing for manufacture, topics in engineering design series[M]. London: Pitman & Sons, 1973.

【89】 Penny R K. Principles of engineering Design[J]. Postgraduate, 1970, 46: 344 - 349.

【90】 Peters T. In Search of excellence[M]. New York: Harper Collins, 1982.

【91】 Phadke M. Quality engineering using robust design[M]. Upper Saddle River: Prentice Hall, 1989.

【92】 Phal G, Beitz W. Engineering design: a systematic approach[M]. Wien: Springer- Verlag,1988.

【93】 Pimmler T U, Eppinger S D. Integration analysis of product decomposition[J]. Design Theory and Methodology, 1994, 68: 343 - 351.

【94】 Ramachandran N, Langrana N A, Steinberg L I, et al. Initial design strategies for iterative design [J]. Research in Engineering Design, 1992, 4(3): 159 - 169.

【95】 Reinderle J R. Measures of functional coupling in design [D]. Massachusetts: Massachusetts Institute of Technology, 1982.

【96】 Reklaitis J R, Ravindran A, Ragsdell K M. Engineering design optimization[M]. New York: Wiley, 1983.

【97】 Sackett P, Holbrook A. DFA as a primary process decreases design deficiencies [J]. Assembly Automation, 1988, 12(2): 15 - 16.

【98】 Sekimoto S, Ukai M. A study of creative design based on the axiomatic design theory [C]//Design Theory and Methodology, 1994, 68: 71 - 77.

【99】 Shannon C E. The mathematical theory of communication[J]. The Bell System Technical Journal, 1948, 27: 379 - 423.

【100】 Sheldon D F, Perks R, Jackson M, et al. Designing for whole-life costs at the concept stage[J]. Journal of Engineering Design,1990,1: 131 - 145.

【101】 Simon, H. A. The science of the artificial[M]. 2d ed. Cambridge: MIT Press,1981.

【102】 Smith G, Browne G J. Conceptual foundation of design problem solving[J]. IEEE Transactions on Systems, Man, and Cybernetics, 1993, 23: 5.

【103】 Sohlenius G, Kjellberg A, Holmstedt P. Productivity system design and competence management [J]. Advances in Manufacturing Science and Technology,2000,24: 5 - 24

【104】 Soliman F. Optimum level of process mapping and least cost business process reengineering[J]. International Journal of Operations & Production Management, 1998, 18 (9/10): 810 - 816.

【105】 Spotts M F. Allocation of tolerance to minimize cost of assembly[J]. Transactions of the ASME, 1973: 762 - 764.

【106】 Srinivasan R S, WoodA K L. Computational investigation into the structure of form and size errors based on machining mechanics[J]. Advances in Design Automation, 1992: 161 - 171.

【107】 Steward D V. Systems analysis and management: structure, strategy and design [M]. New York: Petrocelli Books, 1981.

【108】 Suh N P. Development of the science base for the manufacturing field through the axiomatic approach [J]. Robotics and Computer Integrated Manufacturing, 1984, 1(3 - 4): 397 - 415.

【109】 Suh N P. The principles of design[M]. New York: Oxford University Press, 1990.

【110】 Suh N P. Design and operation of large systems[J]. Journal of Manufacturing Systems, 1995, 14 (3): 203 - 213.

【111】 Suh N P. Impact of axiomatic design[C]//Third CIRP Workshop on Design and the Implementation of Intelligent Manufacturing Systems, 1996: 8 - 17.

【112】 Suh N. Axiomatic design: advances and applications[M]. London: Oxford University Press,2001.

【113】 Suh N P. Design of systems[C]// Annals of The International Academy for Production Engineering, 1997,46(1): 75 - 80.

【114】 Suzue T, Kohdate A. Variety reduction programs：a production strategy for product diversification ［M］. Cambridge：Productivity Press，1988.

【115】 Taguchi G. Introduction to quality engineering［M］. New York：UNIPUB/Kraus International Publications，1986.

【116】 Taguchi G. Taguchi on robust technology development［M］. New York：ASME Press，1993.

【117】 Sheesley R. Quality engineering in production systems［J］. Technometrics，1989，32(4)：457－458.

【118】 Taguchi G, Chowdhury S, Taguchi S. Robust engineering［M］. New York：McGraw-Hill，2000.

【119】 Tate D, Nordlund M. A design process roadmap as a general tool for structuring and supporting design activities［J］. SDPS Journal of Integrated Design and Process Science，1998,2(3)：11－19.

【120】 Tayyari F. Design for human factors［M］//Concurrent engineering, Parsaei H R, Sullivan W G. London：Chapman & Hall，1993：297－325.

【121】 Terninko J, Zusman A, Zlotin B. Systematic innovation：an introduction to TRIZ［M］. Delray Beach：Lucie Press,1998.

【122】 Tsourikov V M. Inventive machine：second generation［J］. Artificial Intelligence & Society，1993，7：62－77.

【123】 Ullman D G. The Mechanical Design Process［M］. New York：McGraw-Hill，1992.

【124】 Ulrich K T, Tung K. Fundamentals of product modularity［C］// ASME Winter Annual Meeting，1994：73－80.

【125】 Ulrich K T, Eppinger S D. Product design and development［M］. New York：McGraw-Hill,1995.

【126】 Ulrich K T, Seering W P. Conceptual design：synthesis of systems components［J］. Intelligent and Integrated Manufacturing Analysis and Synthesis，1987：57－66.

【127】 Ulrich K T, Seering W P. Function sharing in mechanical design［C］//Seventh National Conference on Artificial Intelligence，1988：21－26.

【128】 Ulrich K T, Seering W P. Synthesis of schematic descriptions in mechanical design［J］. Research in Engineering Design，1989，1(1)：3－18.

【129】 Vasseur H, Kurfess T, Cagan J. Optimal tolerance allocation for improved productivity［C］// Proceedings of the 1993 NSF Design and Manufacturing Systems Conference, Charlotte，1993：715－719.

【130】 Verno A, Salminen V. Systematic shortening of the product development cycle［C］// the International Conference on Engineering Design，1993：15－18

【131】 Wagner T C, Papalambros P. A general framework for decomposition analysis in optimal design ［C］//ASME Design Automation Conference, Albuquerque，1993.

【132】 Weaver W. Science and complexity［J］. American Scientist，1948，36：536－544.

【133】 Wei C, Rosen D, Allen J K, et al. Modularity and the independence of functional requirements in designing complex systems concurrent product design，74：23－32.

【134】 Western Electric Company. Statistical quality control handbook［M］. New York：Western Electric Company，1956.

【135】 Wirth N. Program development by stepwise refinement［J］. Communications of the ACM，1971，14：221－227.

【136】 Wood G W, Srinivasan R S, Tumer IY, et al. Fractal-based tolerancing：theory, dynamic process modeling，test bed development，and experiment［C］//Proceedings of the 1993 NSF Design and Manufacturing Systems Conference, Charlotte，1993：731－740.

【137】 Wu Y, Moore W H. Quality engineering product and process design optimization［M］. Mich：American

Supplier Institute, 1985.

【138】 Yang K, Xie W, He Y. Parameter and tolerance design in engineering modeling stage［J］. International Journal of Production Resarch, 1994, 32(12): 2803 – 2816.

【139】 Yang K, Trewn J. A Treatise on the mathematical relationship between system reliability and design complexity［C］//Proceedings of International Electronics Recycling Congress, Phoenix, 1999: 21 – 23.

【140】 Yang K. Improving automotive dimensional quality by using principal component analysis［J］. Quality and Reliability Engineering International, 1996, 12: 401 – 409.

【141】 Zaccai G. The New DFM: design for marketability［J］. World-Class Manufacture to Design, 1994, 1 (6): 5 – 11.

【142】 Zadeh L A. Fuzzy sets［J］. Information and Control, 1965, 8: 338 – 353.

【143】 Zenger D, Dewhurst P. Early assessment of tooling costs in the design of sheet metal parts［R］. Kingston: University of Rhode Island, 1988.

【144】 Zhang H C, Huq M E. Tolerancing techniques: the state-of-the-art［J］. International Journal of Production Research, 1994, 30(9): 2111 – 2135.

【145】 Zwicky F. Morphological analysis and construction［M］. New York: Wiley Interscience, 1984.